L'EUROPE

DÉPARTEMENTS ET TERRITOIRES D'OUTRE-MER

Mais oui!
SECOND EDITION

CHANTAL P. THOMPSON
Brigham Young University

ELAINE M. PHILLIPS
Southwest Educational Development Laboratory

HOUGHTON MIFFLIN COMPANY
Boston   New York

Director, Modern Language Programs: Kristina E. Baer
Development Manager: Beth Kramer
Senior Development Editor: Cécile Strugnell
Senior Project Editor: Rosemary R. Jaffe
Editorial Assistant: Jane Lee
Senior Production/Design Coordinator: Jennifer Waddell
Senior Designer: Henry Rachlin
Senior Manufacturing Coordinator: Priscilla Bailey
Associate Marketing Manager: Tina Crowley Desprez

Cover design by Diana Coe/ko Studio

Credits for texts, illustrations, and photographs are found following the index at the back of the book.

Printed in the U.S.A.

Student Text ISBN: 0-395-95600-5

Instructor's Annotated Edition ISBN: 0-395-95601-3

Library of Congress Catalog Card Number: 99-71894

3456789-VH-03 02 01 00

To the Student

Welcome to the second edition of **Mais oui!,** a complete program for beginning college French. What makes **Mais oui!** different and unique? First and foremost, its approach to learning. Rather than perpetuating lower-order thinking through rote memorization and repetition, **Mais oui!**—which means "But of course! It's logical! I understand"—will have you use your higher-order thinking skills and participate actively in the process of discovering the French language and the French-speaking world.

■ **Real-world input.**   Carefully selected real-world listening and reading materials are used as entry into the language. The text comes with a sixty-minute audio CD or cassette containing the listening segments as well as the pronunciation activities for each chapter. The readings in the text are actual magazine articles or literary passages. The **Mais oui!** Video, with accompanying activities in the Video Manual, and the CD-ROM provide additional exposure to authentic materials. The Web Activities expand opportunities for learning about francophone cultures. Through a hierarchy of tasks, you will develop strategies that will enable you to process this input successfully. A natural stage will thus be set for the introduction of vocabulary, structures, cultural concepts, and the practice of language functions. Through this wealth of real-world input, you will not only learn to understand "real" French, but you will embark on a journey of discovery.

■ **Critical thinking.**   The journey turns the traveler into a reflective observer who uses the input to discover the French way of saying things. Through a process of *Observez* and *Déduisez,* then *Vérifiez,* you will be led to figure out on your own how the language works. You will observe, infer, verify and acquire the language in a stimulating environment conducive to long-term retention. You will also be led to understand new social and cultural realities, for a new way of saying things is often a new way of seeing things. Take the word *bread* for example. When you think of bread, what images come to your mind? A loaf of evenly-sliced bread wrapped in plastic? Other images? To the French, the word *pain* is likely to evoke the taste and smell of a warm baguette or the heavier texture of a *pain de campagne (country bread).* Language learning is not simply a matter of learning different words, but one of acquiring a new set of concepts associated with the words—a chance to expand one's horizons, inquisitively.

■ **Realistic expectations.**   The discovery process may sound challenging, but fortunately, the journey is a guided tour. The tasks are kept simple, and one small step at a time, you will be guided from receptive to productive activities. Chances to create with the language abound, and functions (or language tasks) are recycled from chapter to chapter in ever-expanding contexts. By the end of the **Mais oui!** program, you can reasonably expect to be able to express personal meaning about a variety of simple topics, to ask and answer questions, and to deal with most common everyday situations in French.

Organization of *Mais oui!*

Mais oui! contains a brief preliminary chapter, twelve regular chapters, and a complementary chapter designed to provide a glimpse of higher functions. Organized around a cultural theme, each regular chapter is divided into five sections. The first three *étapes* begin with an authentic listening or reading selection that previews vocabulary, grammar and cultural concepts; then a section using examples from this input expands on vocabulary, structures and communicative strategies, with ample opportunities for communicative practice. In the middle of the chapter, *Culture et réflexion* explores the cultural theme(s) of the chapter, inviting students to reflect on cultural differences and similarities. The last section, *Intégration,* opens with a literary reading and concludes with a writing section; the activities synthesize the language functions of the chapter.

Here is an overview of the chapter sections and other salient features of **Mais oui!**

Chapter Opener   Each chapter opens with a listing of the chapter's objectives and a theme-setting photograph accompanied by preview questions.

À l'écoute   The first and the third *étapes* start with a listening comprehension section. Pre-listening tasks in *Avant d'écouter* set the scene for the listening passage, introduce new vocabulary as needed, and activate your expectations of what you will hear. A series of carefully sequenced, manageable listening tasks in *Écoutons* then guides you step-by-step as you listen to the segment on the audio CD or cassette, moving from global understanding to specific details. The real-world listening passages include a variety of materials such as public announcements and conversations between natives of all ages from various parts of the francophone world.

Prononciation   These sections appear in chapters 1–8 and present the basic elements of the French sound system and intonation patterns. Sample words or sentences are taken from the preceding listening input section, providing continuity and a familiar context for your work. In the *Écoutez* section, you will be led to discover for yourself the pronunciation rules. In *Essayez!*, you will practice the sounds and other aspects of French pronunciation.

Lecture   The second *étape* begins with a reading input section that features a cultural or journalistic text taken from publications from around the French-speaking world. Pre-reading tasks in the *Avant de lire* section activate your expectations of the text and background knowledge of the topic. The *En général* tasks train you to realize that if you start with a global picture of the text, it is much easier to make sense of the details. The *En détail* activities engage you in a closer examination of the text. Concluding *Et vous?* activities relate the reading's content to your own experiences.

The *Structures, Vocabulaire,* and *Stratégies de communication* sections expand on your insights and understanding of the vocabulary and structures introduced in the input and present related communicative strategies.

Structures   These sections take a unique three-step, problem-solving approach to the presentation of grammar. The *Observez et déduisez* section features examples of new structures from the preceding listening or reading input followed by questions and tasks that lead you to examine and infer from the examples the forms and uses of the structures. In the *Vérifiez* section, you'll check your conclusions by comparing them with numerous examples and studying clear, concise grammar explanations supported by charts.

Vocabulaire   These sections are used to introduce vocabulary important to the chapter theme—for example, food, clothing, or parts of the body. Photos, drawings, and creative mini-activities based on previously taught language and cognates make you an active participant in inferring the meanings of new words and phrases.

Stratégie de communication   This section appears once per chapter and presents high-frequency expressions used in daily communication. Mini-dialogues demonstrate the expressions' uses in realistic contexts, and background information in English explains their cultural usage.

Activités   Following each *Structure*, *Vocabulaire*, and *Stratégie de communication* section, these activities provide abundant opportunities for the development of speaking skills. The activities progress from comprehension checks to guided practice to open-ended, communicative work in which you reuse previously learned language as you practice and apply the new grammar, vocabulary, and strategies. All activities are set in contexts related to the theme of the *étape*, and they emphasize personalized interactions with classmates.

Notes culturelles   These notes occur where pertinent to provide important, interesting information about the French-speaking world and the everyday lives and behaviors of French-speaking people as the information relates to the materials being studied.

Culture et réflexion   Through photos and brief descriptions, this feature, placed in the middle of the chapter before the third *étape*, presents cultural information about various aspects of the francophone world and asks you to reflect and draw your own conclusions on cultural differences and similarities. For example, what does the presence or absence of physical contact during greetings and leave-takings reveal about a culture? Comparing attitudes towards privacy, education, dating, vacations, social roles and other issues can be quite revealing!

Littérature   The *Intégration* section of the chapter opens with a literary selection illustrating various genres—excerpts from novels, short stories, poems and scenes from plays—from diverse French-speaking countries—France, Canada, Cameroon, Senegal, Morocco and Martinique. Why literature? Because literature has a way of talking to the imagination and of enabling learners to overcome many linguistic obstacles. Carefully chosen and made accessible through manageable, enjoyable tasks, literary texts become the culminating point of the chapter, synthesizing the chapter's content and bringing closure to the theme in a motivating, innovative fashion.

Par écrit   This second part of *Intégration* is designed to help develop your writing skills in French through a process-oriented approach. It provides pre-writing support and opportunities to use new vocabulary, structures, and communicative strategies in a variety of ways.

- The *Avant d'écrire* section presents two writing strategies such as brainstorming, outlining, adding variety to sentences, or ordering a narrative. Each strategy is immediately reinforced in an *Application* exercise set off with a pen icon.
- The *Écrivez* section provides a wide range of writing tasks—interviews, letters, messages, photo captions, journal entries, and brief paragraphs—related to the chapter theme.

Vocabulaire actif   One of the challenges of discovering the language through real-world input is keeping track of active vocabulary. Convenient *Vocabulaire actif* boxes are placed throughout the chapter to help you take note of the new vocabulary as it is introduced in context. At the end of the chapter, all new active vocabulary, as well as expressions needed to understand the direction lines of activities, are listed and translated.

Reference Materials   The following materials provide students with useful reference tools throughout the course:

- *Maps*   On the front and back inside covers of the textbook, five vivid full-color maps show France, French territories around the world, and countries where French is spoken in Europe, Africa, the Americas, and the Caribbean.

- *Appendix*   The appendix contains conjugation charts of regular and irregular verbs.
- *End vocabularies*   French-English and English-French end vocabularies follow the conjugation charts. The French-English end vocabulary lists all active words and identifies the number of the chapter in which the word or phrase first appears. It also includes the classroom expressions vocabulary featured in the end-of-chapter *Vocabulaire actif* sections and all vocabulary included in the *À l'écoute, Lecture,* and *Littérature* input.

Supplementary Materials for the Student

The Student Audio CD/Cassette   A free copy of the sixty-minute audio CD or cassette containing the textbook's *À l'écoute* listening passages, the *Écoutez* pronunciation samples, and the items of the *Essayez!* exercises is packaged with each copy of the student's text. This recording is designed to maximize your exposure to the speech of native speakers from a variety of regions. It also allows you to listen to the recorded passages as often as you wish and to improve your pronunciation.

The Workbook/Laboratory Manual/Video Manual   The *Workbook* section of this manual provides structured, written practice of the materials introduced in the corresponding chapters and additional reading comprehension based on cultural and journalistic topics. Each chapter of the *Laboratory Manual,* designed for use with the audio program, contains pronunciation practice and a variety of listening comprehension tasks, all focused on the language presented in the chapter. The *Video Manual* section guides you through the thirteen modules of the **Mais oui!** Video with activities structured to help you understand authentic speech one step at a time. An *Answer Key* for *Workbook, Laboratory Manual,* and *Video Activities* is provided for self-correction.

The Audio Program   The complete Audio Program that accompanies the *Laboratory Manual* section of the **Mais oui!** Workbook/Laboratory Manual/Video Manual is available for student purchase (in the form of audio CDs or cassettes). It includes the *À l'écoute* listening passages, the pronunciation exercises, and the recorded materials for the listening comprehension activities and dictations.

The *Mais oui!* CD-ROM   This interactive CD-ROM features unrehearsed interviews with native speakers focused on the topics of the corresponding textbook chapters. For each interview, two or four activities provide you with opportunities to interact further with the oral text and practice all four skills. Listening comprehension is checked through multiple-choice questions and a click-and-drag activity. An interactive speaking task asks you to answer the questions of the native speaker, record your voice, and listen to your "conversation." A writing task focuses on the same topic and provides cues and helpful hints related to vocabulary and structures in the chapter. You can print out this writing assignment and hand it in to your instructor.

The *Mais oui!* Web Site   Cues to Web Activities are included on the *Culture et réflexion* page. To access the **Mais oui!** Web Site, select *French* at the Houghton Mifflin College Division home page, http://www.hmco.com/college/. Here, under Web Activities, you will find several links to web sites and related activities that will help you explore further the topics of the *Culture et réflexion* section. After completing the activities, you will share your findings and discuss them with fellow students in class.

The *Mais oui!* Video   The complete **Mais oui!** Video is available for student purchase at an attractive, discounted price.

The *Mais oui!* **Computer Study Modules 2.0**   Available in Macintosh®, and Windows® versions, this software provides computer-aided practice correlated to the chapters of the textbook.

A Final Word

We hope that instructors and students alike will find their experience with **Mais oui!** enjoyable, rewarding, and motivating and that the meaning of *Mais oui!*—"But of course! It's logical! I understand!"—will become the watchword of students' success.

Acknowledgments

A book is the work of many people: its authors, yes, but also those who have accepted its concept, bettered its manner of expression, and nurtured its development. For this we thank Kristina Baer, Beth Kramer, Cécile Strugnell, Rosemary Jaffe, and the whole team at Houghton Mifflin. They have shared our vision, supported our efforts, and provided invaluable guidance.

We also wish to thank the following colleagues for the many useful suggestions they offered in their reviews of **Mais oui!** during various stages of development:

Laura Anderson, University of Wisconsin, Platteville
Patricia Applevich, University of Waterloo
Karen S. Begley, Asbury College
Michelle Chilcoat, Colby College
Robert R. Daniel, Saint Joseph's University
Robert G. Erickson, Brigham Young University
Scarlett Gani, Los Angeles Pierce College
Dr. Lana E. Hamon, Drew University
Mary Jane Highfield, Cornell University
Catherine A. Jolivet, George Washington University
Jacqueline Konan, Columbus State University
Anna Krauth, College of Charleston
Dr. Michèle K. Langford, Pepperdine University
Véronique Maisier, Southern Illinois University
Patricia Kyle Mosele, Michigan State University
Renée Norrell, Birmingham-Southern College
Dr. Genevieve M. Peden, Eastern Michigan University
Dr. Norman R. Savoie, Utah State University
Jacqueline Simons, University of California, Santa Barbara
Dana Strand, Carleton College
Colette Theallier, Trident Technical College
Bonnie L. Youngs, Carnegie Mellon University

Finally, we want to express our appreciation to our families (Bill Thompson, Nick, Erica, and Natalie; Bob Phillips and Jonathan), whose patience, confidence, and love sustain us. We dedicate this book to them.

Chantal P. Thompson
Elaine M. Phillips

Scope and Sequence

Langue

Langue

Langue

Langue

Langue

Bonjour!

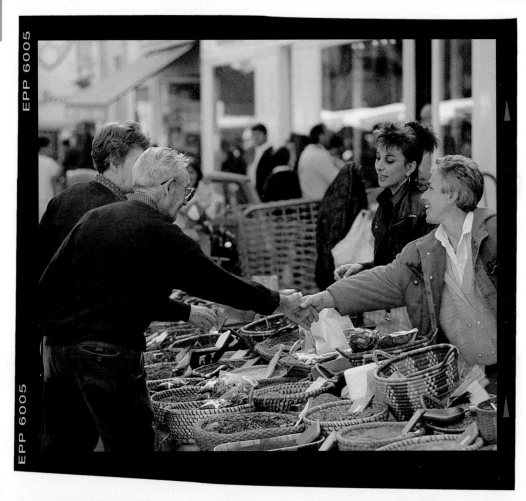

What do you think
these people are
saying to one
another?

This chapter will enable you to
* **understand an announcement and a short conversation at an airport**
* **understand basic classroom terms**

* **greet people formally and informally**
* **introduce people**
* **spell in French**
* **identify people and things**

À l'écoute: Attention!

You are about to listen to an audio segment on the student audio CD that is shrink-wrapped with your text. You will hear an announcement made over the public address system at a French airport. Prepare yourself by doing the activity that follows.

Avant d'écouter

1 Imagine that you are at a French airport, and someone is being paged. What do you expect to hear in this announcement?

 Attention!   Before you listen to the announcement, read the numbered tasks outlined in the **Écoutons** section below. You will probably not understand everything you hear, but these tasks will guide you step by step. For each task, focus only on what you are asked to do. As you learn various strategies for listening, authentic speech will become increasingly easier for you to understand.

Écoutons

Audio CD

2 Listen a first time and check the information you had anticipated in **Avant d'écouter** that is actually mentioned in the announcement.

3 Listen again. In the following list, circle the words used in the announcement, and then guess their meaning.

attention	merci	s'il vous plaît
Monsieur	Madame	Mademoiselle
bureau	compagnie	société
Air France	Airbus	Air Inter

L'aéroport international de Nice.

4 Listen a final time to infer the meaning of **est priée de se présenter** from the following choices.

    a. is asked to call
    b. is asked to come in person
    c. is asked to give a present

À l'écoute: Votre nom?

Avant d'écouter

1 The woman being paged comes to the airline counter. What do you expect will be included in the conversation?

Écoutons

Audio CD

2 Listen a first time and check the information you had anticipated in **Avant d'écouter.** What is actually included in the conversation?

3 Listen again. Match the French expressions on the left with the categories on the right.

    1. je suis   a. greetings
    2. au revoir   b. identifying oneself
    3. bonjour   c. thanking
    4. merci   d. leave-taking

4 Now that you have heard the conversation twice, indicate why the woman is being paged.

    a. There was a message for her.
    b. There was a problem with her ticket.
    c. She had lost her passport.

5 Listen a final time, paying close attention to the woman's name. How is it spelled? Unscramble the following letters to spell her name.

    U E A H S D C Y N

6 In English, we use *um* as a pause filler in conversation. Having heard this conversation three times, can you identify the pause filler that French speakers use to mark hesitation?

Notes culturelles

«Bonjour, madame.»   In formal situations, French people generally add **monsieur, madame,** or **mademoiselle** (abbreviated **M., Mme,** and **Mlle** respectively) to **bonjour, au revoir,** and **merci.** Note that the last name is not used.

Salutations et gestes.   When greeting or saying good-bye to a colleague or an acquaintance, French people always shake hands. Close friends and family members exchange kisses on the cheeks **(des bises)**—two, three, or even four kisses, depending on regional customs.

Au revoir? If you expect to see the person again in the near future, you may say **À bientôt!** *(See you soon!)* instead of **au revoir**. To say good-bye, French Canadians may say **bonjour** or **salut** rather than **au revoir**.

Merci et la politesse. **Je vous en prie** is a formal way to say *you're welcome*. **De rien** or **il n'y a pas de quoi** are less formal. French Canadians use the expression **Bienvenue!** *(Welcome!)*

STRATÉGIE DE COMMUNICATION
Greetings, introductions, and basic courtesy

Greetings and introductions in French, as in English, usually involve a great deal of social ritual. Study the examples that follow; then answer the following questions.

- In formal situations, do French speakers use **tu** or **vous?**
- What expressions are used to do the following?

All vocabulary introduced in **Stratégie de communication** is active vocabulary.

Greet a new student
Give your name and find out his
Introduce him to a classmate
Respond to an elderly neighbor's greeting
Ask how she is doing
Say you're doing fine

VOCABULAIRE ACTIF
à bientôt
au revoir
bonjour
de rien
il n'y a pas de quoi
je suis
je vous en prie
madame
mademoiselle
merci
monsieur
s'il vous plaît

- What are the French equivalents for the following expressions?

name	first name	last name
My name is . . .	Good evening.	I'm fine.
Not too good.	And you? *(formal)*	And you? *(informal)*

— Bonjour, madame. Comment allez-vous?
— Je vais bien, merci. Et vous?
— Très bien, merci.

— Bonsoir, monsieur. Vous allez bien?
— Oh, comme ci comme ça... les rhumatismes, vous savez...

— Salut! Ça va?
— Oui, et toi?
— Ça va!

— Simone, je vous présente
   Monsieur LeBlanc. Monsieur
   LeBlanc, Madame Bichon.
— Enchanté, madame.
— Enchantée.

— Tiens, Claire, je te présente
   Naima.
— Bonjour.

— Bonjour, monsieur. Comment
   vous appelez-vous?
— Je m'appelle Cacharel.
— Pardon? Votre nom?
— Cacharel.
— Votre prénom?
— Alain.

— Comment tu t'appelles?
— Mohammed.
— Et ton nom de famille?
— Belhaj. Mohammed Belhaj.

Greetings and introductions

To greet someone	To respond
formel Bonjour, madame.	Bonjour, monsieur.
familier Salut, Jean.	Bonsoir, Marie.

To ask how someone's doing	To respond
formel Comment allez-vous? Vous allez bien?	Je vais bien, merci. Et vous? Très bien, merci. Et vous? Comme ci comme ça.
familier Comment vas-tu? Comment ça va?	Ça va bien, et toi? Oh, pas mal. Comme ci comme ça. Et toi?

To introduce someone	To respond
formel Je vous présente...	Enchanté(e). Bonjour, monsieur (madame).
familier Je te présente...	Bonjour.

To ask someone's name	To respond
formel Comment vous appelez-vous? Votre nom? / Votre prénom?	Je m'appelle... Cacharel. / Alain.
familier Comment tu t'appelles? Ton nom? / Ton nom de famille?	Je m'appelle... Mohammed. / Belhaj.

ACTIVITÉS

A. Options.   Choose the most appropriate response to the following.

1. Comment vous appelez-vous?

   _____ Très bien, merci.   _____ Je m'appelle Caroline.

2. Je vous présente Monsieur Carel.

   _____ Il n'y a pas de quoi.   _____ Enchanté.

3. Comment allez-vous?

   _____ Ça va bien.   _____ Je vais bien, merci.

4. Ton prénom?

   _____ Jacques.   _____ Chirac.

5. Bonjour, mademoiselle.

   _____ Bonjour, monsieur.   _____ Salut.

6. Merci, monsieur.

   _____ Comme ci comme ça.   _____ Je vous en prie.

7. Au revoir, Caroline.

   _____ À bientôt!   _____ De rien.

Note culturelle

Tu ou vous?   The decision to use **tu** or **vous** is often a delicate one, even for native speakers of French. In general, the pronoun **tu** is used in familiar contexts (with family, friends, children, and students your own age). Use **vous** with people you address by their last name, new acquaintances, people with whom you maintain a professional distance, or people who are older than you. French Canadians use **tu** more readily than the French, as do younger people throughout the francophone world. However, if you have any doubt, use **vous**!

B. Complétez.   Now complete the following dialogues with the appropriate expressions.

1. — _____ , monsieur.

    — _____ , madame,

    _____ ?

    — _____ !

2. — _____ ?

    — Samuel.

    — _____ ?

    — Beynet.

3. — _____ ?

    — _____ Letort.

    — _____ ?

    — Suzanne. Suzanne Letort.

4. — Salut, Michelle,

    _____ ?

    — Oui, _____ ?

    — _____ , je suis fatiguée...

5. — Paul, _____ Jean-
Michel. Jean-Michel, Paul.

— _____ .

— _____ .

6. — Charles, _____
Madame Beynet. Madame
Beynet, Monsieur Duval.

— _____ , madame.

— _____ , monsieur.

STRATÉGIE DE COMMUNICATION
Spelling in French

When you meet new people, you may need to spell your name or ask them to
spell their names **(Comment ça s'écrit?)**. Although French and English use the
same alphabet, the sounds corresponding to many of the letters are different.

A	B	C	D	E	F	G	H	I	J	K	L	M
[a]	[be]	[se]	[de]	[ə]	[ɛf]	[ʒe]	[aʃ]	[i]	[ʒi]	[ka]	[ɛl]	[ɛm]

N	O	P	Q	R	S	T	U	V	W	X	Y	Z
[ɛn]	[o]	[pe]	[ky]	[ɛr]	[ɛs]	[te]	[y]	[ve]	[dublə ve]	[iks]	[i grɛk]	[zɛd]

accent aigu	André
accent grave	Irène
accent circonflexe	Benoît
c cédille	François
tréma	Joëlle
trait d'union	Marie-France, Jean-Paul
apostrophe	M'hammed

ACTIVITÉS

C. C'est qui? Stand with your classmates and listen carefully as your
teacher spells a name—either a first name or a last name. Sit down when
you are sure s/he is *not* spelling *your* name.

D. Comment ça s'écrit? You are making tour reservations for a group of
tourists. Spell out their names to make sure there are no mistakes!

1. Jean-Pierre Segond   3. Mariama Bâ   5. Hélène Leroux
2. Yambo Hazoumé   4. Françoise Gracq   6. Aïcha Al'Kassem

E. Faisons connaissance. Circulate in the class, exchanging greetings and
asking people's first and last names and how they spell their names.
Arrange the names alphabetically. Does your list match the teacher's roll?

CULTURE ET RÉFLEXION

■ **Les salutations et les gestes.**   Greetings and leave-takings in France and many francophone countries must include physical contact. As mentioned in the **Note culturelle** on pages 3–4, close friends and family members exchange **des bises** (kisses on the cheeks). Colleagues and acquaintances shake hands, and if one's hands are dirty or holding other things, a finger, wrist, elbow, or arm is offered to shake instead. Some type of physical salutation must be offered to each individual present in order to be polite; when leaving a group of ten or twelve people, for example, each person in the group would receive a handshake or a kiss, even if doing so is time consuming! A bank director in Paris reports that he clocks 20 minutes of handshaking per day for most of his personnel.[1] You shake hello, and you shake good-bye, adding the first name of the person if you are on first-name terms (**«Bonjour, Martine,» «Au revoir, Robert»**) or adding **madame** or **monsieur** with formal acquaintances or strangers.

Do you usually shake hands when you meet someone for the first time? When you meet a friend or acquaintance in a public place? Do you exchange hugs or kisses when you greet or leave family members in the morning or at night? In what situations do such greetings make you feel uncomfortable? What does the presence or the absence of physical contact

Les bises rituelles. Bonjour, Carine!

during greetings and leave-takings reveal about a culture?

■ **Le sourire.** Nothing separates Americans and French people more than their smile codes.[2] Americans smile to strangers; French people don't. This may explain why tourists sometimes label the French as rude and arrogant. True, the French don't smile without a reason, and stumbling into someone's stare is not one of them. Smiles usually come if you bump into each other by mistake, or if you both witness an event worth smiling at, but when you walk down the street or sit in the subway **(le métro),** don't take the French **mine d'enterrement** (funereal expression) personally! How do you feel

La poignée de mains—une obligation culturelle.

about smiling to strangers? Is it hypocritical? Does it banalize the smile?

---

[1]Polly Platt, *French or Foe* (London: Culture Crossings, 1998), p. 34.   [2]Ibid, p. 24.

À l'écoute: La salle de classe

You will watch and listen as your teacher points out and names items around the classroom. But first prepare yourself by reading these explanations.

Avant d'écouter

In French, nouns are either feminine or masculine. **Accent,** for example, is masculine—**un accent; apostrophe** is feminine—**une apostrophe.** The article that accompanies the noun indicates its gender; **un** is used with masculine nouns, **une** with feminine nouns.

Écoutons

1 First, simply watch and listen to your teacher. What are the French names for some familiar classroom items? Which article goes with each name?

2 Listen again, and repeat each word with its article.

3 Now look at the following picture and words, and match the number of each item with its name.

VOCABULAIRE ACTIF
La salle de classe
   un livre…, etc.

_____ un livre
_____ un cahier
_____ une feuille
    de papier
_____ un crayon
_____ un stylo
_____ une gomme
_____ un bureau
_____ une chaise

_____ une serviette
_____ un tableau
_____ un morceau
    de craie
_____ une porte
_____ une fenêtre
_____ un mur
_____ un étudiant
_____ une étudiante

_____ un professeur
_____ un sac à dos
_____ une carte
_____ une cassette
_____ un CD
_____ un classeur
_____ une horloge
_____ une table

STRUCTURES: Identifying people and things (I)

*Les expressions **Qu'est-ce que c'est? Qui est-ce?** • **C'est / Ce sont** • Le genre et le nombre • Les articles indéfinis*

Observez et déduisez

— Qu'est-ce que c'est?

— Qui est-ce?

VOCABULAIRE ACTIF
c'est / ce sont
des
Qu'est-ce que c'est?
Qui est-ce?
un / une

— C'est un bureau.

— C'est un professeur.

— Ce sont des chaises.

— Ce sont des étudiants.

Always cover the **Vérifiez** section before answering the questions in **Observez et déduisez.**

- Which question refers to people? Which question refers to things?
- What expression is used to identify one person or thing? What expression is used to identify more than one person or thing?
- What is the plural form of **un?** of **une?** How is a noun made plural?

Vérifiez *Les expressions **Qu'est-ce que c'est? Qui est-ce?***

- Use **qui est-ce?** to ask about a person. Use **qu'est-ce que c'est?** to ask about a thing.

*L'expression **C'est / Ce sont***

- Use **c'est un (une)** to identify one person or thing. Use **ce sont des** to identify more than one person or thing.

Le genre et le nombre

- In French, nouns usually occur with articles that indicate number (singular or plural) and gender (masculine or feminine). Most nouns form their plural by adding an **-s,** but since the plural **-s** never changes the pronunciation of a word, you must listen carefully to the article to determine number.

■ As you saw in **À l'écoute,** all nouns—even inanimate objects—have gender. Since gender distinction cannot always be determined logically, it is best to associate each noun you learn with an appropriate article: **une porte** rather than just **porte.**

Les articles indéfinis

■ The indefinite articles **un** and **une** correspond to *a/an* in English and are used with nouns identifying things that can be counted. **Un** is used with masculine singular nouns, and **une** with feminine singular nouns.

      un classeur   **une** gomme

■ **Des** *(some, any)* is the indefinite article for all plural nouns, masculine *and* feminine. In French, the article *must* be expressed.

      Ce sont **des** stylos et **des** crayons.   *These are (some) pens and pencils.*

ACTIVITÉS

F. Chassez l'intrus.   Find the word in each line that does not belong with the others.

    1. un stylo, un crayon, un morceau de craie, un cahier
    2. un mur, un sac à dos, une porte, une fenêtre
    3. une serviette, un étudiant, un professeur, une étudiante
    4. un livre, une gomme, un classeur, une feuille de papier

G. Identifiez.   Point to an object or person in the room and ask a classmate what or who it is. Respond when someone asks you a question.

  ➡ — Qu'est-ce que c'est?   — Qui est-ce?
     — C'est une fenêtre.   — C'est Marie.

H. Singulier? Pluriel?   Change the following expressions to the singular or the plural.

  ➡ C'est un professeur.   *Ce sont des professeurs.*
    Ce sont des étudiantes.   *C'est une étudiante.*

    1. C'est une gomme.   5. C'est un mur.
    2. C'est un sac à dos.   6. Ce sont des cartes.
    3. Ce sont des CD.   7. C'est une fenêtre.
    4. Ce sont des serviettes.   8. Ce sont des horloges.

VOCABULAIRE

Expressions pour la classe

All vocabulary introduced in **Vocabulaire** is active vocabulary.

■ Study the following expressions and divide them into two categories: those you would most likely hear the teacher say and those you would most likely hear a student say.

Ouvrez vos livres.	*Open your books.*
Fermez vos livres.	*Close your books.*
Prenez une feuille de papier.	*Take out a sheet of paper.*
Écrivez (la phrase, le mot).	*Write (the sentence, the word).*
Lisez (les instructions, le chapitre).	*Read (the instructions, the chapter).*
Écoutez (le professeur, la cassette, la réponse).	*Listen (to the teacher, the cassette, the answer).*
Comment?	*What?*
Répétez, s'il vous plaît.	*Please repeat.*
Vous comprenez?	*Do you understand?*
(Oui) Je comprends.	*(Yes) I understand.*
(Non) Je ne comprends pas.	*(No) I don't understand.*
Comment dit-on ... en français?	*How do you say . . . in French?*
Je ne sais pas.	*I don't know.*
Que veut dire... ?	*What does . . . mean?*
Comment ça s'écrit?	*How is that spelled?*

Les nombres

0	zéro	6	six
1	un(e)	7	sept
2	deux	8	huit
3	trois	9	neuf
4	quatre	10	dix
5	cinq		

ACTIVITÉS

I. Options.   Choose the most logical completion for each sentence beginning.

1. Écrivez...

   _____ le livre   _____ le mot   _____ le mur

2. Prenez...

   _____ la réponse   _____ un crayon   _____ les instructions

3. Ouvrez...

   _____ la porte   _____ la cassette   _____ la chaise

4. Écoutez...

   _____ les instructions   _____ le chapitre   _____ le livre

5. Lisez...

   _____ le professeur   _____ la phrase   _____ le CD

J. Complétez les phrases. Look back at the commands in activity I. With a partner, find as many ways as you can to complete each sentence.

➡ Fermez...
   Fermez la porte, le livre, le cahier, la fenêtre, le sac à dos...

K. Expressions pour la classe. Using the classroom expressions and commands above, decide what you or the teacher should say in the following situations.

1. You want to know how to say *homework* in French.
2. You can't hear what the teacher is saying.
3. You don't understand an explanation.
4. You don't know the answer to a question.
5. The teacher wants to know if you understand a question.
6. The teacher wants you to open your book.
7. The teacher wants you to take out a pen.
8. The teacher wants you to listen to the cassette tape.
9. You want to know how to spell something.

L. Combien? Listen to the instructor and write down the correct number of the items mentioned. Cross out the **-s** on any word that is not plural.

_____ horloges		_____ tables	
_____ classeurs		_____ fenêtres	
_____ crayons		_____ feuilles de papier	
_____ cassettes		_____ cahiers	
_____ étudiantes		_____ serviettes	
_____ sacs à dos		_____ murs	

M. Votre salle de classe. Say how many of the following items are in your classroom: portes? fenêtres? murs? professeurs? CD? tables? horloges? cartes? tableaux? morceaux de craie?

VOCABULAIRE ACTIF

Les salutations *(Greetings)*

FORMEL

Bonjour / Bonsoir, monsieur / madame / mademoi-selle. *Hello / Good evening, sir / ma'am / miss.*
Comment allez-vous? / Vous allez bien? *How are you? / Are you well?*
Je vais bien, merci. Et vous? *I'm fine, thank you. And you?*
Très bien, merci. *Very well, thank you.*

FAMILIER

Salut, Robert! *Hi, Robert!*
Comment ça va? / Comment vas-tu? *How are you?*
Ça va? *How is it going?*
Oui, et toi? *Fine, how about you?*
Ça va (bien)! *I'm fine!*
Oh, pas mal. *Oh, not bad.*
Comme ci comme ça. *So-so.*

Le nom *(Name)*

FORMEL | | **FAMILIER**

Comment vous appelez-vous? *What's your name?*   Comment tu t'appelles?
Votre nom? *Your last name?*   Ton nom de famille?
Votre prénom? *Your first name?*
Je m'appelle... / Je suis... *My name is . . .*
Comment s'appelle-t-il / elle? *What's his / her name?*

Les présentations *(Introductions)*

FORMEL | **FAMILIER**

Je vous présente... *May I introduce . . .*   Je te présente... *This is . . .*
Enchanté(e). *Pleased to meet you.*   Bonjour! *Hello / Glad to meet you.*

Les formules de politesse *(Polite expressions)*

S'il vous plaît / S'il te plaît *Please*
Merci (monsieur / madame / mademoiselle) *Thank you (sir / ma'am / miss)*
Je vous en prie (je t'en prie) / De rien / Il n'y a pas de quoi *You're welcome*

Pour partir *(Leave-taking)*

Au revoir (monsieur / madame / mademoiselle) *Good-bye*
A bientôt *See you soon*

Pour hésiter

euh...

Pour demander une répétition

Pardon? Comment? *Pardon me? What?*

Comment ça s'écrit?

Les lettres de l'alphabet   une cédille   un trait d'union
un accent aigu / grave / circonflexe   une apostrophe   un tréma

La salle de classe

un bureau *a desk*   une horloge *a clock*
un cahier *a notebook*   un livre *a book*
une carte *a map*   un morceau de craie *a piece of chalk*
une cassette   un mur *a wall*
un CD   une porte *a door*
une chaise *a chair*   un professeur *a teacher*
un classeur *a binder*   un sac à dos *a backpack*
un crayon *a pencil*   une serviette *a briefcase*
un étudiant / une étudiante *a student*   un stylo *a pen*
une fenêtre *a window*   une table
une feuille de papier *a sheet of paper*   un tableau *a blackboard*
une gomme *an eraser*

Les nombres

zéro	quatre	huit
un	cinq	neuf
deux	six	dix
trois	sept	

Les articles indéfinis

un / une *a, an*
des *some*

Questions

Qu'est-ce que c'est? *What is it?*
Qui est-ce? *Who is it?*

Expressions verbales

C'est / Ce sont *It is, this is, these are*

EXPRESSIONS POUR LA CLASSE

Ouvrez vos livres (à la page...) *Turn to page . . .*
Fermez vos livres. *Close your books.*
Prenez une feuille de papier. *Take out a sheet of paper.*
Écrivez (la phrase, le mot) *Write down (the sentence, the word)*
Comment? *What?*
Complétez... / Devinez... / Identifiez... *Complete . . . / Guess . . . / Identify . . .*
Lisez (les instructions, le chapitre). *Read (the instructions, the chapter).*

Écoutez (le professeur, la réponse). *Listen (to the teacher, the answer).*
Répétez, s'il vous plaît. *Repeat, please.*
Vous comprenez? (Oui / Non) *Do you understand? (Yes / No)*
Je comprends / Je ne comprends pas. *I understand / I don't understand.*
Comment dit-on... (en français)? *How do you say . . . (in French)?*
Que veut dire... ? *What does . . . mean?*
Je ne sais pas. *I don't know.*
Singulier / Pluriel *Singular / Plural*

Qui êtes-vous?

EPP 6005

Qui sont-ils?

Quelle est leur profession?

Quelle est leur nationalité?

Comment sont-ils?

Et vous?

Qui êtes-vous?

Comment êtes-vous?

This chapter will enable you to
- **understand some riddles and a brief conversation between native speakers**
- **read a French cartoon and a mini-play**
- **identify and describe yourself and others**
- **ask and answer yes/no questions**
- **discuss where people are from**

Première étape

À l'écoute: Qui suis-je?

As you listen to the student audio CD, you will hear some famous people introduce themselves, then ask **Qui suis-je?** *(Who am I?)*. Try to guess who they are.

Avant d'écouter

1 In a guessing game about famous people's identity, what clues are you
likely to hear?

Écoutons

Audio CD

Attention!   As you listen to this segment, remember that you don't need
to understand every word. Before the first listening, read task 2 and focus
only on what you are asked to listen for. Then read task 3 and listen again
with that task in mind. Repeat the process for the other tasks. One step at
a time, your ability to understand will increase.

2 Listen first to determine how many of the descriptions mention nationality.
What are those nationalities? Circle them in the following list.

allemand / allemande
anglais / anglaise
français / française
espagnol / espagnole
canadien / canadienne
belge
américain / américaine
chinois / chinoise
japonais / japonaise
africain / africaine
italien / italienne
russe

3 Listen again. Circle the occupations mentioned.

avocat / avocate   acteur / actrice
médecin   écrivain
musicien / musicienne   politicien / politicienne
chanteur / chanteuse   journaliste
peintre

4 Listen for the following words. Using the context and logic, can you guess
their meaning?

la femme (Je suis **la femme** d'un président.)
l'auteur (Je suis **l'auteur**...)

5 Listen a final time to decide who each person is. Be ready to justify your answers.

1.	a. G. Depardieu	b. C. Deneuve	c. Madame Curie
2.	a. Renoir	b. Picasso	c. Botticelli
3.	a. Mozart	b. Bach	c. Tchaïkovski
4.	a. Victor Hugo	b. Cervantes	c. Shakespeare
5.	a. Hillary Clinton	b. Jane Fonda	c. George Bush
6.	a. Tolstoï	b. Mao Zedong	c. Boris Eltsine

Prononciation   *Les consonnes finales et la liaison*

Écoutez   Listen to the following sentences on the student audio CD, paying close attention to the pronunciation of the words in bold. You will hear the pairs of
Audio CD   sentences twice. Then, turn off the CD and answer the two questions that follow.

> Je **suis française**; je **suis actrice.**
> Je **suis français**; je **suis un** peintre impressionniste.

1. When is the **s** of **français / française** pronounced?
2. What happens when **suis** is followed by a word beginning with a vowel?

Note the following rules.

■ Consonants at the end of words are generally silent.

> Je suiş françaiş.

■ When a word ends with a consonant + **e,** the consonant is pronounced.

> avocaʈ   avoca<u>te</u>

■ Note that an **s** between two vowels is pronounced [z].

> françai<u>se</u>

■ When a final consonant that is normally silent is followed by a word beginning with a vowel, it is often pronounced as part of the next word. This linking of two words is called **liaison.**

> Je suis‿actrice.
> Je suis‿un peintre impressionniste.

Essayez! *(Try it!)*   In the following sentences, look at the final consonants in bold. Cross out the ones that should be silent, underline the ones that should be pronounced, and indicate the **liaisons** with a link mark (‿).

> ➡ Je sui<u>s</u>‿alleman**d.**

1. Je suis avocate.
2. Je suis la femme d'un président.
3. Comment allez-vous?
4. Comment vous appelez-vous?
5. C'est un étudiant.
6. Ce sont des étudiantes.

Now listen to the sentences on the student audio CD. Repeat each sentence, and listen again to verify your pronunciation.

STRUCTURES: Identifying oneself and others (I)
*Le verbe **être** et les pronoms sujets*

Observez et déduisez

VOCABULAIRE ACTIF
D'où es-tu?
D'où êtes-vous?
être (de)
voici
voilà

Qui suis-je? Je suis Cécile, une étudiante. Je suis d'Aurillac.

Et voici Léopold. Il est ingénieur; il est de Dakar.

Monsieur et Madame Bonal sont français. Ils sont de Saint-Simon.

Voilà Naïma. Elle est d'Alger.

- The verb **être** *(to be)* can be used to describe oneself and others and to say where someone is from. What forms of this verb do you see above?
- What word (pronoun) is used to refer to oneself? to a man? to a woman? to a man and a woman?

Vérifiez *Le verbe **être** et les pronoms sujets*

Le verbe être	
je suis	nous sommes
tu es	vous êtes
il / elle / on est	ils / elles sont

■ The pronoun **ils** refers to any group that includes a male; **elles** refers to groups composed of females only. You already know that **vous** is the formal *you*. It is also the plural *you*—both formal and familiar.

> Alors, Mike et Sally, vous êtes américains?

■ In spoken English, the noun *people* and the pronouns *one, you,* and *they* often refer to a general, unspecified person or group:

> To learn another language, *one* has to study regularly.
> If *you* are enthusiastic, language learning can be fun!
> If you travel to another country, *people* will appreciate your efforts to speak their language.
> In France, *they* are very proud of the French language.

In French, the pronoun **on** is used in these instances, and although it usually refers to a group of people, it requires a singular verb.

> En France, on parle *(speak)* français.

■ To tell what city someone is from, use the appropriate form of the verb **être** followed by **de** and the city. Use **d'où es-tu?** or **d'où êtes-vous?** to ask where someone is from.

> — D'où es-tu?   — D'où êtes-vous?
> — Je suis de Boston.   — Nous sommes de Montréal.

ACTIVITÉS

A. D'où sont-ils? Match the names in the column on the left with a logical city on the right.

Jacques Chirac	Salt Lake City
Boris Eltsine	Hollywood
Céline Dion	Londres
Julia Roberts et Demi Moore	Paris
Bill et Hillary Clinton	Québec
Spice Girls	Little Rock
Karl Malone et John Stockton	Moscou

Now say where these people are from.

> ➡ *Jacques Chirac? Il est de Paris.*

B. D'où es-tu? Conduct a survey to find out where your classmates are from. Make a list of the different hometowns represented in the class.

> ➡ *— D'où es-tu?*
> *— Je suis de Toronto. Et toi?*

STRUCTURES: Identifying oneself and others (II)
Le genre et le nombre

Observez et déduisez

1. Voilà Juliette. Elle est française. Elle est mécanicienne.

2. Mohammed est dentiste. Il est marocain.

3. Mariama est sénégalaise. Elle est ingénieur.

4. Voici María et Juan. Ils sont architectes. Ils sont mexicains.

■ You learned in the Chapitre préliminaire that, in French, nouns have gender (masculine or feminine) and number (singular or plural). The adjectives that describe them are also masculine or feminine, singular or plural. Keeping in mind the examples above and in the **À l'écoute** section on page 18, can you infer the feminine and plural forms of the following nouns and adjectives?

masculin singulier	masculin pluriel	féminin singulier	féminin pluriel
président			
secrétaire			
espagnol			
algérien			

Vérifiez *Le genre et le nombre*

VOCABULAIRE ACTIF

Professions
architecte
artiste
dentiste
ingénieur
mécanicien(ne)
président(e)
secrétaire

Nationalités
brésilien(ne)
marocain(e)
mexicain(e)
sénégalais(e)
suisse

■ Most adjectives and nouns can be made feminine by adding an **e** to the masculine form. This **e** is not pronounced, but the consonant that precedes it *is* pronounced. In most cases, you can listen for the sound of the final consonant to distinguish feminine from masculine.

> Il est présiden*t*. (final **t** *not* pronounced)   Elle est présiden<u>t</u>e. (final **t** *is* pronounced)

■ If the masculine form already ends with an unaccented **e**, there is no change for the feminine, and both are pronounced alike.

> Il est artiste (suisse).   Elle est artiste (suisse).

■ If the masculine form ends in **-ien,** the feminine ending is **-ienne.**

> Il est brésilien.   Elle est brésilienne.

■ The plurals of most nouns and adjectives are formed by adding an **-s** to the singular. However, there is no change if the singular already ends in an **s, x,** or **z.**

> Il est anglai<u>s</u>.   Ils sont anglai<u>s</u>.

■ Nouns ending in **-eau** form their plurals by adding an **-x.**

> un morceau de craie   des morceau<u>x</u> de craie

Notes culturelles

Le féminin des professions. Many professions were typically practiced by men only until fairly recently. Consequently, the masculine form of some professions is used for both sexes. To distinguish between a man and a woman, the word **femme** *(woman)* may be added: **une femme écrivain, une femme ingénieur.** In popular culture in France and more frequently in Canada, an **e** is sometimes added to the masculine form (**écrivaine, auteure**) but this usage is not yet widely accepted.

Professions et prestige? According to a recent survey, the occupations French people admired most were: medical doctor 56%, schoolteacher 27%, farmer 26%, business executive 21%, engineer 18%, judge 14%.

ACTIVITÉS

C. Des partenaires célèbres.   Identify the partners of the people on the left.

Elizabeth est anglaise.	Roxanne
Cyrano est français.	Juliette
Gretel est allemande.	Scarlett
Rhett est américain.	Philip
Carmen est espagnole.	Hänsel
Roméo est italien.	Don José

Now give the nationality of each partner, paying careful attention to pronunciation.

➡ *Clyde est américain; Bonnie est américaine aussi.*

D. Professions.   Identify the people below who have the same profession.

➡ *Juliette Binoche et Julia Roberts sont actrices.*

Johnny Cochran   Gérard Depardieu
Jacques Chirac   George Clooney
Hillary Clinton   Diane Sawyer
I. M. Pei   Céline Dion
Elizabeth Dole   Madonna
Peter Jennings   ?
Frank Lloyd Wright

Now name others who have the same professions.

➡ *Sophie Marceau est actrice aussi.*

E. Identité.   Identify the following people, giving their profession and nationality.

➡ *Margaret Thatcher est politicienne; elle est anglaise.*

1. Pablo Picasso
2. Luciano Pavarotti
3. Léopold Senghor
4. Madeleine Albright
5. Johann Wolfgang von Goethe

Jeu de rôle

Play the role of a "mystery person"—living or dead—and describe yourself.
Your classmates will try to guess your name. If they need an additional clue,
give them your first name.

➡ *Je suis français. Je suis de Paris. Je suis politicien. (Je m'appelle Jacques.)*

W
B

Deuxième étape

À l'écoute: Tu connais... ?

Tu connais Nicolas? *(Do you know Nicolas?)* When you're not sure who a certain person is, a description of that person can be helpful. As you listen to the student audio CD, you will hear two people talking about someone you will get to know in this chapter.

Avant d'écouter

1 Look at the pairs of adjectives below. They are opposites. Many of them are cognates **(mots apparentés),** that is, words that are similar in spelling and meaning to English words. Can you infer their meaning?

grand	petit	intéressant	ennuyeux
blond	brun	intelligent	bête, stupide
mince	fort, gros	optimiste	pessimiste
actif	paresseux, passif	patient	impatient
calme	nerveux	raisonnable	fou
égoïste	altruiste	riche	pauvre
fatigué	énergique	sympathique	désagréable
généreux	avare	timide	sociable
idéaliste	réaliste	triste	heureux
individualiste	conformiste	sérieux	amusant

Écoutons

Audio CD

2 As you listen to the conversation for the first time, look at the list of adjectives in **Avant d'écouter** and circle the ones that are mentioned.

3 **Un peu** *(a little)* and **très** *(very)* are adverbs used to modify adjectives. Listen to the conversation again, writing down how many times each adverb is mentioned.

4 Now focus on some new words **(des mots nouveaux).**

1. Listen to the conversation again. Listen for the words **le copain** and **un garçon.** From the context, which one do you think means *boy?* Which one means *friend?*
2. Listen once more. This time listen for the words **et, aussi,** and **mais.** Using the context and logic, can you guess which one introduces an opposite? Which ones introduce an additional item?

5 Listen to the conversation a final time in order to answer the question **Comment est Nicolas?** Listen for words that tell what Nicolas is like, and then describe him.

VOCABULAIRE ACTIF
Les adjectifs
    grand, petit, etc.
aussi
un copain
et
un garçon
mais
un peu
très

| Prononciation | *Le rythme et l'accentuation* |

■ In the acquisition of a good accent in French, even more important than the mastery of any particular sound is the development of proper habits as far as the rhythm of the language is concerned.

■ The rhythm of English is uneven:

Some SYLlables reCEIVE GREATer EMphasis than OTHers.

■ The rhythm of French, however, is very even. French words are spoken in groups, and each syllable but the last one receives equal emphasis. This accentuation in French is not a change in force, but a lengthening of the last syllable in the group and a change in intonation. Compare the following:

English: NIColas is inTELligent.
French: Nicolas est intelliGENT.

■ Word groups consist of short sentences or single ideas within longer sentences; punctuation and linking words such as **et** and **mais** generally indicate a word group.

Écoutez

Audio CD

Listen to the following sentences on the student audio CD, paying close attention to the rhythm you hear as each sentence is pronounced. Use a slash to indicate the end of word groups you hear and underline the accented syllables. Then turn off the student CD.

➡ Il est pe<u>tit</u>, / <u>brun</u>, / intelli<u>gent</u>... /

1. Non, non, au contraire! Il est très sociable et très actif, très amusant aussi...
2. C'est le copain d'Alceste?
3. Il est un peu fou, mais c'est un garçon très sympathique.

Now practice saying the sentences aloud, using the rhythm and accentuation you just indicated. Then, play the student audio CD again and listen to the sentences to verify your pronunciation.

Essayez!

Pronounce the following sentences to yourself, paying attention to word groups. Make sure you say each syllable evenly, and that you make the last syllable slightly longer.

1. Nicolas est français.
2. Nicolas est un garçon.
3. Nicolas est un garçon très amusant.
4. Alceste est grand.
5. Alceste est grand et fort.
6. Alceste est un peu paresseux, mais très sympathique.
7. Alceste est le copain de Nicolas.

Now listen to the sentences on the student audio CD. Repeat each sentence, and listen again to verify your pronunciation.

STRUCTURE: Describing people
L'accord des adjectifs

Le petit Nicolas

Marie-Edwige

Les copains

Observez et déduisez

Comment sont Nicolas et ses copains?

Nicolas est heureux et sportif.
Il adore le football.

Les copains de Nicolas sont paresseux?
Non, ils sont très actifs.

Marie-Edwige est heureuse. Louisette
est active! Elles sont sportives? nerveuses?

Louisette

■ What is the feminine form of masculine adjectives ending in **-f?** in **-x?**

■ When an adjective ends in **-x,** how is the plural formed?

■ How would you say that Nicolas's friends are athletic and happy?

Vérifiez *L'accord des adjectifs*

■ Masculine adjectives ending in **-f** and **-x** form their feminine in **-ve** and **-se** respectively.

Il est **sportif** et **sérieux.**   Elle est **sportive** et **sérieuse.**

■ The plural of adjectives ending in **-x** does not change.

Il est **ennuyeux.**   Ils sont **ennuyeux.**

■ Some adjectives have irregular feminine forms.

Il est **fou.**   Elle est **folle.**

L'accord des adjectifs			
masculin singulier	**masculin pluriel**	**féminin singulier**	**féminin pluriel**
grand	grand**s**	grand**e**	grand**es**
typique	typique**s**	typique	typique**s**
sportif	sportif**s**	sport**ive**	sport**ives**
ennuyeux	ennuyeu**x**	ennuyeu**se**	ennuyeu**ses**

ACTIVITÉS

A. Opinions. Listen as the teacher describes some of the following people. Decide if she or he is referring to the man or the woman in each pair. Check both, if the word can refer to the man *or* the woman. Do you agree with the descriptions?

			d'accord	**pas d'accord**
1.	＿＿＿ Louisette	＿＿＿ Nicolas	＿＿＿	＿＿＿
2.	＿＿＿ Oprah Winfrey	＿＿＿ Bill Gates	＿＿＿	＿＿＿
3.	＿＿＿ Martina Hingis	＿＿＿ Michael Jordan	＿＿＿	＿＿＿
4.	＿＿＿ Maya Angelou	＿＿＿ Dave Letterman	＿＿＿	＿＿＿
5.	＿＿＿ Martha Stewart	＿＿＿ Gregory Hines	＿＿＿	＿＿＿
6.	＿＿＿ Meg Ryan	＿＿＿ Tom Hanks	＿＿＿	＿＿＿
7.	＿＿＿ Rosie O'Donnell	＿＿＿ Jay Leno	＿＿＿	＿＿＿
8.	＿＿＿ Elizabeth Dole	＿＿＿ Bob Dole	＿＿＿	＿＿＿

B. C'est à vous de décider. Agree or disagree with the statements below and on page 29 based on the accompanying drawings. Correct the comments that are not accurate.

➡ Jacques est blond.
Oui, il est blond.
Jacques est brun.
Non, il est blond.

1. Jacqueline est blonde.   2. Paul est grand.   3. Pierre est sérieux.

4. Marie est énergique.   5. Annick est conformiste.   6. Paul est sociable.

7. Hélène est triste.   8. Babette est fatiguée.

C. Comment êtes-vous? How would you describe yourself?

➡ Tu es énergique?   *Oui, je suis énergique.*   ou   *Non, je suis fatigué(e).*

D. Comment sont-ils? With a partner, prepare a description of one of the following people.

1. Le professeur idéal
2. Le professeur typique
3. L'étudiant(e) idéal(e)
4. L'étudiant(e) typique
5. L'acteur/L'actrice idéal(e)
6. Le copain idéal
7. Le politicien typique
8. ?

E. Vrai ou faux? First write down some words that describe you and some that do not. Then share your "self-portrait" with a partner who will guess what is true and what is false.

➡ — *Je suis un peu paresseux.*
   — *C'est vrai.*   ou   — *Toi? Non, tu es très énergique!*

STRUCTURES: Identifying people and things (II)

Les articles définis

Observez et déduisez   Tu connais les copains de Nicolas?

Voilà Clotaire, le copain de Nicolas.
C'est un garçon heureux.

Et voici Louisette. C'est... euh...
la copine de Nicolas?

■ How do you account for the difference in the articles **le, la,** and **les** in the captions above?

Vérifiez   *Les articles définis*

VOCABULAIRE ACTIF

Les articles
  le, la, l', les
une copine
une dame
une femme
une fille
un homme
un monsieur

■ In French, the definite articles **le, la,** and **les** (*the* in English) agree in number and gender with the nouns they modify.

masculin:	le monsieur
féminin:	la dame, la femme, la fille
masc./fém. pluriel:	les copains, les copines, les étudiant(e)s

■ **Le** and **la** become **l'** when followed by a word beginning with a vowel sound. Since the letter **h** is usually silent in French, most words beginning with **h** take **l'.**

l'avocate   l'homme

■ The definite articles **le, la, l',** and **les** identify more specifically than the indefinite articles—**un, une, des**—that you studied in the last chapter.

Qu'est-ce que c'est?   C'est **un** livre. (*a book*)
                        C'est **le** livre (*the book*) de Nicolas.

Les articles		
	Articles définis	**Articles indéfinis**
masculin singulier	le, l'	un
féminin singulier	la, l'	une
masculin pluriel	les	des
féminin pluriel	les	des

ACTIVITÉS

F. Votre salle de classe. Point out various objects in the classroom, then say to whom they belong.

➡ *Voici **un** livre. C'est **le** livre de Nicolas!*

STRUCTURE: Identifying people and things (III)
*Les expressions **C'est / Il (Elle) est***

Observez et déduisez

Tu connais le monsieur là-bas *(over there)?* C'est un Français. C'est Monsieur Courteplaque, le papa de Marie-Edwige. Il est sérieux et intelligent. Et voilà la femme de Monsieur Courteplaque. Elle est française aussi. Elle est très sympathique. C'est une journaliste.

VOCABULAIRE ACTIF
là-bas

■ Is the expression **c'est** followed by a noun or an adjective? And the expression **il / elle est?**

Vérifiez *Les expressions **C'est / Il (Elle) est***

■ **Il / Elle est** is used with adjectives and is used to describe.

> **Il est** intelligent.   **Elles sont** actives.

■ **C'est** occurs with nouns and is used to identify. Except with proper names, use an article before the noun.

> **C'est** un étudiant.   **Ce sont** des filles.
> **C'est** Madame Courteplaque.

■ Nationalities can be either adjectives or nouns. When a nationality is an adjective, no article is used, and the word is *not* capitalized.

> Elle est française. *(adjective)*

When a nationality is a noun, an article must be used, and the word *is* capitalized.

> C'est **une** Française. *(noun)*

■ Professions are treated like adjectives when they follow **il (elle) est** or **ils (elles) sont.** *No* article is used.

> **Il est** professeur.   **Elle est** actrice.

With **c'est / ce sont,** professions are treated like nouns and must be preceded by an article.

> **C'est un** médecin.   **Ce sont des** avocates.

ACTIVITÉS

G. Vrai ou faux? Decide if the descriptions match the pictures. Correct the statements that do not match.

1. C'est une journaliste. Elle est triste.

2. Ce sont des copines. Elles sont paresseuses.

3. C'est une fille. Elle est énergique.

4. C'est le petit Nicolas. Il est sérieux.

5. Ce sont des hommes. Ils sont tristes.

6. Ce sont des acteurs. Ils sont amusants.

H. C'est? Il est? Which of the following expressions would you use with each word listed below?

c'est / ce sont   il / elle est   ils / elles sont

➡ une Espagnole   *C'est une Espagnole.*
petite   *Elle est petite.*

1. un homme
2. timide
3. écrivain
4. une Allemande
5. amusantes
6. des politiciens
7. désagréables
8. une femme
9. un cahier
10. des stylos

I. Qui est-ce? Identify and describe the following people using at least two adjectives you know.

➡ *C'est un professeur!*
Il est intelligent, amusant, énergique!

1.

2.

3.

4.

5.

6.

J. Un dessin *(drawing).* Draw a picture of someone—stick figures are okay! Invent character traits for this person, then identify and describe the picture to the class.

➡ *C'est une étudiante.*
Elle est sérieuse et intelligente.
Elle est fatiguée.
C'est la copine de Claire.

 Jeu de rôle

You and your classmate seem to have opposing opinions about a lot of different people! Role-play a scene in which you discuss the latest issue of *People* or another magazine. First make a list of the people you will discuss. For each opinion you express about someone on the list, your friend will disagree, and vice versa.

W
B

CULTURE ET RÉFLEXION

Internet

■ **L'identité québécoise.**
Settled by French explorers in 1534, the eastern part of Canada was known as **la Nouvelle-France** for over two centuries before Great Britain took it over in 1763. **Les Canadiens français,** however, held firmly to their language and traditions, forming the province of Quebec, the only French-speaking province in English-speaking Canada. Linguistic and cultural tensions between Anglophones and Francophones are still very much an issue, as many of the 7 million **Québécois** still talk of independence. What is a **Québécois(e)?** Here are a couple of answers from some **Québécois.** "Surrounded by English speakers, a **Québécois** defies cultural assimilation through personal inner strength—strong emotions, a strong will to preserve one's heritage, and a good sense of humor!" (I.L., student). "The **Québécois** can never rest on their laurels, for the survival of their culture is never assured. This pressure brings on a sense of insecurity at times, but most often an abundance of energy and creativity" (H.D.F., university professor). Let us imagine . . . If your neighborhood were the only one for miles around that spoke your language, how would it affect your lifestyle? What would you do to preserve your heritage?

■ **Nationalités et immigration.**
Like the United States, France has a long tradition of being a melting pot for immigrants from around the world who seek a new home in a democratic nation that professes **«liberté, égalité, fraternité»** for all. The most recent count estimated close to 4 million immigrants living in France, totaling 6.3% of the French population. Where do you think these immigrants come from? What influence do immigrants have on a culture? Give some specific examples from your own experience.

Au Québec, en français!

Un boucher algérien en France.

Troisième étape

Lecture: Le petit Nicolas est malade

Avant de lire

1 **Le petit Nicolas** is a popular cartoon character in France. As you look at the three cartoons below and on the next page, can you guess what this little schoolboy is up to? Do you think he is really sick **(vraiment malade)**?

2 As you have seen before, identifying cognates can greatly facilitate your comprehension. Before you actually read the text that accompanies the cartoons, can you pick out some words that look familiar? Considering those words, do you think the captions will confirm your guess above?

En général

The key to success in reading in a foreign language is the realization that you don't have to understand every word in order to understand the text. The best way to approach a text is first to skim over it to get a general idea, using cognates and familiar words as anchors.

3 Review the text and cartoons below and on the next page as you consider this question: **Quel est le problème de Nicolas?** (*What is Nicolas's problem?*) Check the correct answer(s).

_____ Il est vraiment malade.

_____ Il est allergique à l'école.

_____ Il est allergique au chocolat.

VOCABULAIRE ACTIF
allergique
le chocolat
l'école (f.)
malade
vraiment

Le petit Nicolas est malade

Pauvre Nicolas... Il est malade. Le médecin prescrit une journée de repos et surtout pas de chocolat.

Nicolas est malade? Hum... Est-ce qu'il est vraiment malade? ou est-il allergique à l'école?

Le copain de Nicolas vient lui rendre visite après l'école.
Alceste adore les chocolats mais il n'aime pas partager.
— Tu n'es pas vraiment malade, hein?
— Non, et je ne suis pas allergique au chocolat non plus...

Extrait de *Le petit Nicolas* (Jean-Jacques Sempé et René Goscinny)

En détail   Once you have a general idea of what the text is about, it is easier to infer the meaning of specific words and sentences.

4 **Les mots.**   Using the context as your guide, can you find the French words that express the following ideas?

1. a day of rest
2. no chocolate!
3. after school
4. but he doesn't like to share

5 **Le texte.**   Answer the following questions using sentences from the text.

1. Qu'est-ce que le médecin prescrit?
2. Le narrateur est sceptique *(skeptical).* Quelles sont les questions du narrateur?
3. Quel est le problème d'Alceste?
4. La visite d'Alceste: est-ce que Nicolas est heureux?

Et vous?   Have you ever skipped school? What excuse did you use? **(malade? fatigué(e)? une obligation familiale?)**

STRUCTURE: Asking questions
L'interrogation

Observez et déduisez   Nicolas est malade? Est-ce qu'il est vraiment malade? Ou est-il allergique à l'école?

> Look at the questions above. Find several ways to ask a question in French. How would you ask, "Is he allergic to chocolate?"

Vérifiez *L'interrogation*

■ The simplest and most common way to ask a question is to use rising intonation with a declarative statement.

Nicolas est malade.   Nicolas est malade?

■ **Est-ce que** (**Est-ce qu'** before a vowel) can also be added to the beginning of a statement to signal a question. This expression has no English equivalent.

Est-ce que Nicolas est malade?   **Est-ce qu'**il est vraiment malade?

■ If you seek a simple confirmation, a "tag" question such as **n'est-ce pas?** or **hein?** (familiar) can be added at the end of a declarative sentence.

Il est malade, **n'est-ce pas?**   *He's sick, isn't he?*
Tu es vraiment malade, **hein?**   *You're really sick, aren't you?*

■ A question can also be formed by inverting the subject pronoun and the verb, and placing a hyphen between them.

Est-il malade?   Sont-ils allergiques à l'école?

■ If the subject of the sentence is a noun, both the noun *and* a pronoun must be used, with the noun preceding the inverted pronoun and verb.

Nicolas est-il heureux?   Les étudiants sont-ils heureux?

■ Inversion is most often used in written and formal spoken French and occasionally in familiar speech for certain common questions such as **Comment vas-tu?** or **Comment t'appelles-tu?**

L'interrogation	
intonation	Nicolas est amusant?
est-ce que	Est-ce qu'il est amusant?
tag question	Il est amusant, n'est-ce pas?
inversion	(Nicolas) est-il amusant?

ACTIVITÉS

A. À mon avis. First give your opinion about your class and friends by checking either **oui** or **non** for the questions that follow.

	oui	non
1. La classe est intéressante, n'est-ce pas?	_____	_____
2. Est-ce que le professeur est patient?	_____	_____
3. Est-ce que les étudiants sont amusants?	_____	_____
4. Les étudiants et le professeur sont intelligents?	_____	_____
5. Tes copains et toi, êtes-vous heureux?	_____	_____
6. Tes copains sont sympathiques?	_____	_____

Now interview a partner, placing a second check mark beside his/her responses. Are your opinions the same or different?

B. Je suis...   Write down five adjectives that describe you, then ask questions to find your "soulmate"—a classmate who has listed the same five adjectives you have.

➡ *Est-ce que tu es patiente? Tu es sociable, n'est-ce pas? etc.*

Remember, you can only respond "yes" if the word is on your list!

STRUCTURE: Answering negatively
ne... pas

Observez et déduisez
— Tu n'es pas vraiment malade, hein?
— Non, et je ne suis pas allergique au chocolat non plus...

VOCABULAIRE ACTIF
ne... pas

- From the exchange above, can you infer how to answer a question negatively in French ?
- Can you answer the following question negatively?

  Est-ce que Nicolas est allergique à l'école?

Vérifiez   *ne... pas*

- A sentence is made negative by placing **ne** before the verb and **pas** after it.

  Je **ne** suis **pas** malade.

- **Ne** becomes **n'** before a vowel.

  Tu **n'**es **pas** vraiment malade, hein?

ACTIVITÉS

C. Vrai ou faux?   Decide if the following sentences are true or false. Correct the ones that are false. Add statements of your own and have classmates say if they are true or not.

➡ La maman de Nicolas est désagréable.
C'est faux. Elle n'est pas désagréable.

1. Nicolas est allergique à l'école.
2. Il est allergique au chocolat.
3. Il est amusant.
4. Il est grand.
5. Il est triste.
6. Alceste est timide.
7. Le médecin est blond.
8. ?

D. À la française.   The French tend to use understatements when they describe people and things. Agree with the sentences on the next page the way a French person might do.

➡ Nicolas est sociable.
C'est vrai. Il n'est pas timide!

1. Alceste est avare.
2. Louisette est sympathique.
3. Le professeur est intelligent.
4. Les étudiants de la classe sont actifs.
5. Mes copains sont sociables.

E. Madame Mystère.   Try to guess the identity of Madame Mystère. Only your instructor knows for sure!

➡ Est-ce que Madame Mystère est journaliste?
Non, elle n'est pas journaliste.

STRATÉGIE DE COMMUNICATION
Responding to questions and comments

In French, just as in English, you can respond noncommittally to questions and comments, or you can answer in the affirmative or the negative with various degrees of emphasis. Study these examples and find useful expressions to do the following:

- to add emphasis to **oui** or **non**
- to respond in the affirmative to a negative question
- to avoid a direct answer
- to say something is true (or not) for you also

— Comment est Nicolas? Il est amusant?
— Mais oui, bien sûr!
— Il n'est pas ennuyeux?
— Non, pas du tout!

— Louisette est sympathique, n'est-ce pas?
— Euh, ça dépend.

— Nicolas est allergique à l'école.
— Moi aussi!
— Mais il n'est pas allergique au chocolat.
— Moi non plus!

— Les copains de Nicolas ne sont pas actifs?
— Si, si! Ils sont très actifs!

Remember, all expressions introduced in the **Stratégie de Communication** sections are active vocabulary.

Responding to questions and comments

	Affirmative response	Negative response
Affirmative questions	Oui. Mais oui! Bien sûr!	Non. Mais non! Pas du tout!
Negative questions	Si, si. Mais si!	Non. Pas du tout! Mais non!
Remaining noncommittal	Ben, je ne sais pas... Peut-être... Euh, ça dépend.	
Affirming comments	Moi aussi.	Moi non plus.

ACTIVITÉS

F. Moi aussi! Moi non plus! Listen to the comments your instructor makes about himself or herself. Indicate if the statements are true for you also or not.

G. Opinions. Write five questions, then interview two partners to get their opinions. Answer their survey questions using expressions to agree or disagree.

➡ *Dennis Rodman est intéressant?*   *Mais oui! / Non, pas du tout!*

Share your group's questions and findings with the class.

Jeu de rôle

With two classmates, role-play a scene between roommates who are just getting to know one another. Ask questions to find out what your new roommates are like. Are you similar in personality or very different? Perform the scene for the class and let other students indicate if they think you'll get along. Use a variety of expressions to respond to your roommates' questions and to concur with their comments.

CD-ROM

Now that you have finished the Troisième étape of this chapter, do your Lab Manual activities with the audio program. Explore chapter topics further with the Mais oui! Video and CD-ROM. Viewing and comprehension activities are in the video section of your *Workbook/Lab Manual/Video Manual.*

Intégration

Littérature: L'accent grave

Jacques Prévert (1900–1977) was a popular French poet who chose to depict the modern world in its "ordinariness," with simplicity, understatements, and a delightful sense of humor. Several of his poems have been set to music. *L'accent grave* is a mini-play on words.

Avant de lire

1 One of the characters in the mini-play you are about to read is named Hamlet. When you think of Hamlet, what famous line comes to your mind? Can you predict which verb is likely to be a key word in this text?

2 An accent mark can make a big difference. Take the little word **ou:** without an accent, **ou** means *or;* with **un accent grave, où** means *where*. With a text entitled *L'accent grave*, and a character named Hamlet, what do you anticipate?

En général

Identifying the organization of a text can make comprehension easier. In this mini-play, who are the characters **(les personnages)?** What happens? Try to answer these questions as you read.

3 Look over the text, focusing on the characters. Who is talking to Hamlet? Using logic, can you infer the meaning of **l'élève?**

4 Now skim through the text paying attention to the action **(l'action).** Using words that you recognize and the punctuation as anchors, put the sequence of events in the proper order (1–7).

_____ Hamlet is startled.

_____ Hamlet plays on the meaning of the words **ou / où.**

_____ The teacher wants Hamlet to conjugate a verb.

___1___ The teacher calls on Hamlet.

_____ The teacher is unhappy with Hamlet.

_____ The teacher is *extremely* unhappy with Hamlet.

_____ Hamlet conjugates his favorite verb in an untraditional fashion.

L'accent grave

LE PROFESSEUR: Élève Hamlet!

L'ÉLÈVE HAMLET: *(sursautant)* ... Hein ... Quoi ... Pardon ... Qu'est-ce qui se passe ... Qu'est-ce qu'il y a ... Qu'est-ce que c'est?...

LE PROFESSEUR: *(mécontent)* Vous ne pouvez pas° répondre «présent» comme tout le monde°? Pas possible, vous êtes encore dans les nuages°.

L'ÉLÈVE HAMLET: Être ou ne pas être dans les nuages!

LE PROFESSEUR: Suffit. Pas tant de manières. Et conjuguez-moi le verbe être, comme tout le monde, c'est tout ce que je vous demande.

L'ÉLÈVE HAMLET: To be...

LE PROFESSEUR: En français, s'il vous plaît, comme tout le monde.

L'ÉLÈVE HAMLET: Bien, monsieur. *(Il conjugue:)*
Je suis ou je ne suis pas
Tu es ou tu n'es pas
Il est ou il n'est pas
Nous sommes ou nous ne sommes pas...

LE PROFESSEUR: *(excessivement mécontent)* Mais c'est vous qui n'y êtes pas°, mon pauvre ami!

L'ÉLÈVE HAMLET: C'est exact, monsieur le professeur,
Je suis «où» je ne suis pas
Et, dans le fond°, hein, à la réflexion,
Être «où» ne pas être
C'est peut-être° aussi la question.

*Side glosses:*

Vous... *Can't you*
comme... *like everyone else*
encore... *again in the clouds*

Mais... *But you are the one who's out of it*

dans... *in the end*

perhaps

En détail

5 **Expressions de surprise.**   Find in the text six ways to express surprise in French.

6 **Comme tout le monde...**   What are the three things the teacher wants Hamlet to do "like everyone else"?

7 **Deux mondes différents** *(Two different worlds).*   Where are the teacher and Hamlet? Check the answers in the grid below.

	le professeur		Hamlet	
	oui	non	oui	non
dans les nuages				
dans la réalité ordinaire				
dans le conformisme				
dans les réflexions philosophiques				

8 Etre *où* ne pas être... Complete the following sentences.

1. Physiquement, Hamlet est
   a. dans la salle de classe   b. dans les nuages

2. Mentalement, Hamlet est
   a. absent   b. présent

3. La situation est
   a. tragique   b. comique   c. tragique et comique

Et vous?   Do you ever feel like Hamlet? When do you feel like this? Why?

Par écrit: Celebrities in town!

Avant d'écrire

A. Strategy: Keeping purpose in mind. Each type of writing serves a purpose that influences what is included in the written text and what is not. If you were a newspaper reporter interviewing a celebrity, for example, you'd want to ask questions that would enable you to *inform* your readers.

Application. Jot down some questions that would get you the information your readers would want to know about an international star.

VOCABULAIRE ACTIF
ou

B. Strategy: Avoiding repetition. Use **et** and **aussi** to introduce an additional point and **mais** or **ou** to indicate contrast.

➡ Hamlet est amusant. Il est un peu paresseux. Il n'est pas bête.
   Hamlet est amusant et un peu paresseux aussi, mais il n'est pas bête.
   Vous êtes très raisonnable? Vous êtes un peu fou?
   Vous êtes très raisonnable ou un peu fou?

Application. Use the following words to write a sentence that avoids repetition by using **et, mais,** or **ou.** You may use negation as well.

Pierre / amusant / sympathique / heureux

ÉCRIVEZ

1. The pictures above represent famous people visiting your city. You, as chief reporter for the local newspaper, will interview them. Make a list

of questions you will ask the woman and a list of questions you will ask the man in order to inform your readers about who they are, where they're from, what they do professionally, and what they are like.

2. Imagine you have now interviewed the celebrities above. Write captions that will appear in the paper under each photo stating name, profession, hometown, and character traits for each.

➡ *Voici Mme Robert. C'est une Canadienne. Elle est de Montréal. Elle est musicienne et écrivain. Elle est grande et brune et très amusante, mais elle n'est pas sportive. Elle est un peu nerveuse.*

VOCABULAIRE ACTIF

Verbes / expressions verbales

être *to be*
Je suis de... *I'm from . . .*
Voici / Voilà *Here is / There is*
Tu connais... ? *Do you know (so and so)?*

Les nationalités

africain(e) *African*
algérien(ne) *Algerian*
allemand(e) *German*
américain(e) *American*
anglais(e) *English*

belge *Belgian*
brésilien(ne) *Brazilian*
canadien(ne) *Canadian*
chinois(e) *Chinese*
espagnol(e) *Spanish*

français(e) *French*
italien(ne) *Italian*
japonais(e) *Japanese*
marocain(e) *Moroccan*
mexicain(e) *Mexican*

russe *Russian*
sénégalais(e) *Senegalese*
suisse *Swiss*

Les professions

acteur / actrice *actor / actress*
architecte *architect*
artiste *artist*
avocat(e) *lawyer*

chanteur (chanteuse) *singer*
dentiste *dentist*
écrivain *writer*
ingénieur *engineer*

journaliste *journalist*
mécanicien(ne) *mechanic*
médecin *doctor*
musicien(ne) *musician*

peintre *painter*
politicien(ne) *politician*
président(e) *president*
secrétaire *secretary*

Les gens (People)

un copain / une copine *a friend, a pal*
un(e) élève *a student (elementary through high school)*
un garçon / une fille *a boy / a girl*

un homme / une femme *a man / a woman*
un monsieur / une dame *a gentleman / a lady*

Adjectifs pour décrire les gens

actif / active ≠ paresseux / paresseuse, passif / passive *active, lazy, passive*
allergique *allergic*
blond(e) ≠ brun(e) *blond, brunette*
calme ≠ nerveux / nerveuse *calm, nervous*
égoïste ≠ altruiste *selfish, altruistic*
fatigué(e) ≠ énergique *tired, energetic*
généreux / généreuse ≠ avare *generous, stingy*
grand(e) ≠ petit(e) *tall (big), short (small)*

idéal(e) ≠ typique *ideal, typical*
idéaliste ≠ réaliste *idealistic, realistic*
individualiste ≠ conformiste *nonconformist, conformist*
intelligent(e) ≠ bête, stupide *intelligent, stupid (dumb)*
intéressant(e) ≠ ennuyeux / ennuyeuse *interesting, boring*
malade *sick, ill*

mince ≠ fort(e), gros (grosse) *thin, heavyset*
optimiste ≠ pessimiste *optimistic, pessimistic*
patient(e) ≠ impatient(e) *patient, impatient*
raisonnable ≠ fou / folle *reasonable, crazy*
riche ≠ pauvre *rich, poor*

sérieux / sérieuse ≠ amusant(e) *serious, funny*
sportif / sportive *athletic*
sympathique ≠ désagréable *nice, rude*
timide ≠ sociable *shy, friendly (outgoing)*
triste ≠ heureux / heureuse *sad, happy*

Adverbes

là-bas *over there*   un peu *a little*   très *very*   vraiment *really*

Mots-liens *(Connectors)*

aussi *also, too*   et *and*   mais *but*   ou *or*

La négation

ne... pas

Articles définis

le, la, l', les *the*

Questions

Qui suis-je? *Who am I?*
Comment est-il / elle? *What is he / she like?*
D'où es-tu? / D'où êtes-vous? *Where are you from?*
Est-ce que... ?
N'est-ce pas? / Hein?

Expressions pour répondre et réagir *(react)*

peut-être *maybe*
Mais oui / Mais non *But of course (well, yes) / Of course not*
Bien sûr / Pas du tout *Of course / Not at all*
Si! / Mais si! *Yes! (after negative question) / Well, yes!*

Moi aussi / Moi non plus *Me too / Me neither*
Ben, je ne sais pas *Well, I don't know*
Euh, ça dépend *Well, it depends*

Divers

le chocolat *chocolate*   une école *a school*

EXPRESSIONS POUR LA CLASSE

un(e) camarade de classe *a classmate*
un dessin; dessinez *a drawing; draw*
un mot apparenté *a cognate*
des mots nouveaux *new words*

un sondage *a poll*
Décidez *Decide*
Essayez *Try*
semblable *similar*

absent(e) ≠ présent(e) *absent, present (here!)*
masculin ≠ féminin *masculine, feminine*
vrai ≠ faux *true, false*

These words and expressions in this last section are found in the chapter in explanations and direction lines. They will be used throughout the book, so they should become part of your active vocabulary.

2 La famille

Qui sont les membres de cette famille?

Quel âge ont-ils?

Quelle est la couleur de leurs cheveux et de leurs yeux?

Quelles sont leurs activités préférées?
Et vous?

Qui sont les membres de votre famille?

Quelles sont vos activités préférées?

This chapter will enable you to
- **understand native speakers talking about themselves and their families**
- **read a survey of leisure activities in France and a poem by an author from Cameroon**
- **identify family members and their relationships**
- **ask about people's ages and physical characteristics**
- **talk about leisure activities you like or dislike**

Première étape

À l'écoute: Une photo de famille

As you listen to the student audio CD, you will hear two people talking about a family picture. Do the following tasks one by one, focusing only on what you are asked to do for each task.

Avant d'écouter

1 Who is likely to be in a family picture? Look at the words below. Can you infer their meaning? Place them in the family tree.

le père (le papa)   la mère (la maman)
le frère   la sœur

Écoutons

Audio CD

2 Listen to the conversation a first time to identify who is talking. Then, justify your answer.

    a. two friends
    b. a mother and her daughter
    c. two sisters

3 Listen again, noting how many times the following words are mentioned: une fois? deux fois? trois fois? quatre fois?

père _____   frère _____   mère _____   sœur _____

4 Listen again to determine how the following people are related to Véronique (père? frère? mère? sœur?).

    Paul _____   Fabien _____   Olivia _____

47

5 Now that you have heard the conversation several times, from the context, can you infer the meaning of the words in the left-hand column? Match them with items in the right-hand column and justify your choices.

1. belle-sœur	a. *wife*
2. femme	b. *half-sister*
3. enfants	c. *sister-in-law*
4. neveux	d. *parents*
	e. *children*
	f. *nephews*
	g. *cousins*

VOCABULAIRE ACTIF

une belle-sœur
combien
un enfant
la famille
une femme
un frère
une mère
un neveu
un père
ressembler (à)
une sœur

6 Based on your repeated listenings to the conversation, answer the following questions.

Combien (*How many*) de personnes y a-t-il sur la photo?
Qui sont ces personnes?

7 Listen one last time to note family resemblances (**Qui ressemble à qui?**).

1. Véronique ressemble à son/sa...
2. Paul ressemble à son/sa...
3. Fabien ressemble à son/sa...

Prononciation   *Le son* [r]

■ The French [r] is very different from its English counterpart. There are three keys to pronouncing a French [r] correctly.

1. Keep the tip of your tongue against your lower front teeth.
2. Arch the back of your tongue toward the back of your mouth, as for the sounds [k] (c̲at) or [g] (g̲et).

   → Practice saying [go], then **gros** [gro]; **gant** [gɑ̃] → **grand** [grɑ̃].

3. Keep your lips from moving! Set your lips in position for the vowel that comes before or after the [r], and make sure they don't move for the [r].

   → Pronounce the following sound combinations, checking the corners of your mouth with your fingers to make sure your lips don't move.

   k [ka] → **car** [kar]   **qui** [ki] → **cri** [kri]

Écoutez

Audio CD

Listen again to **À l'écoute: Une photo de famille,** paying close attention to the pronunciation of the **r**'s occurring in the following expressions. Listen to the segment a second time if necessary.

Note: From this point on, the directions for the **Prononciation** are not recorded. You should read the directions in the text.

1. Véronique	8. mon autre frère
2. j'adore	9. Paul ressemble à son père
3. bien sûr	10. Fabien ressemble à sa mère, je crois
4. mère	11. deux sœurs
5. père	12. ma belle-sœur
6. tu ressembles à ta mère	13. leurs deux enfants
7. mon frère	14. adorables

Essayez   Now listen again to the words and expressions in the preceding section. Repeat
each one, keeping in mind the three key directions for pronouncing the French
Audio CD   [r]. Then listen again to verify your pronunciation.

VOCABULAIRE
La famille

■ **Regardez** *(Look at)* la photo de famille.

— Combien de grands-parents est-ce qu'il y a?
— **Il y a** *(There are)* trois grands-parents.
— Combien d'enfants? Combien de personnes est-ce qu'il y a?

■ Using logic and cognates, figure out the meaning of the following words.
Then complete the sentences below and on page 50.

oncle *(m.)*	**tante** *(f.)*
grand-père *(m.)*	**grand-mère** *(f.)*
fils *(m.)*	**fille** *(f.)*
grands-parents *(m.)*	**mari** *(m.)*

1. Le père de mon père est mon _____ .

2. La mère de mon père est ma _____ .

3. Les parents de mes parents sont mes _____ .

4. La sœur de ma mère est ma _____ .

5. Le frère de ma mère est mon _____ .

6. Un enfant du sexe féminin est une _____ .

7. Un enfant du sexe masculin est un _____ .

8. Mon père est le _____ de ma mère.

neveu (*m.*)   **nièce** (*f.*)   **beau-frère** (*m.*)   **belle-sœur** (*f.*)
cousin (*m.*)   **cousine** (*f.*)   **petit-fils** (*m.*)   **petite-fille** (*f.*)

9. Le fils de mon oncle et de ma tante est mon _____ .

10. La fille de mon oncle et de ma tante est ma _____ .

11. La sœur de mon neveu est ma _____ .

12. Le fils de mon fils est mon _____ .

13. La fille de mon fils est ma _____ .

14. Le mari de ma sœur est mon _____ .

Note culturelle

La famille française.   Today there are probably more similarities than differences between families in France and families in the United States and Canada. For example, couples in France today tend to share authority as well as household chores. A majority of French women now work outside the home, and young children whose parents both work may spend time in daycare. As in the United States and Canada, the single-parent family and couples who live together outside marriage are not uncommon. In France, however, cohabitation is given a legal status.

ACTIVITÉS

La famille d'Hélène

A. Combien de... ?   Regardez l'arbre généalogique d'Hélène. Qui sont les sœurs? les mères? les oncles? les frères? Combien de tantes est-ce qu'il y a? de pères? de fils? de maris?

B. D'autres liens de parenté.   Parlez de (*Talk about*) tous les liens de parenté (*relationships*) possibles pour les membres de la famille d'Hélène.

➡ *Anne est la sœur de Georges et d'Hélène, la fille de Carole et de Simon, la nièce..., la cousine..., la petite-fille...*

STRUCTURE: Expressing possession
Les adjectifs possessifs

Observez et déduisez   Ici, c'est Marie, la fille de mon oncle et de ma tante. C'est ma cousine. Et là, ce sont Olivia et Paul, les parents de ma mère. Ce sont mes grands-parents.

> ■ In the paragraph above, how many ways do you find to say *my*? Based on your understanding of adjective/noun agreement, what conclusions can you draw about the various forms of *my*?

Vérifiez   *Les adjectifs possessifs*

VOCABULAIRE ACTIF
Les adjectifs possessifs
  mon, ma, etc.

■ The possessive adjective agrees in number and gender with the noun following it.

  oncle (masculin) → **son**   tante (féminin) → **sa**
  parents (masc./pluriel) → **ses**   cousines (fém./pluriel) → **ses**

Notice that *it does not matter* whether the possessor is a male or a female. The adjective agrees with the noun that *follows* it.

  son frère (*his/her* brother)   **sa** sœur (*his/her* sister)

■ For singular words beginning with a vowel sound, always use the masculine adjective even if the noun is feminine.

  son avocate   **mon** étudiante

Les adjectifs possessifs			
	masculin	**féminin**	**pluriel**
my	**mon** oncle	**ma** tante	**mes** parents
your	**ton** oncle	**ta** tante	**tes** parents
his/her/its	**son** oncle	**sa** tante	**ses** parents
our	**notre** oncle	**notre** tante	**nos** parents
your	**votre** oncle	**votre** tante	**vos** parents
their	**leur** oncle	**leur** tante	**leurs** parents

ACTIVITÉS

C. Vrai ou faux?   Lisez les phrases suivantes et indiquez si (*if*) elles sont vraies ou fausses selon l'arbre généalogique d'Hélène. Corrigez (*Correct*) les phrases si elles sont fausses.

  ➡ (Hélène)   Roger est son frère.
       C'est faux. Roger est son cousin.

La famille d'Hélène

1. Olivia est sa mère.
2. Roger et Philippe sont ses cousins.
3. Simon est son père.
4. Marc est sa tante.
5. Georges est son frère.

La famille d'Olivia et de Paul

6. Babette, Carole et Hélène sont leurs filles.
7. Marie est leur petite-fille.
8. Robert est leur fils.
9. Georges et Roger sont leurs fils aussi.
10. Babette est leur sœur.

Note culturelle

Des questions personnelles. Although it may seem perfectly natural for you to discuss your family with a partner in French class, such would not necessarily be the case in France, where topics such as the number of members in the family or their occupation are often considered private matters to be broached only with close friends, not acquaintances. In many African cultures, asking parents how many children they have is taboo for two reasons: it would be a breach of privacy, and it might also invite fate to strike one of the children. The notion of privacy exists in all cultures; however, its manifestations vary from culture to culture.

D. **Interview.** Posez *(Ask)* les questions suivantes à un(e) partenaire et répondez à ses questions.

1. Il y a combien de personnes dans ta famille?
2. Qui sont les membres de ta famille?
3. Comment s'appelle ta mère? ton frère? etc.
4. Comment est ton oncle? (ta tante, etc.)
5. D'où est ton cousin? (ta cousine, etc.)

STRUCTURE: Pointing out people and things
Les adjectifs démonstratifs

Observez et déduisez

— Qui est cette femme, là-bas?
— C'est ma tante. Et ce monsieur-là, c'est mon oncle.

■ What is the meaning of **ce/cette?** Why the difference in form?

Vérifiez *Les adjectifs démonstratifs*

■ Demonstrative adjectives are used to point out or clarify, and, like all adjectives, they agree in number and gender with the noun they modify.

cette dame (fém./sing.)   **ce** monsieur (masc./sing.)
ces filles (fém./pluriel)   **ces** garçons (masc./pluriel)

■ **Cet** is the form used before masculine words beginning with a vowel sound.

cet <u>h</u>omme   **cet** <u>a</u>vocat   **cet** <u>é</u>tudiant

■ **-ci** and **-là** may be added to the noun to distinguish between *this* and *that* or between *these* and *those*.

ce monsieur**-ci**	**cette** femme**-là**
ces garçons**-ci**	**ces** filles**-là**

ACTIVITÉS

E. Comment est cette famille? Décrivez *(Describe)* la famille en employant le vocabulaire ci-dessous.

➡ *Ces enfants sont heureux...*

		grand(e)(s)
Ces enfants		amusant(e)(s)
Cette mère	est/sont	sociable(s)
Ce père		blond(e)(s)
		?

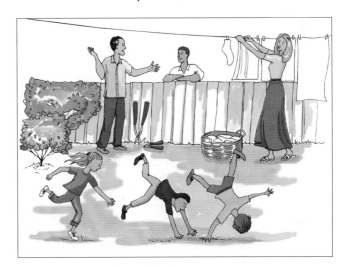

F. Qui est-ce? Posez des questions à un(e) partenaire au sujet des *(about)* personnes suivantes. Répondez en regardant l'arbre généalogique (page 50).

➡ homme / Marc — *Qui est cet homme?*
— *C'est Marc, le mari de Babette (le père de Marie, etc.).*

1. homme / Paul
2. enfant / Marie
3. garçon / Georges
4. homme / Robert
5. femme / Carole
6. enfant / Roger

 Jeu de rôle

Play the role of a client who has hired a genealogist (your partner) to research and develop your family tree. Give a brief description of your immediate family, including names and relationships. Your partner will ask follow-up questions about other relatives. Share as much information as you can while your partner sketches your **arbre généalogique.** Check to be sure it's correct before the genealogist leaves to begin his/her research.

W
B

Deuxième étape

Lecture: Les loisirs et la famille

1 What leisure activities do you associate with family life? Infer the meaning of the expressions below, then indicate whether you and your family practice these activities often **(souvent),** sometimes **(quelquefois),** or never **(jamais).**

Activités de loisirs	souvent	quelquefois	jamais
manger au restaurant			
regarder la télévision			
écouter de la musique (radio, cassettes, CD)			
aller au cinéma			
aller au concert			
aller à des matchs de football, de basket, etc.			
jouer au tennis, au foot, au basket, etc.			
visiter des musées			

Un pique-nique en famille.

En général **2** Look at the chart below entitled "Les médias d'abord". What is this chart about?

    a. the evolution of media options in France between 1973 and 1992
    b. the evolution of leisure activities among French people over the last three decades
    c. a comparison of leisure activities among various segments of the population

3 The chart is divided into two parts. What is examined in each part? Check the proper column.

Leisure activities practiced . . .	First part	Second part
at least once a week **(par semaine)**		
at least once in the last twelve months		
every day or almost every day		

Now can you find the French word or expression for the following?

    • month   • every day   • almost   • at least

Les médias d'abord			
Évolution de quelques pratiques de loisirs (en %):	**1973**	**1981**	**1992**
Proportion de Français ayant pratiqué l'activité suivante:			
• Regarder la télévision tous les jours ou presque	65	69	73*
• Écouter la radio tous les jours ou presque	72	72	66*
• Écouter des disques ou cassettes au moins une fois par semaine	66	75	73*
Au moins une fois au cours des 12 derniers mois:			
• Lire un livre	70	74	75*
• Acheter un livre	51	56	62*
• Aller au cinéma	52	50	49
• Aller dans une fête foraine	47	43	34
• Visiter un musée	27	30	28
• Visiter un monument historique	32	32	30
• Assister à un spectacle sportif (payant)	24	20	17
• Aller à une exposition (peinture, sculpture)	19	21	23
• Aller dans un zoo	30	23	24
• Aller à un spectacle:			
— théâtre	12	10	12
— music-hall	11	10	9
— cirque	11	10	14
— danse	6	5	5
— opéra	3	2	3
• Aller à un concert:			
— rock ou jazz	7	10	14
— musique classique	7	7	8

* 1989

Ministère de la Culture

En détail

VOCABULAIRE ACTIF

Activités
acheter
aller *(infinitive only)*
   (au cinéma, à un
   match de football, de
   basket, à un concert)
écouter de la musique
   (de rock, de jazz,
   de la musique
   classique), la radio
jouer (au tennis, au
   foot)
lire *(infinitive only)*
manger (au restaurant)
regarder (la télévision)

Adverbes
au moins, jamais,
presque, quelquefois,
souvent, tous les jours,
une fois

4 **Les mots.**   Using the context and logic, can you infer the meaning of the words in the left-hand column? Choose the correct answers from the right-hand column.

1. acheter	a. *to assist*
2. assister (à)	b. *to attend*
3. une fête foraine	c. *to buy*
4. un spectacle	d. *a circus*
5. une exposition	e. *a zoo*
6. une peinture	f. *a show/an event*
7. un zoo	g. *an exhibit*
8. un cirque	h. *an opera*
	i. *a carnival*
	j. *a painting*

5 **Les résultats.**   Make a list of

1. the leisure activities that increased by 5% or more from 1973 to 1992.
2. the activities that remained fairly constant (within 1 to 4%).
3. the activities that decreased by 5% or more.

How do you explain the changes?

Et vous?

1. **Des différences culturelles?**   Would this poll look the same in North America? In groups of four or five students, estimate the percentage of Americans (or other nationality) who would currently practice the activities mentioned in the chart. Then compare your answers with those of other groups. Quelles sont les différences?
2. **Un sondage** *(A poll).*   With a partner, pick from the bottom part of the chart five activities that can be done **en famille,** then poll five classmates each to see how many of them have done these activities with their family at least once in the last twelve months. Compile your results and share them with the rest of the class.

STRUCTURE: Talking about leisure activities

Les verbes en -er

Observez et déduisez   Ma sœur et moi, nous aimons les médias. Nous aimons regarder la télévision, écouter de la musique: le jazz, le rock, la musique classique. Nous aimons aussi aller au cinéma. J'aime bien les films d'aventure et les comédies. Sophie aime les films d'amour. Mes parents aiment les sports—le tennis, le volley—et ils aiment aller à des matchs de foot le week-end. Mon grand-père, par contre, n'aime pas le sport, mais il aime beaucoup lire, surtout les romans historiques, pas les romans policiers. Est-ce que nous sommes une famille typique? (La réponse à cette question se trouve dans le sondage de la page 55.)

> ■ The verb **aimer** is used to express preferences. How many different forms of the verb do you see in the preceding paragraph? How do you explain these differences?
>
> ■ What kind of article follows the verb **aimer:** definite or indefinite?
>
> ■ How would you say "I like movies"? How would you say "I don't like sports"?

Vérifiez   *Les verbes en -er*

■ Many French verbs are formed like **aimer.** The written stem is found by dropping the **-er** from the infinitive: **aim-.** Add the following endings to the stem to form the present tense of **-er** verbs.

Le verbe aimer	
j'aim**e**	nous aim**ons**
tu aim**es**	vous aim**ez**
il / elle / on aim**e**	ils / elles aim**ent**

Note that **je** becomes **j'** before a vowel.

J'adore le français.   J'étudie la littérature.

Although there are five written endings for **-er** verbs, only two are pronounced: those for **nous** and **vous.** *All other endings are silent.*

je regarde	nous regard**ons**
tu regardes	vous regard**ez**
il / elle / on regarde	ils / elles regardent

Liaison occurs when **nous, vous, ils,** and **elles** are followed by a verb beginning with a vowel.

nous_écoutons   vous_étudiez   elles_adorent
  z   z   z

■ A simple (one word) present tense is used in French to express actions in progress:

Nous **écoutons** la radio.   *We are listening to the radio.*

as well as habitual actions:

Nous **écoutons** toujours la radio.   *We always listen to the radio.*

■ Spelling changes occur in the stems of some **-er** verbs.

Some stem-changing verbs		
é → è before a silent ending		
nous préférons	BUT	ils préf**è**rent
vous préférez	BUT	elle préf**è**re
mute e → è before a silent ending		
nous achetons	BUT	ils ach**è**tent
vous achetez	BUT	elle ach**è**te
g → ge before -ons		
nous mang**e**ons		
c → ç before -ons		
je commence	BUT	nous commen**ç**ons

VOCABULAIRE ACTIF
un(e) ami(e)
un(e) camarade de
   chambre
une comédie
une discothèque
dormir
écrire
un film d'amour/
   d'aventure
la littérature
un magazine
des parents (m.)
un restaurant
un roman historique/
   policier
le sport
surtout
Les verbes en -er
   aimer, etc.
le volley

■ Many **-er** verbs are easily recognizable cognates. They are often used in the following situations:

a. in directions in this textbook

> compléter (la phrase)   comparer (les réponses)

b. to discuss pastimes and activities

chanter (bien, mal)   *to sing well/ badly*
danser (dans une discothèque)
dîner (au restaurant)
donner (un stylo à un copain)   *to give*
étudier (la littérature)   *to study (a subject)*
habiter (à Toronto)   *to live*

inviter (ses amis)
parler (à une amie/de Paul/ avec Marie)
penser (à sa sœur/à Noël)   *to think about*
retrouver (son camarade de chambre)   *to meet; get together with*
travailler (pour un avocat)   *to work*
voyager (à Montréal)

c. to discuss likes and dislikes

> admirer (ses parents)   détester (la télévision)
> adorer (les vacances)   préférer (le cinéma français)

■ Verbs of preference **(aimer, adorer, préférer, détester)** can be followed by a noun or by another verb. When followed by a noun, a definite article *must* be used.

> Mon frère aime **les** romans, et il adore **les** films. Il déteste **les** sports.

When followed by another verb, the second verb is always an *infinitive*.

> J'aime **regarder** les films, mais je préfère **aller** au cinéma.

In the negative, the *conjugated* verb is negated.

> Je **n'**aime **pas** lire les magazines.

A few verbs you may want to use in this chapter are not conjugated like **aimer.** For now, use only the infinitives of the verbs **aller, lire,** and **dormir** *(to sleep).*

ACTIVITÉS

A. Les activités. Écoutez le professeur. Est-ce que les phrases correspondent aux images ci-dessous *(below)?* Écrivez *vrai* ou *faux.*

➡ (Elle travaille.)   *faux*

1. _____

2. _____

3. _____

4. _____

5. _____

6. _____

Écoutez encore et décidez quelle image correspond à la phrase que vous entendez *(hear).* Si la phrase ne correspond pas à une image, écrivez X.

➡ (Ils mangent.)   *4*

1. _____   5. _____

2. _____   6. _____

3. _____   7. _____

4. _____

B. Préférences.   Regardez les images ci-dessous et parlez des activités et préférences de Paul et de Marie.

➡ *Paul aime aller au cinéma.*
Il aime regarder des films.
Marie préfère écouter la radio.
Elle adore la musique. Elle
aime chanter aussi!

1.

2.

3.

4.

5.

C. Habitudes.   À quelles activités participez-vous toujours? souvent? quelquefois? jamais? Cochez la bonne réponse selon vos expériences personnelles.

	toujours	souvent	quelquefois	jamais
1. Je regarde des films français.	___	___	___	___
2. J'invite mes copains au café.	___	___	___	___
3. Je dîne au restaurant.	___	___	___	___
4. Je chante avec la radio.	___	___	___	___
5. Je danse dans une discothèque.	___	___	___	___
6. Je joue au volley.	___	___	___	___
7. Je parle à mes parents.	___	___	___	___
8. Je pense à Noël.	___	___	___	___
9. Je retrouve mes amis.	___	___	___	___
10. Je voyage.	___	___	___	___

Maintenant *(Now)*, posez des questions à un(e) partenaire. Êtes-vous semblables ou différent(e)s?

➡ *Tu regardes des films français?*
Oui, quelquefois. ou *Non, jamais.*

Comment est l'étudiant(e) typique de votre classe?

STRATÉGIE DE COMMUNICATION
Pour hésiter et pour gagner du temps

French uses expressions for hesitating and marking pauses similar to *so* and *well* and *"ya know"* in English.

■ Find the French expressions in the paragraph below used to hesitate or fill pauses.

> Mes passe-temps préférés, hein? Eh bien... euh... j'aime beaucoup la musique, euh... le rock et le rap surtout, euh... pas la musique classique! Et bon, ben, j'aime les sports, voyons... la gymnastique, le foot. Et puis j'aime retrouver mes copains au café. On s'amuse bien, quoi!

Pour hésiter ou pour gagner du temps

+ familier		− familier
	Euh...	
Bon ben...		Eh bien...
		Bon, alors...
..., tu sais.		..., vous savez.
..., quoi.		
..., hein?		
	Voyons...	
		Et puis...

ACTIVITÉS

D. Opinions. Lisez les commentaires et les questions suivantes, puis parlez de vos opinions en groupes de trois ou quatre étudiants. Employez des expressions pour hésiter et pour gagner du temps.

1. Vous aimez la musique classique?
2. Les films de Woody Allen sont amusants.
3. Vous n'aimez pas danser?
4. J'adore retrouver mes copains au café.
5. Vous aimez aller au cinéma?
6. Vous ne jouez pas au tennis?

STRUCTURE: Asking about people and things
Les pronoms interrogatifs

Observez et déduisez

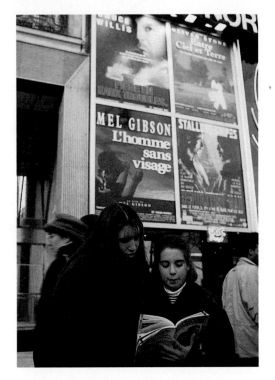

— Selon ce sondage, les hommes préfèrent les films d'aventure. Qu'est-ce que tu préfères, Marie, les films d'aventure ou les comédies?
— En fait, je préfère les films historiques.
— Et comme actrice, qui est-ce que tu préfères, Juliette Binoche ou Sophie Marceau?
— Bof, j'aime les deux *(both)*. Et toi?
— Moi? Ni l'une ni l'autre *(neither)*.

■ What interrogative expression is used to ask questions about people? What interrogative expression is used to ask questions about things?

■ How would you ask these questions: Whom do you like? What do you like?

Vérifiez   *Les pronoms interrogatifs*

■ The interrogative pronoun **qu'est-ce que** *(what?)* refers to things and is followed by a subject noun or pronoun. Note that **que** becomes **qu'** before a word beginning with a vowel.

> **Qu'est-ce que** Marie aime?   Elle aime les vacances.
> **Qu'est-ce qu'**elle regarde?   Elle regarde la télé.

■ The interrogative pronoun **qui est-ce qu(e)** *(who/whom?)* refers to people and is followed by a subject noun or pronoun.

> **Qui est-ce que** Marie écoute?   Elle écoute ses parents.
> **Qui est-ce qu'**elle admire?   Elle admire le professeur, bien sûr!

Rappel

■ You have already used **qui est / qui sont** to ask for identification of people.

> Qui est-ce?   Qui est cette femme?   Qui sont vos copains?

Qui can also be followed by any of the **-er** verbs presented in this étape to ask who does or is doing something.

> **Qui joue** au tennis?   **Qui danse** avec Rémi?

■ Remember that questions beginning with **est-ce que** have "yes" or "no" as an answer. Do not confuse **est-ce que** with **qu'est-ce que** *(what)* and **qui est-ce que** *(whom)*.

> Est-ce que tu aimes le cinéma? → Oui.
> Qu'est-ce que tu aimes? → Le cinéma.
> Qui est-ce que tu aimes? → Maman!

ACTIVITÉS

E. Personne ou chose? Écoutez le professeur lire les réponses. Cochez *(Check)* la bonne question.

1. _____ Qu'est-ce que tu aimes?   _____ Qui est-ce que tu aimes?

2. _____ Qu'est-ce que tu admires?   _____ Qui est-ce que tu admires?

3. _____ Qu'est-ce que tu préfères?   _____ Qui est-ce que tu préfères?

4. _____ Qu'est-ce que tu regardes?   _____ Qui est-ce que tu regardes?

5. _____ Qu'est-ce que tu étudies?   _____ Qui est-ce que tu étudies?

6. _____ Qu'est-ce que tu écoutes?   _____ Qui est-ce que tu écoutes?

F. Nos préférences. Regardez les choix suivants et à la page 64, et indiquez vos préférences.

1. _____ Demi Moore / _____ Meryl Streep

2. _____ Sting / _____ George Straight

3. _____ le golf / _____ le tennis

4. _____ les romans policiers / _____ les romans historiques

5. _____ la télé / _____ le cinéma

6. _____ Michael Jordan / _____ Dennis Rodman

7. _____ aller au cinéma / _____ aller au restaurant

8. _____ ? / _____ ?

Maintenant, posez des questions à un(e) partenaire et comparez vos réponses.

➡ — *Qui est-ce que tu préfères, Whitney Houston ou Madonna?*
— *Moi, je préfère Madonna.*   ou   *J'aime les deux.*   ou   *Ni l'une ni l'autre.*

G. Jeopardy!   Regardez les réponses ci-dessous. Quelles sont les questions? Employez les verbes suivants pour les questions:

admirer   retrouver   chanter   écouter   inviter   manger   regarder

➡ (réponse)   (question)
la télévision   *Qu'est-ce que tu regardes?*
ma sœur   *Qui est-ce que tu admires?*

1. mes copains
2. de la musique classique
3. un hamburger
4. mes professeurs
5. *Don't Cry for Me, Argentina*
6. mon (ma) camarade de chambre
7. le président
8. la vidéo *Mais oui!*

Jeu de rôle

You and three classmates are each looking for a new roommate. First write down seven questions you feel are essential in helping you make a decision. Then role-play a scene in which you each ask and answer questions to decide who is compatible with whom.

CULTURE ET RÉFLEXION

Internet

■ **Le mariage et la famille.** The number of marriages in France has decreased 35% since 1975. A large portion of the French population is single (35% of men and 28% of women over 18), and 13% of France's total population practices **la cohabitation** (living together outside of marriage). However, 94% of French people recently surveyed said they consider the family to be an essential ingredient for happiness. What do these statistics tell you? Do they reflect a reality found elsewhere?

■ **Les allocations familiales.** To help families with the high cost of raising children and to encourage demographic growth in a country where the fertility rate is 1.7 children per woman (versus 2.0 in the United States), the French government offers subsidies to families. **L'allocation jeune enfant,** the equivalent of $175 per month, is given to low-income families starting with the fifth month of pregnancy through the third birthday of each child. Families with two children or more, regardless of income, receive **des allocations familiales** through the eighteenth birthday of each child. This amounts to the

equivalent of $120 per month for two children, $280 for three children, $430 for four, and $600 for five. In Canada, the

Vive les mariés!

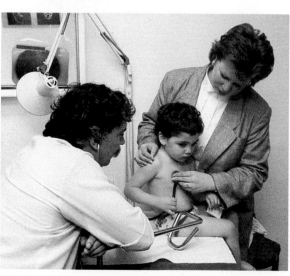

Soins médicaux gratuits pour les jeunes enfants.

government allocates **des prestations fiscales pour enfants** (tax-deductible benefits for children) of up tc $1,000 per month to low-income families. How do you feel about such programs?

■ **Des enfants «bien élevés».** Americans often find French parents quite strict with their children about manners. By two and a half or three, French children shake hands with grown-ups and say **«Bonjour, monsieur»** or **«Bonjour, madame».** By five or six, they are expected to sit with their families at restaurants for hours at a time. Should children be caught running wild through a restaurant or a store, the parents are expected to immediately inflict punishment, ranging from verbal reprimands to facial slaps or spanking in public. That's all part of being **bien élevé,** or well brought up. Proper behavior will often take precedence over a child's ego or "blossoming self-expression." How do you feel about disciplining children? Should a five-year-old be allowed to "run wild" in a public place or should he be expected to sit still for hours? What qualities and/or problems do the two types of upbringing foster?

Troisième étape

À l'écoute: Quel âge avez-vous?

As you listen to the student audio CD, you will hear six people giving their age (**âge**) and a brief description of themselves.

Avant d'écouter **1** If the people in the following pictures were talking about their age, what numbers would they be likely to mention? Match the approximate age with the letter of the correct picture.

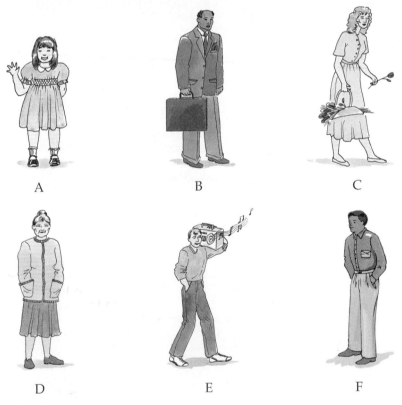

A   B   C

D   E   F

Âge approximatif

_____ 4–6 ans (quatre à six ans)

_____ 15–16 ans (quinze ou seize ans)

_____ 20–25 ans (vingt à vingt-cinq ans)

_____ 30–35 ans (trente à trente-cinq ans)

_____ 40–50 ans (quarante à cinquante ans)

_____ 60–65 ans (soixante à soixante-cinq ans)

Audio CD

2 Listen first to identify which description corresponds to which picture **(image)** in **Avant d'écouter.** Fill in the letter of the picture in the following chart and add the name of each person *(Renaud, Brigitte, Driss, Nathalie, Marguerite* ou *Léon).*

description	image	nom
1		
2		
3		
4		
5		
6		

3 Listen again to the people as they give their age. Circle all the numbers you hear in the following list.

5 cinq	19 dix-neuf	41 quarante et un
6 six	20 vingt	
	21 vingt et un	48 quarante-huit
11 onze	22 vingt-deux	49 quarante-neuf
12 douze		50 cinquante
13 treize	29 vingt-neuf	51 cinquante et un
14 quatorze	30 trente	52 cinquante-deux
15 quinze	31 trente et un	
16 seize	32 trente-deux	60 soixante
17 dix-sept		61 soixante et un
18 dix-huit	40 quarante	62 soixante-deux

VOCABULAIRE ACTIF

L'âge: (avoir) _____ ans
Les nombres: 11–69
La description physique
   (avoir) les cheveux
      blonds, bruns, roux,
      noirs, gris
   (avoir) les yeux bleus,
      verts, bruns
beaucoup / pas beaucoup
un anniversaire

4 Listen a final time, paying attention to the people's descriptions of their hair and eyes **(les cheveux et les yeux).** Number the following words to show the order in which they are mentioned. If a word is mentioned several times, account for it the first time only.

a. les cheveux   _____ blonds

                __1__ bruns

                _____ roux

                _____ noirs

                _____ gris

b. les yeux   _____ bleus

                _____ verts

                _____ bruns

5 From memory, or after an additional listening, recap the age and physical attributes of each person. Who doesn't have much hair **(pas beaucoup de cheveux)?** Whose birthday **(anniversaire)** is it today?

nom	âge	cheveux	yeux
Nathalie			
Brigitte			
Marguerite			
Renaud			
Driss			
Léon			

Prononciation   *L'intonation*

■ Intonation refers to the rising (———⤴) and the falling (⤵) of the voice.

Écoutez
Audio CD

Look at the five sentences that follow. On the student audio CD, listen again to **À l'écoute: Quel âge avez-vous?** Notice the intonation patterns for each sentence, and circle the letter of the option that best represents the pattern you hear. Then, turn off the student audio CD.

1. a. Quel âge avez-vous?
   b. Quel âge avez-vous?

2. a. J'ai cinq ans.
   b. J'ai cinq ans.

3. a. J'ai les cheveux bruns et les yeux bleus, comme ma maman.
   b. J'ai les cheveux bruns et les yeux bleus, comme ma maman.
   c. J'ai les cheveux bruns et les yeux bleus, comme ma maman.

4. a. Mon âge?
   b. Mon âge?

5. a. Aujourd'hui, c'est mon anniversaire.
   b. Aujourd'hui, c'est mon anniversaire.

■ As you can hear, French intonation patterns are determined by the length of word groups (short sentences or single ideas within longer sentences) and by the type of utterance (question or declarative statement). Such patterns can be summarized as follows.

1. Short statements have a falling intonation.

   → Practice saying sentence 2b in **Écoutez.**

2. In longer declarative sentences
   a. each word group before the last one has a rising intonation (indicates that the sentence is not over).

b. the last word group has a falling intonation (marks the end of the sentence).

→ Practice saying sentences 3c and 5a in **Écoutez.**

■ Information questions (starting with an interrogative word, such as **quel, comment, qui, qu'est-ce que,** etc.), have a falling intonation.

→ Practice saying sentence 1b in **Écoutez.**

■ Yes/no questions (those starting with **est-ce que** or anything but an interrogative word) have a rising intonation.

→ Practice saying sentence 4b in **Écoutez.**

Essayez!   Read the following sentences aloud with the proper intonation. Then listen to them on the student audio CD to verify your pronunciation.

Audio CD

1. Tu connais Marguerite Folin?
2. Elle a les yeux bleus et les cheveux gris.
3. Comment est-elle?
4. Est-ce qu'elle est sympathique?
5. Elle aime beaucoup la musique.
6. Elle aime aussi le cinéma, les romans historiques et les sorties en famille.
7. Et vous? Comment êtes-vous? Quel âge avez-vous?

STRUCTURES: Talking/asking about age and physical characteristics

*Le verbe **avoir** • L'adjectif interrogatif **quel***

Observez et déduisez

— Quel âge avez-vous?
— J'ai dix-neuf ans.
— Et vos frères et sœurs, quel âge ont-ils?
— J'ai un frère qui a vingt-deux ans et une sœur qui a quatorze ans.
— Et votre tante, quel âge a-t-elle?
— Elle a peut-être 45 ans.

Quel âge ont-ils?

VOCABULAIRE ACTIF
quel(le)(s)
**Quel âge as-tu? /
avez-vous?**

- Based on the preceding dialogue, what verb is used in French to express age? What forms of the verb do you see?
- What new interrogative word do you notice? What type of word does it precede: a verb? a noun? a pronoun?
- What do you notice about the inversion form with **elle?**
- How would you say "My father is forty"?

Vérifiez   *Le verbe* **avoir**

Le verbe avoir	
j'ai	nous avons
tu as	vous avez
il / elle / on a	ils / elles ont

- Use the verb **avoir** *(to have)* to express age in French. **An(s)** must be stated after the number.

    Elle **a** trente **ans.**

- **Avoir** is also used with a definite article to state eye and hair color.

    Ils **ont les** cheveux noirs et **les** yeux bruns.

- Use the verb **avoir** to express possession. To say you do *not* have something, the indefinite article **(un, une, des)** becomes **de/d'** in the negative.

    J'ai **une** sœur; je n'ai pas **de** frère.
    Tu as **un** fils? Non, je n'ai pas **d'**enfants.

- Notice that in questions with inversion, **-t-** is inserted between any verb form ending with a vowel and the subject pronouns **il, elle,** or **on.**

    Quel âge a**-t-**il/elle/on?   Aime**-t-**il les enfants?

L'adjectif interrogatif **quel**

- **Quel** means *which* or *what.* It is used to clarify or to ask for a choice. It is an interrogative adjective and agrees in number and gender with the noun it modifies.

A   B   A   B

Quel homme n'a pas beaucoup   **Quelle** femme a quarante ans?
de cheveux?

A B C

A B C D

Quels garçons ont les cheveux noirs? **Quelles** filles ont les yeux bruns?

ACTIVITÉS

A. Quel âge ont-ils? Écoutez le professeur et décidez si les phrases correspondent à la scène. Choisissez «possible» ou «pas possible».

➡ (Il a 60 ans.) *pas possible*

Maintenant, à votre avis, quel âge ont-ils?

➡ 1. *Il a peut-être 16 ans.*

B. Cherchez quelqu'un. Posez ces questions à des camarades de classe. La personne qui répond «oui» met ses initiales sur la ligne.

➡ — Tu as des cousins? _____CT_____
— *Bien sûr!* ou — *Non, je n'ai pas de cousins.*

1. Tu as un frère qui s'appelle Matt? _____

2. Tu ressembles à ton père? _____

3. Tu as des grands-parents? _____

4. Tu as les cheveux (vraiment) blonds? _____

5. Tu as les yeux verts? _____

6. Tu as 24 ans? _____

7. Tu as trois sœurs? _____

C. Précisons. Interviewez votre partenaire au sujet de ses préférences, selon l'exemple. Répondez à ses questions.

➡ films: les comédies, les films d'amour, les films d'aventure
— *Est-ce que tu aimes les films?*
— *Quels films?*
— *Les films d'aventure.*
— *Non, je préfère les comédies.* ou *Oui, j'aime les films d'aventure.*

1. le sport: le tennis, le foot, le basket
2. la musique: le jazz, le rock, la musique classique, la musique de Billy Joel
3. les sorties: avec des copains, en ville, à la campagne, avec la famille
4. la cuisine: chinoise, française, américaine, italienne
5. les romans: d'amour, historiques, policiers, de Steven King

 Jeu de rôle

Quelle coïncidence! As you and your classmate discuss your new boyfriends or girlfriends (physical appearance, personalities, age, family) and their favorite pastimes, you discover that they are remarkably similar. Is it possible you are dating the same person? Role-play the scene with a partner.

   Now that you have finished the **Troisième étape** of this chapter, do your Lab Manual activities with the audio program. Explore chapter topics further with the **Mais oui!** Video and CD-ROM. Viewing and comprehension activities are in the video section of your *Workbook/Lab Manual/Video Manual.*

Littérature: L'homme qui te ressemble

Many fine literary works come from the former French colonies. Writers from these countries choose to write in French for a variety of reasons: their countries have no truly national language, the writers themselves have been educated in French schools, or they want to address a larger audience than it would be possible to do in their native tongue. The poem you are about to read comes from Cameroon **(le Cameroun),** a country in Equatorial Africa that was colonized first by the Germans, then by the British and the French. It became an independent republic in 1960.

When René Philombe (1930–) took up writing in 1956, after a short career in the colonial police administration in Yaoundé, **le mouvement de la négritude** was sending tremors throughout Black Africa. Begun by a group of African students in Paris in the 1930s (including Léopold Sédar Senghor, the future president of Senegal), this movement was an affirmation of the cultural heritage and values of the Black African civilization. It encompassed a sense of pride in one's race and background, a protest against being attributed second-class status, and a rebellious refusal to conform to the norms of colonial powers. Imprisoned on several occasions for his subversive writings, René Philombe has published tales, short stories, plays, and poems. The following poem is a hymn to the human family.

Avant de lire

1 «L'homme qui te ressemble»—*The man that looks like you.* Within the human family, what are resemblances and differences based on? Check the factors that are most commonly used to compare people from different parts of the world, and add other ideas as needed.

_____ La race et la couleur de la peau *(skin)*

noir   blanc   jaune   rouge

_____ Les traits physiques: les cheveux, les yeux, le nez *(nose),* la bouche *(mouth)*

_____ Les caractéristiques universelles (la nécessité d'aimer et d'être aimé, etc.)

_____ La taille (grand, petit)   _____ La religion

_____ La langue   _____ Le statut économique et social

_____ La nationalité   _____ Le caractère, le cœur *(heart)*

                                          _____ ?

2 Skim the poem briefly to determine how the poet approaches his subject.

    a. As a prayer to God (**Dieu**)
    b. As a prayer to his fellow man
    c. As an accusation in a court of law

3 Among the categories of resemblances and differences listed in **Avant de lire**, which ones are actually mentioned in the poem?

L'homme qui te ressemble

J'ai frappé à ta porte
j'ai frappé à ton cœur
pour avoir bon lit°   bon... *good bedding*
pour avoir bon feu°   *fire*
pourquoi me repousser?
Ouvre-moi mon frère!...

Pourquoi me demander
si je suis d'Afrique
si je suis d'Amérique
si je suis d'Asie
si je suis d'Europe?
Ouvre-moi mon frère!...

Pourquoi me demander
la longueur° de mon nez   *length*
l'épaisseur° de ma bouche   *thickness*
la couleur de ma peau
et le nom de mes dieux?
Ouvre-moi mon frère!...

Je ne suis pas un noir
je ne suis pas un rouge
je ne suis pas un jaune
je ne suis pas un blanc
mais je ne suis qu'°un homme   ne... que *only*
Ouvre-moi mon frère!...

Ouvre-moi ta porte
Ouvre-moi ton cœur
car je suis un homme
L'homme de tous les temps°   de tous... *of all times*
L'homme de tous les cieux°   *all heavens*
L'homme qui te ressemble!...

René Philombe (*Petites gouttes de chant pour créer l'homme*, Éditions Semences Africaines, 1977)

En détail

4 **Les mots.**   Using the context and logic, infer the meaning of the words in bold.

1. **J'ai frappé à** ta porte
   a. I closed   b. I knocked on
2. **pour** avoir
   a. in order to   b. even though
3. pourquoi **me repousser**
   a. push me away   b. invite me in
4. pourquoi **me demander si**
   a. ask me if   b. insist that
5. **car** je suis un homme
   a. for   b. whereas

5 **Le texte.**   Vrai ou faux?

1. Le poète demande à son «frère» d'ouvrir sa porte et son cœur.
2. Le «frère» ouvre immédiatement sa porte.
3. Le poète pense que la nationalité n'est pas importante.
4. Il pense que les traits physiques ne sont pas importants.
5. Il pense que la religion justifie la discrimination.
6. Il pense que tous les hommes sont frères.

Et vous?

1. **Un dialogue.**   Imaginez un dialogue entre le poète et son «frère».

— Bonjour, mon frère. Ouvre-moi ta porte...
— Es-tu d'Afrique?
— Pourquoi demandes-tu?
— Es-tu noir?
  etc. Continuez!

2. Poetry is the music of literature, and to enjoy the full impact of a poem, it should be read aloud. With a partner, prepare a unique reading of Philombe's poem, then present it to the class.

Par écrit: To be or not to be the same

Avant d'écrire

A. **Strategy: Visualizing relationships.**   In order to compare two people, you need to describe them not only as individuals but also as they relate to each other. One way of visualizing this relationship is through the use of a Venn diagram, a pair of overlapping circles that can be used to compare and contrast characteristics.

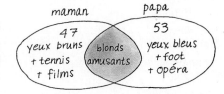

Application.   Choose two people you know well and draw your own Venn diagram to help you organize your ideas. In the left circle, list traits exclusive to one of the people; in the right circle, the other. In the middle where the circles overlap, list traits shared by both people.

VOCABULAIRE ACTIF
alors
par contre
plutôt

B. Strategy: Contrasting.   The following expressions may be useful when expressing a contrast.

mais	*but*
par contre	*on the other hand*
plutôt	*instead, rather*
alors que	*whereas*

Maman aime les sports, **mais** tante Marie aime **plutôt** les livres.
Paul est brun. Pierre, **par contre,** est blond.
Paul ressemble à maman **alors que** Pierre ressemble **plutôt** à papa.

Application.   Write three sentences contrasting the same two people you described in activity A using **mais, par contre, plutôt,** and **alors que.**

ÉCRIVEZ

1. Using the Venn diagram you constructed for the first strategy above, write a paragraph comparing and contrasting the two people you selected. Tell about their physical characteristics, ages, professions, personality traits, and their likes and dislikes. Remember to use appropriate expressions to avoid repetition and to show contrast.
2. Review *L'accent grave,* page 42. Write a paragraph comparing and contrasting Hamlet and his teacher. Begin with a Venn diagram. Physical contrasts may be obvious (**grand/petit,** etc.), but what about personality traits? preferred activities? Use your imagination and appropriate expressions to enhance your writing style.

➡ Le professeur aime étudier, mais Hamlet préfère jouer au foot...

VOCABULAIRE ACTIF

La famille

les parents (m.) *parents, relatives*	les enfants *children*
le mari *husband*	la femme *wife*
le père *father*	la mère *mother*
le fils *son*	la fille *daughter*
le frère *brother*	la sœur *sister*
le beau-frère *brother-in-law*	la belle-sœur *sister-in-law*
l'oncle *uncle*	la tante *aunt*
le neveu *nephew*	la nièce *niece*
le cousin / la cousine *cousin*	les grands-parents *grandparents*
le grand-père *grandfather*	la grand-mère *grandmother*
le petit-fils *grandson*	la petite-fille *granddaughter*
une photo de famille *a family picture*	un anniversaire *a birthday*

Les amis

un ami / une amie *a friend*   un(e) camarade de chambre *a roommate*

La description physique

avoir _____ ans *to be _____ years old*
avoir les cheveux blonds / bruns / roux / noirs / gris *to have blond / brown / red / black / gray hair*
avoir les yeux bleus / bruns / verts *to have blue / brown / green eyes*
pas beaucoup de cheveux *not much hair*

Les nombres

11–69
les deux *both*   ni l'un(e) ni l'autre *neither one*

Les loisirs

le cinéma *movies*
une comédie *a comedy*
un concert *a concert*
une discothèque
un film d'amour *a romantic film*
un film d'aventure *an action film*
la littérature: un roman (historique / policier)
  literature: a novel (historical / detective)
un magazine

un match de foot *a (soccer) game*
la musique: le jazz, la musique classique, le rock
la radio
un restaurant
le sport: le basket, le base-ball, le foot(ball), le
  tennis, le volley
la télévision (la télé)
les vacances (f.) *vacation*

Les verbes

acheter *to buy*
admirer *to admire*
adorer *to adore*
aimer *to like, love*
avoir (irrég.) *to have*
chanter *to sing*
danser *to dance*
détester *to detest, hate*
dîner *to have dinner*
donner *to give*
écouter *to listen*

étudier *to study*
habiter *to live (in, at)*
inviter *to invite*
jouer *to play*
manger *to eat*
parler *to speak, talk*
penser (à) *to think (about)*
préférer *to prefer*
regarder *to look at, to watch*
ressembler (à) *to look like,
  resemble*

retrouver (des amis) *to
  meet with*
travailler *to work*
voyager *to travel*

Infinitives only: aller (to go),
  dormir *(to sleep)*, lire *(to
  read)*

il y a *there is, there are*

Les questions

Combien... ? *How much / How many?*
Quel(s) / Quelle(s)... *Which . . . ?*
Quel âge avez-vous / as-tu? *How old are you?*

Qu'est-ce que... *What . . . ?*
Qui est-ce que... *Who . . . ?*

Adjectifs démonstratifs

ce, cet, cette... -ci / là *this / that*   ces *these / those*

Adjectifs possessifs

mon, ma, mes *my*
ton, ta, tes *your (familiar)*

son, sa, ses *his / her*
notre, nos *our*

votre, vos *your (formal, plural)*
leur, leurs *their*

Adverbes de quantité et de qualité

beaucoup / pas beaucoup *much (many) / not much (not many)*
bien / mal *well / badly*

Adverbes de fréquence

jamais *never*   souvent *often*   tous les jours *every day*
quelquefois *sometimes*   toujours *always*   une fois, deux fois *once, twice*

Expressions pour nuancer la pensée

alors que *whereas*   par contre *on the other hand*   presque *almost*
au moins *at least*   plutôt *rather*   surtout *especially*

Expressions pour hésiter

Bon, alors / Bon, ben / Eh bien... *Well . . .*
c'est-à-dire que *that is to say*
Et puis *And then*
quoi / hein *you know*
Tu sais / Vous savez *You know*
voyons *let's see*

EXPRESSIONS POUR LA CLASSE

à votre avis *in your opinion*   une image *a picture*
au sujet de *about*   indiquez *indicate*
choisissez *choose*   interviewez *interview*
un choix *a choice*   maintenant *now*
ci-dessous *below*   participez *participate*
commencez *begin*   posez une question *ask a question*
comparez *compare*   présentez *present*
complétez *complete*   la réponse:
corrigez *correct*   la bonne réponse *(the right answer),*
décrivez *describe*   la réponse qui convient *(appropriate),*
demandez (à) *ask*   la meilleure réponse *(the best answer)*
employez *use*   selon *according to*
en employant *using*   suivant(e) / qui suivent *following*

La maison et la ville

EPP 6005

EPP 6005

Quel type de logement est-ce?

Imaginez les pièces.

Et vous?

Quel type de logement avez-vous?

Où se trouve ce logement?

Comment est votre chambre?

This chapter will enable you to

- **understand native speakers having a phone conversation and asking for directions**
- **read an opinion poll and travel with *le petit Nicolas* to a country home**

- **inquire about and discuss lodging options**
- **use the telephone in French**
- **ask for, give, and receive street directions**
- **talk about future plans**

Première étape

À l'écoute: Un studio

You are going to hear a telephone conversation between a prospective renter and a landlady. Do the activities in **Avant d'écouter,** then listen to the student audio CD and do the tasks in **Écoutons.**

Avant d'écouter

1 Imagine that you are going to attend the university in Aix-en-Provence in the south of France. Of course, you need housing. What sort would you like to have? Circle your choices.

1. Le type de logement:

   un appartement meublé / non meublé *(furnished/unfurnished)*
   un studio   une maison   une résidence universitaire

2. Les pièces:

   une chambre   une entrée   un salon / un séjour
   une cuisine   une salle à manger une salle de bains
                                          les W.C.

2 Now look at the following **petites annonces** *(classified ads).*

1. Aix centre. 2 pièces, cuisine, s.d.b.,
   W.C. séparés, terrasse, garage,
   3 200F + charges.
   Tél. 04.42.39.06.58

2. Avenue Victor Hugo. Studio meublé,
   idéal étudiant(e), 1 800F + charges.
   Tél. 04.42.20.11.65

VOCABULAIRE ACTIF

une petite annonce
le centre-ville
les charges (comprises)
une douche
idéal(e)
un lavabo
Un logement
  un appartement
  une maison
  une résidence
    universitaire
  un studio
  meublé(e)/
    non meublé(e)
louer
Une pièce
  une chambre
  une cuisine
  une entrée
  une salle à manger
  une salle de bains
  un salon/un séjour
  les toilettes (f.)/
    les W.C. (m.)
un(e) propriétaire
trouver
voir (infinitif)

3. Aix centre. Studio tout confort, cuisine,
salle de bains, 1 950F charges comprises.
Tél. 04.42.26.09.11

4. Boulevard Carnot. Chambre meublée
dans villa, entrée indépendante.
1 200F + électricité.
Tél. 04.42.38.64.29

1. What do you think the following words and abbreviations mean?

s.d.b.   W.C. séparés   charges comprises   Tél.

Notes culturelles

Les W.C. In a French home or apartment, the toilet is usually in its own little room, called **les W.C.** or **les waters** (pronounced *ouatair*), apart from the
bathroom. The bathroom typically contains a sink, a bathtub and/or a
shower, and a bidet. Restrooms can also be called **les toilettes,** particularly
in public places. In Quebec, the restroom is called **la toilette,** rather than
les W.C.

Les logements étudiants. In France, students typically live at home and
attend a university nearby. If they choose, they may live in subsidized university housing **(les résidences universitaires),** but openings are limited.
They are more likely to rent a room **chez un particulier** (in someone's house),
with a sink in the room and access to the family's bathroom; or they may
rent a studio apartment. The concept of roommate(s) or living in an apartment with several other students is not common to French culture but is
becoming increasingly accepted.

2. What do you notice about French phone numbers **(les numéros de
téléphone)?** What is the area code for southeastern France? What is
the city code for Aix-en-Provence?
3. **Où préférez-vous habiter?** Which of the four housing
accommodations would you choose? Why?
4. **Pour trouver** *(to find)* **un appartement...** Now imagine that you are
calling about the ad of your choice. Formulate in French two or three
questions you would like to ask of the **propriétaire** *(landlord/owner).*

➡ *Est-ce que l'appartement est meublé?*

Écoutons

Audio CD

3 Listen first to identify which of the ads in **Avant d'écouter** is referred to in
this telephone conversation.

C'est l'annonce # _____ pour les raisons suivantes:	
Ce n'est pas l'annonce	parce que les éléments suivants sont différents:
# _____	
# _____	
# _____	

4 Listen to the conversation a final time. From the context, can you infer the meaning of the words in the left-hand column? Choose the correct answers from the right-hand column, then justify your choice.

1. louer	a. *downtown*
2. une douche	b. *to see*
3. un lavabo	c. *to buy*
4. le centre-ville	d. *to rent*
5. voir	e. *a sink*
	f. *a refrigerator*
	g. *a shower*

5 As you listened to the conversation, what expression did you hear used before a telephone number to confirm that the right number was called?

a. C'est bien le...
b. Voilà...
c. Est-ce que j'ai...

Les voyelles nasales

■ Nasal vowels are produced by diverting air into the nose. There are three nasal vowels in French, represented by the following phonetic symbols.

[ã] as in **étudi<u>an</u>t, par<u>en</u>ts**
[ɔ̃] as in **b<u>on</u>jour, n<u>om</u>**
[ɛ̃] as in **améric<u>ain</u>, b<u>ien</u>, m<u>in</u>ce, <u>un</u>**

Écoutez

Audio CD

Listen to the student audio CD as the following words are read twice. Pay close attention to the way they are pronounced, and in the chart check the nasal sounds you hear.

	[ã]	[ɔ̃]	[ɛ̃]
qua<u>ran</u>te	✔		
v<u>in</u>gt-six			
<u>on</u>ze			
l'ann<u>on</u>ce			
n<u>on</u>			
comm<u>en</u>t			
ch<u>am</u>bre			
salle de b<u>ains</u>			
<u>son</u>t			
<u>com</u>prises			
vraim<u>en</u>t			
<u>cen</u>tre			

Using the examples in the chart, can you complete the following summary of spellings that correspond to each nasal vowel?

[ɑ̃]   an, am, _____

[ɔ̃]   on, _____

[ɛ̃]   ain, ien, un, _____

■ Note that these spellings correspond to a nasal sound only when they are followed by a consonant or occur at the end of a word. If the **n** or the **m** is followed by a vowel or another **n** or **m,** the vowel is not nasal.

nasal	not nasal
<u>un</u>	<u>un</u>e
canad<u>ien</u>	c<u>an</u>ad<u>ien</u>ne
ann<u>on</u>ce	téléph<u>on</u>e

Exception: <u>en</u>nuyeux *(nasal)*

Essayez!   Underline the nasal vowels in the following expressions.

Audio CD

1. un appartement intéressant
2. une salle à manger française
3. un salon marocain
4. une famille marocaine
5. un politicien ennuyeux à la télévision
6. la salle de bains des enfants
7. la maison de mon oncle et de ma tante
8. les chambres de mes cousins et de mes cousines

Now practice saying each expression aloud, then listen to the expressions on the student audio CD to verify your pronunciation.

STRATÉGIE DE COMMUNICATION
Pour parler au téléphone

Certain expressions are routinely used to make phone calls. Study the dialogues below and find the words or expressions used in French to

• answer the phone
• identify yourself
• politely request to speak with someone

Au téléphone (1)

— Allô?
— Allô, bonjour, madame. Je voudrais parler à Madame Cacharel, s'il vous plaît.
— Qui est à l'appareil?
— Sylvie Dupont. Je téléphone au sujet de l'annonce.
— Un moment, s'il vous plaît. Ne quittez pas.

Au téléphone (2)

— Allô?
— Allô, bonjour, madame. Ici Sylvie Dupont. Je téléphone au sujet de l'appartement. Est-ce que je pourrais parler à Monsieur Picard, s'il vous plaît?
— Je suis désolée. Monsieur Picard n'est pas là *(isn't in)*. Est-ce que vous pouvez téléphoner plus tard *(later)*?
— Bon, d'accord! Merci, madame.

Pour parler au téléphone	
Pour commencer	
Allô?	Allô, bonjour...
Pour demander qui c'est	**Pour s'identifier**
Qui est à l'appareil, s'il vous plaît?	Ici Sylvie Dupont. C'est Sylvie Dupont.
C'est de la part de qui?	De Sylvie Dupont.
Pour demander quelqu'un	**Pour répondre**
Je voudrais parler à...	Un moment, s'il vous plaît. Ne quittez pas.
Est-ce que je pourrais parler à...	Je suis désolé(e). Il n'est pas là. Est-ce que vous pouvez téléphoner plus tard?
Pour expliquer pourquoi vous téléphonez	
Je téléphone au sujet de...	

Although **allô** is the equivalent of *hello,* it is used only in answering the phone, not in greeting people in person. The expressions **je voudrais** *(I would like)* and **Est-ce que je pourrais** *(Could I)* are the most common ways to make a polite request. Both are generally followed by infinitives.

> **Est-ce que je pourrais** parler à Monsieur Picard?
> **Je voudrais** parler à Monsieur Picard.

VOCABULAIRE ACTIF
un répondeur
un téléphone

Note culturelle

Les télécommunications. Phone cards **(les télécartes)** have long been required for computerized pay phones in France. These cards may be purchased at a post office, a **bureau de tabac** (newsstand/tobacco store), or at other authorized shops. Answering machines and fax machines **(les répondeurs; les télécopieurs)** are not yet very common in homes, but cordless phones and cell phones **(les téléphones sans fil; les téléphones mobiles)** are becoming more and more popular.

ACTIVITÉS

A. Dialogues. Complétez le dialogue en choisissant parmi les expressions de la liste *Pour parler au téléphone* page 84.

— Allô?

— _____ . Je voudrais _____ .

— C'est de la part de qui?

— _____ . Je téléphone _____ .

— Un moment, s'il vous plaît. _____ .

Maintenant, inventez un dialogue original avec un(e) partenaire. À qui est-ce que vous téléphonez? (À votre camarade de chambre? À votre professeur? À Madame Cacharel?) Au sujet de quoi téléphonez-vous? (D'un studio à louer? De votre classe de français? D'une fête *(party)*?) Imaginez la situation.

B. Je voudrais... Indiquez vos préférences en matière de logement. Écrivez huit phrases avec les mots et les expressions des colonnes ci-dessous.

➡ *Je voudrais... / Je ne voudrais pas...*

		avec une petite (grande) cuisine
avoir	une maison	au centre-ville
louer	un appartement	avec une entrée indépendante
habiter	un studio	meublé(e) / non meublé(e)
	une chambre	dans une résidence universitaire
		chez un particulier

VOCABULAIRE
Les meubles et les objets personnels

Voici l'appartement de Marie. Dans sa chambre, il y a un lit, une commode et un ordinateur.

une lampe   des disques compacts (*m.*)   un lecteur de CD   des vidéocassettes (*f.*)

un magnétoscope

un canapé

une table

un fauteuil   un baladeur   un tapis

Dans le salon, il y a un canapé, un fauteuil, un lecteur de CD et un magnétoscope.

■ Quels autres objets est-ce qu'il y a dans son appartement? Trouvez au moins cinq autres choses dans la chambre et trouvez cinq autres choses dans le salon.

Note culturelle

Les appareils électroniques.   According to a survey in the magazine *Le Français dans le monde,* 59% of French 15- to 25-year-olds own a Walkman, 53% a television set, 52% a stereo, 19% a VCR, 16% a computer, and 14% a CD player. Some 7% of French 15- to 25-year-olds own none of these appliances. How do you think these figures would compare with those for Americans and Canadians in the same age group?

ACTIVITÉS

C. Chambres d'étudiants.   Trouvez les chambres (page 87) qui correspondent aux cinq descriptions suivantes. Quelle description ne correspond pas à une image? Quels sont les objets qui sont communs à toutes (*all*) les chambres?

_____ Dans la chambre d'Anne, il y a un lit, des rideaux, un poster, une lampe, une chaise, un magnétoscope et une radio.

_____ Dans la chambre de Babette il y a un lit, un placard, une commode, un tapis, un fauteuil, un magnétoscope, des étagères.

_____ Dans la chambre de Robert, il y a un lit, un ordinateur, une table, un tapis, un lecteur de CD, un magnétoscope, des vidéocassettes.

_____ Dans la chambre de Georges, il y a un lit, des rideaux, un poster, une lampe, une chaise, un ordinateur et une radio.

_____ Dans la chambre de Paul, il y a un lit, un placard, une lampe, un fauteuil, un poster, un magnétoscope et une radio.

1.

2.

3.

4.

D. Des objets personnels. Développez deux listes: (1) des objets personnels que vous avez dans votre chambre/appartement et (2) des objets personnels que vous n'avez pas mais que vous voudriez avoir.

➡ _J'ai..._   _Je voudrais avoir..._
   un baladeur...   _un magnétoscope..._

Maintenant, comparez vos listes avec celles d'un(e) partenaire. Cochez les objets que vous avez en commun, et partagez vos réponses avec la classe. Quels objets l'étudiant typique a-t-il? Qu'est-ce qu'il voudrait avoir?

➡ _L'étudiant typique de la classe a un(e)... Il voudrait avoir un(e)..._

Êtes-vous typique?

E. Un logement à louer. Vous avez un logement à louer. (1) Écrivez une petite annonce pour ce logement «idéal». (Regardez les exemples aux pages 80–81.) (2) Décrivez le logement à vos camarades de classe. (Quels sont les avantages? Combien de pièces est-ce qu'il y a? Quels meubles est-ce qu'il y a? etc.) (3) Écoutez les descriptions de vos camarades de classe. Quel logement préférez-vous? Pourquoi?

➡ _Je préfère le logement de Matt. Il y a trois chambres; c'est idéal pour trois personnes._

STRUCTURE: Asking information questions
Les adverbes interrogatifs

Observez et déduisez   *Des questions indiscrètes...*

... Et vous? Où est-ce que vous habitez? Dans une maison ou dans un appartement? Comment est votre chambre? Grande? Petite? Pourquoi est-ce que vous aimez votre chambre? Parce qu'elle est confortable? Combien de disques compacts est-ce que vous avez? 10? 20? Quand est-ce que vous voudriez écouter vos disques compacts? Aujourd'hui *(today)?* Maintenant? Demain *(tomorrow)?*

> ■ What are the interrogative words used in the preceding questions? Which interrogative adverb refers to
>
> | an amount | a place | a description |
> | a time | a reason | |

Vérifiez   *Les adverbes interrogatifs*

■ Information questions with interrogative adverbs like **où, quand, combien de, comment,** and **pourquoi** usually follow this pattern:

> **Interrogative word**   +   est-ce que   +   subject   +   verb
> **Où** est-ce que tu habites?
> **Quand** est-ce que tu étudies?
> **Combien de** CD est-ce que tu as?

■ These adverbs can also be used with inversion.

> **Interrogative word**   +   verb   +   subject pronoun
> **Combien de** posters as-tu?
> **Pourquoi** étudies-tu?

VOCABULAIRE ACTIF

Comment... ?
Où... ?
Pourquoi... ?
  ... parce que...
Quand... ?
  ... aujourd'hui
  ... demain
  ... maintenant
visiter

■ **Où** and **comment** can be followed directly by **être** + a noun subject.

> **Où** est ta chambre?
> **Comment** est ton appartement?

■ To answer a question with **pourquoi,** begin with **parce que.**

> **Pourquoi** est-ce que tu n'as pas de vidéocassettes?
> **Parce que** je n'ai pas de magnétoscope!

■ To answer a question with **quand,** the following adverbs are useful: **aujourd'hui, demain, maintenant.**

> **Quand** est-ce que je peux visiter l'appartement?
> Oh, **aujourd'hui, maintenant,** si vous voulez.

ACTIVITÉS

F. **Je cherche un appartement.**   Voici des questions que vous posez au sujet d'une petite annonce. Écoutez les réponses du professeur et décidez à quelle question il/elle répond.

➡ (1. Oui, il y a des lits, des tables, un canapé, des rideaux, etc.)

___1___ L'appartement est meublé?

_____ Combien de pièces est-ce qu'il y a?

_____ Où est l'appartement?

_____ Quand est-ce que je pourrais voir l'appartement?

_____ Est-ce que l'appartement est loué?

_____ Comment est l'appartement?

G. Une petite annonce. Deux copains discutent d'une petite annonce. Reliez les questions et les réponses logiques des colonnes ci-dessous.

Questions

_____ 1. Pourquoi est-ce que tu cherches un appartement? Pourquoi pas un studio?

_____ 2. C'est vrai. Alors, où est cet appartement?

_____ 3. Et comment est-il, selon l'annonce?

_____ 4. Ah, bon? Et il y a combien de chambres?

_____ 5. Et quand est-ce que tu téléphones au propriétaire?

Réponses

a. Demain.
b. Trois, je pense.
c. Sur le boulevard Manet.
d. Il est grand et confortable.
e. Parce qu'ils sont trop petits.

Maintenant, jouez le rôle des deux copains, et lisez le dialogue avec un(e) partenaire.

H. Curiosité. Est-ce qu'une chambre reflète la vie de la personne qui y habite? Posez des questions au sujet de la (des) personne(s) qui habite(nt) cette chambre.

➡ Où est-ce qu'elle travaille? (étudie? habite?)

Jeu de rôle

You've rented a room near the university, and you're discussing your ideas with the landlord. Tell him some things you'd like to do, and ask if you are allowed to do other things (*Je voudrais..., Est-ce que je pourrais... ?*). The landlord is very curious (perhaps nosy!) and asks many questions (*Où... ? Quand... ? Qui... ?* etc.).

W
B

Deuxième étape

Lecture: Les Français et leur logement

You are going to read a survey taken from *Le Journal Français d'Amérique* about housing in France. What kind of information do you expect to find in such a survey?

Avant de lire

1 Surveys include numbers and percentages **(les nombres et les pourcentages).** French numbers between 70 and 99 follow a pattern that is a remnant of the system used by the Celts, who counted by twenties. Knowing this, can you match the numbers on the left with their French form on the right?

1. 70	a. soixante-dix
2. 71	b. quatre-vingts
3. 72	c. quatre-vingt-dix
4. 80	d. soixante et onze
5. 81	e. soixante-douze
6. 85	f. quatre-vingt-onze
7. 90	g. quatre-vingt-dix-huit
8. 91	h. quatre-vingt-un
9. 98	i. quatre-vingt-cinq

Now, can you guess how to say the following numbers?

> 73   76   84   87   95   99

2 **Un sondage.**   Interview ten of your classmates. Ask them the following questions and note their answers.

1. Où est-ce que tu préfères habiter?

   a. _____ dans une maison individuelle   _____ dans un appartement

   b. _____ dans une grande ville   _____ dans une petite ville ou une commune rurale

2. Qu'est-ce qui est plus (+) important dans la sélection d'un logement?

   a. _____ le prix *(price)*

   b. _____ l'emplacement *(location)*

Après le sondage, transformez les résultats en pourcentages.

➡ *Six personnes sur dix, ou 60% (soixante pour cent), préfèrent habiter dans une grande ville. Pour 70%, le prix est plus important.*

En général **3** Skim the text that follows and match each section with an appropriate title.

section 1   a. «Le type de logement des Français»
section 2   b. «L'attitude des Français vis à vis de leur logement»
section 3   c. «Les facteurs importants pour sélectionner un logement»

SONDAGE

86 % DES FRANÇAIS sont satisfaits de leur logement. Les propriétaires sont plus satisfaits que les locataires (96 % contre 74 %), les habitants de maisons individuelles plus satisfaits que ceux qui habitent un appartement (94 % contre 75 %), et les provinciaux plus heureux que les Parisiens (88 % contre 76 %).

55 % DES FRANÇAIS HABITENT dans une maison individuelle (ils étaient 48 % en 1962), 45 % dans un appartement. 52 % des ménages sont propriétaires de leur logement (67 % dans les communes rurales, 34 % à Paris).

LES PRINCIPAUX CRITÈRES de choix d'un logement sont, par ordre décroissant: le calme (27 %), la proximité du lieu de travail (26 %), le prix (22 %), la proximité des commerces (18 %), la proximité des écoles (17 %).

Adapté de «Les Français sur le vif», *Journal Français d'Amérique*, 17–30 mai, 1991, p. 3.

4 **Les mots.**   Using context and logic, can you infer the meaning of the words that follow? Match the words on the left with their synonyms or definitions on the right.

1. les habitants
2. les locataires
3. les Parisiens
4. les provinciaux
5. satisfaits
6. le choix
7. l'ordre
8. le lieu
9. les ménages
10. le calme

a. les personnes qui louent (une maison, un appartement)
b. les personnes qui habitent les diverses régions de France
c. les personnes qui habitent (une maison, une ville, etc.)
d. les personnes qui habitent à Paris
e. les familles
f. la place, l'emplacement
g. la tranquillité
h. heureux
i. la hiérarchie, l'organisation
j. la sélection

VOCABULAIRE ACTIF

calme
une commune rurale
un emplacement
individuel(le)
un lieu
un locataire
le prix
satisfait(e)

5 Le sondage

A. Les pourcentages.   Indiquez les pourcentages donnés dans l'article.

satisfaction   _____ des locataires aiment leur logement.

_____ des provinciaux aiment leur logement.

_____ des habitants d'appartements aiment leur logement.

possession   _____ des familles françaises sont propriétaires de leur logement.

_____ des Parisiens sont propriétaires de leur logement.

type de logement   _____ des Français habitent dans un appartement.

_____ des Français habitent dans une maison individuelle.

B. Plus (+) ou moins (−).   Décidez si les phrases suivantes sont vraies ou fausses, selon l'article. Si elles sont fausses, corrigez-les.

1. Plus de Français habitent dans une maison individuelle que dans un appartement.
2. La proximité des écoles est plus importante que la proximité du lieu de travail.
3. Le prix est moins important que la proximité des commerces.
4. Le calme est plus important que l'emplacement.

Le sondage présente l'ordre des critères de choix d'un logement pour les Français. Est-ce que cet ordre est le même *(the same)* pour vous? pour les Américains en général?

VOCABULAIRE
Les nombres

Combien coûte *(costs)* un logement typique?

CREDIT LYONNAIS
B.P.F. 3 680 Frs.
PAYEZ CONTRE CE CHÈQUE NON ENDOSSABLE
sauf au profit d'une banque ou d'un organisme visé par la loi
Trois mille six cent quatre-vingts Frs.
somme en toutes lettres
A
Aix-en-Provence LE 30 octobre 19 99
PAYABLE A
13100 AIX PROVENCE
BRIAND 2875
49 BD A. BRIAND
TEL.04 42 23 40 34
COMPENS.A MARSEILLE
CTE 004284H X3427

Loyer d'un appartement au
centre d'Aix-en-Provence

CREDIT LYONNAIS
B.P.F. 1 200 Frs.
PAYEZ CONTRE CE CHÈQUE NON ENDOSSABLE
sauf au profit d'une banque ou d'un organisme visé par la loi
Mille deux cents Frs.
somme en toutes lettres
A
Lyon LE 7 janvier 19 99
PAYABLE A
13100 AIX PROVENCE
BRIAND 2875
49 BD A. BRIAND
TEL.04 42 23 40 34
COMPENS.A MARSEILLE
CTE 004284H X3427

Loyer d'une chambre
meublée à Lyon

CREDIT LYONNAIS
B.P.F. 1 620 500 Frs.
PAYEZ CONTRE CE CHÈQUE NON ENDOSSABLE
sauf au profit d'une banque ou d'un organisme visé par la loi
Un million six cent vingt mille cinq cents Frs.
somme en toutes lettres
A
Paris LE 5 février 19 99
PAYABLE A
13100 AIX PROVENCE
BRIAND 2875
49 BD A. BRIAND
TEL.04 42 23 40 34
COMPENS.A MARSEILLE
CTE 004284H X3427

Prix d'un appartement à Paris, 3e arrondissement

Other than when writing checks, one seldom writes out large numbers. Still, you should notice in the preceding examples that **vingt** and **cent** are written with an **-s** when they are preceded but not followed by another number. **Mille** never takes an **-s,** and no hyphen is used with **cent** or **mille.** A space or period is used to separate groups of thousands: **1 000** or **1.000.**

Numbers 100 and above follow a simple pattern.

100	cent	200	deux cents
101	cent un	301	trois cent un
102	cent deux	402	quatre cent deux
1 000	mille	1 500	mille cinq cents
1 001	mille un	1 515	mille cinq cent quinze
2 000	deux mille	3 620	trois mille six cent vingt
10 000	dix mille	100 000	cent mille
1 000 000	un million	1 000 000 000	un milliard

ACTIVITÉS

A. Combien?   Combien coûtent les meubles que votre professeur voudrait pour sa maison? Écoutez les prix et identifiez les objets ci-dessous. Numérotez-les dans l'ordre que vous entendez.

LAMPE
190F ▷

LA COMMODE
1350F

1290F
LITS SUPERPOSÉS

LE CANAPÉ
+ 1 FAUTEUIL
4490F

ÉTAGÈRES
1150F ▷

ORDINATEUR
7590F
▽

BUREAU   △**850**F

_____ lampe   _____ commode   _____ canapé et fauteuil

_____ étagères   _____ ordinateur   _____ lits superposés

___1___ bureau

B. Les prix. Regardez les objets du catalogue. Combien coûtent les objets que vous voudriez avoir pour votre chambre ou appartement? En tout *(For everything)* ça coûte combien?

➡ *Je voudrais avoir _____ et _____ . _____*

coûte _____ francs et _____ coûte _____

francs. En tout, ça coûte _____ francs.

C. Quel logement? (1) Choisissez le logement que vous préférez parmi les petites annonces suivantes. (2) Dites à votre partenaire combien coûte le logement et quel est le numéro de téléphone. (3) Votre partenaire écrit les nombres et identifie votre choix.

➡ *— Ça coûte ... par mois. Je téléphone au numéro...*
— Ah bon. C'est le logement numéro...

Maintenant, changez de rôle et répétez.

IMMOBILIER

▼ ventes
APPARTEMENTS

3e arrondt

RUE CHARLOT IIIe
COMME UNE MAISON
159 m² + 70 m² cour privative
Parfait état – 3 750 000 F
AGENCE DU MUSÉE
01-42-78-08-02

11e arrondt

Pptaire vd beaux appts
REFAITS A NEUF
– stud. 34 m² s/jd   493 000 F
– 2 P 52 m² s/jd   712 000 F
– 2 P. 54 m² s/jd   772 000 F
– 2 P 57 m²   799 000 F
53, AV. PARMENTIER
Visites mercredi et jeudi
de 11 à 13 h et de 14 à 19 h.
SEFIMEG 01-48-06-22-96

14e arrondt

ALESIA
Voie privée s/ verdure,
2 chbres, séj. terrasse,
originalité, calme.
1 540 000 F   01-45-42-49-26

province

NÎMES
80 m², vue sur golf, cuis. et
salle de bains équipées,
chauf. gaz, terrasse, gar.
Parf. état. Expo sud, vue.
Prix : 820 000 F
Tél. : 04-66-64-12-82-HR

PROPRIÉTÉS

Marseille
Part. vd

**PROPRIÉTÉ
PROVENÇALE**

12 ha. Site d'exception vallon
colline et pins. Calme.
Bâtisse rustique,
130 m² + studio indép., grd
gar. 1,5 MF.
Tél. : 04-91-45-35-38

Le long d'un canal à Strasbourg.

D. Une maison de vacances.   D'abord imaginez que vous habitez à Paris et que vous voulez passer vos vacances «en province». Vous décidez entre les villes suivantes, des lieux de vacances populaires. Trouvez les villes sur la carte de France, au début du livre. Puis calculez les distances entre ces villes et Paris en employant le tableau suivant.

➡ *Montpellier est à 766 kilomètres de Paris.*

Dijon								
293	Grenoble							
578	668	La Rochelle						
249	317	839	Marseille					
493	302	683	156	Montpellier				
661	336	992	190	309	Nice			
310	566	468	771	766	934	Paris		
450	711	467	910	905	1073	139	Rouen	
312	507	875	756	741	909	455	576	Strasbourg

Maintenant, décidez dans quelle ville vous voudriez passer vos vacances selon la distance et l'emplacement. Cherchez des camarades de classe qui désirent passer leurs vacances dans le même endroit.

STRUCTURES: Describing people and things

La place des adjectifs • Quelques adjectifs irréguliers

Observez et déduisez   Eh bien, nous sommes les propriétaires satisfaits d'une belle maison dans une commune rurale. C'est une communauté calme et agréable, pas trop loin d'une grande ville. Pour nous, c'est un logement idéal.

- Can you find six noun-adjective combinations in the preceding paragraph?

    → *un logement idéal*

- Based on the examples that you found in the text, what can you infer about the placement of adjectives in relationship to the nouns they modify?

- You have already seen that some adjectives are irregular, for example, **fou/folle.** Based on what you know about adjective agreement, can you fill in the chart of irregular adjectives below?

masculin singulier	masculin pluriel	féminin singulier	féminin pluriel
beau	beaux	belle	belles
nouveau			
	bons	bonne	
vieux			vieilles

Vérifiez   *La place des adjectifs; les adjectifs irréguliers*

- In general, adjectives follow the nouns they modify.

    une commune rurale
    des rideaux rouges

- A few adjectives precede the nouns they modify.

    beau *(good-looking; lovely)*   un beau salon
    joli *(pretty)*   une jolie maison
    jeune *(young)*   un jeune locataire
    vieux *(old)*   un vieux propriétaire
    nouveau *(new)*   un nouveau studio
    mauvais *(bad)*   un mauvais emplacement
    bon *(good)*   un bon prix
    petit   un petit appartement
    grand   une grande chambre
    autre *(other)*   un autre logement

- In careful speech, the indefinite article **des** becomes **de** before a plural adjective preceding a noun. This change is mandatory with **autres.**

    des maisons spacieuses
    de/des belles maisons
    d'autres maisons

- Adjectives can be placed before *and* after a single noun.

    une **petite** maison **blanche***
    un **vieux** tapis **jaune**

*****Blanc** is the masculine form: **un tapis blanc.**

VOCABULAIRE ACTIF

agréable
autre
beau (belle)
blanc (blanche)
bon(ne)
confortable
jeune
joli(e)
mauvais(e)
nouveau (nouvelle)
rouge
spacieux (spacieuse)
vieux (vieille)

■ In addition to the patterns you identified earlier, three adjectives have special forms for the masculine singular used before words beginning with a vowel or a silent **h:**

> un **bel** emplacement
> un **nouvel** appartement confortable
> un **vieil** hôtel

■ The plural form of these adjectives is regular.

> de **beaux** appartements
> les **vieux** hôtels

ACTIVITÉS

E. Une description.   Les adjectifs suivants décrivent un logement ou la personne associée au logement. Remarquez la forme des adjectifs et décidez à quoi ou à qui ils se réfèrent. **Soulignez** la bonne réponse.

1. nouvel   la maison / l'appartement
2. mauvais   l'emplacement / la commune
3. grands et vieux   les chambres / les fauteuils
4. petite mais agréable   le salon / la cuisine
5. jolies   les pièces / les meubles
6. jeune et beau   la locataire / le propriétaire

Maintenant, dites comment est ce logement selon vos réponses.

➡ *La cuisine est...*

Voudriez-vous habiter ce logement?

F. Comparaisons.   Cochez les adjectifs qui décrivent votre logement, etc., ou ajoutez un adjectif approprié.

1. ma maison
   ____ blanche   ____ vieille   ____ idéale   ____ belle   ____ ?
2. mon fauteuil
   ____ bleu   ____ bon   ____ vieux   ____ confortable   ____ ?
3. mon salon
   ____ meublé   ____ typique   ____ agréable   ____ grand   ____ ?
4. ma chambre
   ____ petite   ____ bonne   ____ belle   ____ intéressante   ____ ?
5. mes copains
   ____ jeunes   ____ patients   ____ beaux   ____ optimistes   ____ ?

Maintenant, interviewez un(e) camarade de classe. Soulignez les adjectifs qui décrivent *son* logement, etc., et répondez à ses questions.

➡ — *Comment est ta maison?*   ____ belle

Ensuite écrivez un paragraphe où vous comparez vos logements.

➡ *J'ai une vieille maison blanche, mais Frédéric a...*

G. Des préférences différentes. Complétez les phrases avec les adjectifs suivants. Attention à l'accord et au placement!

calme   grande   nouvel   vieilles
sympathique   beaux   individuelles   jeune
petite   agréable   rurale   vieux
chinois

1. Moi, je préfère les _____ maisons _____ .

2. J'habite une _____ commune _____ au Québec.

3. Je préfère un emplacement _____ et _____ .

4. Ma copine, par contre, a un _____ appartement dans une _____ ville.

5. Dans l'appartement, elle a de _____ meubles et un _____ tapis _____ .

6. Elle a un _____ propriétaire _____ aussi.

Est-ce que ces phrases sont vraies pour vous?

H. Imaginons. Décrivez un logement idéal pour les personnes suivantes, selon leur personnalité.

une personne qui aime le calme   votre professeur
Picasso   le président des Etats-Unis

Jeu de rôle

You and your partner play the roles of an interior decorator and a client who wishes to renovate an old, three-bedroom apartment. The decorator asks questions to understand the client's needs (family, pastimes), personality, and color preferences. There are three children in the family, and money *is* an object, so the client asks questions about costs. The decorator offers suggestions for renovation until the client is satisfied.

W
B

CULTURE ET RÉFLEXION

Internet

■ **La vie privée.** Privacy is sacred to French people, and a home is a private domain, reserved for family and close friends. The French rarely invite acquaintances to their home. They invite them to a restaurant or a café instead. What do you think of this custom? Is it a good idea to invite people you don't know too well to your home?

■ **Fenêtres, portes et murs.** For the sake of privacy again, French houses have shutters that are closed at nightfall. A French person in a house without shutters in the evening feels like a fish in a fish tank, exposed to the public eye. Inside the house, the doors to the various rooms are generally kept shut, especially the door to **«le petit coin»,** which is *never* left open, not even to indicate that the bathroom is unoccupied. Outside the house, walls and gates generally separate the yard from the neighbors' and from the street. What is your concept of private space? Do you close your curtains or drapes at night? Are there doors inside your house or apartment that you keep closed? How do you define private space in your culture?

■ **Les concessions.** African villagers live with their extended family in **concessions,** which consist of small dwellings **(les cases)** built around a common courtyard. Young children generally live in their mother's **case.** Teenage boys live in a separate **case.**

La vie privée, c'est sacré.

Une concession dans un village du Burkina Faso.

Teenage girls may share a **case** with their grandmother. The head of the family often has **sa case personnelle.** Most family activities take place outside, in the courtyard. Where do most family activities take place in your home?

Troisième étape

À l'écoute: Je cherche la rue...

Being able to ask for and give directions is essential to surviving in a foreign country. As you listen to the student audio CD, you will hear just how this is done in French. Do the activities in **Avant d'écouter,** then read the tasks in **Écoutons** before you listen.

Avant d'écouter

1 Imagine you have just arrived in Aix-en-Provence. You are at the train station **(la gare SNCF)** and you need directions to get to a certain street. First look at the map **(le plan de la ville)** on page 102. What are the different words that precede street names? Which one probably means *street?* What is the abbreviation for **le boulevard? l'avenue? la place?**

2 When you *ask* for directions, you may begin by saying **Je cherche...** *(I'm looking for . . .).* What other words can you expect to use when you *give* directions? Look at the following expressions and match them with the correct pictures, using cognates and logic.

a. Allez tout droit.
b. Traversez la rue.
c. Tournez à droite dans l'avenue Louis Pasteur.
d. Tournez à gauche dans la rue Espariat.

Audio CD

3 Listen to the conversation a first time and identify on the map the streets or places mentioned. Then listen again and trace with your finger the woman's route on the map, from start to finish. Begin at **la gare SNCF.**

Aix-en-Provence

4 Listen to the conversation a final time, focusing on the following words. From the context, and using the map to follow along, can you infer their meaning? Select the proper English equivalent.

1. devant
2. jusqu'à

    a. *to, until*
    b. *from*
    c. *behind*
    d. *in front of*

5 According to the map, which is correct: la troisième ou la quatrième rue? Can you now infer how to form an ordinal number (i.e., *three → third*)? Complete the following chart. Irregular forms are already provided.

un →	premier/première	six →	
deux →		sept →	
trois →		huit →	
quatre →		neuf →	neuvième
cinq →	cinquième	dix →	

Prononciation

Les sons [u] *et* [y]

- [u] is the vowel sound in **vous.** It is spelled **ou,** and unlike its English counterpart, it is never pronounced as a diphthong, that is, two vowel sounds in the same syllable. Compare the following:

  English: new [nuʷ]   *French:* nous [nu]
  two [tuʷ]   tout [tu]

- To pronounce a French [u] correctly, say it as a single sound, with your mouth almost closed.

- [y] is the vowel sound in **tu.** It is spelled **u,** and has no equivalent sound in English. To produce it, say [i], with your tongue pressed firmly against your lower front teeth, then round your lips like for [u]. Again, there is no diphthong.

  t**u**   sal**ut**

Écoutez

Audio CD

Listen to the following expressions from **À l'écoute: Je cherche la rue** on your student audio CD. Each expression will be read twice. In the chart, write the words that contain the sounds [u] or [y]. The chart has been started for you. If you need to, turn off the audio CD after each item in order to write your answers.

VOCABULAIRE ACTIF

aller
chercher
devant
Les directions
  à gauche
  à droite
  tout droit
  jusqu'à
Les nombres ordinaux
  premier, deuxième, etc.
tourner
traverser
La ville
  une avenue
  un boulevard
  la gare
  une place
  un plan de la ville
  une rue

	[u]	[y]
1. la rue Clémenceau		
2. comment vous expliquer		
3. l'avenue Victor Hugo		
4. vous allez tout droit jusqu'à La Rotonde	vous, tout	jusqu'à
5. une grande avenue qui s'appelle le cours Mirabeau		
6. vous tournez à droite sur le cours Mirabeau		
7. c'est la troisième ou quatrième rue à gauche		

Essayez!

Audio CD

A. Prononcez. Practice saying the expressions in the **Écoutez** section aloud. Then listen to the expressions on the student audio CD to verify your pronunciation.

B. [u] et [y]. For additional practice, say the following pairs of words aloud. Then listen to the words on the student audio CD to verify your pronunciation.

1. vous / vu	4. roux / rue	7. rouge / mur
2. tout / tu	5. rousse / russe	8. beaucoup / bureau
3. nous / nu	6. cours / cure	

STRUCTURES: Asking for and giving directions
*Le verbe **aller** • L'impératif*

Observez et déduisez

— Pardon, monsieur, pourriez-vous me dire où se trouve (où est) le boulevard de la République?
— Euh, voyons, vous allez tout droit dans l'avenue Victor Hugo jusqu'à la place du Général de Gaulle. Tournez à gauche sur la place. Le boulevard de la République est la deuxième rue à gauche.
— Ah bon, je vais tout droit, puis je tourne à gauche sur la place du Général de Gaulle?
— C'est ça!

■ Find a polite expression in the dialogue for asking directions.

■ Can you identify two forms of the verb **aller?**

■ Why, do you think, the verb **tournez** has no subject pronoun?

Vérifiez   *Le verbe **aller***

■ The verb **aller** *(to go)* is irregular. You have seen it used to say or ask how someone is doing.

Comment-allez vous?   Ça va bien.

Le verbe aller	
je vais	nous allons
tu vas	vous allez
il / elle / on va	ils / elles vont

■ **Aller** is frequently followed by the preposition **à** to indicate movement toward a place.

Vous **allez à** La Rotonde et vous tournez à gauche.

■ Use the preposition **dans** with **avenue** and **rue.** Use **sur** with **place** and **boulevard.**

Vous allez **dans** l'avenue des Belges (**dans** la rue d'Italie).
Vous allez **sur** le boulevard du Roi René (**sur** la place du Général de Gaulle).

L'impératif

■ The imperative, or command form, is also used in giving directions. It is formed by dropping the subject pronoun.

Vous prenez *(take)* le cours Mirabeau.　→　**Prenez** le cours Mirabeau.

■ For the familiar **(tu)** form of the imperative, the **-s** of **-er** verbs and of **aller** is dropped.

Tu ne tourn<u>es</u> pas à gauche.　→　Ne tourn<u>e</u> pas à gauche.
Tu v<u>as</u> tout droit.　→　V<u>a</u> tout droit.

■ In giving directions, you will frequently use a subject *and* the verb instead of the imperative.

Vous continuez tout droit pour aller à l'église.

■ The following expression is commonly used to ask for directions politely.

Pourriez-vous me dire où est (où se trouve) le musée?
Could you tell me where the museum is (is located)?

VOCABULAIRE ACTIF

continuer
dans
une église
Pardon, monsieur...
prenez
Pourriez-vous me dire...
se trouver
sur

ACTIVITÉS

A. Vrai ou faux? Décidez si les phrases suivantes sont vraies ou fausses selon le plan d'Aix, page 102.

1. Le Palais de Justice est sur la place de Verdun.
2. Vous êtes à La Rotonde. Pour aller à la place Forbin, vous allez dans l'avenue Victor Hugo.
3. Vous êtes au musée Granet. Pour aller à la place des Quatre-Dauphins, vous allez à droite dans la rue Cardinale.
4. Si vous êtes à la gare, le cours Mirabeau est tout droit devant vous.
5. Le Muséum d'histoire naturelle se trouve sur la place des Augustins.
6. Si vous allez de la gare à la place Jeanne d'Arc, vous traversez la place de Verdun.
7. Vous êtes à La Rotonde et vous prenez le cours Mirabeau. La rue Fabrot est la quatrième rue à droite.

B. À quelle place? Vous êtes à Aix avec votre professeur et vos camarades de classe! Dites à quelle place vont les personnes suivantes selon leur situation.

Pl. Jeanne d'Arc　　　Pl. Richelme　　　　　　Pl. St-Jean de Malte
Pl. St-Honoré　　　　Pl. du Général de Gaulle　Pl. de Verdun

➡ Nous cherchons un taxi.
Nous allons sur la place du Général de Gaulle.

1. Le professeur aime beaucoup les sciences naturelles.
2. Deux étudiantes s'intéressent au système judiciaire.
3. Vous cherchez des renseignements touristiques.
4. Une copine et moi, nous sommes catholiques pratiquantes.
5. Je perds *(lose)* mon passeport.
6. Tu voudrais poster une lettre.

C. Devinez! *(Guess!)* Choisissez un endroit sur le plan d'Aix. Donnez des directions pour aller à cet endroit à un(e) camarade de classe. Il/Elle va deviner le nom de l'endroit. Commencez à la gare!

STRUCTURES: Saying where you're going and what you're going to do

Le futur proche • Les contractions

Observez et déduisez   Je vais traverser La Rotonde pour aller à la poste dans l'avenue des Belges. Ensuite, je vais acheter des CD et des livres aux magasins sur le cours Mirabeau. Finalement, je vais manger au café près du cinéma.

> ■ What do you notice about the form of the verbs that immediately follow **aller** in the preceding paragraph?
>
> ■ What happens to the preposition **à** before **magasins** and **café?** What happens to **de** before **cinéma?** Can you think of a reason for the changes?

Vérifiez   *Le futur proche*

■ The verb **aller** is frequently followed by an infinitive to say what one is *going to do.* This is called the **futur proche,** the *near* future.

>   Nous **allons manger** au café sur le cours Mirabeau.

■ In the negative, place **ne ... pas** around the conjugated verb **aller.** The infinitive follows.

>   Nous **n'allons pas visiter** le musée Granet.

Les contractions

■ The prepositions **à** and **de** contract with **le** and **les** as follows:

>   Elles vont **au** cinéma près **du** parc.
>   Nous allons **aux** magasins près **des** restaurants.

■ There is no contraction with **la** or **l'.**

>   Les étudiants sont **à l'**hôtel près **de la** poste.

VOCABULAIRE ACTIF
un café
un magasin
un musée
un parc
la poste
près de

Les contractions	
à + le = **au**	de + le = **du**
à + les = **aux**	de + les = **des**

ACTIVITÉS

D. Projets.   Anne voyage à Aix avec des copains. Jouez le rôle d'un copain ou d'une copine et indiquez si vous avez les mêmes projets qu'Anne. Si non, dites ce que vous allez faire *(to do).*

➡ ANNE: Je vais chercher un hôtel dans l'avenue Victor Hugo.
VOUS: *Moi aussi!*   ou   *Pas moi. Je vais chercher un hôtel dans l'avenue des Belges.*

1. Je vais visiter l'Office de Tourisme.
2. Je vais chercher un taxi à La Rotonde.
3. Je vais aller à l'église de la Madeleine.
4. Je vais voir une exposition au musée Granet.
5. Je vais retrouver mes copains sur la place Forbin.
6. Je vais dîner au restaurant sur le cours Mirabeau.

E. Où va-t-on?   Les membres de la famille ont des destinations différentes. Dites où ils vont, probablement, en employant le futur proche.

➡ Maman voudrait poster une lettre.
  Alors, elle va aller à la poste.

1. Papa et moi, nous voudrions manger.
2. Je voudrais acheter un livre.
3. Mes sœurs adorent l'art et la sculpture.
4. Mon frère voudrait voir le nouveau film de Juliette Binoche.
5. Maman voudrait acheter une télécarte.
6. Mes grands-parents voudraient voyager de Villeneuve à Paris.

VOCABULAIRE
La ville et les prépositions de lieu

Hélène est sur la place Bonaparte devant l'église. Elle cherche le cinéma qui est au coin de l'avenue Victor Hugo et de la rue Mazarin, à côté du restaurant La Bonne Cuisine. La banque est en face du musée, entre le café et l'Hôtel Crécy. Hélène est près de l'école mais loin de l'université. Plus tard, elle va aller au parc derrière la pharmacie.

Based on the clues in the paragraph and the map, match the prepositions on the left with the terms on the right.

_____ 1. entre   a. *in front of*

_____ 2. derrière   b. *beside*

_____ 3. en face de   c. *far from*

_____ 4. loin de   d. *facing*

_____ 5. devant   e. *at the corner of*

_____ 6. près de   f. *behind*

_____ 7. à côté de   g. *near*

_____ 8. au coin de   h. *between*

Can you identify the following buildings **(bâtiments)** on the map: la banque? la pharmacie? le supermarché? le bureau de tabac? l'hôpital? le café?

ACTIVITÉS

F. Bâtiments.   Écoutez le professeur expliquer où il/elle est. Numérotez les bâtiments dans l'ordre où vous les entendez.

➡ (1. Je suis derrière le magasin. Où suis-je?)

_____ au restaurant   _____ au bureau de tabac   _____ à l'université

_____ à la pharmacie   _____ à l'hôpital   __1__ au super-
                                                              marché
_____ à l'école   _____ au musée

G. Les endroits.   Situez cinq bâtiments de la liste de l'activité F d'après le plan de la page 107.

➡ *Le supermarché? Il est au coin de... / près de (du)... / loin de (du)...*

 Jeu de rôle

You and your classmates are bragging about your hometowns. Mention the various places of interest (museums, shops, cinemas, restaurants) and their locations relative to one another. Ask your partners where various sites (hospitals, universities, hotels) are located in their hometowns.

CD-ROM

Now that you have finished the Troisième étape of this chapter, do your Lab Manual activities with the audio program. Explore chapter topics further with the Mais oui! Video and CD-ROM. Viewing and comprehension activities are in the video section of your *Workbook/Lab Manual/Video Manual*.

Intégration

Littérature: Le chouette bol d'air

You have already met **le petit Nicolas** in Chapter 1. The story you are about to read is taken from *Le petit Nicolas et ses copains*, first published in 1963. Popular with both adults and children, **le petit Nicolas** was created by Jean-Jacques Sempé (1932–), a cartoonist whose own son is named Nicolas, and René Goscinny (1926–1977), who also authored the famous cartoon series *Astérix*. Nicolas's simple words hide funny and sometimes profound observations about the adult world. One of his favorite words is **chouette** *(cool, neat)*. Here it applies to **un bol d'air**—a breath of fresh air.

Avant de lire

1 What words come to your mind when you think of town and country **(la ville et la campagne)?** Choose from the list below or add your own.

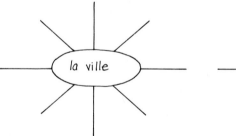

le bruit *(noise)*   le calme, le silence
l'air pur   la pollution
la détente, la relaxation   le stress
les immeubles *(apartment buildings)*   la nature
les routes   les rues
les embouteillages *(traffic jams)*   la solitude
?   ?

2 What are the benefits of a country home **(une maison de campagne)?** Judging from the drawing on page 111, is Monsieur Bongrain enjoying his country home?

3 Skim over the text and choose a title for each paragraph or group of paragraphs.

paragraphe	titre
1. «Nous sommes invités... »	a. Où est Corentin?
2. «Moi, je suis bien content... »	b. Qui est Monsieur Bongrain?
3. «On part... »	c. L'opinion de Monsieur Bongrain sur les maisons de campagne
4–6. «Elle est chouette... »	d. Les directions pour arriver chez Monsieur Bongrain
7–9. «Mais parce que je suis là... »	e. Les difficultés pour arriver chez Monsieur Bongrain
10–11. «Après le déjeuner... »	f. La tragédie de la balle
12–14. «Corentin et moi... »	g. Première tentative de jouer dehors (à l'extérieur)
15–16. «Papa décide... »	h. Deuxième tentative de jouer dehors

Le chouette bol d'air

1 **N**ous sommes invités à passer le dimanche° dans la nouvelle maison de campagne de M. Bongrain. M. Bongrain travaille avec Papa et il a un petit garçon qui a mon âge et qui s'appelle Corentin.

2 Moi, je suis bien content parce que j'aime beaucoup aller à la campagne. M. Bongrain a dit que ce n'est pas loin de la ville. Il a donné tous les détails à Papa par téléphone. C'est tout droit, on tourne à gauche au premier feu rouge, ensuite c'est encore tout droit jusqu'au carrefour°, où on tourne à gauche, et puis encore à gauche jusqu'à une grande ferme° blanche, et puis on tourne à droite par une petite route en terre, et là c'est tout droit et à gauche après la station-service.

3 On part, Papa, Maman et moi, assez tôt le matin° dans la voiture°, et Papa chante°, et puis il s'arrête de chanter à cause de toutes les voitures qu'il y a sur la route. On ne peut pas avancer°. Et puis Papa rate le feu rouge où il devait° tourner, et au carrefour suivant il y a une pancarte où c'est écrit «Détour», et nous nous perdons°; et Papa crie après Maman parce qu'elle lit° mal° les indications qu'il y a sur le papier; et Papa demande son chemin° à beaucoup de gens qui ne savent pas°; et nous arrivons chez M. Bongrain à l'heure du déjeuner, et nous arrêtons de nous disputer.

4 Elle est chouette, la maison de M. Bongrain! Pas très grande, mais chouette.

5 — Corentin n'est pas là? demande Papa.

6 — Mais oui, il est là, répond M. Bongrain; mais ce petit crétin est puni dans sa chambre parce qu'il est monté dans un arbre. Vous imaginez un peu? Chacun° de ces arbres m'a coûté une fortune!

7 Mais parce que je suis là, M. Bongrain appelle Corentin. Il a l'air assez° chouette.

8 — On va jouer dans le jardin? je demande à Corentin.

Sunday

intersection
farm

tôt... *early in the morning* / *car*
sings
progresser / *was supposed to*

nous... *we get lost* / vous lisez →
   elle lit / ≠ bien / demande...
   asks his way / je ne sais pas →
   ils ne savent pas

Each one

a... *seems rather*

9   Corentin regarde son papa et son papa dit non, parce qu'on va bientôt manger.

10   Après le déjeuner, qui est très rustique, je demande à Corentin si on peut° aller jouer dehors°. Corentin regarde son papa et M. Bongrain dit:

may
outside

11   — Mais bien sûr les enfants! Mais ne jouez pas sur la pelouse!

12   Corentin et moi on commence à jouer à la balle et bientôt la balle va sur la pelouse. La fenêtre de la maison s'ouvre° immédiatement et M. Bongrain crie:

vous ouvrez → elle s'ouvre

13   — Corentin! Je t'ai déjà° dit plusieurs° fois de faire attention à la pelouse! Cette pelouse représente un travail fou! Tu es impossible quand on est à la campagne! Allez! dans ta chambre jusqu'à ce soir°!

already / several

ce... *tonight*

14   Corentin commence à pleurer et il rentre° dans la maison.

goes back

15   Papa décide qu'il est temps° de partir, à cause des embouteillages.

il... *it's time*

16   — Pourquoi n'achètes-tu pas une maison de campagne, comme moi? dit M. Bongrain à Papa. Pour les enfants, c'est formidable cette détente et ce bol d'air, tous les dimanches!

Extrait de *Le petit Nicolas et ses copains* (Jean-Jacques Sempé et René Goscinny)

4 **Les mots.**   Using the context, background knowledge, and logic, can you guess what the following words mean? Choose a or b.

¶2	une route en terre	a. *a paved road*	b. *a dirt road*
¶3	part (partir)	a. *to leave*	b. *to share*
	arrêter	a. *to start*	b. *to stop*
	à cause de	a. *because of*	b. *because*
	rater	a. *to miss*	b. *to take*
	une pancarte	a. *a sign*	b. *a card*
	crier après	a. *to yell at*	b. *to cry*
	l'heure du déjeuner	a. *lunch time*	b. *dinner time*
	se disputer	a. *to argue*	b. *to sing*
¶6	puni	a. *puny, small*	b. *punished*
	est monté	a. *climbed*	b. *planted*
¶11	la pelouse	a. *the farm*	b. *the lawn*
¶13	faire attention (à)	a. *to be careful (with)*	b. *to listen (to)*
¶14	pleurer	a. *to cry*	b. *to fall*

5 **Le texte.**   Vrai ou faux? Si c'est faux, corrigez.

1. Monsieur Bongrain est le papa de Corentin.
2. Les directions pour arriver à la maison de Monsieur Bongrain sont très simples.
3. Le papa de Nicolas commence à chanter quand il y a des embouteillages.
4. Papa est un exemple de calme et de patience quand il cherche la maison de Monsieur Bongrain.
5. La maman de Nicolas téléphone à M. Bongrain pour avoir des directions plus précises.
6. Corentin est dans un arbre quand la famille de Nicolas arrive.
7. Nicolas voudrait jouer dehors.
8. M. Bongrain regarde Corentin et Nicolas quand ils jouent à la balle.
9. La pelouse de M. Bongrain est sacrée *(sacred)!*
10. Corentin peut apprécier l'air pur de la campagne!

6 **L'humour.**   What is funny about the following aspects of the story? Do you see other funny parts? Discuss in English.

1. The directions to M. Bongrain's house.
2. «Une grande ferme blanche, une petite route en terre, [puis une] station-service»
3. «Papa chante et puis il s'arrête de chanter.»
4. «Nous arrivons chez M. Bongrain et nous arrêtons de nous disputer.»
5. «Ce petit crétin est puni dans sa chambre parce qu'il est monté dans un arbre.» «Ne jouez pas sur la pelouse!» «Allez! dans ta chambre jusqu'à ce soir!»
6. «Pour les enfants, c'est formidable cette détente et ce bol d'air, tous les dimanches!» (Where does Corentin spend most of his time in the country?!)
7. The drawing: What is in the background? Is it really «la campagne»?
8. The name of the Bongrains' property, as indicated on the sign by the gate, is Sam Suffi, which is pronounced the same way as **ça me suffit** *(it's all I need)*. Do you think Corentin would give it the same name?

Et vous? Imaginez le dialogue entre le papa et la maman de Nicolas dans la voiture. Le papa pose des questions, la maman donne les directions, et les deux sont très impatients! Relisez le deuxième et le troisième paragraphes du texte, puis, avec un(e) camarade de classe, composez un dialogue original. Ensuite, jouez votre dialogue devant la classe.

Expressions utiles

Qu'est-ce que ça dit sur le papier? *(What does it say . . . ?)*
Où est-ce que je vais/tourne?
Où est le feu rouge?
Fais attention! Regarde!
Imbécile!
Ne crie pas! / Mais je ne crie pas!
Silence!

Par écrit: Well worth the money!

Avant d'écrire

A. Strategy: Listing. Listing is a very common form of prewriting activity. If you wanted to describe your house, for example, you might first make a list of the rooms and then add some descriptive words beside each one. However, your writing may become predictable if your lists are always sequential or "logical." Developing lists in unexpected ways may lead you to surprising or provocative ideas.

Application. Prepare to write a description of your house by developing a list in a unique way: Group rooms by adjective, by mood, by activity. Or think of each room as a painting or a musical composition—who is the artist or composer? Or develop your own method for bringing out the uniqueness of your home.

B. Strategy: Adding variety. Improve a choppy writing style by varying sentence construction. For example, use adjectives or a sentence with **qui** to describe.

➡ J'ai une maison. La maison est spacieuse et belle.
   J'ai une maison qui est spacieuse et belle.
ou: *J'ai une belle maison spacieuse.*

Application. Write two sentences describing your house or room. Use an adjective in one and a clause with **qui** in the other.

Begin the letter with: *Monsieur/ Madame, Je vous écris au sujet de...* Conclude with: *Veuillez agréer, Monsieur/Madame, l'expression de mes sentiments distingués.* Write your address in the top right-hand corner, followed by the date. The recipient's address should be written below, flush left above the greeting.

ÉCRIVEZ

1. Would you like to exchange lodging for the summer with a person in southern France? in Martinique? Write a letter describing your house/apartment/studio that would entice someone to make the exchange. Provide as many details as possible to convince the other party your place is ideal.

2. You have an apartment in Montreal that you want to exchange or rent out for the semester. Using the following ads as a model, write an ad for the local newspaper to try to rent your apartment.

CANNES/SUQUET, bordure mer : living, 2 chambres, 2 sdb, grande terrasse/jardinet, cuisine, téléphone, TV. Août-sept. 10.000/ 7.000 quinzaine. 4/6 personnes. (33-1) 46.28.23.13 soir.

ECHANGE JUILLET ou août, appt. 120 m², très grand standing, Avenue Montaigne, 1 chambre, 1 très grand salon, 1 bureau, grande cuisine complètement équipée, contre maison avec piscine à Los Angeles, de Beverly Hills à Malibu. (1) 47.23.41.28.

JH FRANÇAIS, 23, cherche à partager studio avec jeune Américaine à Los Angeles ou Miami pour apprendre anglais et visite à partir du mois d'août et pour plusieurs mois. Sérieux, merci. FUSAC réf : 4405.

ARTISTE peintre cherche à louer pour 6 mois atelier avec appt à New York, loyer raisonnable, possibilité échange en France. Tél Strasbourg : 88.36.60.30/Fax 88.36.70.24.

VOCABULAIRE ACTIF

Le logement

une petite annonce *a classified ad*
un appartement *an apartment*
un bâtiment *a building*
les charges (f.) *utilities*
le lieu, l'emplacement (m.) *place, location*

un(e) locataire *a renter*
une maison *a house*
le prix *price*
un(e) propriétaire *landlord, landlady*
une résidence universitaire *a dorm*
un studio *a studio*

Les pièces (f.)

une chambre *a bedroom*
la cuisine *the kitchen*
la douche *the shower*
l'entrée (f.) *the entry*
le lavabo *the bathroom sink*

la salle à manger *the dining room*
la salle de bains *the bathroom*
le salon / le séjour *the living room*
les toilettes (f.) / les W.C. (m.) *the restroom*

Les meubles (m.)

un canapé *a couch, sofa*
une commode *a chest of drawers*
des étagères (f.) *(book)shelves*
un fauteuil *an armchair*
une lampe *a lamp*

un lit *a bed*
un placard *a closet*
des rideaux (m.) *curtains, drapes*
un tapis *a rug*

Les objets personnels

un baladeur *a Walkman*
un lecteur de CD *a CD player*
un magnétoscope *a VCR*
un ordinateur *a computer*

un poster
un répondeur *an answering machine*
un téléphone
une vidéocassette

La ville

une avenue
une banque *a bank*
un boulevard
un bureau de tabac *tobacco /
  magazine shop*
un café
le centre-ville *downtown*
une commune rurale *a rural
  community; a small town*
une église *a church*
la gare *the train station*

un hôpital (des hôpitaux) *a hospital*
un hôtel
un magasin *a store*
un musée *a museum*
un parc *a park*
une pharmacie *a pharmacy / drugstore*
une place *a city square*
un plan (de la ville) *a city map*
la poste *the post office*
une rue *a street*
un supermarché *a supermarket*

Les directions

à côté de *next to*
à droite *to (on) the right*
à gauche *to (on) the left*
au coin de *at the corner of*
dans *in (on)*
derrière *behind*
devant *in front of*

en face de *across from*
entre *between*
jusqu'à *to, until*
loin de *far from*
près de *close to*
sur *on (in)*
tout droit *straight ahead*

Pour demander des directions

Pardon, monsieur / madame *Excuse me, sir / ma'am*
Je cherche... *I'm looking for . . .*
Pourriez-vous me dire... ? *Could you tell me . . . ?*
Où se trouve... ? / Où est... ? *Where is . . . ?*

Au téléphone

Allô? *Hello?*
Qui est à l'appareil? / C'est de la part de qui? *May I
  ask who's calling?*
Ici... *This is . . .*
Je voudrais... *I would like . . .*
Est-ce que je pourrais... ? *Could I . . .*
Je téléphone au sujet de... *I'm calling about . . .*
Un moment, s'il vous plaît / Ne quittez pas *Just a
  minute, please*
Je suis désolé(e) *I'm sorry*
Il (Elle) est là / n'est pas là *He (She) is in / isn't in*
Est-ce que vous pouvez téléphoner plus tard? *Can you call later?*
D'accord *Okay*

Questions

Comment? *How?*
Où? *Where?*
Parce que *Because*
Pourquoi? *Why?*
Quand? *When?*

Adjectifs

agréable *nice*
autre *other*
beau (bel, belle, beaux, belles)
   beautiful
blanc (blanche) *white*
bon(ne) *good*
calme *calm, peaceful*
compris(e) *included*
confortable *comfortable*
individuel(le) *individual*
jaune *yellow*

jeune *young*
joli(e) *pretty*
mauvais(e) *bad*
meublé(e) / non meublé(e) *furnished /*
   unfurnished
nouveau (nouvel, nouvelle, nouveaux,
   nouvelles) *new*
rouge *red*
satisfait(e) *satisfied, content*
spacieux (-euse) *spacious*
vieux (vieil, vieille, vieux, vieilles) *old*

Verbes

aller *to go*
chercher *to look for*
continuer *to continue*
coûter *to cost*
louer *to rent*
prendre (prenez) *to take*
téléphoner *to call, to phone*

tourner *to turn*
traverser *to cross*
trouver *to find*
se trouver *to be located*
visiter *to visit (a place)*
voir (infinitif) *to see*

Adverbes

aujourd'hui *today*
demain *tomorrow*

maintenant *now*
plus tard *later*

Les nombres

70 → un milliard *(a billion)*
Les nombres ordinaux: premier, deuxième, etc. *(first, second, etc.)*

EXPRESSIONS POUR LA CLASSE

ajoutez *add*
ci-dessus *above*
cochez *check*
développez *develop*
devinez *guess*
discutez *discuss*
dites *say*
expliquez *explain*

imaginez *imagine*
inventez *invent, make up*
numérotez *number*
partagez *share*
reliez *link, connect*
remarquez *note, notice*
soulignez *underline*

L'école

4

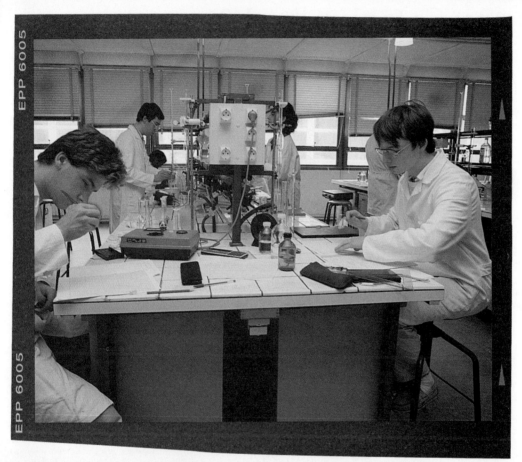

EPP 6005

EPP 6005

À quel genre d'école vont ces jeunes gens?

Quel diplôme est-ce qu'ils préparent?

Et après, qu'est-ce qu'ils vont faire?

Et vous?

Qu'est-ce que vous étudiez?

Comment sont vos cours?

This chapter will enable you to

- **understand French children speaking about their school program**
- **read an article about the school week in France and a humorous text about a little boy who learns to read**
- **talk about studies and schedules**
- **express your personal reactions**
- **talk about activities you enjoy**

Première étape

À l'écoute: Ça te plaît, l'école?

Vous allez entendre une conversation avec une petite fille qui parle de son école en France. **Avant d'écouter** et les autres activités vont vous aider à comprendre la conversation.

Avant d'écouter

1 Quels souvenirs est-ce que vous associez à l'école primaire? Cochez toutes les réponses appropriées et ajoutez des réponses personnelles.

L'école primaire, c'est

_____ les copains/copines

_____ les instituteurs/institutrices (les «professeurs» dans les écoles primaires)

_____ la salle de classe

_____ les matières qu'on étudie: les maths, l'histoire, etc.

_____ les récréations (quand on joue)

_____ ?

Écoutons

Audio CD

2 Écoutez la conversation une première fois et numérotez les sujets (topics) dans l'ordre où ils sont mentionnés.

_____ l'emploi du temps (schedule) d'Audrey

_____ l'âge d'Audrey

_____ son opinion de son institutrice

_____ les matières qu'elle étudie

_____ sa matière préférée

Sur le chemin de l'école.

118

3 Écoutez une deuxième fois et faites attention aux heures *(times)* mentionnées.

1. À quelle heure commence l'école?

huit heures   huit heures et demie   neuf heures

2. À quelle heure finit l'école?

deux heures   quatre heures   quatre heures et demie

3. À quelle heure finit la session du matin *(morning)?*

onze heures et quart   onze heures et demie   midi moins le quart

4. À quelle heure commence la session de l'après-midi *(afternoon)?*

une heure moins le quart   une heure et quart   une heure et demie

4 Écoutez une troisième fois et cochez les matières mentionnées.

_____ les mathématiques (maths)	_____ la biologie
_____ le français	_____ l'économie
_____ l'anglais	_____ l'informatique *(computer science)*
_____ l'allemand	
_____ l'histoire	_____ la musique
_____ la géographie	_____ le dessin, l'art
_____ les sciences	_____ la gymnastique *(l'éducation physique)*

5 D'après le contexte, quel est le sens *(meaning)* de «ça te plaît?»?

a. tu aimes?   b. tu étudies?   c. tu détestes?

6 Répondez aux questions suivantes.

1. Quelle est la matière préférée d'Audrey? Pourquoi?

2. Comment est l'institutrice d'Audrey?

a. gentille *(nice)*   b. stricte   c. jeune   d. super

Note culturelle

L'école en France. The French school system starts with **l'école maternelle** *(kindergarten)*, available to children ages two through six. School becomes mandatory at age six, when children enter **l'école primaire** for five years. At age eleven, they go to **le collège** for four years, then on to **le lycée** for three years. At age fourteen, midway through **le collège**, students may choose a professional track instead of the traditional academic track; **le lycée d'enseignement professionnel** allows them to prepare, in two or three years, technical degrees in construction, cooking, office work, and other fields.

Prononciation   *Les sons* [e] *et* [ɛ]

■ [e] is the sound in **et** or **étudier;** it is pronounced with your mouth almost closed, and your lips stretched like for an [i].

■ [ɛ] is the sound in **elle** or **aime;** it is a more open sound, similar to the vowel in the English word *bet.*

Écoutez   Listen to the following excerpts from **À l'écoute: Ça te plaît, l'école?** on the student audio CD, and in the chart, write the words that contain the sounds [e] or [ɛ]. Each excerpt will be read twice. The first excerpt has been done for you. If you need to, turn off the audio CD after each item in order to write your answers.

Audio CD

	[e]	[ɛ]
1. Et ça te plaît, l'école?	<u>et</u>, l'<u>é</u>cole	pl<u>aî</u>t
2. À quelle heure est-ce que tu vas à l'école?		
3. On a deux heures pour manger et pour jouer.		
4. Qu'est-ce que tu as comme matières à l'école?		
5. Eh ben, le français, les maths, la géographie...		
6. Et quelle est ta matière préférée?		
7. Parce que j'aime lire et écrire.		
8. Elle est super!		

Now, underline the [e] and [ɛ] sounds in the words you entered in the chart, then practice pronouncing them.

Essayez!

Audio CD

A. Prononcez. Practice saying the following words aloud, paying particular attention to the highlighted sounds. Then listen to them on the student audio CD to verify your pronunciation.

1. [e] répét**é**z, enchant**é**, à côt**é**, caf**é**, mus**é**e, tél**é**phon**er**, désol**é**
   all**ez**, ouvr**ez**, ferm**ez**, lis**ez**, écout**ez**, écriv**ez**
   trouv**er**, habit**er**, donn**er**, papi**er**
   l**es**, m**es**, t**es**, c**es**

2. [ɛ] m**è**re, p**è**re, fr**è**re, derri**è**re, deuxi**è**me, tr**è**s
   être, fen**ê**tre, f**ê**te
   m**ai**s, s'il vous pl**aî**t, ch**ai**se, cr**ai**e, angl**ai**s, japon**ai**se, propri**é**t**ai**re
   m**er**ci, s**er**viette, prof**e**sseur, hôt**e**l, canadi**e**nne, ch**er**, un post**er**

B. [e] ou [ɛ]? In the following sentences, underline the [e] sounds with one line, and the [ɛ] sounds with two lines.

1. La belle Hélène préfère regarder la télévision.

2. La secrétaire de l'architecte est américaine.

3. Il y a des étudiants à l'université; à l'école primaire, au collège et au lycée, il y a des élèves.

Now practice saying the sentences aloud, then listen to them on the student audio CD to verify your pronunciation.

VOCABULAIRE
Les matières

Quelles personnes ou quelles choses associez-vous avec les matières suivantes? Travaillez en groupes et complétez la liste.

➡ les langues étrangères   *mon prof de français; Mais oui!*
    la littérature   *Victor Hugo, Les Misérables*

    la peinture, l'art   _____

    les sciences politiques   _____

    la philosophie   _____

    la psychologie   _____

    l'architecture   _____

    la physique   _____

    la chimie   _____

    la littérature   _____

    les langues étrangères   _____

ACTIVITÉS

A. Catégories. Groupez les matières mentionnées ci-dessus et à la page 120 en trois catégories. Inventez des catégories: les cours qu'on aime, qu'on n'aime pas...

B. Ça me plaît. Ça te plaît? Posez des questions à votre partenaire sur les matières qu'il/elle préfère.

➡   — *La chimie, ça te plaît?*
     — *Mais oui, ça me plaît (un peu/beaucoup).*
ou   — *Non, ça ne me plaît pas (beaucoup/du tout).*

STRUCTURE: Telling time
L'heure

Observez et déduisez

À quelle heure commence l'école? L'école commence à huit heures et demie (du matin).

Quelle heure est-il maintenant? Il est neuf heures vingt.

Et maintenant?
Il est midi.

Il est deux heures et quart
(de l'après-midi).

Il est huit heures moins
le quart (du soir).

Il est onze heures
moins vingt.

Maintenant, il
est minuit.

VOCABULAIRE ACTIF

À quelle heure... ?
un cours
un examen
minuit
occupé(e)
Quelle heure est-il?
du soir
tard
tôt

■ Review the preceding examples and infer the correct way to state the following times. How do you distinguish between A.M. and P.M.?

Quelle heure est-il?   Il est...

6 h 30 (A.M.)	6 h 30 (P.M.)	7 h 25 (A.M.)
12 h 15 (P.M.)	9 h 50 (P.M.)	3 h 35 (P.M.)
10 h 45 (A.M.)	8 h 20 (A.M.)	12 h (A.M.)

Vérifiez   *L'heure*

■ Note that **Quelle heure est-il?** means *What time is it?* whereas **À quelle heure... ?** means *At what time . . . ?*

— **À quelle heure** est-ce que tu vas retrouver Djamila?
— Très tôt *(early)*. À trois heures et demie.

■ Use **de** and **à** to indicate the time frame *(from . . . to . . .)*.

— Quand est-ce que tu as ton cours de biologie demain?
— **De** neuf heures **à** dix heures et demie. Et j'ai un examen **de** onze heures **à** midi.

■ When necessary, the expressions **du matin, de l'après-midi,** and **du soir** are used to denote *morning, afternoon,* and *evening.*

Chantal a un emploi du temps chargé *(full)*. Elle est occupée de sept heures **du matin** à huit heures **du soir!**

■ If you want to say you regularly do something *in the morning, in the afternoon,* or *in the evening,* use the definite article with the appropriate expression. **Le matin** means *in the morning.*

J'ai mon cours de maths **le matin** et mon cours de français tard *(late)* **l'après-midi. Le soir** je travaille.

Note culturelle

L'heure officielle.   A twenty-four-hour clock is commonly used on television and in listing times for public events (concerts, films) and schedules (trains, buses). To express hours from noon to midnight, add 12 to the hour. For example, 1:00 P.M. becomes **13.00** or **13 h 00 (treize heures)**; 7:30 P.M. becomes **19.30** or **19 h 30 (dix-neuf heures trente)**. Expressions for half hours and quarter hours (e.g., **et demie, et quart**) and time of day (e.g., **du matin**) are not necessary. The number of hours and number of minutes past the hour are used instead (20 h 15 = vingt heures quinze).

ACTIVITÉS

C. **Qui est-ce?**   Regardez les emplois du temps qui suivent. Écoutez le professeur et décidez s'il/si elle parle de Catherine, de Malick, ou de ni l'un ni l'autre.

Catherine	
8	8h30 maths
9	
10	histoire
11	11h45 géo
12	12h45 café avec Hélène
13	13h45 français
14	
15	pause café
16	16h15 gymnastique
17	

Malick	
8	
9	histoire
10	10h30 géo
11	
12	Resto-U avec Mariama
13	
14	14h45 français
15	
16	maths
17	17h30 gymnastique

1. _____ C'est Catherine.   _____ C'est Malick.   _____ Ni l'un ni l'autre

2. _____ C'est Catherine.   _____ C'est Malick.   _____ Ni l'un ni l'autre

3. _____ C'est Catherine.   _____ C'est Malick.   _____ Ni l'un ni l'autre

4. _____ C'est Catherine.   _____ C'est Malick.   _____ Ni l'un ni l'autre

5. _____ C'est Catherine.   _____ C'est Malick.   _____ Ni l'un ni l'autre

6. _____ C'est Catherine.   _____ C'est Malick.   _____ Ni l'un ni l'autre

7. _____ C'est Catherine.   _____ C'est Malick.   _____ Ni l'un ni l'autre

8. _____ C'est Catherine.   _____ C'est Malick.   _____ Ni l'un ni l'autre

Maintenant, parlez de l'emploi du temps de Catherine en mélangeant (*mixing*) des phrases vraies et des phrases fausses. Votre partenaire va corriger vos «erreurs».

➡ — *Catherine a son cours de maths à huit heures.*
— *Mais non. Son cours de maths est à huit heures et demie.*

Ensuite, changez de rôle et répétez l'activité avec l'emploi du temps de Malick.

D. D'habitude. Dites quand vous faites les activités suivantes: le matin? l'après-midi? le soir? Ensuite, trouvez un(e) partenaire pour chaque activité. Parlez-en avec vos camarades de classe!

➡ — *D'habitude je retrouve mes copains l'après-midi. Et toi?*
— *Moi aussi!* ou — *Moi, je retrouve mes copains le soir.*

danser   regarder la télé
arriver en classe   jouer au... (tennis, etc.)
manger   retrouver mes copains
parler au téléphone   écouter de la musique
préparer mes cours   aller au cinéma
aller à la bibliothèque   aller au supermarché

E. Et vous? Êtes-vous très occupé(e)? Parlez de votre emploi du temps pour une journée «typique».

➡ *J'ai mon cours de français de huit heures à neuf heures moins dix...*

(avoir le petit déjeuner, avoir mon cours de _____ , manger, aller à la bibliothèque, regarder la télévision..., etc.)

STRATÉGIE DE COMMUNICATION
Reacting to news and information

People often react in different ways to the same news. These students have found a note on the door telling them that their teacher has canceled class and has postponed their test until next week. Study the examples on the next page and answer the following questions.

What expressions can be used to express

• surprise? _____

• indifference? _____

• pleasure? _____

• irritation? _____

Mes chers étudiants.
La classe est
annulée aujourd'hui.
Vous allez passer
l'examen la
semaine prochaine.
Mme.
Chamier

Formidable! Quelle chance! Maintenant je vais aller au cinéma.

C'est incroyable! Madame Chamier n'annule jamais la classe!

Zut, alors! C'est embêtant! J'ai déjà deux autres examens à préparer pour la semaine prochaine.

Je m'en fiche, moi. Je ne fais pas mes devoirs de toute façon (anyway).

Verify your answers in the chart that follows. Can you tell anything about the attitude of these students toward the test, the teacher, or the class, based on their reactions?

Expressions pour réagir	
l'intérêt	**l'indifférence**
Ah, bon?	Et alors?
Vraiment?	Tant pis!
Ah oui?	Bof!
C'est vrai?	Je m'en fiche!
la surprise	**l'irritation**
Tiens!	Mince!
C'est pas vrai!	C'est embêtant!
Tu plaisantes!	J'en ai marre!*
C'est incroyable!	Zut, alors!
l'enthousiasme	

C'est chouette!   Formidable!   C'est génial!
Super!   Quelle chance!

*__J'en ai marre__ is the equivalent of *I'm fed up!*

ACTIVITÉS

F. Les réactions. Quelle est votre réaction aux situations suivantes? Employez des expressions pour réagir.

1. Votre professeur de français dit *(says):*
   a. La classe est annulée demain.
   b. Vous allez avoir un examen la semaine prochaine.
   c. Aujourd'hui nous étudions les matières et l'heure.
   d. Tous les étudiants ont un A à l'examen.

2. Une camarade de classe qui n'aime pas travailler dit:
   a. Moi, j'adore travailler.
   b. Nous n'avons pas d'exercices à préparer aujourd'hui.
   c. Moi, j'ai beaucoup de cours difficiles.
   d. Je déteste mes cours.

3. Votre nouveau (nouvelle) camarade de chambre dit:
   a. Ce semestre, j'ai cours à huit heures du matin tous les jours.
   b. Je ne vais pas en cours aujourd'hui.
   c. J'ai un nouveau lecteur de CD.
   d. Je préfère écouter la musique classique.

 Jeu de rôle

You and two friends are complaining about your courses and your busy schedules, and exaggerating quite a bit! Tell them when you have classes, when you study, when you work, and so on. Use expressions for reacting to your classmates' comments. Present the skit to others in the class, and let them decide who is the worst off.

W B

Deuxième étape

Lecture: La semaine scolaire

1 Le calendrier

A. C'est différent? Regardez le calendrier français ci-dessous. Comment est-il différent d'un calendrier américain?

JANVIER ☉ 7 h 46 à 16 h 03	FÉVRIER ☉ 7 h 23 à 16 h 46	MARS ☉ 6 h 35 à 17 h 32	AVRIL ☉ 5 h 30 à 18 h 20	MAI ☉ 4 h 32 à 19 h 04	JUIN ☉ 3 h 54 à 19 h 44
1 **S JOUR de l'AN**	1 M Sᵉ Ella	1 M S. Aubin	1 V S. Hugues	1 **D FÊTE du TRAVAIL**	1 M S. Justin
2 **D Epiphanie**	2 M Présentation	2 M S. Charles le B.	2 S Sᵉ Sandrine	2 L S. Boris	2 J Sᵉ Blandine
3 L Sᵉ Geneviève	3 J S. Blaise	3 J S. Guénolé	3 **D PAQUES**	3 M SS. Phil., Jacq.	3 V S. Kévin
4 M S. Odilon	4 V Sᵉ Véronique	4 V S. Casimir	4 L S. Isidore	4 M S. Sylvain	4 S Sᵉ Clotilde
5 M S. Édouard	5 S Sᵉ Agathe	5 S S. Olive	5 M Sᵉ Irène	5 J Sᵉ Judith	5 **D Fête Dieu**
6 J S. Mélaine	6 **D** S. Gaston	6 **D** Sᵉ Colette	6 M S. Marcellin	6 V Sᵉ Prudence	6 L S. Norbert
7 V S. Raymond	7 L Sᵉ Eugénie	7 L Sᵉ Félicité	7 J S. J.-B. de la S	7 S Sᵉ Gisèle	7 M S. Gilbert
8 S S. Lucien	8 M Sᵉ Jacqueline	8 M S. Jean de D.	8 V S. Julie	8 **D VICT. 1945/F.J.-d'Arc**	8 M S. Médard
9 **D** Sᵉ Alix	9 M S. Apolline	9 M Sᵉ Françoise	9 S S. Gautier	9 L S. Pacôme	9 J Sᵉ Diane
10 L S. Guillaume	10 J S. Arnaud	10 J S. Vivien	10 **D** S. Fulbert	10 M Sᵉ Solange	10 V S. Landry
11 M S. Paulin	11 V N.-D. Lourdes	11 V Sᵉ Rosine	11 L S. Stanislas	11 M Sᵉ Estelle	11 S S. Barnabé
12 M Sᵉ Tatiana	12 S S. Félix	12 S Sᵉ Justine	12 M S. Jules	12 J **ASCENSION**	12 **D** S. Guy
13 J Sᵉ Yvette	13 **D** Sᵉ Béatrice	13 **D** S. Rodrigue	13 M Sᵉ Ida	13 V Sᵉ Rolande	13 L S. Antoine de P.
14 V Sᵉ Nina	14 L S. Valentin	14 L Sᵉ Mathilde	14 J S. Maxime	14 S S. Matthias	14 M S. Elisée
15 S S. Remi	15 M **Mardi-Gras**	15 M Sᵉ Louise	15 V S. Paterne	15 **D** Sᵉ Denise	15 M Sᵉ Germaine
16 **D** S. Marcel	16 M **Cendres**	16 M Sᵉ Bénédicte	16 S S. Benoît-J.	16 L S. Honoré	16 J S. J.F. Régis
17 L Sᵉ Roseline	17 J S. Alexis	17 J S. Patrice	17 **D** S. Anicet	17 M S. Pascal	17 V S. Hervé
18 M Sᵉ Prisca	18 V Sᵉ Bernadette	18 V S. Cyrille	18 L S. Parfait	18 M S. Eric	18 S S. Léonce
19 M S. Marius	19 S S. Gabin	19 S S. Joseph	19 M Sᵉ Emma	19 J S. Yves	19 **D** S. Romuald
20 J S. Sébastien	20 **D Carême**	20 **D** PRINTEMPS	20 M Sᵉ Odette	20 V S. Bernardin	20 L S. Silvère
21 V Sᵉ Agnès	21 L S. P. Damien	21 L Sᵉ Clémence	21 J S. Anselme	21 S S. Constantin	21 M ÉTÉ
22 S S. Vincent	22 M Sᵉ Isabelle	22 M Sᵉ Léa	22 V S. Alexandre	22 **D PENTECÔTE**	22 M S. Alban
23 **D** S. Barnard	23 M S. Lazare	23 M S. Victorien	23 S S. Georges	23 L S. Didier	23 J Sᵉ Audrey
24 L S. Fr. de Sales	24 J S. Modeste	24 J Sᵉ Cath. de Su.	24 **D Jour du Souvenir**	24 M S. Donatien	24 V S. Jean-Bapt.
25 M Conv. S. Paul	25 V S. Roméo	25 V **Annonciation**	25 L S. Marc	25 M Sᵉ Sophie	25 S S. Prosper
26 M Sᵉ Paule	26 S S. Nestor	26 S Sᵉ Larissa	26 M Sᵉ Alida	26 J S. Bérenger	26 **D** S. Anthelme
27 J Sᵉ Angèle	27 **D** Sᵉ Honorine	27 **D Rameaux**	27 M Sᵉ Zita	27 V S. Augustin	27 L S. Fernand
28 V S. Th. d'Aquin	28 L S. Romain	28 L S. Gontran	28 J Sᵉ Valérie	28 S S. Germain	28 M S. Irénée
29 S S. Gildas		29 M Sᵉ Gwladys	29 V Sᵉ Cath. de Si.	29 **D Fête des Mères**	29 M SS. Pierre, Paul
30 **D** Sᵉ Martine		30 M S. Amédée	30 S S. Robert	30 L S. Ferdinand	30 **D** S. Martial
31 L Sᵉ Marcelle	Epacte 17 / Lettre dominicale B Cycle solaire 15 / Nbre d'or 19 Indiction romaine 2	31 J S. Benjamin		31 M Visitation	CASLON - Paris (1) 45 42 13 20

JUILLET ☉ 3 h 53 à 19 h 56	AOUT ☉ 4 h 25 à 19 h 28	SEPTEMBRE ☉ 5 h 08 à 18 h 32	OCTOBRE ☉ 5 h 51 à 17 h 29	NOVEMBRE ☉ 6 h 38 à 16 h 29	DÉCEMBRE ☉ 7 h 24 à 15 h 55
1 V S. Thierry	1 S S. Alphonse	1 J S. Gilles	1 S Sᵉ Th. de l'E.J.	1 M **TOUSSAINT**	1 J Sᵉ Florence
2 S S. Martinien	2 **D** S. Julien-Ey.	2 V Sᵉ Ingrid	2 **D** S. Léger	2 M **Défunts**	2 V Sᵉ Viviane
3 **D** S. Thomas	3 L Sᵉ Lydie	3 S S. Grégoire	3 L S. Gérard	3 J S. Hubert	3 S S. Xavier
4 L S. Florent	4 M S. J.M. Vianney	4 **D** Sᵉ Rosalie	4 M S. Fr. d'Assise	4 V S. Charles	4 **D** Sᵉ Barbara
5 M S. Antoine	5 M S. Abel	5 L Sᵉ Raïssa	5 M Sᵉ Fleur	5 S Sᵉ Sylvie	5 L S. Gérald
6 M Sᵉ Mariette	6 J Transfiguration	6 M S. Bertrand	6 J S. Bruno	6 **D** Sᵉ Bertille	6 M S. Nicolas
7 J S. Raoul	7 V S. Gaétan	7 M Sᵉ Reine	7 V S. Serge	7 L Sᵉ Carine	7 M S. Ambroise
8 V S. Thibaut	8 S S. Dominique	8 J Nativité N.D.	8 S Sᵉ Pélagie	8 M S. Geoffroy	8 J Imm. Concept.
9 S Sᵉ Amandine	9 **D** S. Amour	9 V S. Alain	9 **D** S. Denis	9 M S. Théodore	9 V S. P. Fourier
10 **D** S. Ulrich	10 L S. Laurent	10 S Sᵉ Inès	10 L S. Ghislain	10 J S. Léon	10 S S. Romaric
11 L S. Benoît	11 M Sᵉ Claire	11 **D** Sᵉ Adelphe	11 M S. Firmin	11 **V ARMISTICE 1918**	11 **D** S. Daniel
12 M S. Olivier	12 M Sᵉ Clarisse	12 L S. Apollinaire	12 M S. Wilfried	12 S S. Christian	12 L Sᵉ Jeanne F.C.
13 M SS. Henri, Joël	13 J Sᵉ Hippolyte	13 M S. Aimé	13 J S. Géraud	13 **D** S. Brice	13 M Sᵉ Lucie
14 **J FÊTE NATIONALE**	14 **D** S. Evrard	14 M La Sᵉ Croix	14 V S. Juste	14 L Sᵉ Sidoine	14 M Sᵉ Odile
15 V S. Donald	15 **L ASSOMPTION**	15 J S. Roland	15 S Sᵉ Th. d'Avila	15 M S. Albert	15 J Sᵉ Ninon
16 S N.D.Mt-Carmel	16 M S. Armel	16 V Sᵉ Edith	16 **D** Sᵉ Edwige	16 M Sᵉ Marguerite	16 V Sᵉ Alice
17 **D** Sᵉ Charlotte	17 M S. Hyacinthe	17 S S. Renaud	17 L S. Baudouin	17 J Sᵉ Elisabeth	17 S S. Gaël
18 L S. Frédéric	18 J Sᵉ Hélène	18 **D** Sᵉ Nadège	18 M S. Luc	18 V Sᵉ Aude	18 **D** S. Gatien
19 M S. Arsène	19 V S. Jean Eudes	19 L Sᵉ Emilie	19 M S. René	19 S S. Tanguy	19 L S. Urbain
20 M Sᵉ Marina	20 S S. Bernard	20 M S. Davy	20 J Sᵉ Adeline	20 **D** S. Edmond	20 M S. Abraham
21 J S. Victor	21 **D** S. Christophe	21 M S. Matthieu	21 V Sᵉ Céline	21 L Prés. Marie	21 M S. Pierre C.
22 V Sᵉ Marie-Mad.	22 L S. Fabrice	22 J S. Maurice	22 S Sᵉ Cécile	22 M Sᵉ Cécile	22 J HIVER
23 S Sᵉ Brigitte	23 M Sᵉ Rose de L.	23 V AUTOMNE	23 **D** S. Jean de C.	23 M S. Clément	23 V S. Armand
24 **D** Sᵉ Christine	24 M S. Barthélemy	24 S Sᵉ Thècle	24 L S. Florentin	24 J Sᵉ Flora	24 S Sᵉ Adèle
25 L S. Jacques	25 J S. Louis	25 **D** S. Hermann	25 M S. Crépin	25 V Sᵉ Catherine L.	25 **D NOËL**
26 M SS. Anne, Joa.	26 V Sᵉ Natacha	26 L SS. Côme, Dam.	26 M S. Dimitri	26 S Sᵉ Delphine	26 L S. Etienne
27 M Sᵉ Nathalie	27 S Sᵉ Monique	27 M S. Vinc. de Paul	27 J Sᵉ Emeline	27 **D Avent**	27 M S. Jean
28 J S. Samson	28 **D** S. Augustin	28 M S. Venceslas	28 V SS. Sim., Jude	28 L S. Jacq. de la M.	28 M SS. Innocents
29 V Sᵉ Marthe	29 L Sᵉ Sabine	29 J S. Michel	29 S S. Narcisse	29 M S. Saturnin	29 J S. David
30 S Sᵉ Juliette	30 M S. Fiacre	30 V S. Jérôme	30 **D** Sᵉ Bienvenue	30 M S. André	30 V S. Roger
31 **D** S. Ignace de L.	31 M S. Aristide		31 L S. Quentin		31 S S. Sylvestre
				CASLON - Paris (1) 45 42 13 20	

B. La fête. Chaque date du calendrier français est la fête d'un saint ou d'une sainte. Le 5 janvier, par exemple, est la Saint-Édouard. Si vous vous appelez Édouard, votre fête est le 5 janvier! Quelles sont les dates des fêtes suivantes?

➡ *La date de la Saint-Édouard est le 5 janvier.*

1. Sainte-Jacqueline   3. Sainte-Audrey   5. Saint-Nicolas
2. Saint-Joseph   4. Saint-Christophe   6. Pâques

C. Les jours, les semaines, les mois et les années

Le 5 janvier 1994

↗ ↑ ↖

le jour   le mois   l'année

1. Quelle est la date de votre anniversaire *(birthday)*?
2. Selon le calendrier, il y a, au mois de janvier, quatre semaines et trois jours. Combien de semaines complètes y a-t-il au mois de février?

2 Le calendrier scolaire

A. L'année scolaire. Quelle est la date du premier jour et du dernier jour de classe pour les écoles de votre ville?

B. La semaine scolaire. Combien de jours par semaine est-ce que les enfants vont à l'école—quatre ou cinq?

En général   **3** D'après le titre et une lecture rapide du texte, quel est le sujet principal de ce texte?

a. La semaine traditionnelle dans les écoles françaises
b. Une réforme expérimentale du calendrier scolaire
c. Une analyse de trois formules possibles pour le calendrier scolaire

École: La semaine des quatre jours

Philippe Durand est un instituteur heureux: comme 93% des écoliers du Rhône°, ses élèves du cours élémentaire font la semaine de quatre jours. Les enfants travaillent le lundi, mardi, jeudi et vendredi. «Nous sommes beaucoup moins fatigués qu'avant, explique Philippe Durand. Nous ne voulions pas° abandonner la coupure° traditionnelle du mercredi: elle nous permet de souffler°. Le samedi est maintenant consacré à la vie de famille, et le dimanche, nous préparons les cours de la semaine suivante.»

Cette semaine de quatre jours est de plus en plus populaire depuis que le ministre de l'Éducation nationale a autorisé, par un décret d'avril 1991, les inspecteurs d'académie° à modifier le calendrier scolaire, au cas par cas, dans chaque académie. Trois conditions: l'inspecteur d'académie consulte les conseils° d'école, la municipalité et les parents d'élèves; le nouveau calendrier scolaire doit garder° le même volume annuel de cours; et la journée ne peut pas excéder six heures. Pour rattraper° les samedis matins libérés, soit° douze journées de classe, les vacances sont écourtées°: l'école commence une semaine plus tôt° en septembre, et il y a deux jours de vacances en moins à Noël, en février et à Pâques.

région de Lyon en France

ne... *didn't want to* / interruption
breathe

district scolaire

councils
doit... *must keep*
make up for
i.e. / *shortened*
earlier

Officiellement, cette formule est seulement une expérience. «C'est un mouvement culturel et sociologique inévitable: 90% des adultes qui travaillent disposent aujourd'hui de leur week-end. Il est logique que les enfants suivent° le même rythme», affirme Florence Balay, adjointe au maire° de Lyon pour les affaires scolaires.

Question clé°: les écoliers apprennent-ils mieux° en quatre ou en cinq jours? Médecins et enseignants sont divisés, mais tous sont unanimes pour accuser la journée scolaire—six heures de classe—d'être trop longue.

follow
mayor
key / better

COMBIEN DE JOURS D'ÉCOLE

	par semaine	dont le samedi	par an
JAPON	6 ou 5	4 samedis sur 5	210
ALLEMAGNE	6 ou 5	1 samedi sur 2	200–226
GRANDE-BRETAGNE	5		200
ITALIE	5		200–210
ÉTATS-UNIS	5		173
FRANCE	5 ou 4	matin (1)	180

Les écoliers français–seuls avec les américains–ont, par an, plus de jours de vacances que de jours de classe, mais des journées scolaires plus longues que celles de leurs voisins.

(1) Pour la semaine de cinq jours et pas dans certaines écoles privées, qui font classe le mercredi matin.

Adapté de *L'Express,* 11 décembre 1992.

En détail   **4** **Les jours de la semaine.**   Lisez attentivement le premier paragraphe. Quels sont les jours de la semaine? Complétez la liste qui correspond aux abréviations du calendrier.

L = _____   V = _____

M = _____   S = _____

M = __mercredi__   D = _____

J = _____

Quel est le premier jour de la semaine française? Et le dernier jour?

5 **La semaine scolaire en France.**   Selon la formule traditionnelle française, les enfants vont à l'école le lundi, le mardi, le jeudi et le vendredi pour toute la journée, et le samedi matin. Il n'y a pas classe le mercredi. Quelle

Le gymnase—lieu privilégié du mercredi.

VOCABULAIRE ACTIF

un an
une année
un anniversaire
le calendrier
une date
dernier (-ère)
une fête
Les jours (m.)
   lundi, mardi, etc.
long (-gue)
Les mois (m.)
   janvier, février, etc.
une semaine

est la formule expérimentale proposée? Relisez le texte en fonction des questions suivantes.

1. Quels sont les jours de classe et quels sont les jours de repos *(rest)* dans la formule expérimentale?
2. Comment est-il possible d'avoir une semaine de quatre jours et de garder le même volume annuel de cours?
   a. Les vacances sont écourtées.
   b. Les journées de classe sont plus longues.
   c. Les vacances sont écourtées *et* les journées de classe sont plus longues.

6 **Les autres détails du texte.**   Vrai ou faux? Si c'est faux, corrigez.

1. Le ministre de l'Éducation nationale impose le nouveau calendrier scolaire à toutes les académies.
2. 90% des adultes travaillent le samedi.
3. Les médecins et les enseignants sont unanimes en faveur de la semaine de quatre jours.
4. Les médecins et les enseignants pensent que six heures de classe par jour, c'est trop long.
5. Les vacances de Pâques sont au mois d'avril. (Consultez le calendrier.)

7 **Les illustrations**

1. Quel pays a le moins *(the fewest)* de jours d'école par an?
2. Quels sont les pays où le samedi est un jour d'école?
3. Quelle est l'activité favorite des enfants français le mercredi?

Et vous? Que pensez-vous de la semaine de quatre jours pour les écoles publiques? pour les universités? pour le monde professionnel? Est-ce une bonne idée?

STRUCTURE: Talking about days and dates
Articles et prépositions avec le jour et la date

Observez et déduisez Dans mon école, on a la semaine de quatre jours. C'est chouette! Le mercredi est libre pour nos passe-temps préférés, et le samedi on fait des choses en famille. Cette semaine, mercredi je vais au gymnase avec mes copains, et samedi papa et moi, on va acheter un cadeau pour maman pour son anniversaire le 14 novembre. Est-ce que votre anniversaire est aussi en novembre?

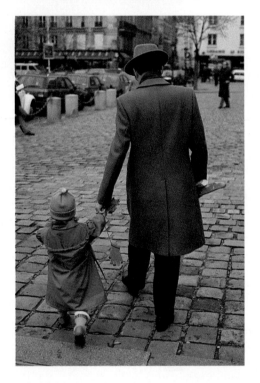

■ Which of the preceding sentences refers to a specific Wednesday and Saturday? Which one refers to Wednesdays and Saturdays in general? In which case is the day preceded by the definite article?

■ What preposition is used to express *in* with the name of a month?

Vérifiez *Articles et prépositions avec le jour et la date*

■ Use an article with a weekday to talk about what you do every week on that day, e.g., **le samedi** *(Saturdays, on Saturdays).*

Le samedi est consacré à la vie de famille.

VOCABULAIRE ACTIF
un cadeau
des projets (m.)

Do *not* use an article with a weekday if it refers to one specific day.

Nous avons des projets pour **samedi** après-midi. *(this coming Saturday)*

■ To say *in* what month (January, etc.), use **en** or **au mois de.**

L'école commence une semaine plus tôt **en septembre (au mois de septembre).**

Notice that in French the names of months and days are *not* capitalized.

■ To express dates, use **le premier** for the first day of the month, but use cardinal numbers for all other dates.

le **premier** avril   le **23** (vingt-trois) avril

Do *not* use the preposition **de** when giving dates in French.

le 5 (cinq) janvier

 Attention! When expressing the date numerically, in French you place the day *before* the month: le 3 avril   →   3/4

■ The year can be expressed as follows:

1999   →   mille neuf cent quatre-vingt-dix-neuf
        →   dix-neuf cent quatre-vingt-dix-neuf
2000   →   l'an deux mille

ACTIVITÉS

A. Une chaîne.   Quelle est la date de votre anniversaire? Et l'anniversaire de votre camarade de classe?

➡ — *Mon anniversaire est le 5 septembre. Et toi?*

B. Associations.   Êtes-vous bon(ne) en histoire? Dites quelle date vous associez aux événements *(events)* suivants.

➡ Guillaume le Conquérant   *1066*

1. Jeanne d'Arc	a. 1914
2. la Déclaration d'indépendance	b. 1789
3. la guerre de Sécession	c. 1431
4. Christophe Colomb	d. 1492
5. la Révolution française	e. 1963
6. la Première Guerre mondiale	f. 1864
7. le premier homme sur la lune	g. 1776
8. l'assassinat de John F. Kennedy	h. 1969

C. La semaine de quatre jours.   Vous participez à la semaine scolaire de quatre jours. Avec vos camarades de classe, imaginez comment vous allez passer votre temps libre.

➡ *Samedi matin, nous allons...*

STRUCTURE: Talking about activities
*Le verbe **faire***

Observez et déduisez   Ces jeunes gens ont la semaine de quatre jours. Qu'est-ce qu'ils font quand ils ont du temps libre?

D'habitude, Kofi fait de la natation.   Nathalie et Erica font souvent de la marche.

Quelquefois Hang fait la cuisine.   Geneviève fait toujours ses devoirs.

— Et vous? Qu'est-ce que vous faites quand vous avez du temps libre?
— Nous? Nous ne faisons jamais nos devoirs!

> ■ What different forms of the verb **faire** do you find in the preceding examples?

Vérifiez *Le verbe **faire***

VOCABULAIRE ACTIF

**Les expressions
  avec *faire*
d'habitude
du temps libre
ne... jamais**

Le verbe faire

je fais	nous faisons
tu fais	vous faites
il / elle / on fait	ils / elles font

■ The verb **faire** means *to make* or *to do* and is used idiomatically with many different activities.

> Le dimanche, il **fait** toujours ses devoirs.
> Ils ne **font** jamais leur lit.
> Ils **font** la sieste *(take a nap)* ou ils **font** la grasse matinée *(sleep in)*.
> Il **fait** souvent du sport.
> Elle **fait** quelquefois du ski (du golf, du vélo, du foot, du basket, du volley, du tennis, du jogging, de la gymnastique, de l'exercice).*
> Elles **font** de la musique (des courses, un voyage, la cuisine...).
> **Faisons** une promenade *(walk)!*

■ Notice that questions with **faire** do not always require an answer with **faire**.

> — Qu'est-ce que vous **faites** quand vous avez du temps libre?
> — Je joue au golf.
> — Qu'est-ce que vous allez **faire** aujourd'hui?
> — Je vais travailler.

ACTIVITÉS

D. Que font-ils? Écoutez le professeur, et indiquez qui fait les activités mentionnées. Ensuite, dites si vous faites les mêmes activités.

➡ — <u>Thomas</u> / Nora fait du golf.   ✓ moi aussi _____ pas moi
  — *Thomas fait du golf, et moi aussi.*

1. Thomas / Nora fait la grasse matinée.   _____ moi aussi _____ pas moi

2. Thomas / Nora fait toujours ses devoirs.   _____ moi aussi _____ pas moi

3. Thomas / Nora fait de la natation.   _____ moi aussi _____ pas moi

4. Thomas / Nora fait de la marche.   _____ moi aussi _____ pas moi

5. Thomas / Nora fait du foot.   _____ moi aussi _____ pas moi

6. Thomas / Nora fait la cuisine.   _____ moi aussi _____ pas moi

7. Thomas / Nora fait des courses.   _____ moi aussi _____ pas moi

---

*The verb **jouer à** can also be used with games: Je **joue au** tennis et mon frère **joue au** basket, mais notre sœur fait de la gymnastique. Names of sports like football are often shortened, as in the example.

E. Réponses personnelles. Lisez les phrases suivantes et répondez selon vos habitudes personnelles.

	toujours	souvent	quelquefois	jamais
1. Le matin, je fais mon lit.	___	___	___	___
2. Le mardi, je fais de la musique.	___	___	___	___
3. Le samedi, je fais des courses.	___	___	___	___
4. Le mercredi, mes amis font du volley.	___	___	___	___
5. Le week-end, nous faisons une promenade.	___	___	___	___
6. Le soir, nous faisons nos devoirs.	___	___	___	___
7. Le... , je...	___	___	___	___

Maintenant partagez *(share)* vos réponses avec un(e) partenaire.

➡ — *Tu fais ton lit le matin?*
— *Jamais! Je n'ai pas le temps. J'ai un cours à huit heures.*

Prenez des notes sur ses réponses et écrivez un paragraphe au sujet de ses habitudes.

Jeu de rôle

You and a prospective roommate have different interests and abilities. One of you is athletically inclined and likes music. The other dislikes physical activity intensely and prefers intellectual endeavors like learning languages! Discuss your pastime preferences. You may discover that the rooming arrangement would not work out! Use expressions with **faire** to talk about what you like or do not like to do.

W
B

CULTURE ET RÉFLEXION

Internet

■ **La maternelle.** Les enfants en France commencent l'école à un très jeune âge: 99,6% des enfants de 3 ans vont à la maternelle, et 36% des enfants de 2 ans. Comment expliquez-vous ces statistiques? À votre avis, est-ce une bonne idée de commencer l'école à l'âge de 2 ou 3 ans?

■ **Le bac.** À la fin de leur dernière année de lycée, les jeunes Français passent[1] un grand examen national qui s'appelle **le baccalauréat,** ou **le bac.** Les résultats à cet examen déterminent la possibilité de faire des études supérieures. Seulement[2] 63% des élèves qui passent le bac réussissent[3]. Les élèves qui ratent[4] l'examen peuvent refaire la dernière année de lycée et repasser le bac l'année suivante. Que pensez-vous de ce système? Préférez-vous un système de contrôle continu comme dans les lycées américains? À votre avis, quels sont les effets d'un grand examen national à la fin des études secondaires sur (a) la qualité des programmes scolaires, (b) l'attitude des élèves et des professeurs vis-à-vis de l'éducation, et (c) l'idée de réserver l'accès aux études supérieures à une sorte d'élite intellectuelle?

■ **Éducation et sacrifices.** Dans la majorité des pays africains francophones, le système scolaire est basé sur le système français, l'instruction est en français, mais les ressources sont souvent très limitées. Imaginez une salle de classe dans un village comme

À la maternelle.

Une école primaire au Sénégal.

Toubacouta, au Sénégal: il y a 60 à 70 enfants dans une seule classe, et ces enfants doivent partager[5] une douzaine (10–12) de livres, de cahiers, de stylos... Dans d'autres villages, il n'y a pas d'école. Dans l'ensemble d'un pays comme le Sénégal, seulement 44% des enfants vont à l'école, et seulement 10% à 15% des enfants qui finissent l'école primaire continuent au collège, car les collèges sont peu nombreux et situés exclusivement dans les villes. Les études universitaires sont réservées à une très petite minorité; certains obtiennent des bourses[6] pour continuer leurs études en France. L'éducation vient donc au prix de grands sacrifices. À votre avis, est-il justifié de demander à un enfant de quitter[7] sa famille à l'âge de 11 ans pour continuer ses études en ville? Est-ce que des sacrifices, financiers et autres, sont nécessaires pour obtenir une formation universitaire chez vous? Quels sacrifices faites-vous pour votre éducation?

1. *take*   2. *only*   3. *pass*   4. *fail*   5. *share*   6. *scholarships*   7. *leave*

Troisième étape

À l'écoute: La fac

Décisions, décisions! La conversation que vous allez entendre illustre les décisions que les jeunes Français doivent prendre *(must make)* pour leurs études. Lisez **Avant d'écouter,** puis écoutez selon les instructions données.

Avant d'écouter

1 On dit qu'en France il n'y a «pas de fac sans bac». Comme l'explique la page culturelle (p. 137), il est nécessaire d'avoir le baccalauréat, ou le bac, pour entrer à l'université ou dans une école supérieure.

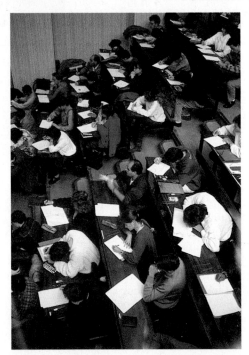

Jour d'examen dans une fac française.

Note culturelle

Le bac. This cumulative exam covers several years of study in one of three major tracks: **la série littéraire** (language, literature, philosophy), **la série économique et sociale** (social sciences, economics, applied mathematics), and **la série scientifique** (mathematics, physics, chemistry, natural sciences, industrial technology). The exam, which lasts several days, has oral as well as written components.

La fac est un autre terme pour l'université, qui se divise en facultés (facs).

Exemples de facs	Pour les études de/d'
La fac des lettres et sciences humaines	histoire, géographie, littérature, langues étrangères, philosophie, sociologie, psychologie
La fac des sciences	biologie, chimie, géologie, maths, physique
La fac de droit et sciences économiques	droit *(law)*, relations internationales, sciences politiques, économie, gestion *(business),* commerce

Écoutons

Audio CD

2 Écoutez une première fois. Est-ce que Stéphane est

a. au lycée?
b. à la fac?

3 Écoutez encore et répondez aux questions suivantes.

1. **Passer, réussir** ou **rater:** quel verbe est-ce que la dame utilise quand elle pose sa question à Stéphane sur le bac?
2. Quelles sont les intentions de Stéphane? Il va faire des études de

   _____ à la fac _____ .
3. Stéphane **a peur** du bac, «parce que c'est un examen **vachement** important.» En utilisant le contexte et la logique, déduisez le sens de **avoir peur** (être nerveux ou calme?) et **vachement** (très ou un peu?).

4 Quels diplômes est-ce que Stéphane va préparer? Écoutez encore et reliez les adverbes et les diplômes.

la maîtrise	d'abord
la licence	peut-être
le doctorat	sans doute

Déduisez: quel est le terme français pour l'équivalent du *bachelor's degree? master's degree? Ph.D.?* Comment dit-on *first? probably?*

5 Écoutez une dernière fois en faisant attention au contexte de **on peut pas** et **tu veux.** Quel verbe signifie *to want,* et quel verbe signifie *can / to be able to?*

Notes culturelles

L'enseignement supérieur. After **le bac, l'enseignement supérieur** offers several options:

■ **Les instituts universitaires de technologie (IUT),** where students can obtain technical degrees in such fields of specialization as engineering, business, computer science, accounting **(la comptabilité),** and so on.

VOCABULAIRE ACTIF

un amphithéâtre
avoir peur
la bibliothèque
le campus
la comptabilité
un diplôme
le droit
la fac
la gestion
la médecine
passer un examen
rater
le restaurant
   universitaire
réussir *(infinitive only)*
la sociologie

■ **Les universités,** where it generally takes three years to obtain **une licence,** one more year for **une maîtrise,** and three to five additional years for **un doctorat. Les études de médecine** take a minimum of seven years, and **les études dentaires** five years.

■ **Les grandes écoles,** which are prestigious institutions specializing in engineering, business, education, or the sciences. The entrance exam takes one to two years to prepare for, and only the intellectual elite are admitted to these three-year schools.

All public schools of higher learning are free. The concept of liberal arts education at the university level is not part of the French school system. Liberal arts courses are taught at the secondary level, and students specialize immediately at the university.

French universities, especially the older ones, may not have **un campus** per se—various **facultés** may be housed in different parts of town. Students go to **la bibliothèque** *(library)* mostly to check out books or do research. Large classes are held in **des amphithéâtres. Les restaurants universitaires** are subsidized by the government and provide students with inexpensive meals.

Prononciation

Les sons [ø] et [œ]

■ [ø] is the sound in **euh** and **deux.** To pronounce this vowel sound, say [e], then round your lips like for an [o], without moving your tongue or the opening of your mouth.

■ [œ] is the sound in **heure** and **neuf.** To pronounce it, say [ɛ], then round your lips, again without moving your tongue or the opening of your mouth.

Écoutez

Audio CD

Listen to the following phrases from **À l'écoute: La fac** on the student audio CD, and in the chart, check the sounds you hear. Each phrase will be read twice.

	[ø]	[œ]
1. Tu as p**eu**r?		
2. un p**eu**		
3. tu v**eu**x		
4. on p**eu**t pas		
5. des études supéri**eu**res		
6. p**eu**t-être		

Now practice saying the phrases aloud. Then listen to the phrases again to verify your pronunciation.

Essayez!

Audio CD

A. **Prononcez.** Practice saying the following words aloud, paying particular attention to the highlighted sounds. Then listen to the words on the student audio CD to verify your pronunciation.

1. [ø]   mons**ieu**r, paress**eu**x, paress**eu**se, sér**ieu**x, sér**ieu**se, ennuy**eu**x, ennuy**eu**se, h**eu**r**eu**x, h**eu**r**eu**se, v**ieu**x, les chev**eu**x, les y**eu**x, bl**eu**

2. [œ]   un profess**eu**r, un act**eu**r, un ingén**ieu**r, une f**eu**ille, un faut**eu**il, un ordinat**eu**r, les m**eu**bles, j**eu**ne, l**eu**r, s**œu**r

B. **[ø] et [œ].**   Now practice saying aloud the following expressions that contain both [ø] and [œ]. Then listen to them on the student audio CD to verify your pronunciation.

1. J'ai un p**eu** p**eu**r.
2. Le mons**ieu**r aux y**eu**x bl**eu**s est profess**eu**r.
3. Il est n**eu**f h**eu**res moins d**eu**x.

STRUCTURE: Saying what you can and want to do
*Les verbes **pouvoir** et **vouloir***

Observez et déduisez

— Tu vas passer ton bac cette année, n'est-ce pas?
— Bien sûr! Sans le bac, on ne peut pas entrer à la fac.
— Tu sais ce que tu veux faire après?
— Je pense que je voudrais faire des études supérieures de chimie l'année prochaine.
— Ah, bon. Tu veux préparer la licence?
— Oui. Et la maîtrise et le doctorat si je peux.

■ You have already learned to use the polite expressions **je voudrais** and **pourriez-vous** in Chapter 3. What other forms of the verb **vouloir** and **pouvoir** do you see in the dialogue above?

Vérifiez   *Les verbes **pouvoir** et **vouloir***

■ The verb **vouloir** is used to express desire. It is often followed directly by another verb in the infinitive.

Je ne **veux** pas rater le bac. Je **veux faire** des études supérieures.

■ **Vouloir bien** is often used to accept an invitation or to express willingness.

— Tu veux aller à la bibliothèque avec moi?
— Oui, je **veux bien.**

■ The verb **pouvoir** is used to express ability or permission and is commonly followed by an infinitive.

> Le prof est gentil. Nous **pouvons** toujours **poser** des questions.
> Claire et Lise ne **peuvent** pas **faire** leurs devoirs. Elles n'ont pas le temps *(time)*.
> Je ne **peux** pas **faire** de courses. Je n'ai pas d'argent *(money)*.

VOCABULAIRE ACTIF

avoir de l'argent
avoir le temps
entrer à la fac
penser
préparer
prochain(e)
pouvoir
vouloir

Les verbes **vouloir** et **pouvoir**	
je veux	nous voulons
tu veux	vous voulez
il / elle / on veut	ils / elles veulent
je peux	nous pouvons
tu peux	vous pouvez
il / elle / on peut	ils / elles peuvent

ACTIVITÉS

A. L'enseignement en France. Complétez les phrases de la colonne de gauche avec une expression logique de la colonne de droite.

1. Alain n'a pas son bac. Il ne peut pas...
2. Tu veux aller dans une grande école? Tu vas...
3. Nous voulons être avocats. Nous allons...
4. Mes copains veulent étudier la physique. Ils vont...
5. J'étudie la littérature. Je suis...
6. Vous étudiez dans un IUT. Vous pouvez...

a. à la faculté des lettres.
b. faire de la comptabilité.
c. faire la série scientifique.
d. entrer à la fac.
e. à la faculté de droit.
f. préparer des concours pendant deux ans.

B. Obligations/Préférences. Qu'est-ce que ces gens ne veulent pas faire? Qu'est-ce qu'ils préfèrent faire?

➡ *Il ne veut pas passer un examen; il veut faire de la natation.*

Et vous? Qu'est-ce que vous ne voulez pas faire? Qu'est-ce que vous voulez bien faire? Discutez avec un(e) partenaire. Vos réponses sont-elles semblables?

C. La permission. C'est le premier jour de votre cours de français. Jouez le rôle du professeur. Dites aux étudiants ce qu'ils peuvent faire en classe et ce qu'ils ne peuvent pas faire.

➡ manger? *Vous ne pouvez pas manger en classe.*

1. regarder une vidéocassette?
2. parler espagnol?
3. faire des exercices?
4. poser des questions?
5. étudier la chimie?
6. ?

D. Invitations. Vous faites vos devoirs depuis des heures et vous êtes fatigué(e). Qu'est-ce que vous voulez faire, alors? Cochez les activités qui vous intéressent et ajoutez trois autres activités.

_____ faire des courses	_____ dîner au restaurant	_____ jouer au tennis
_____ écouter un nouveau CD	_____ regarder une vidéocassette	_____ faire de la marche
_____	_____	_____

Maintenant invitez votre partenaire à faire les activités qui vous intéressent. Il/Elle va accepter ou refuser.

➡ — *Tu veux faire des courses?*
— *Oui, je veux bien!* ou *Non, je ne peux pas.*

E. Ni le temps ni l'argent? *(Neither time nor money?)* Qu'est-ce que vos amis et vous voulez faire ce week-end? Est-ce possible? Si ce n'est pas possible, dites pourquoi.

➡ *Mes amis et moi, nous voulons jouer au foot, mais nous ne pouvons pas parce que nous n'avons pas le temps.*

STRUCTURE: Talking about classes
*Les verbes **prendre, apprendre** et **comprendre***

Observez et déduisez

Ces étudiants **prennent** des notes en classe.

Ces étudiants **apprennent** à parler français.

Cet étudiant ne **comprend** pas l'exercice.

Et vous? Vous **apprenez** le français aussi, n'est-ce pas? Est-ce que vous **comprenez** les exercices? Est-ce que vous **prenez** des notes en classe? Est-ce que vous **prenez** souvent le temps d'étudier?

- You learned the expression **je ne comprends pas** in the Chapitre préliminaire, and you used the verb **prendre** (*Prenez la rue Victor Hugo...*) in Chapter 3. Can you infer the meaning of **apprendre** from the examples in **Observez et déduisez?**

- **Apprendre** and **comprendre** are both compounds of **prendre.** Using what you already know and the examples above, can you infer the **tu** and **nous** forms of these verbs?

Vérifiez *Les verbes **prendre, apprendre** et **comprendre***

VOCABULAIRE ACTIF

apprendre
comprendre
prendre...
le temps de...

- **Prendre** (*to take*) can be used in a variety of contexts:

> Les étudiants **prennent** des notes en classe.
> Jean-Michel **prend** son vélo pour aller en classe.
> Pour aller à la fac, **prenez** la rue de l'Université.

■ **Prendre un cours** is used for extracurricular or private lessons. For school contexts, use **avoir un cours.**

Il **prend un cours** de gymnastique.   J'**ai un cours** de maths.

■ **Prendre le temps de** + an infinitive means *to take the time to* do something.

Je **prends le temps d'**étudier tous les jours.

■ The verb **apprendre** *(to learn)* may be followed by a noun or by the preposition **à** and an infinitive to say one is learning to *do* something.

Nous **apprenons** le vocabulaire.
Nous **apprenons à parler** français.

■ **Comprendre** may be followed by a direct object, or it may stand alone.

Tu **comprends** la grammaire?
Oui, je **comprends.**
Les étudiants **comprennent** le professeur.

Le verbe prendre	
je prends	nous prenons
tu prends	vous prenez
il / elle / on prend	ils / elles prennent

ACTIVITÉS

F. Interview.   Interviewez un(e) partenaire en vous posant *(asking each other)* les questions suivantes.

1. Tu comprends le professeur de français?
2. Les étudiants dans la classe comprennent les CD?
3. Est-ce qu'ils prennent des notes en classe?
4. Tes copains apprennent à parler espagnol?
5. Tes copains et toi, vous prenez des leçons de tennis?
6. Tu apprends la chimie, toi?
7. Tu prends ton vélo pour aller en cours?

G. Pour réussir en français, on...   Utilisez le vocabulaire suivant pour dire ce qui est nécessaire pour réussir en français.

➡ *Pour réussir en français, on apprend le vocabulaire.*

les verbes	les noms
étudier	la grammaire
parler	le vocabulaire
écouter	le professeur
apprendre	des notes
comprendre	des exercices
prendre le temps de	le cahier
poser des questions	les CD
faire ses devoirs tous les jours	
préparer/passer des examens	

Jeu de rôle

You have an acquaintance with an annoying personality who is forever invit-ing you out. Prepare a skit with a classmate in which she or he invites you and continues to insist even though you refuse (you can't, don't have the time, and so on). Your friend tries tennis, studying, a movie—any pretext to get together. You have to find several excuses because you have no desire to go anywhere with this person.

CD-ROM

Now that you have finished the Troisième étape of this chapter, do your Lab Man-ual activities with the audio program. Explore chapter topics further with the Mais oui! Video and CD-ROM. Viewing and comprehension activities are in the video section of your *Workbook/Lab Manual/Video Manual*.

Intégration

Littérature: «Ils vont lui faire éclater le cerveau... »

Marcel Pagnol (1895–1974) is the author of *Jean de Florette* and *Manon des sources,* made famous in recent years through the award-winning movies with Yves Montand. Born and raised in the south of France, Marcel Pagnol has immortalized both in print and on film the charm of the sun-drenched hills of Provence and the singing accent of its people. First a playwright with acclaimed plays such as *Topaze* (1928), *Marius* (1929), and *Fanny* (1931), Pagnol turned to the screen as early as 1936 when he wrote and directed *César,* which has become a classic in the world of film. Pagnol then devoted much of his life to filmmaking. In 1957, he published the first volume of his autobiography, *La Gloire de mon père,* followed in 1958 by *Le Château de ma mère,* which were both made into movies in 1990. Son of Joseph, a schoolteacher, and Augustine, a sweet-natured woman, Marcel recounts with much humor and tenderness the early days of a magical childhood in Provence. The following piece is an excerpt from *La Gloire de mon père.*

Avant de lire

1 Dans le texte, la concierge dit, «Ils vont lui faire éclater le cerveau... » *(They are going to make his brain burst . . .).* Quelle horreur! «Ils», ce sont les instituteurs d'une petite école primaire. La victime: le petit Marcel. À votre avis, quelles sont les causes possibles d'une «explosion cérébrale»? Cochez la réponse qui vous semble la plus probable.

_____ Une expérience scientifique sur le cerveau des enfants

_____ Une expérience psychologique sur les capacités cérébrales des enfants

_____ Un enfant très intelligent encouragé à apprendre trop de choses *(too much)* trop vite *(too fast)*

_____ Un enfant paresseux forcé d'étudier

_____ La punition d'un enfant qui n'est pas sage *(quiet, good)*

_____ Une réaction causée par une grande peur *(fear)*

En général

2 Parcourez le texte une première fois. Parmi *(Among)* les possibilités proposées dans **Avant de lire,** quelle est la réponse correcte?

3 Parcourez le texte une deuxième fois pour identifier les paragraphes qui correspondent aux titres suivants. Attention, il y a un titre supplémentaire qu'on ne peut pas utiliser!

paragraphe	titre
1. «Quand ma mère va faire... »	a. Le papa comprend que Marcel sait lire.
2. «Un beau matin... »	b. Le papa confirme avec un livre que Marcel sait lire.
3. «Mon père se retourne... »	c. La maman appelle un docteur.
15. «Alors il va prendre... »	d. Marcel va souvent dans la classe de son père.
16. «Quand ma mère arrive... »	e. Le papa écrit une phrase sur un petit garçon qui a été puni.
17. «Sur la porte de la classe... »	f. La maman observe la condition physique de Marcel.
18. «À la maison... »	g. Marcel de quatre à six ans.
19. «Non je n'ai pas mal... »	h. La réaction immédiate de la maman.
	i. La réaction de la concierge.

«Ils vont lui faire éclater le cerveau... »

1 **Q**uand ma mère va faire ses courses, elle me laisse° souvent dans la classe de mon père, qui apprend à lire à des enfants de six ou sept ans. Je reste assis°, bien sage, au premier rang° et j'admire mon père qui, avec une baguette° de bambou, montre les lettres et les mots qu'il écrit au tableau noir.

me... leaves me

seated / row / stick

2 Un beau matin—j'ai à peine quatre ans à l'époque—ma mère me dépose à ma place pendant que mon père écrit magnifiquement sur le tableau: «La maman a puni° son petit garçon qui n'était pas sage.» Et moi de crier: «Non! Ce n'est pas vrai!»

punished

3 Mon père se retourne soudain, me regarde stupéfait, et demande: «Qu'est-ce que tu dis?»

4 — Maman ne m'a pas puni! Ce n'est pas vrai!

5 Il s'avance vers moi:

6 — Qui dit qu'on t'a puni?

7 — C'est écrit.

8 Sa surprise est totale.

9 — Mais... mais... est-ce que tu sais lire?

10 — Oui.

11 — Voyons°, voyons...

let's see

12 Et puis il dirige° son bambou vers le tableau noir.

points

13 — Eh bien, lis°.

*du verbe **lire** (lisez)*

14 Et je lis la phrase à haute voix.

15 Alors il va prendre un livre, et je lis sans difficulté plusieurs° pages... La surprise initiale de mon père est vite remplacée par une grande joie et une grande fierté.

several

16 Quand ma mère arrive, elle me trouve au milieu de° quatre instituteurs, qui ont envoyé° leurs élèves dans la cour de récréation, et qui m'écoutent lire

avec

sent

lentement° l'histoire du Petit Poucet°... Mais au lieu d'admirer cet exploit, elle   *slowly / Tom Thumb*
pâlit°, ferme brusquement le livre, et me prend dans ses bras, en disant: «Mon   *turns pale*
Dieu°! mon Dieu!... »   *God*

17 Sur la porte de la classe, il y a la concierge, une vieille femme corse°, qui   *from Corsica*
répète avec effroi°: «Ils vont lui faire éclater le cerveau.... Mon Dieu, ils vont lui   *peur*
faire éclater le cerveau... » C'est elle qui est allée chercher ma mère.

18 À la maison, mon père affirme que ce sont des superstitions ridicules, mais
ma mère n'est pas convaincue, et de temps en temps elle pose sa main° sur   *hand*
mon front° et me demande: «Tu n'as pas mal à la tête°?»   *forehead / mal... a headache*

19 Non, je n'ai pas mal à la tête, mais jusqu'à l'âge de six ans, je n'ai plus° la   *ne... plus: no longer*
permission d'entrer dans une classe, ni d'ouvrir un livre, par crainte° d'une   *peur*
explosion cérébrale. Elle va être rassurée quand, à la fin de mon premier
trimestre à l'école, mon institutrice va déclarer que j'ai une mémoire exception-
nelle, mais que j'ai la maturité d'un bébé.

Extrait de *La Gloire de mon père* (Marcel Pagnol)

En détail   **4**   **Les mots.**   D'après le contexte, quel est le sens des mots suivants? Choisissez a ou b.

¶1	apprendre (ici)	a. to learn	b. to teach
¶2	à peine	a. painfully	b. barely
¶14	à haute voix	a. quietly	b. aloud
¶15	fierté	a. fear	b. pride
¶16	cour de récréation	a. playground	b. principal's office
¶18	convaincue	a. convinced	b. convalescent
¶19	rassurée	a. worried	b. reassured

5 Le texte

A. Vrai ou faux?   Indiquez si la phrase est vraie (V) ou fausse (F). Corrigez les phrases fausses.

1. Marcel va généralement faire les courses avec sa mère.
2. Quand Marcel est dans la classe de son père, il admire les autres élèves.
3. Quand Monsieur Pagnol écrit que «la maman a puni son petit garçon qui n'était pas sage», Marcel prend cette phrase très personnellement.
4. Monsieur Pagnol veut des évidences supplémentaires que son fils sait lire.
5. Après la surprise initiale, Monsieur Pagnol téléphone à sa femme.
6. Les autres instituteurs veulent que leurs élèves écoutent Marcel lire.
7. La réaction de Madame Pagnol est très différente de la réaction de Monsieur Pagnol.
8. La vieille concierge est superstitieuse.
9. Madame Pagnol a peur pour son fils.
10. Madame Pagnol encourage son fils à lire.

B. Pourquoi?   Pourquoi Madame Pagnol est-elle «rassurée» quand elle apprend que son fils, à l'âge de six ans, a la maturité d'un bébé?

Et vous?

1. Imaginez que Marcel est votre fils de quatre ans. Vous apprenez avec surprise qu'il sait lire! Qu'est-ce que vous allez faire? Est-ce que vous allez être content(e) comme le père de Marcel, ou est-ce que vous allez avoir peur, comme sa mère? Est-ce que vous allez encourager Marcel à lire?
2. Est-ce que vous avez parfois l'impression que votre cerveau va éclater? Dans quelles circonstances? Avec un(e) partenaire, faites une liste de ces circonstances.

Par écrit: I like school but I'm *so* busy!

Avant d'écrire

A. Strategy: Brainstorming.   To prepare a writing assignment, begin brainstorming by jotting down lists of ideas and vocabulary related to the proposed task. For instance, what ideas would you be likely to use in a letter discussing your weekly activities? What would you tell a prospective student about your university?

Application.   To prepare for the writing assignments that follow, develop two lists: (1) your activities and classes in an average week, and (2) opportunities for students at your university.

B. Strategy: Writing to a friend.   Begin a friendly letter with a salutation such as:

> Cher Pierre,   Chère Natalie,   Salut les amis!

Close letters to friends with an expression like:

> Bien amicalement,   Amitiés,

More familiar expressions (similar to "hugs and kisses") used with family and close friends include:

> Grosses bises!   Je t'embrasse, / Je vous embrasse,

1. En vous basant sur les listes 1 et 2 dans **Avant d'écrire A,** écrivez une lettre à votre ami(e) québécois(e) au sujet de votre vie à l'université. Parlez d'une semaine typique—vos cours, votre emploi du temps, vos activités. Qu'est-ce que vous faites pendant la semaine? le week-end? etc.

➡ *Cher/Chère...*
   La vie à l'université est très fatigante mais aussi très intéressante...

2. Vous aidez votre université à préparer de la publicité destinée aux étudiants francophones. Écrivez un paragraphe où vous décrivez les avantages d'être étudiant(e) à votre fac. Parlez des cours et des emplois du temps, des professeurs, des activités et du campus.

VOCABULAIRE ACTIF

Le temps

un an, une année *a year*
le calendrier *the calendar*
la date *the date*
une fête *a holiday, celebration*
un emploi du temps *a schedule*
du temps libre *free time*

Les mois (m.)

janvier *January*
février *February*
mars *March*
avril *April*
mai *May*
juin *June*
juillet *July*
août *August*
septembre *September*
octobre *October*
novembre *November*
décembre *December*

Les jours (m.) de la semaine

lundi *Monday*
mardi *Tuesday*
mercredi *Wednesday*
jeudi *Thursday*
vendredi *Friday*
samedi *Saturday*
dimanche *Sunday*

La journée

le matin *morning*
l'après-midi *afternoon*
le soir *evening*

L'heure (f.)

Quelle heure est-il? *What time is it?*
À quelle heure? *At what time?*
neuf heures du matin *9:00 A.M. / 9:00 in the morning*
deux heures de l'après-midi *2:00 P.M. / 2:00 in the afternoon*
du soir *P.M. / in the evening*
... et quart *a quarter after*
... moins le quart *a quarter to*
... et demie *-thirty, half past*
midi *noon*
minuit *midnight*

Les matières (f.) / les études (f.)

l'allemand (m.)
l'anglais (m.)
l'architecture (f.)
l'art (m.)
la biologie *biology*
la chimie *chemistry*
la comptabilité *accounting*
le dessin *drawing, design*
le droit *law*
l'économie (f.) *economics*
le français
la géographie
la gestion *business management*
la gymnastique / l'éducation physique (f.) *physical education, gym*

l'histoire (f.) *history*
l'informatique (f.) *computer science*
les langues étrangères *foreign languages*
la littérature *literature*
les maths (f.)
la médecine *medicine*
la musique
la peinture *painting*
la philosophie *philosophy*
la physique *physics*
la psychologie *psychology*
les sciences (f.)
les sciences politiques (sciences po) *political science*
la sociologie *sociology*

Les écoles

l'école maternelle *kindergarten*
l'école primaire *elementary school*
le collège *junior high / middle school*

le lycée *high school*
la fac / l'université *college / university*

un cours *a class*
les devoirs (m.) *homework*
un diplôme *a diploma, degree*
un examen *an exam, a test*

passer un examen *to take an exam*
rater un examen *to fail an exam*
réussir à un examen (*infinitive only*)
    to pass an exam

Le campus

un amphithéâtre *an amphitheater*
la bibliothèque *the library*
le restaurant universitaire *university cafeteria*

Verbes

apprendre *to learn*
comprendre *to understand*
entrer (à la fac) *to enter*
faire *to do, to make*
penser *to think*

pouvoir *to be able to, can*
prendre *to take*
préparer *to prepare*
vouloir *to want*

Expressions avec faire

faire des courses *to go shopping*
faire la cuisine *to cook*
faire ses devoirs *to do homework*
faire du golf *to play golf*
faire la grasse matinée *to sleep in*
faire de la gymnastique / de l'exercice
    to exercise
faire du jogging / de la marche
    to go jogging / walking
faire son lit *to make one's bed*

faire de la musique *to practice music*
faire de la natation *to swim*
faire une promenade *to go for a walk*
faire la sieste *to take a nap*
faire du ski *to ski*
faire du sport *to play sports*
faire du vélo *to go biking*
faire du volley *to play volleyball*
faire un voyage *to go on a trip*

Expressions verbales

avoir peur (de) *to be afraid*
avoir le temps (de) / prendre le temps (de) *to have / take the time (to)*
Ça me plaît *I like it*
Ça te plaît? *Do you like it?*

Expressions pour réagir

Ah bon? Vraiment? *Oh really?*
C'est vrai? *Is that right?*
Bof... *Well . . .*
Et alors? *So what?*
Tant pis! *Too bad!*
Tiens... *Oh . . .*
C'est pas vrai! *No! / I can't believe it!*
Tu plaisantes! *You're kidding!*

C'est chouette! / génial! *That's cool!*
Formidable! / Super! *Great!*
Quelle chance! *How lucky!*
C'est embêtant! *That's too bad!*
C'est incroyable! *Unbelievable!*
Je m'en fiche *I don't give a darn*
J'en ai marre *I'm fed up*
Mince! / Zut alors! *Darn it!*

Adverbes de temps

d'habitude *usually*
ne... jamais *never*
tard *late*
tôt *early*

Adjectifs

dernier (dernière) *last*
gentil(le) *nice*
libre *free*
long (longue) *long*

occupé(e) *busy*
prochain(e) *next*
strict(e) *strict*
super *super, great*

Divers

l'argent (m.) *money*
un cadeau *a gift*
des projets *plans*

EXPRESSIONS POUR LA CLASSE

aider *to help*
accepter *to accept*
associer *to associate*
à tour de rôle *in turn*
circulez dans la classe *walk around the classroom*
entendre *to hear*
grouper *to group together*

Quel est le sens de... ? *What is the meaning of . . . ?*
n'oubliez pas *don't forget*
refuser *to refuse*
selon le cas *whatever the case may be*
selon vous *according to you*
un sketch *a skit*

À table!

Comparez les aliments sur cette photo.

Qu'est-ce qui est meilleur? plus sain? moins cher?

Et vous?

Quels sont vos aliments préférés?

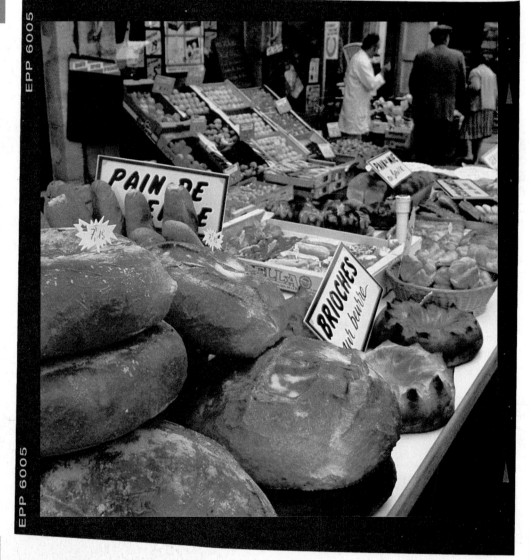

This chapter will enable you to
- **understand conversations about food**
- **read about eating habits in France**
- **read an excerpt from an African play**

- **talk about what you like to eat and drink**
- **know what to say in a restaurant**
- **compare people and things**
- **ask for and give explanations**
- **talk about what happened**

À l'écoute: Vous désirez?

La conversation de cette étape a lieu *(takes place)* à La Belle Époque, un café-snack-bar à Aix-en-Provence. Faites d'abord l'activité 1, **Avant d'écouter,** puis écoutez en suivant les instructions données.

Avant d'écouter

1 Voici une page du menu (ou de la carte) de La Belle Époque. Avec un(e) partenaire, examinez les photos et les descriptions, puis déduisez le sens des mots suivants.

> de la salade
> une tomate
> un œuf
> du maïs
> du jambon
> une saucisse
> un avocat
> de la viande (bœuf, porc, etc.)

Écoutons

Audio CD

2 Écoutez une première fois pour déterminer qui parle.

- a. deux clients et une serveuse *(waitress)*
- b. deux clients et un serveur *(waiter)*
- c. trois clients

3 Écoutez une deuxième fois en regardant le menu et notez sur une feuille

les plats *(dishes)* mentionnés
les plats commandés *(ordered)*

4 Qu'est-ce que le jeune homme commande en supplément?

- a. une salade
- b. des frites
- c. de la soupe

---

thon *tuna*   brochette *skewer*

SNACK La Belle Epoque
spécialités chaudes

La Niçoise
salade, tomates, thon, œuf
35,00 F

Hamburger
Œuf à cheval
35,00 F

La Louisiane
salade, tomates, maïs, jambon
35,00 F

Coppacabana
Saucisse, Tomate, Avocat
28,00 F

Sandwich
Brochette viande
18,00 F

5 Quel est le sens de **j'ai faim** et **j'ai soif?** Complétez les phrases de gauche avec les explications à droite.

1. Quand on a faim...   a. on prend une boisson.
2. Quand on a soif...   b. on mange.

6 Écoutez encore une fois et identifiez les boissons commandées.

VOCABULAIRE ACTIF

Les aliments
le bœuf
un croissant
des frites (f.)
le fromage
une glace
du jambon
un légume
du maïs
la mousse au chocolat
un œuf
une omelette
le pain (grillé)
une pizza
le porc
une quiche
un sandwich
une saucisse
le thon
une tomate
la viande
avoir faim/soif
Les boissons (f.)
froides: un jus de fruits, etc.
chaudes: un café, etc.
la carte/le menu
un(e) client(e)
commander   ≈ to order from menu
Les plats (m.)
le dessert
un hors-d'œuvre
le plat principal
une salade
la soupe
Les repas (m.)
le petit déjeuner
le déjeuner
le dîner
un serveur/une serveuse

Boissons froides
un jus de fruits
un citron pressé
une carafe d'eau
un coca
une bière
une limonade
une bouteille d'eau minérale
du vin blanc
du vin rouge

un café crème
Boissons chaudes
un café
un café au lait
un thé nature
un thé au lait
un thé citron
un chocolat au lait

un express

Notes culturelles

Les boissons. In most French cafés and restaurants, if you order water, you will get **de l'eau minérale,** i.e., bottled mineral water, which you will have to pay for. If you just want (free) tap water, you must specify **une carafe d'eau** or **de l'eau ordinaire. Un citron pressé** is a lemonade made from fresh-squeezed lemons; **une limonade** is a sweet carbonated drink very much like 7-Up. **Le café au lait,** half coffee, half milk, is generally served for breakfast.

Les repas (meals). Breakfast (**le petit déjeuner**) is quite simple, usually consisting of coffee (**café au lait**), tea, or hot chocolate with toast (**du pain grillé**) or **un croissant.** The French call eggs and bacon **le petit déjeuner**

qu'est que   vous-avez comme dessert ?

anglais. Although Canadians and Americans tend to associate French cuisine with very elaborate meals, some French city dwellers today have lunch, **le déjeuner,** at self-service or fast-food restaurants where they may have **une pizza, de la quiche,** or **une omelette** on the run. Most, however, still have a full sit-down meal at lunch, often in an employee cafeteria **(une cantine).** Sundays and holidays are reserved for the traditional family meal, which can last two to three hours. This "real" French meal is like a play in five acts: **les hors-d'œuvre ou une soupe; le plat principal—la viande** *(meat)* **et les légumes; la salade; le fromage; et le dessert (de la mousse au chocolat, de la glace à la vanille...).** Note that the green salad *follows* the main dish, and cheeses are commonly eaten just before dessert. Many households still have a shortened version of this meal, **le dîner en famille,** each evening as the entire family gathers around to discuss the day's events.

Prononciation   *Le e caduc*   "uh"

■ An unaccented **e** is not pronounced at the end of words. This type of **e** is called **le e muet,** or mute **e.**

uné serveusé   cetté bièré   ellé mangé

■ But in monosyllables such as **je, que, le, ne,** and other words where the unaccented **e** is not in final position **(demain, samedi),** the **e** is called **le e caduc,** or unstable **e,** because sometimes it is pronounced, and sometimes not.

Écoutez   Listen to the following excerpts from **À l'écoute: Vous désirez?** on the student audio CD, paying close attention to the **e caducs** in bold. How are these expressions pronounced by native speakers? Indicate which pronunciation you hear, a or b. An underlined **e** represents a pronounced **e**; an **e** with a slash through it represents a silent **e.** Each item will be read twice.

Audio CD

1. a. Qu'est-cé qu<u>e</u> tu vas prendre? ✓   b. Qu'est-cé qué tu vas prendre?
2. a. il n'y a pas d<u>e</u> frites avec...   b. il n'y a pas dé frites avec... ✓
3. a. Ben moi, j<u>e</u> vais prendre une salade niçoise.   b. Ben moi, jé vais prendre une salade niçoise. ✓
4. a. mais j<u>e</u> voudrais aussi des frites.   b. mais jé voudrais aussi des frites.
5. a. et pour mad<u>e</u>moiselle?   b. et pour madémoiselle? ✓

■ The *e* **caduc** is usually not pronounced if you can drop it without bringing too many consonant sounds together.

jé vais prendre...   madémoiselle   samédi

■ When there are two *e* **caducs** in a row, usually the second one is dropped, except in the case of **que,** which is normally retained.

Je né comprends pas.   Qu'est-cé qu<u>e</u> tu veux?

■ The *e* **caduc** is pronounced when it is preceded by two or more consonant sounds.

vendr<u>e</u>di (d, r)   une brochette d<u>e</u> bœuf (t, d)

Essayez!

Audio CD

A. Prononcez. Practice saying the following sentences aloud, dropping the **e** when it is crossed out, and retaining it when it is underlined. Then listen to the sentences on the student audio CD to verify your pronunciation.

1. Qu'est-c~e~ qu~e~ tu r~e~gardes?
2. J~e~ n'aime pas l~e~ coca; j~e~ préfère les jus d~e~ fruits.
3. Nous n~e~ pr<u>e</u>nons pas d~e~ café cette s<u>e</u>maine.
4. Elle d<u>e</u>mande d<u>e</u> l'eau minérale; moi, j~e~ vais d~e~mander d~e~ l'eau ordinaire.

B. *e* **caduc.** In the following sentences, cross out the *e* **caducs** that would normally be dropped, and underline the ones that must be pronounced.

1. Vous êtes de Paris?
2. Je ne suis pas de Paris, mais je viens d'une petite ville à côté de Paris.
3. Il y a d~e~ bons petits restaurants près de chez moi.

Now practice saying the sentences aloud. Then listen to them on the student audio CD to verify your pronunciation.

VOCABULAIRE
Pour commander au restaurant

— Monsieur, s'il vous plaît.
— Oui, monsieur. Vous désirez?
— Je voudrais un sandwich au jambon et un citron pressé.
— Moi, je vais prendre* une pizza et un coca.
— Et pour moi, un steak frites et une bière, s'il vous plaît.

Plus tard...

— Monsieur, l'addition, s'il vous plaît.

■ Si vous voulez parler au serveur ou à la serveuse, qu'est-ce que vous dites? Quelles sont les expressions pour commander? Pour demander à payer?

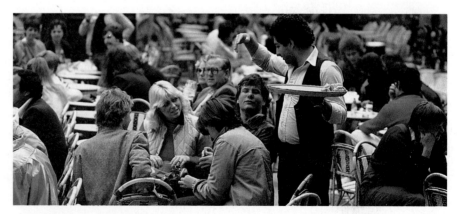

Vous désirez?

---

*The verb **prendre** is often used to express the idea of having something to eat or drink. **Prendre** (not **manger**) is used with meals, e.g., Quand je **prends** le petit déjeuner, je **prends** du pain et du café.

L'alimentation: *Ce qu'on achète* au magasin*

des pêches (f.) des poires (f.)

des fraises (f.)

**Fruits et
légumes**

des
bananes (f.)

des
framboises
(f.)

des pommes (f.)

des oranges (f.)

des oignons
(m.)

des haricots
verts (m.)

de l'ananas (m.)

du brocoli

du maïs

des petits pois (m.)

de l'ail
(m.)

des courgettes (f.)

des pommes
de terre (f.)

des carottes (f.)

des champignons (m.)

Pains et pâtisseries

des
baguettes (f.)

Produits laitiers

du lait

des œufs (m.)

LAIT

une tarte
aux pommes

des gâteaux (m.)   des pains (m.)

des croissants (m.)

du beurre

du yaourt

YAOURT

Charcuterie

du fromage

CAMEMBERT

BRIE

ROQUEFORT

du jambon   des
saucisses (f.)

du
saucisson

du pâté

***Acheter** (to buy) is a stem-changing verb like **préférer** (Chapter 2, deuxième étape): j'achète, tu
achètes, il/elle/on achète, ils/elles achètent; but, nous achetons, vous achetez.

Produits énergétiques

des pâtes (f.)

des biscuits (m.)

du riz

des céréales (f.)

Poissons et fruits de mer

du poisson   des huîtres (f.)   des crevettes (f.)   du homard

Viandes

du poulet

des côtelettes (f.) de veau (m.)

du rôti de porc

du bifteck

du rosbif

Pour manger à la maison: le couvert

du poivre

un verre

du sel

une tasse

une fourchette

du sucre

un couteau

une assiette

une cuillère

une serviette

VOCABULAIRE ACTIF
Les petits magasins
  la boucherie du coin...
les produits surgelés
Le rayon...
  fromages, etc.
le supermarché

Notes culturelles

Les magasins alimentaires.   Most French people go grocery shopping more often than Americans. They like fresh foods to be truly fresh, and will generally prefer to drop by a small neighborhood bakery **(une boulangerie)** to buy their bread fresh and hot each day, rather than buy it wrapped and cold in a supermarket. A **boulangerie** is often also a **pâtisserie,** selling delicious pastries made fresh each day. Meat, likewise, is considered fresher if cut right in front of you at the **boucherie du coin.** A **charcuterie** is like a delicatessen; it sells cold cuts, salamis, and prepared foods, made fresh daily. **La poissonnerie** sells fresh fish and seafood. **L'épicerie du coin** is usually more convenient than **un supermarché** to pick up a last-minute item such as milk or lettuce; it's also the perfect place to catch up on the latest news with the owner, **l'épicier** or **l'épicière.** French supermarkets are very similar to their North American counterparts, with various departments—**le rayon boucherie, le rayon boulangerie,** etc. The main differences are that in France, the frozen food department **(les produits surgelés)** is generally smaller, the **rayon fromages** is much larger, and there is a greater selection of wines and mineral water.

ACTIVITÉS

A. Quel magasin?   Écoutez le professeur et dites dans quels magasins on trouve les produits mentionnés: à la boucherie? la boulangerie/pâtisserie? la charcuterie? la poissonnerie? l'épicerie?

B. Traditions culinaires.   Indiquez si les habitudes suivantes caractérisent plutôt les Français ou les Nord-Américains.

Cette personne...	Français	Nord-Amér.
prend une omelette, du bacon et du pain grillé au petit déjeuner.		
a un grand repas à midi dans la cantine du bureau.		
achète du pain tous les jours.		
commence le repas par une salade.		
va faire les courses uniquement au supermarché.		
mange fréquemment dans un restaurant fast-food.		
achète très peu de produits surgelés.		
termine souvent le repas par du fromage.		
boit du lait avec le déjeuner.		
préfère les petits magasins du coin.		

C. Chassez l'intrus. Dans chaque groupe, trouvez le mot qui ne va pas et expliquez pourquoi.

➡ du homard, du brie, du thon, des crevettes
du brie. Ce n'est pas un poisson ou un fruit de mer.

1. du maïs, des haricots verts, des pommes, des petits pois
2. de la glace, de la mousse au chocolat, de la tarte, de la quiche
3. du bifteck, du veau, du poulet, des poires
4. de l'eau minérale, de la bière, du poivre, du café
5. des saucisses, du jambon, du pâté, du beurre
6. des tomates, des céréales, du riz, des pâtes

D. Repas. Complétez les listes suivantes, puis comparez-les avec celles d'un(e) partenaire. Avez-vous les mêmes goûts *(tastes)*?

Au petit déjeuner je prends...	Au déjeuner je prends...	Au dîner je prends...	Comme dessert je prends...
?	?	?	?

STRUCTURES: Talking about food and drink
*Le verbe **boire** • Les articles partitifs*

Observez et déduisez   Quand on a soif, on veut boire, n'est-ce pas? Moi, je bois du coca ou je prends de la limonade. Paul, lui, boit souvent du café et de l'eau minérale, mais il ne boit pas de coca. Et vous, qu'est-ce que vous buvez? Du jus de fruits? De la bière?

- What forms of the verb **boire** do you see in the paragraph above? What do you think the verb means? Calling to mind other irregular verbs you know, infer the following forms of **boire:**
tu _____ nous _____
- In the paragraph, there are four different ways of expressing an indefinite quantity (the idea of *some*). What are they?

Vérifiez *Le verbe **boire***

- The verb **boire** *(to drink)* is irregular.

Le verbe boire

je bois	nous buvons
tu bois	vous buvez
il / elle / on boit	ils / elles boivent

Les articles partitifs

■ A partitive article is used before mass (uncountable) nouns to refer to an unspecified amount, a part or portion of the whole *(some)*. It agrees in number and gender with the noun.

> Je prends du café
> ... de la tarte
> ... de l'eau
>
> *(some* coffee/pie/water—
> an unspecified amount)

■ Note that the partitive article is often used after verbs such as **manger, boire, prendre, vouloir,** and **avoir,** since one frequently uses these verbs to refer to portions or unspecified amounts.

> — Tu veux **du** chocolat?
> — Non, je prends **de la** tarte au citron.

■ The partitive article is always expressed in French, even though at times no article at all is used in English.

> Pour moi, de l'eau minérale, s'il vous plaît.

■ After a negative expression, the partitive article is **de/d'**.

> Paul boit du café, mais il **ne** boit **pas d'**eau minérale ou **de** thé.

Rappel!

■ The *indefinite* articles that you studied on page 11—**un, une, des**—are used only with nouns that can be counted. Compare the use of the indefinite and the partitive article in French:

> *indefinite:* Tu veux un (verre de) coca? *(a* glass of cola)
> *partitive:* Tu veux du coca? *(some* cola)

■ *Definite* articles—**le, la, l', les**—(p. 30) refer to specific objects or persons.

> — Quel gâteau?   — Quelle serviette?
> — **Le** gâteau sur la table.   — **La** serviette de Claire.

In French, definite articles are required after verbs of preference (p. 58).

> J'aime **la** glace au chocolat.   *I like chocolate ice cream.*
> Je déteste **les** oignons.   *I hate onions.*

Les articles			
	masculin	**féminin**	**m./f. pluriel**	**après un verbe négatif**
article défini	le, l'	la, l'	les	le, la, les, l'
article indéfini	un	une	des	de, d'
article partitif	du, de l'	de la, de l'	—	de, d'

ACTIVITÉS

E. Les boissons. Complétez les phrases de la colonne de gauche avec des boissons logiques.

boissons

jus d'orange
citron pressé
eau minérale
chocolat au lait
thé nature
vin rouge
bière
café crème

1. Mon frère ne prend pas de caféine, alors il ne boit pas de *café ou thé*

2. Mes parents n'aiment pas les boissons alcoolisées, alors ils ne boivent pas de *bière ou vin*.

3. Je préfère les boissons froides, et je bois souvent *du jus d'orange ou du citron pressé*

4. Dans ma famille, nous détestons les fruits; nous ne buvons pas de *jus d'orange ni de citron pressé*

5. Mes sœurs sont allergiques au lait, alors elles boivent *du citron pressé ou du jus d'orange*

6. Vous aimez bien les boissons chaudes, et vous buvez beaucoup de *chocolat au lait*

F. Des goûts différents. Décrivez les aliments et les boissons que ces personnes prennent souvent. Employez les articles partitifs qui correspondent.

1. Maman: poisson, petits pois, riz, poires
2. Papa: frites, pâtes, homard, tartes aux pommes
3. Nicolas: fromage, pain, huîtres, quiche
4. Nathalie: pâté, crevettes, poulet, oranges
5. les parents: thé, café au lait, eau minérale, bière
6. les enfants: jus de fruit, lait, eau minérale, coca

G. On ne prend pas de... Lisez encore les listes de l'activité F. Nommez trois choses que chaque personne ne prend pas souvent.

➡ *Papa ne prend pas souvent de pizza ou de chocolat. Il ne boit pas souvent de lait.*

H. On mange ce qu'on aime. Indiquez les préférences des personnes mentionnées, puis décidez quel aliment ou quelle boisson elles vont prendre ou ne pas prendre. Employez des articles définis et des articles partitifs.

➡ Roger / viande +
Roger aime la viande, alors il mange du porc.

Roger / boissons alcoolisées −
Roger n'aime pas les boissons alcoolisées, alors il ne boit pas de vin.

1. Philippe / dessert +
2. Babette / caféine −
3. Simon / boissons froides +
4. Paul / viande −
5. Claire / légumes −
6. Olivia / œufs +
7. Marc / fruits −

Jeu de rôle

You and some friends are ordering a meal in the restaurant Chez Jo. Prepare a skit using the following menu. Vary the polite expressions for ordering and asking for the bill.

Chez Jo
Ouvert tous les soirs jusqu'à 2 heures du matin

NOS PIZZAS   Petites   Grandes

	Petites	Grandes
Anchois	28 Fr	46 Fr
Fromage	30 "	48 "
Jambon	30 "	48 "
Champignons	30 "	50 "

NOS PLATS CUISINÉS

Spaghettis sauce
    bolognaise ....42 Francs
Lasagnes au four ....44 "
Pâtes à la Carbonara ....44 "
Raviolis au four ....44 "
Steak tartare ....64 "
Filet de bœuf
    au poivre.................................82 "

NOS HORS-D'ŒUVRE

Salade niçoise ....30 Francs
Cœurs d'artichauts
   vinaigrette ....28 "
Poivrons marinés à l'ail...........40 "
Jambon de Paris.......................28 "
Gratinée à l'oignon ....38 "
Melon à l'italienne
   (en saison) ....42 "

NOS LÉGUMES

Haricots verts
   persillade..............................20 Francs
Pommes allumettes...................18 "
Salade verte...............................20 "
Tomates provençales.................22 "
Gratin de légumes.....................22 "

NOS GRILLADES au FEU de BOIS

Entrecôte de
   bœuf grillée ....66 Francs
Filet de bœuf.............................78 "
Brochette...................................72 "

NOS DESSERTS

Plateau de fromages..................24 Francs
Tarte maison..............................22 "
Salade de fruits frais ....22 "
Glaces et Sorbets........................22 "
Mousse au chocolat...................22 "
Crème caramel...........................22 "
Fraises et Framboises
   (en saison) ....24 "

• Toutes nos viandes sont garnies • Prix nets—Service compris—Boissons non comprises •

**W
B**

Deuxième étape

Lecture: Que mangent les Français?

Avant de lire **1** Que mangent les Français? Quand vous pensez à cette question, qu'est-ce que vous imaginez? Cochez les réponses qui vous semblent caractéristiques de l'alimentation de tous les jours pour le Français typique.

_____ des produits naturels

_____ des produits surgelés

_____ des plats cuisinés (préparés commercialement)

_____ des produits frais (*fresh*)

_____ des produits en boîte (*canned*)

_____ des produits diététiques

_____ beaucoup de produits énergétiques (pain, pâtes, etc.)

_____ beaucoup de desserts

_____ des escargots

_____ ?

2 Maintenant pensez aux groupes sociaux mentionnés dans la liste suivante. Selon votre expérience, qu'est-ce qu'ils mangent? Utilisez le vocabulaire de la Première étape.

	mangent plus (+) de	mangent moins (−) de
les étudiants		
les hommes		
les femmes		
les célibataires (personnes non mariées)		

Parmi ces groupes, qui, à votre avis, va acheter les produits les plus chers? Les moins chers (*expensive*)?

3 Est-ce que vous préférez manger à la maison ou au restaurant? Combien de fois par mois mangez-vous au restaurant?

Des crevettes et des poissons—tout frais!

En général

4 Lisez l'introduction du texte. D'après cette introduction, quel est le sujet principal du texte?

a. les traditions alimentaires en France
b. l'évolution de l'alimentation en France
c. une comparaison de la structure alimentaire dans les différents pays d'Europe

VOCABULAIRE ACTIF

cher (chère)
diététique
en boîte
frais (fraîche)
sain(e)

5 La structure du texte: parcourez le texte une deuxième fois pour identifier les sections qui correspondent aux idées principales suivantes.

L'alimentation des femmes
L'alimentation des hommes
Le rôle des restaurants
Un petit résumé des transformations dans l'alimentation à domicile (à la maison)

QUE MANGENT LES FRANÇAIS?

1 Une enquête° de l'INSEE° sur la période 1979–1989 fait apparaître° une «lente déformation°» de la structure de l'alimentation depuis dix ans; les hommes consomment plus de produits énergétiques tandis que les femmes, elles, font° des «extras».

2 Les ménages° abandonnent les produits traditionnels ruraux et énergétiques au profit° des produits plus élaborés, plus diététiques, plus rapides à préparer (surgelés, plats cuisinés) et souvent plus chers.

3 L'enquête souligne les différences de comportement alimentaire entre hommes et femmes. À domicile, les hommes célibataires dépensent plus que les femmes pour les produits énergétiques (pâtes, riz, pain) et certains produits élaborés (soupes en boîte, charcuterie, plats préparés).

4 Les femmes, elles, font des «extras» (chocolat, gâteaux, glaces) qu'elles compensent par d'autres aliments plus «sains°» ou plus légers°, comme les

survey / l'Institut national de la statistique et des études économiques / fait... *shows* / lente... transformation progressive / mangent / *households* / *in favor of*

healthy / light

fruits et légumes, les yaourts, le poisson, la margarine, le jambon, le veau, le thé et les tisanes°.   *herb teas*

Moins à la maison, plus au resto

5 Les Français dépensent de moins en moins pour leurs repas à la maison mais de plus en plus pour leur alimentation hors du domicile—à la cantine, au café ou au restaurant—d'après l'étude de l'INSEE.

6   L'alimentation à domicile coûte désormais en moyenne° 840 francs   *en... an average of*
($153) par mois et par personne, soit 17% du budget familial. Les dépenses de sorties au restaurant, repas à la cantine ou consommations prises au café occupent une place grandissante°; désormais les repas dehors absorbent   *growing*
1/5ème du budget alimentaire des Français.

7   Les citadins° sont les plus fidèles adeptes des sorties, pratiquement les   *habitants de la ville*
deux tiers° des Parisiens ne déjeunent pas chez eux. Les plus gros° clients   *two-thirds / biggest*
des restaurants sont les célibataires, en particulier les hommes.

Adapté de «Que mangent les Français?» *Journal Français d'Amérique.*

En détail   **6** **Les mots.**   D'après le contexte, quel est le sens des mots en caractères gras?

Les Français **dépensent de moins en moins** pour leurs repas à la maison, mais **de plus en plus** pour leur alimentation **hors du** domicile—à la cantine, au café ou au restaurant.[...] ... les repas **dehors** absorbent 1/5ème du budget alimentaire.

7 **Le texte.**

A. **Que mangent les Français?** Complétez le tableau suivant.

les Français en général (plus de... moins de...)	les hommes	les femmes

B. **L'alimentation et les restaurants.**   Répondez aux questions suivantes.

1. Selon cet article, quel pourcentage du budget familial français est consacré à l'alimentation à domicile?   *17%.*
2. Quelle proportion du budget alimentaire est consacrée aux repas au restaurant?   *1/5*
3. Est-ce pour le déjeuner ou le dîner que les restaurants de Paris sont les plus populaires?   *déjeuner*
4. Qui sont les plus gros clients des restaurants?   *les célibataires*

Et vous?	1. Comparez l'alimentation des hommes et des femmes en France et dans votre pays. À votre avis, y a-t-il des différences?

2. Et vous? Est-ce que vous mangez les mêmes choses aujourd'hui qu'il y a cinq ans? Faites d'abord une liste personnelle, puis interviewez deux camarades de classe. Ensuite comparez vos réponses—est-ce que vous avez des réponses en commun?

	plus de (+)	moins de (−)	autant de (=)
Moi			
Camarade 1			
Camarade 2			

STRUCTURE: Saying what you no longer or never do
*Les expressions **ne... plus; ne... jamais***

Observez et déduisez Tiens! On dit que les Français ne mangent plus comme avant. C'est vrai dans ma famille aussi. Nous pensons à notre santé *(health)*. Nous ne mangeons plus de porc ou de bœuf et nous ne mangeons jamais de produits surgelés.

- Where are **ne... plus** and **ne... jamais** placed in relation to the verbs?
- What article follows these expressions?
- How would you say "I never eat fish"?

Vérifiez *Les expressions **ne... plus; ne... jamais***

- The negative expressions **ne... plus** (*no longer, not . . . anymore*) and **ne... jamais** (*never*) are treated like the expression **ne... pas;** that is, **ne** precedes the verb and **plus** or **jamais** follows the verb.

    Nous sommes au régime, alors nous **ne** mangeons **plus** de porc, et nous **ne** mangeons **jamais** de dessert.

- To talk about the future, place the negative expression around **aller.**

    Demain je commence mon régime. Je **ne** vais **plus** manger de sucre.

- Remember that the partitive article following a *negative expression* is **de/d'** (page 163).

    Les bébés boivent du lait. Ils **ne** boivent **jamais de** vin.

ACTIVITÉS

A. Jamais!   Dites ce que les personnes suivantes ne mangent jamais.

➡ (une personne qui déteste les fruits de mer)
Elle ne mange jamais de crevettes ou de homard!

1. un(e) végétarien(ne)
2. une personne qui n'aime pas le bœuf
3. un enfant de quatre ans
4. une personne qui est allergique au sucre

B. De mauvaises habitudes.   Dites ce que vous n'allez plus manger ou boire dans les circonstances suivantes.

➡ Vous voulez participer au Tour de France.
Je ne vais plus boire de vin ou de café et je ne vais plus manger de gâteaux ou de glace.

1. Vous voulez être en très bonne santé.
2. Vous êtes au régime.
3. Vous êtes très nerveux (-euse).
4. Vous apprenez que votre cholestérol est trop élevé *(high)*.
5. Vous apprenez que vous êtes diabétique.

C. Des goûts incompatibles.   Votre copain (copine) et vous allez manger ensemble, mais vous avez des goûts différents. Chaque fois que vous proposez quelque chose, votre partenaire refuse et vice versa. Expliquez pourquoi vous refusez.

➡ — *On peut manger un hamburger?*
— *Non, je ne mange plus de hamburger. Je n'aime pas les sandwichs.*
ou: — *Non, je ne mange jamais de viande. Je préfère les légumes.*

VOCABULAIRE
Les expressions de quantité

■ In Chapter 2, you learned to use **combien de** to ask questions about quantity. Besides numbers, a variety of expressions can be used to answer such questions. Use the following expressions of quantity to give your opinion on the information in the food chart on the next page.

trop de *(too much)*
trop peu de *(too little, too few)*
beaucoup de
(ne... pas) assez *(enough)* **de**
un peu de
pas du tout de

➡ *Les Français mangent beaucoup de pain.*

■ Note that, as with negative expressions, the article that follows *all* expressions of quantity is **de/d'.**

Tout ce que nous mangeons dans une vie

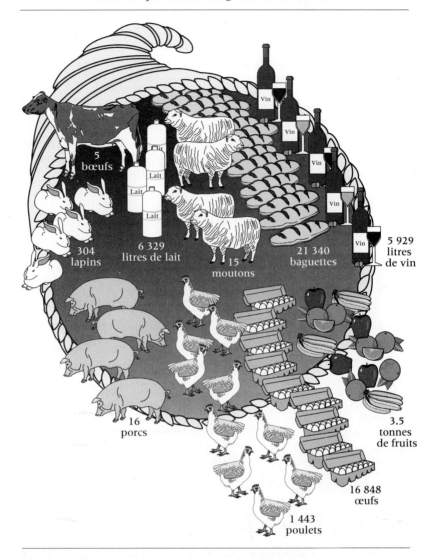

5 bœufs

304 lapins

6 329 litres de lait

15 moutons

21 340 baguettes

5 929 litres de vin

16 porcs

3.5 tonnes de fruits

16 848 œufs

1 443 poulets

■ What kinds of food items do you associate with the following quantities?

➡ un bol *(bowl)* de   céréales, riz, glace...

une assiette de *pâte*
une tasse de *chocolat*
un verre de *coca*
une boîte de *(box/can)* *céréales*
une bouteille de *beau*
une carafe de *vin*
une douzaine de *œufs*
un kilo de *farine*
100 grammes de *beurre*
un litre de *lait*
une tranche de *(slice)* *jambon*
un morceau de *(piece)* *fromage*

Note culturelle

Le système métrique.   France and most francophone countries use the metric system of weights and measures. In order to make purchases of food items, you'll need to know that **un kilogramme (un kilo)** is just over 2 pounds and **un litre** is just over a quart. More specifically:

1 ounce = 28.5 grams
1 kilogram = 1000 grams = 2.2 pounds
1/2 kilogram = 500 grams (also called **une livre**) = 1.1 pounds
4 liters = 1.2 gallons

ACTIVITÉS

baguettes, 3
tranche de pâté
crevettes, 1/2 kg
côtelettes de veau, 7
pommes de terre, 1 kg
brie, 1
pêches, douzaine
biscuits, 1 boîte
vin, 2 bouteilles

D. Achats.   Votre copine invite six amis à dîner chez elle. Regardez sa liste d'achats, et dites si elle a assez (trop, trop peu, etc.) pour sept personnes.

➡ *Elle achète trop peu de pâté pour sept personnes.*

Maintenant préparez votre propre liste d'achats. Qu'est-ce que vous allez acheter?

➡ *Je vais acheter trois tranches de pâté...*

E. Le repas favori.   Vous préparez le repas préféré de votre famille. Dites ce que vous allez préparer et combien de chaque aliment vous allez acheter.

➡ *Je vais préparer un beau rosbif avec des pommes de terre et des carottes. Je vais acheter 750 grammes de rosbif, un kilo de pommes de terre...*

STRUCTURE: Making comparisons (I)
Le comparatif

Observez et déduisez   Selon l'INSEE, l'alimentation des Français a beaucoup changé depuis dix ans. Ils mangent moins de bœuf et de beurre et plus de poisson et de légumes. Ils mangent maintenant des repas plus sains et plus équilibrés que leurs voisins européens.

- What expression is used above to make a comparison of superiority *(more)?*
- What expression is used to make a comparison of inferiority *(less)?*
- How would you say "I eat more fruit; I eat less cheese"?

Ce que révèlent les comparaisons internationales
La France, patrie de l'équilibre

Lait
en litres

327 — Irlande
132 — France
49 — Portugal

Les Français l'aiment peu.
Mais ils compensent avec
le fromage et les yaourts.

**Poisson
et produits
de la mer**
en kilogrammes

56 — Danemark
22 — France
6 — Grèce

Grâce au hareng, les
Danois sont champions,
devant les Portugais.

Légumes frais
en kilogrammes

225 — Grèce
122 — France
65 — G-B

Partout on en mange plus.
Seuls les Britanniques les
préfèrent en boîte.

**Pommes
de terre**
en kilogrammes

141 — Irlande
73 — France
39 — Italie

Malgré leurs frites, les
Belges en consomment
moins que les Irlandais.

La consommation de viande en Europe			
Pays	**Bœuf**	**Veau**	**Porc**
France	**25**	**7**	**37**
Belgique/Luxembourg	21	3	46
Danemark	15	0	66
Espagne	8	4	39
Allemagne	22	2	62
Grèce	24	2	24
Irlande	21	0	3
Italie	23	4	29
Pays-Bas	18	2	44
Portugal	11	1	25
Royaume-Uni	23	0	25

SOURCE : EUROSTAT

Avec le vin, la viande est le seul aliment dont les
Français soient de très gros consommateurs. Ils sont
les champions d'Europe pour le bœuf et le veau.

Vérifiez *Le comparatif*

■ When comparing with *nouns,* use **plus de... que** to indicate superiority, **moins
de... que** to indicate inferiority, and **autant de... que** to indicate equivalency.

> Les Français mangent **plus de** pommes de terre **que** les Italiens.
> Les Portugais boivent **moins de** lait **que** les Irlandais.
> Les Belges consomment **autant de** bœuf **que** les Irlandais.   *as much as*

■ When comparing with *adjectives* or *adverbs,* use the expressions **plus... que,
moins... que,** and **aussi... que.**

> Les fruits sont **plus** sucrés **que** les légumes.
> Le riz est **moins** gras **que** les frites.
> La quiche est **aussi** bonne **que** la pizza.   *as good as*
> Les jeunes mangent **plus** souvent **que** les adultes.   *more often*
> Quelquefois les jeunes mangent **moins** bien **que** les adultes.
> Les jeunes mangent **aussi** vite **que** les adultes.

■ **Bon,** an adjective, has an irregular comparison of superiority: **meilleur(e)(s)** *(better).*

> Le poulet est **meilleur que** le bœuf.

Bien, an adverb, has an irregular comparison of superiority: **mieux** *(better).*

> Les Français mangent **mieux que** les autres Européens.

Les comparaisons		
quality		**quantity**
+ **plus** cher **que**		**plus de** pain **que**
− **moins** cher **que**		**moins de** pain **que**
= **aussi** cher **que**		**autant de** pain **que**
BUT: **bon(ne)(s)** → + **meilleur(e)(s) que** **bien** → + **mieux que**		

ACTIVITÉS

F. Vrai ou faux? Dites si les phrases suivantes sont vraies ou fausses. Expliquez pourquoi.

➡ Je mange moins de viande que mes parents.
C'est vrai. Mes parents aiment beaucoup le bœuf, et moi, je suis végétarien.
ou: *Mais non! Moi, je mange plus de viande que mes parents. Ils sont végétariens.*

1. Je mange mieux que mes copains.
2. Je bois moins de café que mes copines.
3. Je prends plus de fruits que ma sœur (mon frère).
4. Je mange aussi souvent que mon/ma camarade de chambre.
5. Les légumes sont meilleurs que les fruits.
6. Le riz est moins bon que les pâtes.

G. Des comparaisons internationales. Comparez la consommation alimentaire des pays européens en regardant le tableau à la page 173. Travaillez avec un(e) partenaire.

1. La Belgique consomme plus de _____ que _____ .

2. La Grèce consomme moins de _____ que _____ .

3. L'Irlande consomme autant de _____ que _____ .

4. ?

H. Opinion ou fait *(fact)?* Comparez quelques aliments mentionnés pages 159–160 puis dites si votre comparaison est une opinion ou un fait. (Pour comparer: **bon, cher, sucré, gras(se), sain, diététique.**)

➡ *Les haricots verts sont plus sains que les frites.*

I. Des habitudes alimentaires. Combinez les mots et les expressions des colonnes ci-dessous pour parler des habitudes alimentaires des personnes mentionnées dans la colonne de gauche.

➡ *Dans ma famille, on mange beaucoup de sucre, et on ne boit jamais de vin.*

Je	manger	beaucoup	plats préparés
Mes camarades	prendre	trop	pain
Dans ma famille, on	boire	assez	vin
En général, les		peu	pêches
Américains		ne... plus	hors-d'œuvre
		ne... pas	sucre
		ne... jamais	citron pressé
		plus de... que	poisson
		autant de... que	porc
		moins de... que	yaourt
		?	?

Jeu de rôle

You and a couple of friends are preparing a dinner. One of you is a vegetarian; another is on a diet; another is allergic to dairy products. Discuss what you want and don't want to eat. Compare your preferences and come to a consensus about what you're going to prepare.

W B

CULTURE ET RÉFLEXION

La présentation, c'est la moitié du goût...

Le couscous se mange avec la main droite.

■ **Les repas.** Un proverbe français dit qu' «il faut manger pour vivre et non pas vivre pour manger» *(you must eat to live and not live to eat)* mais les Français ont souvent la réputation de vivre pour manger, car les repas sont très importants pour eux. Un repas ordinaire, pris en famille à la maison pendant la semaine, dure[1] aujourd'hui une moyenne de 33 minutes pour le déjeuner et 38 minutes pour le dîner (contre 40 et 45 minutes en 1975). Les repas sont-ils importants pour vous? Combien de temps dure un repas typique dans votre famille? Y a-t-il une relation entre la durée des repas et l'altitude des gens vis-à-vis de la famille ou de la vie en général?

■ **L'art de manger.** Un autre proverbe français dit que «la présentation, c'est la moitié du goût» *(presentation is half the taste).* La disposition des aliments sur les plats est donc un art où les mélanges[2] de couleurs et de goûts ont une valeur esthétique autant que nutritive. C'est pourquoi on ne sert qu'une ou deux choses à la fois[3] et on ne mélange jamais les hors-d'œuvre et le plat principal! Est-ce qu'il vous arrive de mettre la salade et le plat principal en même temps sur votre assiette? La présentation des plats est-elle importante pour vous? Qu'est-ce qui caractérise un «bon» repas pour vous?

■ **Les boulettes** *(balls).* «Le plaisir de la main accroît le plaisir du palais» *(The pleasure of the hand increases the pleasure of the palate),* disent les Africains qui mangent avec les doigts[4]. Dans la plupart des pays francophones d'Afrique, en effet, le repas traditionnel est un grand bol de riz ou de couscous avec du bouillon de viande et de légumes. Les membres de la famille sont assis par terre[5] autour de ce bol commun et chacun fait des «boulettes» avec sa portion. Parfois les hommes mangent séparément des femmes et des enfants, mais l'acte de manger est considéré comme un acte de communion avec la nature et avec ceux qui partagent[6] le repas. À votre avis, quels sont les avantages et les désavantages de manger de cette façon?

■ **Des révélations...** «Dis-moi ce que tu manges et je te dirai qui tu es» *(Tell me what you eat and I'll tell you who you are).* Est-ce vrai? Trouvez des exemples pour illustrer votre opinion.

---

1. *lasts*   2. *mixtures*   3. *at a time*   4. *fingers*   5. *on the ground*   6. *share*

Internet

Troisième étape

À l'écoute: Les courses

Vous allez écouter une conversation entre un mari et une femme qui font l'inventaire de leurs courses. Faites d'abord l'activité 1, **Avant d'écouter,** puis écoutez en suivant les instructions données.

Avant d'écouter

1 Où est-ce que vous faites vos courses, dans un supermarché ou dans des petits magasins? Préférez-vous les supermarchés ou les petits magasins spécialisés quand vous êtes pressé(e) *(in a hurry)*? quand vous cherchez un produit exotique?

Écoutons

Audio CD

2 Écoutez d'abord en fonction des questions suivantes.

1. Où est-ce que le monsieur a fait ses courses? Dans un supermarché ou dans des petits magasins?

2. Il a «oublié» quelque chose. D'après le contexte, que veut dire **oublier?**
   a. prendre   b. ne pas prendre

3. Qu'est-ce qu'il a oublié?
   a. le lait   b. le pain   c. une spécialité mexicaine

4. Qu'est-ce qui est exotique, selon la dame?

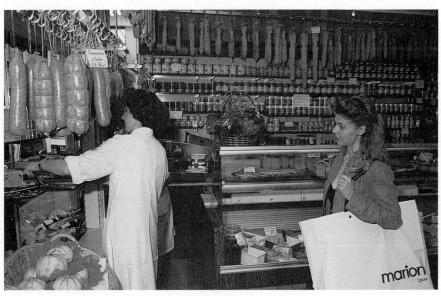

À la charcuterie.

3 Écoutez encore en faisant particulièrement attention aux magasins mentionnés. Qu'est-ce que le monsieur a acheté dans chaque magasin?

magasins	produits
la boulangerie	
l'épicerie	
la boucherie	
la charcuterie	

VOCABULAIRE ACTIF
être pressé(e)
faire les courses
oublier

4 Écoutez encore en faisant attention aux expressions communicatives.

1. Quels sont les mots utilisés dans la conversation pour

   ■ demander une explication:
      a. Quelle chose?
      b. Quelque chose?
      c. Qu'est-ce que c'est que ça?
   ■ donner une explication:
      a. C'est ça.
      b. C'est quelque chose que...
      c. Ça me semble...

2. Selon la conversation, qu'est-ce que c'est que des tacos? Et comment s'appelle la sauce mexicaine à la tomate et au piment?

5 **Le passé.** Écoutez une dernière fois en faisant attention aux verbes. Encerclez les formes que vous entendez. Quel est l'infinitif de **pris?**

j'ai fait	j'ai acheté	j'ai trouvé
tu as fait	tu as acheté	tu as trouvé
j'ai pris	j'ai oublié	je n'ai pas oublié
tu as pris	tu as oublié	tu n'as pas oublié

Prononciation   *Les articles et l'articulation*

■ Because it is so common in English to reduce unstressed vowels to an *uh* sound (for example, VISt<u>a</u>, pr<u>o</u>FESs<u>or</u>, CAp<u>i</u>t<u>a</u>l), Anglophones often have the tendency to reduce the vowels in French articles to a brief *e*, thus making **le** and **la,** or **du** and **de** sound alike. It is important to remember that in French, only the *e caduc* can be reduced or dropped; all other vowels must be pronounced distinctly, with equal stress.

Écoutez

Audio CD

Listen to the following sentences from **À l'écoute: Les courses** on the student audio CD, and fill in the articles you hear. Then cross out the *e caducs* that are not pronounced in the articles or in boldface in other words. Each sentence will be read twice.

1. Il n'y a plus _____ lait?

2. Mince! J'ai fait _____ courses mais j'ai compl**è**t**e**ment oublié

   _____ lait!

3. Tu as pris _____ pain?

4. Oui, oui, j'ai pris deux baguettes à _____ boulangerie, et puis à

   _____ épicerie j'ai acheté _____ légumes, _____ fruits,

   _____ pâtes, _____ fromage et _____ beurre.

5. Et _____ viande, tu n'as pas oublié _____ viande?

6. Non, non, j'ai acheté du bifteck à _____ boucherie; et puis j'ai pris

   _____ jambon et _____ pâté à _____ charcuterie.

Essayez

Audio CD

Practice saying the sentences in **Écoutez** at fluent speed, making sure you drop the *e* **caducs** where necessary, and pronounce all other vowels distinctly. Then listen to the sentences to verify your pronunciation.

STRUCTURE: Saying what happened (I)
Le passé composé

Observez et déduisez

— Mince! J'ai fait les courses mais j'ai oublié le lait.
— Et la viande, tu n'as pas oublié la viande?
— Non, j'ai acheté du bifteck à la boucherie.

■ Based on the examples, can you infer how to form the past tense in French?

■ How would you say, "We forgot the ice cream!"?

Vérifiez   *Le passé composé*

■ This common past tense is used in French for narrating—telling what happened. It has several English equivalents.

Tu as mangé?	*Did you eat? / Have you eaten?*
Oui, j'ai mangé.	*Yes, I ate. / Yes, I've eaten.*

■ The passé composé is called a compound tense because it is composed of two parts—an auxiliary (helping) verb and a past participle. The auxiliary verb (**avoir** in most cases) is conjugated in the present. To form the past participle of **-er** verbs, drop the final **r** (aime~~r~~) and add an **accent aigu** to the e (aimé).

Nous **avons mangé** au restaurant.   Ils **ont payé** mon dîner.

■ Negative expressions go around the auxiliary verb; the participle follows.

Claude **n'a pas** oublié les baguettes.
Claudine **n'a jamais** mangé de chips ou de salsita.

■ Irregular verbs have irregular past participles which must be learned as they are introduced.

VOCABULAIRE ACTIF
hier
payer

Elle **n'a pas pris** de pain hier (*yesterday*).
J'**ai fait** les courses la semaine dernière.

Le passé composé avec **avoir**	
manger	
j' ai mangé	nous avons mangé
tu as mangé	vous avez mangé
il / elle / on a mangé	ils / elles ont mangé
prendre	
j' ai pris	nous avons pris
tu as pris	vous avez pris
il / elle / on a pris	ils / elles ont pris

regular participles: acheté, oublié, payé, cherché, voyagé, étudié, travaillé, etc.
irregular participles: fait (faire), pris (prendre), appris, compris, bu (boire)

ACTIVITÉS

A. Une histoire.   Numérotez les phrases suivantes dans l'ordre chronologique selon **À l'écoute: Les courses.**

_____ Le monsieur a acheté du jambon à la charcuterie.

_____ Il a fait les courses.

_____ Il a expliqué ce que c'est que la salsita et les tacos à sa femme.

_____ Il a acheté du pain à la boulangerie.

_____ Il a acheté du bifteck.

_____ Il a pris des fruits et des légumes à l'épicerie.

_____ Il a oublié le lait.

_____ Il a trouvé des tacos aussi.

B. Et vous?   Qu'est-ce que vous avez fait la semaine dernière? Complétez les phrases suivantes selon vos expériences personnelles.

1. J'ai... / je n'ai pas...
   a. oublié le lait.
   b. acheté des (de) fruits et des (de) légumes.

2. J'ai... / je n'ai pas...
   a. trouvé des (de) tacos.
   b. pris de la (de) salsita.

3. J'ai... / je n'ai pas...
   a. fait les courses.
   b. préparé un (de) gâteau.

4. J'ai... / je n'ai pas...
   a. bu de l'eau (d'eau) minérale.
   b. cherché du (de) jambon.

5. J'ai... / je n'ai pas...
   a. mangé au restaurant.
   b. payé mon dîner.

Maintenant, comparez vos réponses avec celles d'un(e) partenaire. Avez-vous fait les mêmes choses la semaine dernière?

C. Une journée chargée.   Christine, étudiante à la fac, a fait beaucoup de choses hier. Regardez les images suivantes et parlez de ce qu'elle a fait.

1.

2.

3.

4.

5.

6.

D. La semaine dernière?   Qu'est-ce que les personnes suivantes ont fait la semaine dernière? Si vous n'êtes pas sûr(e), imaginez!

➡ *Ma camarade de chambre a téléphoné à ses amis, et elle a oublié de faire ses devoirs. Elle a mangé au restaurant; elle a pris du bifteck.*

1. mon/ma camarade de chambre
2. mes amis
3. ma mère/mon père
4. le président des États-Unis

STRATÉGIES DE COMMUNICATION
Asking for clarification • Explaining

As you learn a language, you will undoubtedly find yourself asking for an explanation of unfamiliar words at times. Study the dialogues that follow and answer the following questions.

■ What expressions are used to ask what something is?

■ What expressions are used to give explanations about things, people, or places **(endroits)**?

— **Qu'est-ce que c'est que ça?**
— **C'est quelque chose que** j'ai trouvé à l'épicerie: **ça s'appelle** des tacos. **Ce sont** des chips de maïs. **C'est** une spécialité mexicaine qu'on mange avec de la salsita.
— **De la quoi?**
— De la salsita. **C'est une espèce de** sauce mexicaine à la tomate et au piment.

— **Qu'est-ce que c'est qu'**un boucher?
— **C'est quelqu'un qui** travaille dans une boucherie.
— **Une quoi?**
— Une boucherie. **C'est là où** on achète de la viande.

Verify your answers in the chart that follows.

Explications	
Pour demander une explication	**Pour donner des explications sur**

Qu'est-ce que c'est qu'un (qu'une)... ?	*une personne*
	    C'est quelqu'un qui...
	    C'est une personne qui...

Qu'est-ce que c'est que ça? Qui est-ce? Un quoi? Une quoi?	*un endroit* C'est là où...

De la quoi? Du quoi? Des quoi?	*une chose*
	    C'est... / Ce sont...
	    C'est quelque chose que...
	    C'est une espèce de...
	    Ça s'appelle...

Les Chaussons aux Fruits

Le Hamburger

La Niçoise
Salade, tomates, thon, œuf

Paëlla Andalouse "Sauffier"

Coppacabana
Saucisse, tomate, avocat

Macédoine de Légumes

ACTIVITÉS

E. Les Martiens sont arrivés!   Vous discutez la vie terrestre *(life on earth)* avec des Martiens. Selon votre expérience ou les photos ci-dessus, expliquez ce que sont ces aliments à vos amis de Mars! Regardez les illustrations pour les numéros 6–10.

➡ hamburger
— *Qu'est-ce que c'est que ça?*
— *Ça s'appelle un hamburger. C'est quelque chose qu'on peut manger vite. C'est un sandwich avec de la viande, de la tomate, et de la salade. C'est une spécialité américaine.*

1. une poissonnerie
2. une quiche
3. une pizza
4. un dessert
5. une boulangerie
6. une salade niçoise
7. le Coppacabana
8. des chaussons aux fruits
9. la paëlla andalouse
10. la macédoine de légumes

F. Les humains.   Maintenant expliquez ce que sont ces personnes à vos nouveaux amis extraterrestres.

➡ étudiant(e)
— *Qu'est-ce que c'est qu'un étudiant ou une étudiante?*
— *C'est une personne qui va à l'université pour apprendre. Elle a des cours de maths, de science, et de philosophie, par exemple.*

1. une mère
2. un(e) camarade de chambre
3. un(e) ami(e)
4. un cuisinier
5. une actrice
6. un professeur

Jeu de rôle

You've just returned from a vacation spot where you ate in several "exotic" restaurants. Prepare a skit in which you tell your partner about the unusual dishes you had to eat. Your partner will ask you questions about the foods that you mention. Do your best to describe them using the expressions in the **Stratégies de communication.**

CD-ROM

Now that you have finished the Troisième étape of this chapter, do your Lab Manual activities with the audio program. Explore chapter topics further with the Mais oui! Video and CD-ROM. Viewing and comprehension activities are in the video section of your *Workbook/Lab Manual/Video Manual.*

Intégration

Littérature: Du camembert, chéri...

The literary excerpt you are about to read comes from Cameroon **(le Cameroun),** West Africa. Although Cameroon has been an independent republic since 1960, its colonial past, first German, then both British and French, has left an indelible mark. The language of most of Cameroon is French; French culture and French products are present everywhere. Caught between ancestral traditions and the commercial and social appeal of foreign modernism, small countries such as Cameroon have struggled over the years to define their national identity. Writer Guillaume Oyônô Mbia has portrayed this struggle.

Born in 1939 in Cameroon, Guillaume Oyônô Mbia studied in England and France before becoming a professor at the University of Yaoundé, the capital of Cameroon, where he still teaches. He is known for his tales, his plays, and his sense of humor.

The following scene, taken from *Notre fille ne se mariera pas (Our daughter won't get married)*, a play first performed on the French radio network in 1971, portrays a "modern" family in Yaoundé. Colette Atangana is trying to educate her ten-year-old son, Jean-Pierre, but experiences a few frustrations, which she expresses to a friend, Charlotte.

Avant de lire

1 Qu'est-ce qu'on fait au nom des bonnes manières à table? Cochez toutes les réponses qui vous semblent appropriées.

√ On accepte de manger des choses qu'on n'aime pas.

_____ On mange avec le couteau dans la main droite et la fourchette dans la main gauche.

√ On ne parle pas quand on mange.

_____ On refuse de manger des produits qui sont nouveaux ou exotiques.

_____ ?

En général

2 Parcourez le texte une première fois en fonction des questions suivantes.

1. *Du camembert, chéri...* c'est l'histoire d'une mère qui
   a. demande à son fils d'aller chercher du camembert.
   b. demande à son fils de manger moins de camembert parce que ça coûte cher.
   c. veut forcer son fils à manger du camembert.
   d. ne veut pas que son fils mange du camembert parce que c'est réservé aux adultes.
2. Parmi les bonnes manières mentionnées dans **Avant de lire**, laquelle/lesquelles Colette veut-elle apprendre à son fils?

On accepte

185

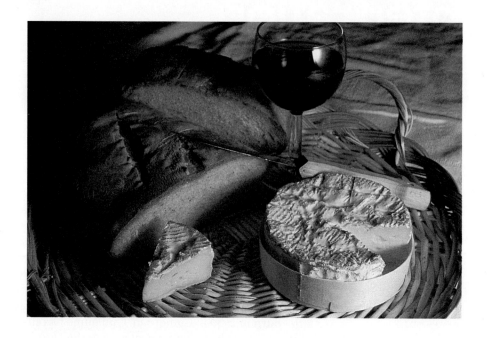

Du camembert, chéri...

COLETTE: C'est vrai que tu refuses de manger ton camembert, chéri?

JEAN-PIERRE: Je n'aime pas le camembert!

COLETTE: La question n'est pas là! Il ne s'agit pas° d'aimer le camem-   *Il... Ce n'est pas une question*
bert: il s'agit de le manger comme un bon petit garçon! *(L'en-*
traînant° de force vers la table) Viens!   *dragging him*

JEAN-PIERRE: *(qui commence à pleurer)* J'aime pas le camembert!

COLETTE: *(tendre mais ferme)* Il faut° le manger, chéri! Apprends à   *Il est nécessaire de*
manger le camembert pendant que° tu es encore jeune! C'est   *quand*
comme ça qu'on acquiert° du goût°! Onambelé!   *développe / taste*

ONAMBELÉ: Madame?

COLETTE: Apporte-nous un couvert! Apporte-nous aussi la bouteille de
Châteauneuf-du-Pape° que nous avons commencée! *(Onam-*   *vin français*
belé apporte le couvert et le vin.)

JEAN-PIERRE: *(pleurant toujours)* J'veux pas de camembert!

COLETTE: *(toujours tendre et ferme)* Il faut vouloir le manger, chéri! C'est
la culture!

JEAN-PIERRE: *(obstiné)* J'veux pas manger de culture! *(Tous les adultes éclatent*
de rire°.)   *burst out laughing*

COLETTE: Dis donc, Charlotte, pourquoi est-ce qu'il n'a pas de goût,
cet enfant? Je fais pourtant tout ce que je peux pour lui
apprendre à vivre°! Le chauffeur va le déposer° à l'école   *live / drop him off*
urbaine chaque matin pour éviter° que les autres enfants   *avoid*
ne lui parlent une langue vernaculaire. J'ai déjà renvoyé trois
ou quatre maîtres d'hôtel parce qu'ils servaient des mangues,

des ananas et d'autres fruits du pays au lieu de lui donner des produits importés d'Europe, ou, à la rigueur, des fruits africains mis en conserve en Europe, et réimportés. Je ne l'autorise presque° jamais à aller rendre visite à la famille de son   *almost*
père, parce que les gens de la brousse° boivent de l'eau non   *bush country*
filtrée. Enfin, je fais tout ce qu'une Africaine moderne peut faire pour éduquer son enfant, et il refuse de manger du camembert! Écoute, mon chéri! Tu vas manger ton camembert!

JEAN-PIERRE: *(criant)* Mais puisque je te dis que j'aime pas le camembert!

    COLETTE: *(doucement°)* Je te répète qu'on ne te demande pas de l'aimer.   *softly*
On te demande de le manger!... Comme ceci, regarde! *(Elle prend un peu de camembert et de pain, et commence à le manger.)* Je le mange! Je le... *(Elle s'étrangle° un peu.)* Zut!... Donne-moi un   *chokes*
verre de vin, Onambelé! *(Colette boit le vin et tousse°.)* Tu as vu?   *coughs*
Tu crois que j'aime le camembert, moi?

JEAN-PIERRE: *(naïvement)* Pourquoi tu le manges, alors?

Extrait de *Notre fille ne se mariera pas* (Guillaume Oyônô Mbia)

En détail   **3** **Les mots.** Pouvez-vous déduire le sens des mots en caractères gras dans le contexte suivant?

> J'ai déjà **renvoyé** trois ou quatre **maîtres d'hôtel** parce qu'ils servaient des **mangues,** des ananas et d'autres fruits du pays **au lieu de** lui donner des produits importés d'Europe, ou, **à la rigueur,** des fruits africains **mis en conserve** en Europe, et réimportés.

1. renvoyé   a. canned, processed
2. un maître d'hôtel   b. instead of
3. une mangue   c. if need be
4. au lieu de   d. mango
5. à la rigueur   e. type of servant
6. mis en conserve   f. fired, dismissed

4 **Le texte**

A. Vrai ou faux? Si c'est faux, corrigez.

1. Colette veut que son fils *aime* le camembert.
2. Selon Colette, c'est plus facile d'acquérir du goût quand on est jeune.
3. Jean-Pierre pense que la culture, c'est quelque chose à manger.
4. Jean-Pierre a l'occasion de parler en langue africaine avec les autres enfants quand il va à l'école.
5. Selon Colette, les produits importés d'Europe sont meilleurs que les produits africains.
6. Jean-Pierre va souvent rendre visite à la famille de son père.
7. Colette a besoin d'un verre de vin pour cacher *(hide)* le goût du camembert.
8. Jean-Pierre ne comprend pas sa mère.

B. L'éducation de Jean-Pierre.   Qu'est-ce qu'il faut ou ne faut pas faire, selon Colette? Complétez le tableau.

Il faut	Il ne faut pas
manger du camembert	*manger des mangues fraîches*

C. Le symbolisme.   Qu'est-ce que le camembert symbolise dans ce texte? Et les produits africains?

1. Quel est le message de ce texte pour vous? Est-ce un message positif? négatif?
2. Est-ce que Colette Atangana existe dans la société américaine? Décrivez-la.
3. Avec un(e) partenaire, préparez un petit sketch où une maman veut forcer son enfant à manger quelque chose. Déterminez d'abord le produit alimentaire que vous allez utiliser et les raisons de la mère (c'est bon pour la santé, c'est la culture, tout le monde le fait [*everybody does it*], quand on a de bonnes manières... etc.). Ensuite, en imitant le style de Guillaume Oyônô Mbia, écrivez votre sketch, et puis jouez-le devant la classe!

Par écrit: Eat, drink, and be merry!

Avant d'écrire

A. Strategy: Anticipating readers' questions.   Written communication is more difficult than oral communication because the other party is not present to ask for clarification or elaboration. You must anticipate the questions that your reader will likely have about the topic you are discussing. Try jotting down possible questions before you begin writing to help you better organize your thoughts.

Application.   If you sent your family the menu from La Ciboulette on the next page, what questions might they have about your dining experience there? If you were cooking a special dinner for friends and your roommate was to do the shopping, what questions might s/he have about those errands? Write two sets of questions.

Questions: *menu, repas à La Ciboulette*   Questions: *les courses*

B. Strategy: Organizing a narrative.   Use transitional words when describing a sequence of events to avoid a choppy writing style.

to introduce a sequence:	premièrement, d'abord
to connect the events:	puis, ensuite, après
to show contrast:	mais, par contre
to conclude:	enfin, finalement

VOCABULAIRE ACTIF

après
d'abord
enfin
ensuite
finalement
premièrement
puis

Application. Look at the first set of questions you prepared in A. Imagine how you might describe dinner at La Ciboulette. Write four sentences that you could use in your letter, beginning each sentence with a transitional word from among those listed above.

ÉCRIVEZ

La Ciboulette is in the city of St-Pierre. The islands of St-Pierre-et-Miquelon are a territorial collectivity of France located a few miles off the coast of Newfoundland in North America.

1. Vous avez mangé hier soir au restaurant La Ciboulette avec vos amis. Le repas? Magnifique! Écrivez une lettre à vos parents en vous inspirant du menu à 130 francs ci-dessous. Parlez de ce que vous avez mangé et bu. Décrivez les plats à l'aide de circonlocutions et d'imagination! Rappelez-vous les questions que votre famille va avoir en lisant le menu. N'oubliez pas d'employer des expressions de transition.

➡ *Chers parents,*
    Hier soir, j'ai mangé un repas magnifique au restaurant La Ciboulette...

2. Votre camarade de chambre et vous invitez des amis à dîner ce soir. Vous allez préparer le repas, et votre camarade va faire les courses. Écrivez-lui un message en anticipant ses questions et en expliquant ce qu'il/elle a besoin *(needs)* d'acheter et où. (Structure utile: l'impératif, chapitre 3, page 105.)

"La Ciboulette"
St Pierre et Miquelon

Le Menu

Menu à 130 Francs

Terrine de Porc aux Fruits Secs

Délice de Crabe et Crevettes aux Pamplemousses

Flan de Carottes aux Amandes Grillées

Morue au Coulis de Champignons

Suprême de Volaille aux Herbes et aux Olives

Cuisse de Canard au Poivre Vert

Dessert

Service 12% compris

VOCABULAIRE ACTIF

Au restaurant / au café

un client / une cliente *a customer*
le menu / la carte *the menu*

un serveur / une serveuse *a waiter / a waitress*

Pour commander

Monsieur / Mademoiselle, s'il vous plaît?
  Sir / Miss, please?
Vous désirez? *Are you ready to order?*
Je voudrais... *I would like . . .*

Je vais prendre... *I'm going to have . . .*
Et pour moi... *For me . . .*
L'addition, s'il vous plaît. *The check,*
  please.

Les boissons froides

une bière *a beer*
une bouteille d'eau minérale *a bottle of*
  mineral water
une carafe d'eau *a pitcher of water*
un citron pressé *fresh lemonade*

un coca *a cola*
un jus de fruits *fruit juice*
une limonade *lemon soda*
du vin rouge / blanc *red / white wine*

Les boissons chaudes

un café *coffee*
un café crème *coffee with cream*
du café au lait *coffee with milk*
un chocolat *hot chocolate*

un thé nature *tea*
un thé au lait *tea with milk*
un thé citron *tea with lemon*

Les repas (m.)

le petit déjeuner *breakfast*
le déjeuner *lunch*

le dîner *dinner*

Les plats (m.)

un hors-d'œuvre *starter, hors d'oeuvre*
la soupe *soup*
le plat principal *main dish, entree*

la salade *salad*
le dessert *dessert*

Les aliments (m.)

LES PRODUITS (M.) ÉNERGÉTIQUES

une baguette
des biscuits (m.) *cookies*
des céréales (f.) *cereals*
un croissant

le pain *bread*
du pain grillé *toast*
des pâtes (f.) *pasta*
du riz *rice*

LES FRUITS (M.)

de l'ananas (m.) *pineapple*
une banane *a banana*
une fraise *a strawberry*
une framboise *a raspberry*

une orange *an orange*
une pêche *a peach*
une poire *a pear*
une pomme *an apple*

LES LÉGUMES (M.)

de l'ail (m.) *garlic*
du broccoli
une carotte *a carrot*
des champignons (m.) *mushrooms*
des courgettes (f.) *squash*
des haricots (m.) verts *green beans*

du maïs *corn*
un oignon *an onion*
des petits pois (m.) *peas*
une pomme de terre *a potato*
une tomate *a tomato*

LA VIANDE

un bifteck *a steak*
du bœuf *beef*
une côtelette de veau *a veal chop*
du jambon *ham*

du porc *pork*
du poulet *chicken*
du rosbif *roast beef*
du rôti de porc *pork roast*

LE POISSON ET LES FRUITS DE MER

des crevettes (f.) *shrimp*
du homard *lobster*

des huîtres (f.) *oysters*
du thon *tuna*

LES PLATS PRÉPARÉS

des frites *French fries*
une omelette *an omelet*
du pâté
une pizza

une quiche
un sandwich
une saucisse *a sausage*
du saucisson *hard salami*

LES FROMAGES (M.)

le brie   le camembert   le roquefort

LES DESSERTS

un gâteau *a cake*
une glace (à la vanille, au chocolat) *ice cream*
la mousse au chocolat *chocolate mousse*

une tarte (aux pommes, aux fraises) *a tart*
un yaourt *a yogurt*

DIVERS

du beurre *butter*   du poivre *pepper*
du lait *milk*   du sel *salt*
un œuf *an egg*   du sucre *sugar*

Les rayons (m.) et les magasins

la boucherie (du coin)
  the (neighborhood) butcher shop
la boulangerie *bakery*
la charcuterie *deli*

l'épicerie *grocery store*
la pâtisserie *pastry shop*
la poissonnerie *fish market*
le rayon (fromages, etc.) *(cheese) section*

Le couvert

une assiette *a plate*
un couteau *a knife*
une cuillère *a spoon*
une fourchette *a fork*

une serviette *a napkin*
une tasse *a cup*
un verre *a glass*

Adjectifs

cher (chère) *expensive*
diététique
en boîte *canned*
frais (fraîche) *fresh*

gras (grasse) *fatty, greasy*
sain(e) *healthy*
sucré(e) *sweet*
surgelé(e) *frozen*

Verbes et expressions verbales

avoir faim *to be hungry*
avoir soif *to be thirsty*
boire *to drink*
commander *to order*
être au régime *to be on a diet*

faire les courses *to go grocery shopping*
être pressé(e) *to be in a hurry*
oublier *to forget*
payer *to pay*

Expressions négatives

ne... jamais *never*   ne... plus *not . . . anymore, no longer*

Expressions de quantité

assez (de) *enough*
une boîte (de) *a can, a box*
une douzaine (de) *a dozen*
100 grammes (de)
un kilo (de) *a kilo (2.2 lbs)*
un litre (de) *a liter*
une livre (de) *a pound*

un morceau (de) *a piece*
pas du tout (de) *not at all*
un peu (de) *a little*
une tranche (de) *a slice*
trop (de) *too much*
trop peu (de) *too little*

Expressions de comparaison

aussi... que *as . . . as*
moins... que *less . . . than*
plus... que *more . . . than*
meilleur(e) *better (adj.)*

mieux *better (adv.)*
autant de... que *as much / as many (+ noun) as*
moins de... que *less (+ noun) than*
plus de... que *more (+ noun) than*

Expressions communicatives

Qu'est-ce que c'est que ça? *What's that?*
Qu'est-ce que c'est que... ? *What is . . . ?*
C'est quelque chose que... *It's something that . . .*
C'est quelqu'un qui... *It's someone who . . .*
C'est une espèce de... *It's a kind of . . .*

C'est là où... *It's where . . .*
De la (Du) quoi? *Some what?*
Un(e) quoi? *A what?*
Ça s'appelle... *It's called . . .*

Mots de transition

premièrement, d'abord *first*   après *after that*
puis, ensuite *then*   enfin, finalement *finally*

Divers

hier *yesterday*   la santé *health*
un régime *a diet*

EXPRESSIONS POUR LA CLASSE

avoir lieu *to take place*   utilisez *use*
examinez *examine*

Le temps et les passe-temps

Où le patinage sur glace est-il un passe-temps favori?

Et vous?

Quels sont vos passe-temps préférés aux différentes saisons?

Est-ce que vous aimez lire? regarder la télévision?

This chapter will enable you to
- **understand a weather report and a conversation about sports**
- **read humorous texts about a family's reactions to television and to the weather**

- **describe the weather**
- **talk about your favorite pastimes in the present and in the past**
- **extend, accept, and decline invitations**
- **avoid repetition through the use of pronouns**

À l'écoute: Le bulletin météo

Imaginez que vous écoutez la radio, et voici le bulletin météorologique! Pour bien le comprendre, faites les activités 1 et 2 avant d'écouter, puis écoutez en suivant les instructions données.

Avant d'écouter

1 Quel temps fait-il? Voici les possibilités, dans le langage des bulletins météo.

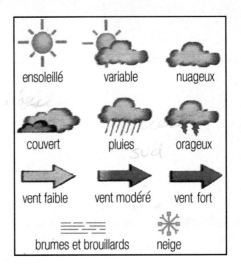

En langage ordinaire, les expressions suivantes sont plus communes. Avec quels symboles peut-on les associer?

Il fait du soleil.	**Il fait du vent.**
Il pleut.	**Il neige.**
Le ciel est couvert.	**Il y a des nuages. / Le temps est nuageux.**
Il fait du brouillard.	**Il fait mauvais.**
Il fait beau.	

En matière de **températures,** c'est une question de degrés, n'est-ce pas?

30°	**Il fait chaud.**
20°	**Il fait bon.**
10°	**Il fait frais.**
0°	**Il fait froid.**

2 Vous allez entendre un bulletin météo du mois d'août. En regardant la carte qui l'accompagne, qu'est-ce que vous anticipez pour les grandes villes mentionnées? Où est-ce qu'il pleut? Où est-ce qu'il fait du soleil? Est-ce qu'il va faire frais ou chaud sur la plus grande partie de l'Europe?

LE TEMPS

MERCREDI 25 AOÛT 1993, 34e semaine, 237e jour de l'année, saint Louis

PHOTO EUMETSAT PRISE LE 24 AOÛT 1993 À 12 h 30 GMT.

12-16

Note culturelle

Les températures. Temperatures used in the francophone world are given on the Celsius, or centigrade, scale. 0° Celsius = 32° Fahrenheit (freezing point of water); 10°C = 50°F; 20°C = 68°F; 30°C = 86°F; 40°C = 104°F.

Écoutons

Audio CD

3 Écoutez une ou deux fois en regardant les possibilités météorologiques données dans **Avant d'écouter.** Lesquelles sont mentionnées dans ce bulletin météo?

pluie

4 Quelles sont les températures mentionnées dans ce bulletin météo pour la plus grande partie de l'Europe? Est-ce que ce sont des températures normales pour la saison? Quelles sont les températures mentionnées pour Madrid et Rome?

entre 12-16° plus froid

28   30

[handwritten notes in top margin]

VOCABULAIRE ACTIF

Le temps
- Il fait beau, mauvais...
- Il fait du brouillard
- Il fait du soleil
- Il fait du vent
- Il neige (la neige)
- Il pleut (la pluie)
- la température
- Le temps est
  ensoleillé, variable,
  nuageux (un nuage),
  orageux (un orage)

5 **L'Europe**

1. Écoutez encore pour identifier les pays qui sont mentionnés. Encerclez les noms que vous entendez.

   l'Espagne (Madrid)
   la France (Paris)
   la Pologne (Varsovie)
   la Belgique (Bruxelles)
   l'Italie (Rome) ✓
   la Suisse (Genève) ✓
   la Scandinavie (Stockholm, etc.)
   les Îles Britanniques (Londres) ✓
   l'Autriche (Vienne)
   l'Allemagne (Berlin)

[handwritten note: Maid est en Espag — j'aime aller à Madrid]

2. Quel est le pays d'origine de ce bulletin météo? *[handwritten: ? notre pays de Suisse]*

6 Écoutez une dernière fois pour identifier les points cardinaux qui sont mentionnés.

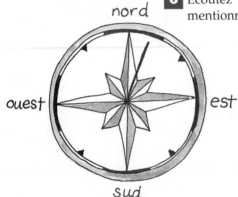

Les pluies ont touché le ___nord___ de l'Espagne...

Cette zone de perturbation se déplace (progresse) lentement vers ___l'est___. En montagne, quelques chutes de neige *(snowfalls)* avec un vent d' ___ouest___. Pour trouver le soleil, il faut aller bien au ___sud___ de l'Europe.

Prononciation | *Les sons* [o] *et* [ɔ]

- [o] is the closed *o* sound in **météo** and **beau**.
  [ɔ] is the open *o* sound in **alors** and **comme**.

Écoutez

Audio CD

Listen to the following expressions from **À l'écoute: Le bulletin météo** on the student audio CD, and in the chart, indicate the *o* sounds you hear. Each expression will be read twice. The first expression has been done for you.

VOCABULAIRE ACTIF

nord, sud, est, ouest
une montagne
un pays

	[o]	[ɔ]
1. Les nouvelles ne sont pas très bonnes.		✔
2. notre pays		✓
3. une grande partie de l'Europe		✓
4. le nord de l'Espagne		✓
5. Cette zone de perturbation	✓	

plural vowel "**aux**

l'étude les Idées

	[o]	[ɔ]
6. des **o**rages		✓
7. un vent d'ouest m**o**déré		✓
8. Pour trouver le s**o**leil,		✓
9. il f**au**t aller bien **au** sud	✓	
10. 32 degrés à R**o**me		✓

Now practice saying the expressions aloud. Then listen to the expressions again to verify your pronunciation.

■ As you can tell, the open [ɔ] is more common in French. The closed [o] occurs only in the following cases:

as the final sound in a word	m**o**t, styl**o**
when followed by a [z] sound	ch**o**se, p**o**ser
when spelled **ô**	h**ô**tel, dipl**ô**me
when spelled **au** or **eau**	ch**au**d, b**eau**coup
in a few isolated words	z**o**ne

Exception: au + [r] = [ɔ]: rest**au**rant, **au** revoir.

Essayez! Practice saying and contrasting the following pairs of *o* sounds. Then listen to them on the student audio CD to verify your pronunciation.

Audio CD

A. Prononcez.

[o]	[ɔ]
nos	notre
vos	votre
allô	alors
beau	bonne
faux	folle

B. [o] ou [ɔ]? In the following sentences, underline the [o] sounds with one line, and the [ɔ] sounds with two lines.

1. Zut alors! j'ai oublié les côtelettes de veau et le chocolat!
2. Mais j'ai pris un kilo de pommes et un morceau de roquefort.
3. Le magnétoscope et la radio sont sur la commode, à côté de la porte.
4. Il ne fait pas trop chaud en octobre.
5. Quand il fait beau, on joue au golf ou on fait du vélo.

Now practice saying the sentences aloud, then listen to them on the student audio CD to verify your pronunciation.

VOCABULAIRE
Le temps et les saisons

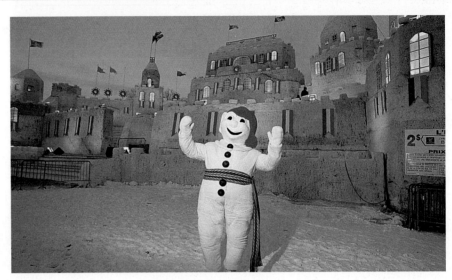

Le célèbre Bonhomme du Carnaval de Québec.

Comment est **le climat** au Québec?

1. **En hiver,** il fait très froid (entre $-10°$ et $-30°$), et le temps est souvent nuageux.
2. **Au printemps,** il fait bon, mais le temps est variable.
3. **En été,** les températures varient entre $20°$ et $35°$.
4. **En automne,** les arbres sont magnifiques avec leurs feuilles jaunes et rouges.

À quelle phrase correspond la photo?

Note culturelle

Festivals québécois.   **Les Québécois** celebrate the winter season during the Quebec Winter Carnival, eleven days of festivities each February. The festival mascot, **Bonhomme Carnaval,** oversees a parade, canoe races on the Saint Lawrence, snow-sculpting contests, and other winter activities. In the summer you can attend the **Festival international d'été de Québec,** the largest francophone cultural event in North America, lasting eleven days and offering over four hundred free musical and street-performance events.

ACTIVITÉS

A. Le temps au Canada.   Regardez la carte météorologique à la page 199, puis complétez les phrases avec le nom d'une ville logique.

1. Le ciel est couvert à <u>Toronto</u> .
2. Il neige à <u>Whitehorse</u>.

3. À ~~Edmonton~~ il fait du soleil, mais il ne fait pas chaud.

4. Il pleut à ~~Seattle~~ .

5. Le temps est variable à ~~Halifax~~ .

6. Il fait assez frais à ~~Seattle~~ .

7. Il fait beau à ~~Honolulu~~ .

8. La température est entre 0 et −7 degrés à ~~Halifax~~ .

Maintenant, choisissez deux villes et parlez du temps qu'il y fait.

➡ *À Whitehorse il fait très froid et il ne fait pas de soleil. Le ciel est couvert et il neige. La température est entre −20 et −8 degrés.*

B. Le climat chez vous.   Expliquez à votre partenaire le temps qu'il fait chez vous selon les indications.

➡ au mois d'avril
   Au mois d'avril il fait du soleil et il fait très bon. Il ne pleut pas souvent.

1. aujourd'hui   3. en été   5. en hiver
2. au printemps   4. en automne   6. le jour de votre anniversaire

C. Et demain?   Regardez les images et dites quel temps il **va** faire cette semaine.

➡ *Aujourd'hui le temps est variable mais il va faire bon.*

Prévision à long terme pour Québec

Aujourd'hui	Ce Soir	Dimanche	Lundi	Mardi
max **15**	min **6**	max **.18**	**6/18**	**6/18**

D. Un bulletin météorologique.   Préparez un bulletin météorologique. Parlez du temps qu'il fait aujourd'hui et du temps qu'il va faire demain, puis présentez-le à la classe.

STRUCTURE: Saying what happened (II)
*Le passé composé avec **être***

Observez et déduisez

1. Anne est allée à Genève* vendredi.

2. Le train est arrivé à neuf heures du matin, sous la pluie.

---

*Use the preposition **à** with the names of cities: Je vais souvent **à** Paris parce que mon ami habite **à** Paris.

3. Anne est restée à Genève toute la journée pour faire des courses—sous la pluie! Elle est entrée dans beaucoup de magasins...

VOCABULAIRE ACTIF
arriver
entrer
monter
passer
rentrer
rester
retourner
tomber

4. ... et elle est rentrée le soir— sous la pluie.

re turn home = rentrer

■ How does the past tense of the verbs in the examples above differ from the past tense of verbs you learned in Chapter 5?

■ In #1, 3, and 4, the second part of the verb ends in **ée,** but in #2, it ends in **é.** Can you think of a logical explanation for the difference?

Vérifiez *Le passé composé avec **être***

No il n'est pas allé à ___

■ A few verbs like **aller** use **être** as the auxiliary in the passé composé.

Est -ce qu'il est allé

— Il est allé à Genève?   *Did he go to Geneva?*
Est-il   *Has he gone to Geneva?*
— Non, il est allé à Bruxelles.   *No, he went to Brussels.*
                                                     No, he's gone to Brussels.

partir
sortir
aller
venir

tourner

remonter

to lion with avoir! = repasser

■ Some other verbs requiring **être** in the passé composé include **arriver, entrer, monter** *(to go up, get on),* **passer par, rentrer, rester, retourner,** and **tomber** *(to fall).*

Il remais stays

■ The past participle of verbs conjugated with **être** agrees in number and gender with the *subject* of the verb.

Anne et Cécile sont all**ées** en ville, mais Paul est rest**é** à la maison.
Et toi, Nicole? Tu es rest**ée** à la maison?

ACTIVITÉS

E. Voyages. Écoutez Anne parler des voyages de sa famille. Écrivez la bonne destination pour chaque personne, puis indiquez si le voyage est présent, passé ou futur.

Bruxelles   Londres   Genève   chez grand-mère   Vienne   Rome

	destination?	**présent / passé / futur?**
Claude	*va au Bruxelle estalle*	*va aller*
Marie/Claire	*vont au Lordes*	_____
Maman	_____	_____
Paul	_____	_____
Papa/Michelle	_____	_____
les garçons	_____	_____

Maintenant parlez du temps qu'il fait à chaque destination selon la carte météorologique à la page 195.

F. Quelle journée!   En regardant l'image ci-dessous et les verbes suivants, dites ce que Driss a fait et n'a pas fait aujourd'hui.

rester à la maison	monter dans un taxi	rester une heure au musée
aller au cinéma	tomber dans la rue	passer par l'épicerie
rentrer à 5 h du soir	entrer dans des magasins	?

➡ *Il n'est pas resté à la maison.*

VOCABULAIRE
Pour parler du passé, du futur et de la ponctualité

The chart below contains some useful expressions for referring to past and future times. Fill in the blanks by studying the expression used in the opposite column and writing its counterpart for expressing the past or future as required.

aujourd'hui
mardi le 9

hier   ⟷   demain
lundi le 8   mercredi le 10

hier matin	demain matin
hier après-midi	*demain après-midi*
hier soir	demain soir
vendredi (dernier)	vendredi (prochain)
la semaine dernière	la semaine prochaine
le mois dernier	*le mois prochain*
l'année dernière	*l'année prochaine*

■ Read the following paragraph and infer the meaning of the boldfaced time expressions using cognates and context.

> Anne a un rendez-vous à 9 h 30 ce matin, alors elle a pris le train **il y a** une heure et demie (à 8 h). Si elle arrive au bureau à 9 h 30, elle est **à l'heure.** Si elle arrive à 10 h, elle est **en retard.** Si elle arrive à 9 h, elle est **en avance.**

1. il y a   a. on time
2. à l'heure   b. early
3. en retard   c. ago
4. en avance   d. late

ACTIVITÉS

G. Il y a longtemps? Dites la dernière fois *(time)* que vous avez fait les activités suivantes.

➡ aller en vacances   *Je suis allé(e) en vacances il y a 7 mois.*

aller au cinéma   *je suis allée au cinéma il y a une semaine.*
arriver en classe en avance   *je suis arrivé en classe en advance ce soir*
rentrer à 9 h un samedi soir
regarder la télé
rester à la maison toute la journée
arriver en classe en retard
manger au restaurant

MAI	JUIN
dimanche 10/5 tennis avec Claude	mercredi 3/6 arriver à Berne 9 h 30
jeudi 21/5 dîner chez Tante Claire 8 h	samedi 6/6 rentrer à 21 h
vendredi 29/5 soirée chez Claude Marie, Tél: 37.05.61.43!	dimanche 7/6 téléphoner à Marie
	mardi 9/6 tennis avec Marie 4 h
	samedi 13/6 restaurant avec Marie 8 h 30
	dimanche 14/6 cinéma avec Marie 9 h

H. Calendrier. Nous sommes aujourd'hui le 8 juin... Dites ce qu'Ahmed a fait récemment et ce qu'il *va* faire en employant le calendrier ci-dessus.

I. Discussion. Discutez avec un(e) partenaire d'un voyage mémorable que vous avez fait. Où est-ce que vous êtes allé(e)? Est-ce qu'il a fait beau? mauvais? Combien de temps est-ce que vous êtes resté(e)? Qu'est-ce que vous avez fait? etc.

➡ *L'été dernier je suis allé(e) à Montréal...*

 Jeu de rôle

Weekend plans vary with personal preferences and according to the weather. With two classmates, play the roles of three friends who have different preferences. One of you likes sports; another music, movies, and videos; the third likes to stroll around town and eat in restaurants. One is always late; another likes to arrive early. Discuss what you did last weekend, then decide on something different for this weekend. Make two sets of plans: what will you do if the weather's nice? What will you do if it rains?

W
B

Deuxième étape

Lecture: La télévision

1 Quelles sortes d'émissions aimez-vous regarder à la télévision? Numérotez les émissions suivantes dans l'ordre de vos préférences (de 1 à 8).

_____1_____ les films

_____2_____ les jeux télévisés (comme *La Roue de la Fortune*)

_____3_____ le journal télévisé (les informations)

_____4_____ les magazines et documents

_____8_____ les sports

_____6_____ les variétés (musiciens, comédiens)

_____7_____ les dessins animés (comme *Winnie l'Ourson* ou *Les Tortues Ninja*)

_____5_____ les feuilletons (les séries en épisodes, comme *Beverly Hills 90210*)

2 Chez vous, qui contrôle la télé-commande *(remote control)?* Êtes-vous un «zappeur»? Quand changez-vous de chaîne *(channel)?* Cochez les réponses appropriées et ajoutez d'autres possibilités.

_____ quand il y a des pubs (publicités)

_____ quand il y a deux émissions intéressantes en même temps

_____ quand il n'y a rien *(nothing)* d'intéressant à voir

_____ quand les nouvelles sont trop déprimantes *(depressing)*

_____ quand vous êtes morose (triste)

_____ ?

3 Parcourez le texte une première fois pour identifier l'idée principale. **Les zappeurs,** c'est l'histoire d'une famille qui

    a. achète une nouvelle télévision et la regarde pour la première fois.

    b. n'est pas contente parce que la nouvelle télé ne fonctionne pas bien.

    c. regarde une nouvelle chaîne de télé et ne l'aime pas.

    d. aime beaucoup la chaîne «anti-morosité».

LES ZAPPEURS

4 **Les images et le texte.** Les paraphrases suivantes sont-elles vraies ou fausses selon les images? Corrigez les fausses, puis indiquez à quelle(s) image(s) elles correspondent.

image(s)

1. Le programme de télé annonce une nouvelle chaîne. _____

2. La réaction à l'idée d'une chaîne «anti-morosité» est très positive chez les enfants et très négative chez les parents. _____

3. La nouvelle chaîne donne seulement de mauvaises nouvelles. _____

4. Le père veut «zapper» mais le fils ne veut pas. _____

5. Les nouvelles traditionnelles sont plus intéressantes! _____

VOCABULAIRE ACTIF

une chaîne
changer de chaîne
un dessin animé
une émission
un feuilleton
génial
un jeu télévisé
le journal télévisé (les informations)
un programme
une pub
la télé-commande
les variétés
zapper; un zappeur

5 **Les mots.** D'après le contexte, quel est le sens des mots suivants? Choisissez a ou b.

1. génial!
   a. cool!   b. too bad!

2. je me réjouis
   a. I rejoice, I'm happy   b. I fear, I'm afraid

3. manquer
   a. to watch   b. to miss

4. Bienvenue
   a. Welcome   b. Hello again

5. aucun (embouteillage)
   a. no (traffic jams)   b. many (traffic jams)

6. se porte bien
   a. is being carried   b. is doing well

7. un biberon
   a. a glass   b. a baby bottle

8. nul!
   a. no good!   b. none!

6 **L'histoire.** Résumez en trois ou quatre phrases l'histoire des zappeurs!

A. Qu'en pensez-vous? Discutez avec deux ou trois camarades de classe.

1. Les médias semblent nous bombarder de mauvaises nouvelles. À votre avis, pourquoi les mauvaises nouvelles sont-elles plus populaires que les bonnes nouvelles? Qu'est-ce que cela indique au sujet de notre société?

2. Les bonnes nouvelles peuvent-elles être intéressantes? Préparez un journal télévisé «anti-morosité» avec au moins quatre bonnes nouvelles se rapportant à l'actualité locale, nationale ou internationale. Comment allez-vous présenter ces nouvelles pour garder l'intérêt de votre public? Essayez vos techniques devant la classe!

B. La télé en France.   Voici un extrait du programme de télé français du 15 août.

Dimanche 15 août

TF1

12.25 Le Juste Prix. **12.50** À vrai dire. **12.55** Météo - Trafic infos. **13.00** Journal. **13.55** Spécial sport. **16.05** Starsky et Hutch. **16.50** Tarzan. **17.15** Disney parade. **18.20** Des millions de copains. **19.10** Duo d'enfer. **20.00** Journal. **20.30** Spécial sport. **20.45** Météo.

20.50 CINéMA
SIERRA TORRIDE
Film américain de Don Siegel. Avec Shirley MacLaine, Clint Eastwood

France 2

12.00 Envoyé spécial. *Le Rire du médecin. Des hommes en colère.* **13.00** Le journal. **13.15** Météo. **17.40** Championnats du monde d'athlétisme à Stuttgart. **18.55** Stade 2. *Présenté par Patrick Chêne.* **20.00** Le journal. **20.40** Journal des courses. **20.45** Météo.

20.50 CINéMA
UN ESPION DE TROP
Film américain de Don Siegel. Avec Charles Bronson, Lee Remick. **22.20** *L'Idole d'Acapulco. Film de Richard Thorpe. Avec Elvis Presley, Ursula Andress.* **23.45** *Journal de la nuit.*

France 3

12.45 Journal. **13.00** Le Poney rouge. *Téléfilm américain avec Henri Fonda.* **14.40** Des gorilles et des hommes. *Document.* **15.30** Sports 3 dimanche. **17.35** Les Simpson. **19.10** Editions régionales. **19.35** 19/20 - Météo (suite). **20.10** 4es championnats d'athlétisme à Stuttgart.

21.05 DIVERTISSEMENT
LE CIRQUE DU SOLEIL
Le cirque réinventé.
La pyramide des chaises; Contorsionniste; Le clown mécanique; Fildeféristes; Tango; Trapézistes; Acrobaties sur cycles. **22.05** Le Soir 3 - Météo.

CANAL+

13.30 Décode pas Bunny. **14.25** Animaux superstars. **14.30** L'Odyssée des Eulakanes. **14.50** Surprises. **15.00** L'homme qui racontait des histoires. **16.30** L'Œil du cyclone. **17.00** La Harley-Davidson. **18.00** Le Dimanche de préférence. **19.35** Flash infos. **20.15** Football.

20.30 FOOTBALL
MARSEILLE/PSG
Commenté par Thierry Gilardi et Pierre Sled. 5e journée du championnat de France de D1. **22.30** Flash infos.

arte

19.00 American Supermarket *(R). Les affaires sont les affaires.* **19.35** Megamix *(R). Magazine musical. Proposé par Martin Messonier. Invité : Michel Redolfi.* **20.40** Soirée thématique: Le Ring de Wagner. *Éclats de voix, Bayreuth 1976. Document réalisé par Jean-Luc Léon.*

21.40 OPERA
LE RING   L'Or du Rhin.
1re partie. Tétralogie de Richard Wagner. Chef d'orchestre: Pierre Boulez. Avec Donald McIntyre, Martin Egel, Siegfried Jerusalem, Heinz Zednik, Hanna Schwarz, Carmen Reppel, Ortrun Wenkel.

M6

11.50 Mariés deux enfants. *Série.* **12.20** Ma Sorcière bien aimée *(R). Série.* **12.55** Equalizer. *Série.* **13.50** Cosmos 1999. *(1/2). Série.* **16.10** Fréquenstar. *Invitée : Véronique Sanson.* **18.00** Clair de lune. *Série.* **19.00** Booker. *Série.* **19.54** 6 Minutes - Météo. **20.00** Loin de ce monde. *Série.* **20.35** Sport 6. *Magazine.*

20.45 CINéMA
SÉNÉCHAL LE MAGNIFIQUE
Film français de Jean Boyer. (1957). Avec Fernandel, Nadia Frey, Armontel, Albert Dinan.

1. Combien de chaînes publiques y a-t-il? Que remarquez-vous concernant les heures? Quelles émissions reconnaissez-vous?
2. Avec un(e) partenaire, cherchez dans le programme de télé du 15 août les renseignements nécessaires pour compléter le tableau suivant.

type d'émission ou titre	chaîne	heure
Tarzan	TF1	
	TF1 / France 2	20.00
	TF1 / France 2	20.45

type d'émission ou titre	chaîne	heure
Document: *Des gorilles et des hommes*	France 3	
	France 3	17.35
Football		20.30
Opéra (Wagner)	Arte	
Série: *Mariés deux enfants*		11.50
Film américain avec Shirley MacLaine et Clint Eastwood		

3. Maintenant imaginez qu'on est le dimanche 15 août. Qu'est-ce que vous allez regarder à la télé? Avec un(e) partenaire, discutez ce qui vous intéresse et faites une liste des émissions que vous allez regarder (1) l'après-midi et (2) le soir.

Note culturelle

La télévision en France. In addition to the free channels, there is an ever growing number of cable TV channels in various categories: *Généralistes* (Monte-Carlo), *Sports* (Eurosport), *Cinéma* (Cinéstar), *Jeunesse* (Disney Channel), *Documentaires* (Planète), *Fiction* (Série Club), *À la carte* (Kiosque), *Musique* (MTV), *Étrangères* (BBC Prime), and *Information* (Euro News, CNN). A recent survey reports that 96% of households in France own a television and that adults spend an average of 3 hours and 19 minutes per day in front of the TV set. Commercials appear only *between* shows on French TV—never in the middle of a program!

STRUCTURE: Talking about favorite pastimes
*Les verbes **lire**, **dire**, **voir** et **écrire***

Observez et déduisez *Les passe-temps préférés*

Moi, je ne passe pas mon temps libre à regarder la télé—et surtout pas la chaîne anti-morosité! Quand j'ai du temps libre, j'aime lire—des romans, des magazines, des journaux. Hier, j'ai lu des bandes dessinées vraiment comiques dans le journal. J'aime aussi écrire—des lettres, des histoires, des rapports pour mes cours ou même des poèmes. Et puis bien sûr, j'aime les sorties avec mes amis, Danielle et Patrick. Samedi nous sommes allés voir deux films ensemble. Nous avons vu *Ponette,* un drame, et *The English Patient* avec Juliette Binoche. Patrick a dit que ce sont deux excellents films; Danielle a dit la même chose, et moi, je suis d'accord!

■ From the context, what do you think the verbs **lire, écrire, dire,** and **voir** mean?
■ What are the past participles of **voir, lire,** and **dire?**
■ How would you say, "I saw *Ponette*"? "We read *Madame Bovary*"?

Quel genre *(type)* de film préférez-vous? Les films policiers ou...

les films d'amour?   les films d'aventure?

les films d'épouvante?   les comédies?

ou les drames?

Vérifiez *Les verbes **lire, dire, voir** et **écrire***

VOCABULAIRE ACTIF
dire
écrire
le genre
lire
voir
une bande dessinée
un drame
un film d'épouvante
un film policier
une histoire
un journal
une lettre
un poème
un rapport
un roman
une sortie

■ You have now learned several verbs that have irregular past participles in the passé composé. **Lire, dire, voir,** and **écrire** are all conjugated in the passé composé with **avoir.**

— Tu **as vu** *Ponette?*
— Non, mais Claire **a dit** que c'est bien.

— Tu **as lu** les histoires *(stories)* de Pierre?
— Il **a écrit** des histoires?!

Les verbes lire, écrire, dire, voir	
je lis	j'écris
tu lis	tu écris
il / elle / on lit	il / elle / on écrit
nous lisons	nous écrivons
vous lisez	vous écrivez
ils / elles lisent	ils / elles écrivent
je dis	je vois
tu dis	tu vois
il / elle / on dit	il / elle / on voit
nous disons	nous voyons
vous dites*	vous voyez
ils / elles disent	ils / elles voient

Participes passés: lu, écrit, dit, vu

ACTIVITÉS

A. Nos activités. Complétez les phrases en cochant toutes les réponses logiques.

1. Les étudiants lisent...

   ___✓___ des bandes   _____ les variétés   _____ le journal
   dessinées   télévisé

2. J'écris quelquefois...

   _____ des jeux   ___✓___ des poèmes   _____ des dessins
   télévisés   animés

3. La classe a lu...

   _____ des variétés   ___✓___ des magazines   _____ des histoires

4. Hier, j'ai vu...

   _____ la chaîne   _____ mes copains   ___✓___ un film policier
   anti-morosité

5. Mes amis et moi, nous lisons souvent...

   _____ des journaux   ___✓___ des romans   _____ des films
                                                             d'épouvante

*Note irregular form.

B. Préférences.   Complétez les phrases avec une des réponses indiquées ou avec une réponse originale.

➡ *Mes parents lisent des magazines.*

Mes parents lisent...	des B.D.	le journal télévisé
Mes ami(e)s écrivent...	des poèmes	des choses intéressantes
Ma (mon) camarade de chambre a vu...	des drames	«bonjour» aux étudiants
Le professeur dit...	des lettres	des magazines
	des comédies	des feuilletons
	des rapports	«Faites vos devoirs»
	des journaux	?
	des romans	

C. Quel genre?   Complétez le tableau suivant avec vos préférences pour chaque catégorie.

	Moi	**Mes camarades de classe**
Genre de film		
Genre d'émission		
Genre de lectures		
Ce que j'aime écrire		

Maintenant cherchez des camarades de classe qui aiment les mêmes passe-temps que vous et écrivez leur nom.

➡ *Moi, j'aime les films policiers. Quel genre de film est-ce que tu aimes voir?*

Ou: *Moi, je n'aime pas lire. Et toi? Qu'est-ce que tu aimes lire?*

STRUCTURE: Avoiding repetition (I)

Les pronoms d'objet direct: **le, la, l'** *et* **les**

Observez et déduisez

— Dis, tu as vu la nouvelle chaîne anti-morosité?

— Non, je ne **l'**ai pas vue, mais je voudrais **la** voir. On dit que les émissions sont géniales!

— Pas du tout! Moi, je **les** trouve ennuyeuses!

- To what words do the boldfaced pronouns in the preceding dialogue refer?
- Where is the pronoun placed when the verb is in the present tense? when the verb is in the passé composé? when there are two verbs?
- Where is **ne... pas** placed in relation to the pronoun and verb?

Vérifiez   *Les pronoms d'objet direct:* **le, la, l'** *et* **les**

■ A direct object is a noun that "receives" the action of the verb. It comes immediately after the verb.

> J'ai regardé **la chaîne anti-morosité** hier soir.

■ A direct object *pronoun* is used to avoid repeating the noun if the direct object—a person or thing—has already been mentioned.

> — Tu as vu **le journal télévisé?**
> — Oui, je **l'**ai vu.

■ Certain French verbs require a direct object, unlike their English equivalents.

> Je cherche **la télé-commande.**
> Je regarde **le documentaire sur les gorilles.**
> J'écoute **les informations à la radio.**

■ The direct object pronouns **le, la, l'**, and **les** agree in number and gender with the nouns they replace. The direct object pronoun directly *precedes* the verb of which it is the object. In a negative sentence, **ne** precedes the object pronoun.

> — Tu vois **mon journal?**
> — Oui, je **le** vois.

> — Tu vois **mes amis?**
> — Non, je ne **les** vois pas.

■ In the futur proche, the direct object pronoun precedes the *infinitive.* (It is the object of the infinitive.)

> — Tu vas voir le film?
> — Oui, je vais **le** voir.
> — Moi, je ne vais pas **le** voir.

■ In the passé composé, the pronoun directly precedes the auxiliary verb.

> — Tu as vu le film?
> — Oui, je **l'**ai vu.
> — Moi, je ne **l'**ai pas vu.

■ Note that in the passé composé, the past participle agrees in number and gender with the preceding direct object pronoun.

> — Tu as vu **la** chaîne anti-morosité?
> — Oui, je **l'**ai vu<u>e</u>.

> — Tu as vu **mes amis?**
> — Oui, je **les** ai vu<u>s</u>.

ACTIVITÉS

D. Préférences des téléspectateurs. De quoi parle-t-on dans les phrases de gauche? Choisissez parmi les expressions de la colonne de droite.

➡ «Je vais le regarder ce soir.»   *le journal télévisé*

1. «Je les regarde souvent.»
2. «Je la regarde tous les jours.»
3. «Je ne le regarde jamais.»
4. «Je les ai regardés hier.»
5. «Je ne l'ai pas vue.»
6. «Je ne l'ai pas aimé.»

a. la télé-commande
b. la chaîne anti-morosité
c. le programme de télévision
d. les sports
e. le journal télévisé
f. *La Roue de La Fortune*
g. les informations
h. le document sur les gorilles

Maintenant dites si les phrases sont vraies pour vous aussi. Faites un sondage des préférences de la classe en matière de télévision.

E. Toujours «oui». Écoutez les questions du professeur, et complétez les réponses avec le pronom qui convient: **le, la, l'** ou **les**.

➡ (Tu aimes les histoires comiques?)
Oui, je les aime.

1. Oui, je _____ vois souvent.

2. Oui, je _____ regarde.

3. Oui, je _____ écoute.

4. Oui, je _____ ai lus.

5. Oui, je _____ ai vue.

6. Oui, je _____ ai écrit.

F. Interview. À tour de rôle, posez les questions suivantes à un(e) partenaire. Répondez en employant un pronom d'objet direct.

➡ Tu as vu le match de foot samedi dernier?
Oui, je l'ai vu.   ou: *Non, je ne l'ai pas vu.*

1. Tu as fait tes devoirs?   Je les ai fait
2. Tu as vu le nouveau film de Depardieu?
3. Tu as commencé la leçon de français?
4. Tu as fait ton lit?
5. Tu as écouté la musique de Céline Dion?

Maintenant parlez de vos préférences pour samedi *prochain*.

➡ Tu veux voir le match de foot samedi?
Oui, je veux le voir.   ou: *Non, je ne veux pas le voir.*

6. Tu vas voir tes copains?
7. Tu veux faire les courses?
8. Tu veux lire le roman de Pagnol?
9. Tu vas écrire les exercices?
10. Tu veux payer mon dîner au restaurant?

Jeu de rôle

Today is August 15. You and your "family" want to watch television, but each person likes a different show. Create a skit where you all look at the TV guide (p. 208) together and discuss possibilities. Each person explains why his/her choice is the best. Who will be the most convincing? Which show will you watch?

CULTURE ET RÉFLEXION

■ Le climat et la vie. Quels sont les effets du climat sur la vie personnelle? Au Québec, où les hivers sont très longs et rigoureux, on dit que les familles sont très proches[1] et quand on parle de famille, il s'agit de la famille nucléaire. Mais en Polynésie, où il fait entre 21 et 32° C toute l'année, la «famille» qui assume la responsabilité des enfants inclut les grands-parents, les oncles, les tantes et même les voisins! Comment expliquez-vous cela? Dans un pays comme la France, où les climats sont variés, on dit aussi que les gens du Nord sont plus froids et plus fermés que les gens du Midi, qui sont plus ouverts, plus gais. Est-ce la même chose aux États-Unis? Donnez des exemples de différences culturelles qui peuvent être liées (associées) au climat.

■ Les loisirs et l'école. En France, la vie sportive et sociale est complètement séparée de la vie scolaire. Les lycées et les universités n'ont pas d'équipes[2] sportives et n'organisent pas de bals[3] pour les jeunes. Les sports et les activités sociales se font à l'extérieur de l'école, car l'école est considérée comme une institution purement académique. À votre avis, quels sont les avantages et les désavantages de cette séparation?

■ Sports individuels ou collectifs? Un Français sur trois pratique un sport individuel (le jogging, l'aérobic, le ski, le cyclisme) mais seulement un sur quinze pratique un sport collectif (le football, le volley-ball, le rugby). Trouvez-vous ces statistiques surprenantes? Comment les expliquez-vous?

■ Les vacances. «Fermeture pour congés annuels»[4]. C'est ce qu'on voit en France sur les portes de beaucoup de magasins ou d'entreprises pendant les mois de juillet et août. Une fermeture d'un mois! Eh oui, l'activité économique française baisse (diminue) de 25% en été, mais ce sont les vacances, et pour les Français, les vacances sont sacrées! La loi[5] française garantit cinq semaines de congés payés par an, et les Français sont prêts à faire toutes sortes de sacrifices pour avoir de bonnes vacances. Qu'est-ce que cela révèle sur les Français? Le fait que les vacances sont beaucoup moins importantes aux États-Unis est-il révélateur? De quoi?

Les vacances sont sacrées.

En famille en Polynésie française.

---

1. *close*   2. *teams*   3. *dances*   4. *closed for annual vacation*   5. *law*

Troisième étape

À l'écoute: Sport et culture

Le sport comme passe-temps ou comme profession est-il le reflet d'une culture? La conversation que vous allez écouter dans cette étape va proposer des idées très intéressantes. Pour bien les comprendre, faites la tâche 1 avant d'écouter, puis écoutez en suivant les instructions données.

Avant d'écouter **1** On associe traditionnellement certains sports avec certains pays. Regardez les photos, puis reliez les sports et les pays suivants.

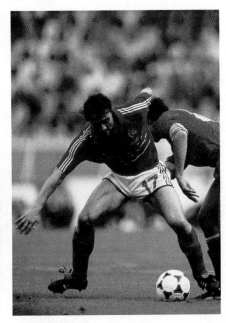

les pays d'Europe de l'Ouest   le judo
le Canada   le football
le Japon   le football américain
les États-Unis   la gymnastique
l'Afrique   le hockey
les pays d'Europe de l'Est   la course

Avec quel(s) pays associez-vous les sports suivants: le patinage sur glace *(ice skating)?* le cyclisme? le ski? le base-ball? Y a-t-il d'autres sports liés à des pays particuliers?

Écoutons

Audio CD

2 Écoutez d'abord pour identifier les sports qui sont mentionnés.

3 Écoutez encore et complétez.

1. Le _____ est caractéristique du climat du _____ :
   rigoureux et _____ .

2. Le _____ est une conquête progressive du territoire
   par la tactique et la force, comme la conquête de _____ .

3. Ce sont les spectateurs qui sont violents aux matchs de
   _____ en _____ .

VOCABULAIRE ACTIF
le base-ball
la course
le cyclisme
le hockey
le judo
le patinage
le ski

4 Vrai ou faux? Si c'est faux, corrigez.

1. Selon cette conversation, la société canadienne est de plus en plus
   violente.
2. Hier, il y a eu un incident de violence entre spectateurs au match entre
   l'Allemagne et la Belgique.

5 Est-ce que vous êtes d'accord avec les idées exprimées dans cette conversation sur le hockey et le football américain? Est-ce que les sports sont vraiment le reflet des cultures?

Prononciation   *Les consonnes s et c*

■ The letter **s** can be pronounced [s] or [z] in French.

Écoutez

Audio CD

A. Listen to the following sentences from **À l'écoute: Sport et culture** on the
student audio CD, underlining the [s] sounds with one line, and the [z]
sounds with two lines. You will hear each sentence twice.

1. J'ai lu quelque chose d'intéressant sur le sport.
2. Ils disent aussi que c'est caractéristique d'une société de plus en plus
   violente.

Now can you infer when the **s** is pronounced [z]? Fill in the following chart.

	[s]	[z]
a single **s** between two vowels		
s in a liaison		
s at the beginning of words		
s between a vowel and a consonant		
spelled **-ss-**		

■ The letter **c** can be pronounced [s] or [k] in French.

B. [s] ou [k]?   Listen to the following words from **À l'écoute: Sport et culture** on the student audio CD, and in the chart check [s] or [k] for each sound you hear. You will hear each word twice.

le climat   c'est
la tactique   la force
le Canada   la société
la conquête   un incident
la culture   ça

	[s]	[k]
c + consonant		
c + a, o, u		
c + e, i		
ç + a, o, u		

Essayez!   **Prononcez.**   Practice saying the following words aloud, then listen to them on the student audio CD to verify your pronunciation.

Audio CD

1. inversion; maison; saison; conversion; télévision; émission
2. ils lisent; nous disons; vous dansez; on traverse; tu plaisantes
3. les loisirs; le cyclisme; un musée; un dessin; la philosophie
4. une bicyclette; de toute façon; un concert; les vacances; le cœur; un morceau

STRUCTURE: Avoiding repetition (II)
Les pronoms d'objet indirect: **lui** *et* **leur**

Observez et déduisez

— Il y a un match de hockey cet après-midi. Tu veux y aller avec moi?
— Ah non. Le hockey est trop violent. Je préfère aller voir le match de foot. Et Jean-Claude, on va l'inviter?
— Bonne idée! Je sais qu'il aime beaucoup le foot. Je vais lui téléphoner. Et pourquoi pas inviter Caroline et Marianne aussi?
— D'accord, je leur téléphone.

■ To whom does the pronoun **l'** refer to in the preceding conversation? And the pronouns **lui** and **leur?**

■ What can you infer about the placement of **lui** and **leur** in the passé composé based on the dialogue and what you learned about the placement of **le, la, les, l'** in the preceding étape?

Vérifiez   *Les pronoms d'objet indirect:* **lui** *et* **leur**

VOCABULAIRE ACTIF
un message électronique
la vérité

■ The difference between direct and indirect object *pronouns* is similar to the difference between the direct and indirect objects they replace. In French a direct object immediately follows the verb and receives the action of the verb.

> Il a écrit **ce message électronique.**   Qui a dit **cette bêtise** *(nonsense)?*

■ An indirect object also follows the verb but is *preceded* by the preposition **à.** The corresponding sentence in English does not always use *to.*

> J'ai téléphoné **à mes amis.**   J'écris des lettres **à mes parents.**

■ Verbs that involve an interchange of objects or information often require an indirect object.

> parler de la télévision *à ma famille*
> donner la télé-commande *à mon frère*
> écrire un message électronique *à ma copine*
> téléphoner *à mes parents*
> poser une question *au professeur*
> dire au revoir *à Étienne*

Remember that if the object is preceded by **à**, it is indirect and can be replaced only by an indirect object pronoun **(lui, leur).**

■ An indirect object pronoun refers to a person already mentioned and is used to avoid repeating the noun.

> — J'ai dit la vérité **au professeur.**
> — Tu **lui** as dit la vérité *(truth)?*
> — Oui, je ne **lui** dis jamais de bêtises.

■ The third-person pronouns **lui** and **leur** agree in number with the nouns they replace. No distinction in gender is made; that is, **lui** *(him/her)* and **leur** *(them)* refer to both males and females.

> J'ai téléphoné à ma mère (à mon père). Je ne **lui** ai pas écrit de lettres.
> Je veux parler à mes amis (amies). Je vais **leur** téléphoner demain.

■ Note that the placement of indirect object pronouns is the same as that of direct object pronouns in all tenses and that there is no agreement of the past participle with *indirect* object pronouns.

Les pronoms d'objet direct et indirect	
objet direct	**objet indirect**
Paul? Je **le** vois rarement.	Je **lui** téléphone ce soir.
Marie? Je **la** vois rarement.	Je **lui** téléphone ce soir aussi.
Mes cousins? Je **les** ai vus hier.	Je ne vais pas **leur** téléphoner.
Mes amies? Je **les** ai vues mardi.	Je **leur** ai téléphoné ce matin.

ACTIVITÉS

A. Réponses personnelles. Écoutez le professeur et répondez selon votre expérience personnelle. Choisissez toutes les réponses qui conviennent pour chaque cas.

➡ (1. Je leur parle de sport.)

parents	copains (copines)	professeurs	prof de français	camarade de chambre	meilleur(e) ami(e)
1. ✔	✔				

B. Interview. Interviewez un(e) partenaire et répondez à ses questions en employant un pronom d'objet indirect (**lui** ou **leur**).

➡ Tu parles de sport à tes amis?
Oui, je leur parle de sport. ou: *Non, je ne leur parle pas de sport.*

1. Tu dis toujours la vérité à tes parents? à ton professeur? à tes amis?
2. Tu écris des messages électroniques à ton (ta) cousin(e)? à tes professeurs? au Président des États-Unis?
3. Est-ce que les étudiants posent des questions au professeur? à leurs parents? à leur(s) camarade(s) de chambre?
4. Le professeur apprend le français aux étudiants? à ses collègues? au président de l'université?

C. Le match de hockey. Paul est allé voir un match de hockey. Racontez (dites) son histoire en évitant la répétition. Choisissez le pronom d'objet direct *ou* indirect qui convient pour remplacer les mots soulignés *(replace the underlined words).* Attention au placement des pronoms.

➡ Paul a invité <u>Claudine</u> au match de foot. Paul *l*'a invitée.

L'autre jour, j'ai décidé d'inviter mes amies, Claudine et Marianne, au match de hockey. Alors j'ai téléphoné <u>à mes amies</u> pour inviter <u>mes amies</u> au match. J'ai demandé <u>à mes amies</u>, «Vous aimez le hockey?» et elles ont dit «Oui». Alors, j'ai invité <u>Claudine et Marianne</u> à aller au match et j'ai dit <u>à mes amies</u> d'être prêtes *(ready)* à 13 h 30.

Cet après-midi-là, nous avons rencontré un autre ami, Jean-Claude, au stade, et nous avons parlé <u>à Jean-Claude</u> pendant le match. Marianne et Claudine ont dit <u>à Jean-Claude</u> que le hockey est un peu trop violent. Jean-Claude a dit <u>à Marianne et à Claudine</u> que le sport est un véhicule très positif pour extérioriser des frustrations naturelles. Moi, j'ai dit <u>à Jean-Claude, à Marianne et à Claudine</u>: «Vous êtes trop sérieux! Un sport, c'est un sport!»

STRATÉGIE DE COMMUNICATION
Inviting and responding to invitations

Bonne idée! Allons au cinéma!

Every speech act carries with it an implied ritual that is understood by all the parties involved. With invitations, for example, first the invitation is extended, then if it is accepted, details (time, place, etc.) are negotiated and confirmed. If the invitation is declined, an excuse is made, and regrets are expressed.

Study the following dialogues and identify the expressions used to

- invite
- accept an invitation
- decline an invitation
- suggest
- confirm
- make excuses
- express regret

— J'ai envie *(feel like)* d'aller au match de foot cet après-midi. Ça t'intéresse?
— Oui, je veux bien! À quelle heure?
— Rendez-vous devant le stade à trois heures, d'accord?
— Entendu! À trois heures!

— J'ai une idée. Allons manger au restaurant! Je t'invite.
— Oh, c'est gentil, mais je ne peux pas. J'ai des courses à faire.
— Dommage. Une autre fois, alors.

— Veux-tu aller au cinéma avec moi? Je t'invite!

— Volontiers! C'est génial!

Now verify your answers in the table below.

Les invitations	
pour inviter	
J'ai envie de...	Tu veux aller avec moi? (Vous voulez aller... ?)
J'ai une idée!	Ça t'intéresse? (Ça vous intéresse?)
Je voudrais...	Je t'invite. (Je vous invite.)
	Ça te dit? (Ça vous dit?)
	Veux-tu... ? (Voulez-vous... ?)
pour accepter	
Bonne idée!	C'est gentil, volontiers!
Je veux bien.	Avec plaisir.
	C'est génial!
pour refuser	
Malheureusement, je n'ai pas le temps.	
C'est gentil, mais je ne peux pas...	
Je suis désolé(e), mais je ne suis pas libre.	
pour confirmer	
Entendu.	Ça va.
D'accord.	C'est parfait!

ACTIVITÉS

D. Dialogues. Complétez les dialogues en employant des expressions pour inviter, refuser, accepter et confirmer.

1. — J'ai une idée! Allons jouer au tennis.

   — _Bonne idée_

   — À trois heures?

   — _D'accord_

2. — Tu veux déjeuner au restaurant?

   — _Je suis désolée, mais je ne suis pas libre_

   — Dommage.

3. — _Tu veux aller avec moi au cinéma?_

   — Avec plaisir. C'est gentil.

   — Rendez-vous devant le stade?

   — _Ça va_

4. — _J'ai envie de manger_ au restaurant ce soir. Ça t'intéresse?

   — _Je veux bien_

Jeu de rôle

Read the film descriptions that follow and decide which film you'd like to see. Then develop a skit in which you invite your partner to go to the movies. Discuss which film you'd like to see and when you can meet. If you don't agree on the film or time, try to find a compromise.

PLACE LONGUEUIL: 825, St-Laurent O. (679-7451) — **Miracle de la 34e rue** sam. dim. 13 h 30, 16 h, 19 h — **Le spécialiste** 21 h 15 — **La cloche et l'idiot** sam. dim. 14 h 20, 16 h 35, 21 h 30.

PLAZA CÔTE DES NEIGES: 6700, Côte-des-neiges — **Prêt-à-porter** jeu. ven. 19 h 30 — **Sans parole** 19 h 10 sem.; 18 h 10, 21 h 30 sam. dim. — **Parc Jurassic** sam. dim. mer. 13 h 15.

PLACE CHAREST: Startrek 13 h 55, 19 h 20 — **Entretien avec un vampire** 16 h 15 — **Anna** 13 h 15, 16 h 15 — **Le professionnel** 19 h, 21 h 25 — Samedi programme double **Nell** 19 h, **Le professionnel** 21 h 25.

À L'ÉCRAN

NELL *** De Michael Apted, Jodie Foster incarne ici une femme sauvage, élevée par une mère ermite et aphasique qui s'est inventée un univers et un langage. Ses rapports avec deux thérapeutes venus l'observer seront la trame du film. Liam Neeson joue le médecin transformé par sa rencontre avec cet être libre.

PRÊT-À-PORTER *** 1/2 De Robert Altman, le film très attendu du plus acide des cinéastes américains, penché cette fois sur les dessous de la mode parisienne. Une pléthore de vedettes et de célébrités de tout poil, des gags drôles, une finale éblouissante.

SANS PAROLE ** 1/2 De Ron Underwood. La comédie comico-romantique du temps des Fêtes place le duo Geena Davis–Michael Keaton dans un amour à la Roméo et Juliette, mais sur le mode rigolo. Ils appartiennent en pleine campagne électorale à des camps rivaux, possèdent des partenaires respectifs. L'amour sera-t-il plus fort que tout?

LA CLOCHE ET L'IDIOT *** De Peter Farrely. Deux amis aussi bêtes l'un que l'autre sont lancés dans une série de mésaventures truculentes dont la grossièreté n'a d'égale que l'astuce des auteurs et des interprètes de ce film qui savent jusqu'où on peut aller trop loin. Cela devrait faire rire de bon cœur les enfants de sept à soixante-dix-sept ans. J'ai bien dit les enfants.

ANNA, 6–18 **** Nikita Mikhalkov a chaque année filmé sa fille en lui posant les mêmes questions. De six à dix-huit ans, nous suivons donc l'évolution d'Anna mais aussi et surtout, à travers des documents d'archives extrêmement variés, nous survolons l'histoire d'une décade prodigieuse avec comme guide le cinéaste qui se fait commentateur.

CD-ROM

Now that you have finished the Troisième étape of this chapter, do your Lab Manual activities with the audio program. Explore chapter topics further with the Mais oui! Video and CD-ROM. Viewing and comprehension activities are in the video section of your *Workbook/Lab Manual/Video Manual*.

Intégration

Littérature: M. Bordenave n'aime pas le soleil

Vous connaissez déjà le petit Nicolas et son mot favori, **chouette** *(cool)*. Voici un autre épisode dans la vie du petit Nicolas...

Avant de lire

1 Regardez l'illustration qui accompagne cette histoire. Le monsieur en noir est M. Bordenave. Son travail? Il est surveillant, c'est-à-dire qu'il surveille *(watches)* et discipline les enfants à la récréation. À votre avis, pourquoi n'aime-t-il pas le soleil?

2 Les mots suivants sont des mots-clés dans l'histoire.

> la cour de récréation *(school playground)*
> se battre *(to fight)*
> crier *(to yell)*
> mettre au piquet *(to put someone in the corner, as a punishment)*
> un sandwich à la confiture *(jam)*
> une balle
> l'infirmerie *(nurse's office)*
> boiter *(to limp)*
> jouer
> tomber par terre *(to fall on the ground)*
> pleurer
> se fâcher *(to get mad)*
> pousser *(to push)*
> glisser *(to slip)*
> désespéré *(desperate)*

D'après ces mots-clés, qu'est-ce que vous anticipez comme histoire?

⚠ **Attention:** In this text, you will see verbs in another past tense, *l'imparfait*, or the imperfect (**il parlait, ils jouaient,** etc.). This tense indicates past circumstances or actions in progress (*he was speaking, they were playing,* etc.). **C'était** is the imperfect of **être.**

En général

3 Parcourez le texte une première fois pour vérifier vos prédictions.

225

4 Parcourez le texte une deuxième fois pour identifier les paragraphes qui correspondent aux titres suivants. Attention, il y a un titre supplémentaire qu'on ne peut pas utiliser!

paragraphe

1. «Moi, je ne comprends pas... »
2. «Aujourd'hui, par exemple... »
3. «Et mon sandwich... »
4. «Et alors, qu'est-ce qu'on fait... »
5. «Pendant l'absence... »
6. «M. Bordenave s'est relevé... »
7. «Alors, mon vieux... »

titre

a. Nicolas, la balle et M. Bordenave
b. La fin de la récréation
c. Comment Alceste a perdu *(lost)* son sandwich
d. Les avantages et les désavantages de la pluie
e. L'accident d'Agnan
f. La tragédie à l'infirmerie
g. La bataille *(fight)* avec les grands
h. Dialogue entre les deux surveillants

M. Bordenave n'aime pas le soleil

1 Moi, je ne comprends pas monsieur Bordenave quand il dit qu'il n'aime pas le beau temps. C'est vrai que la pluie ce n'est pas chouette. Bien sûr, on peut s'amuser aussi quand il pleut. On peut marcher dans l'eau, on peut boire la pluie, et à la maison c'est bien, parce qu'il fait chaud et on joue avec le train électrique et maman fait du chocolat avec des gâteaux. Mais quand il pleut, on n'a pas de récré° à l'école, parce qu'on ne peut pas descendre dans la cour. C'est pour ça que je ne comprends pas M. Bordenave, puisque° lui aussi profite du beau temps, c'est lui qui nous surveille à la récré.

2 Aujourd'hui, par exemple, il a fait très beau, avec beaucoup de soleil et on a eu une récré terrible°. Après trois jours de pluie, c'était vraiment chouette. On est arrivés dans la cour et Rufus et Eudes ont commencé à se battre. Rufus est tombé sur Alceste qui était en train de manger un sandwich à la confiture et le sandwich est tombé par terre et Alceste a commencé à crier. Monsieur Bordenave est arrivé en courant°, il a séparé Eudes et Rufus et il les a mis au piquet.

3 «Et mon sandwich, a demandé Alceste, qui va me le rendre°?» —«Tu veux aller au piquet aussi?» a dit monsieur Bordenave. «Non, moi je veux mon sandwich à la confiture», a dit Alceste qui mangeait un autre sandwich à la confiture. «Mais tu es en train d'en manger un!» a dit monsieur Bordenave. «Ce n'est pas une raison, a crié Alceste, j'apporte quatre sandwichs pour la récré et je veux manger quatre sandwichs!» Monsieur Bordenave n'a pas eu le temps de se fâcher, parce qu'il a reçu une balle sur la tête, pof! «Qui a fait ça?» a crié monsieur Bordenave. «C'est Nicolas, monsieur, je l'ai vu!» a dit Agnan. Agnan c'est le meilleur élève de la classe et le chouchou de la maîtresse°, nous, on ne l'aime pas trop, mais il a des lunettes° et on ne peut pas le battre aussi souvent qu'on veut. «Je confisque la balle! Et toi, tu vas au piquet!» il m'a dit, monsieur

récréation
parce que

(ici) formidable

running
donner

l'institutrice
glasses

Bordenave. Moi je lui ai dit que c'était injuste parce que c'était un accident. Agnan a eu l'air tout content et il est parti avec son livre. Agnan ne joue pas pendant la récré, il lit. Il est fou, Agnan!

4   «Et alors, qu'est-ce qu'on fait pour le sandwich à la confiture?» a demandé Alceste. Il n'a pas pu répondre parce qu'Agnan était par terre et poussait des cris terribles. «Quoi encore?» a demandé monsieur Bordenave. «C'est Geoffroy! Il m'a poussé! Mes lunettes! Je meurs°!» a dit Agnan qui saignait du nez° et qui pleurait. M. Bordenave l'a emmené à l'infirmerie, suivi d'Alceste qui lui parlait de son sandwich à la confiture.

I'm dying / qui... whose nose was bleeding

5   Pendant l'absence de monsieur Bordenave, nous on a décidé de jouer au foot. Le problème c'est que les grands jouaient déjà au foot dans la cour et on a commencé à se battre. M. Bordenave qui revenait de l'infirmerie avec Agnan et Alceste est venu en courant mais il n'est pas arrivé, parce qu'il a glissé sur le sandwich à la confiture d'Alceste et il est tombé. «Bravo, a dit Alceste, marchez-lui dessus°, à mon sandwich à la confiture!»

6   Monsieur Bordenave s'est relevé et il s'est frotté le pantalon° et il s'est mis plein de° confiture sur la main. Nous on avait recommencé à se battre et c'était une récré vraiment chouette, mais monsieur Bordenave a regardé sa montre° et il est allé en boitant sonner la cloche°. La récré était finie.

marchez... step on it
s'est... brushed his pants off
mis... put lots of
watch
sonner... ring the bell
ça... did it go well?

7   «Alors, mon vieux Bordenave, a dit un autre surveillant, ça s'est bien passé°? —Comme d'habitude, a dit monsieur Bordenave, qu'est-ce que tu veux, moi, je prie pour la pluie, et quand je me lève le matin et que je vois qu'il fait beau, je suis désespéré!»

8   Non, vraiment, moi je ne comprends pas monsieur Bordenave, quand il dit qu'il n'aime pas le soleil!

Extrait de *Le petit Nicolas* (Jean-Jacques Sempé et René Goscinny)

En détail

5 Les mots. D'après le contexte, quel est le sens des mots suivants? Choisissez a ou b.

¶1 s'amuser   a. to have fun   b. to be bored
    profiter (de)   a. to take advantage (of)   b. to suffer (from)
¶2 en train de   a. on a train   b. in the process of
¶3 le chouchou   a. teacher's pet   b. class clown
    avoir l'air   a. to breathe   b. to seem
¶4 emmener   a. to call   b. to take
¶5 revenir (revenait)   a. to go back   b. to come back
¶6 se relever (s'est relevé)   a. to pick oneself up   b. to lie down
¶7 comme d'habitude   a. as usual   b. for once
    prier   a. to pray   b. to choose
    se lever (je me lève)   a. to go to bed   b. to get up

6 Le texte. Complétez selon l'histoire avec le ou les mots qui conviennent.

1. Quand il pleut, on peut _marcher dans l'eau_ _boire la pluie_ et _à la maison c'est bien_, mais on ne peut pas _de récré à l'école_.

2. Alceste a commencé à _crier_ parce que son sandwich _est tombé par terre_. Alors M. Bordenave a puni (punished) _Eudes_ et _Rufus_.

3. Alceste a trois autres _sandwichs_ mais il insiste pour en avoir _quatre sandwich_

4. Nicolas et ses copains n'aiment pas beaucoup _Agnan_ mais ils ne peuvent pas le battre aussi souvent qu'ils veulent parce qu'il a des _lunettes_ —peut-être aussi parce que c'est _le chouchou_ de la maîtresse.

5. Agnan a dit à M. Bordenave que c'est _Nicolas_ qui lui a jeté une balle sur la tête.

6. Agnan est fou parce qu'il _ne joue pas_ pendant la récré.

7. _Agnan_ a besoin d'aller à l'infirmerie parce que _Geoffroy_ l'a poussé et il est tombé par terre.

8. Alceste, qui continue à parler de son _sandwich_, accompagne _Agnan_ et _M. Bordenave_ à l'infirmerie.

9. Quand Nicolas et ses copains ont décidé de jouer au _foot_ ils ont commencé à se battre avec _les grands_

10. M. Bordenave a glissé sur _le sandwich d'Alceste_. Après, il avait _du confiture_ sur son pantalon et sur sa main.

11. Nicolas et ses copains pensent qu'une récré est vraiment

chouette quand on peut se battre.

12. _M. Bordenave_ est désespéré quand _Il fait beau_.

Et vous?

1. Est-ce que vous comprenez M. Bordenave quand il dit qu'il n'aime pas le soleil? Expliquez.

2. Imaginez que M. Bordenave fait un rapport au directeur de l'école sur cette récréation. Écrivez ce rapport, selon le point de vue de M. Bordenave, avec tous les détails nécessaires.

Par écrit: It depends on your point of view . . .

Avant d'écrire

A. Strategy: Taking a point of view.   The stories of **petit Nicolas** are recognized and loved world-wide, in part, because their commentary on the adult world is presented from the naive (hence humorous) viewpoint of a child. Differences in point of view occur because different narrators focus on different aspects of an event, and sometimes a single narrator's viewpoint changes because of circumstances.

Application.   (1) Imagine the story, _Monsieur Bordenave n'aime pas le soleil_, if told by the **surveillant** years later, after Nicolas has become an internationally known celebrity. How would the story differ? (2) Think back to a memorable vacation or day trip you took as a small child and make some notes. What events were most memorable to you? Would your parents answer in the same way? Were your feelings about the trip any different after it than they were before?

B. Strategy: Expressing time.   When you talk about the future in a present context, for instance when you state your plans, you use the _futur proche_. When you talk about the future in a past context, for instance when you tell a story, you use the past tense. The adverbial time expressions for each instance vary. See the following table.

To talk about the future	
in a present context	**in a past context**
demain	le lendemain (_the next day_)
dans une semaine	une semaine après (_a week later_)
samedi prochain	le samedi suivant (_the next Saturday_)

VOCABULAIRE ACTIF
après
le lendemain
suivant(e)

Application.   Write three pairs of sentences using the preceding expressions to talk about the future in a present and then a past context.

➡ _Samedi prochain nous allons voir un match de hockey._
Le samedi suivant nous sommes allés voir un match de hockey.

ÉCRIVEZ

1. Racontez l'histoire, *Monsieur Bordenave n'aime pas le soleil,* selon le point de vue d'un copain de Nicolas, Alceste ou Agnan, par exemple.
2. Regardez les images suivantes. Selon vous, qu'est-ce qui s'est passé *(what happened)* pendant les vacances de cette famille? Mettez-vous *(Put yourself)* à la place d'un des enfants ou d'un des parents, puis écrivez deux paragraphes de son point de vue: le premier «avant les vacances»; le deuxième «après les vacances». N'oubliez pas d'employer des expressions de transition et, pour éviter la répétition, des pronoms d'objet direct ou indirect. À mentionner: destination, temps, activités et réactions pour chaque personne, autres détails.

➡ (Avant) *Nous allons passer des vacances...* (vraiment chouettes? intéressantes?)
(Après) *Nous avons passé des vacances...* (horribles? vraiment chouettes?)

VOCABULAIRE ACTIF

Le climat et le temps
Il fait du soleil / du vent / du brouillard *It is sunny / windy / foggy*
Il fait beau / bon / mauvais / chaud / frais / froid *The weather is nice / pleasant / bad / hot / cool / cold*
Le temps est ensoleillé / variable / nuageux / orageux *The weather is sunny / changing / cloudy / stormy*
Le ciel est couvert. *It's cloudy, overcast.*
Il pleut. *It's raining.*
Il neige. *It's snowing.*
la neige *snow*
un nuage *a cloud*
un orage *a thunderstorm*
la pluie *rain*
la température

Les points cardinaux et la géographie
le nord *north*   l'ouest *west*
le sud *south*   une montagne *a mountain*
l'est (m.) *east*   un pays *a country*

Les saisons (f.)

le printemps *spring*   l'été (m.) *summer*   l'automne (m.) *fall*   l'hiver (m.) *winter*

Les passe-temps (m.)

LA LECTURE

une bande dessinée / une B.D.
   a cartoon, a comic strip
une histoire *a story*
un journal *a newspaper*

une lettre *a letter*
un poème *a poem*
un rapport *a report*
un roman *a novel*

LA TÉLÉVISION

une chaîne *a channel*
changer de chaîne *to change the channel*
un dessin animé *a cartoon*
une émission *a show, a program*
un feuilleton *a soap opera, a series*
un jeu télévisé *a game show*
le journal télévisé (les informations) *the news*

un programme *a TV guide*
une pub *a commercial*
la télé-commande *the remote control*
les variétés (f.) *a variety show*
zapper *to channel surf*
un zappeur

LE CINÉMA

un drame psychologique *a psychological
   drama*
un film d'épouvante *a horror movie*

un film policier *a detective film*
le genre (de film) *the kind (of film)*

LES SPORTS

le base-ball
la course *running*
le cyclisme *cycling*
le hockey

le judo
le patinage *skating*
le ski
le stade *a stadium*

Verbes et expressions verbales

arriver *to arrive*
avoir envie (de) *to feel like*
dire *to say*
écrire *to write*
entrer *to enter, to come in*
lire *to read*
monter *to go up, to get on*

passer (par) *to pass (through, by)*
rentrer *to come home*
rester *to stay*
retourner *to go back*
tomber *to fall*
voir *to see*

Expressions de temps

à l'heure *on time*
l'année prochaine / dernière *next year / last year*
dans une semaine *in a week*
demain matin, après-midi, soir *tomorrow
   morning, afternoon, evening*
hier matin, après-midi, soir *yesterday
   morning, afternoon, evening*

en avance *early*
en retard *late*
il y a (trois jours) *(three days) ago*
le lendemain *the next day*
le samedi suivant *the following Saturday*
une semaine après *a week later*
la semaine prochaine / dernière *next week / last week*

Les invitations

POUR INVITER

Ça t'intéresse? / Ça te dit? / Ça vous intéresse? *Are you interested?*
Je t'invite / Je vous invite *I'm inviting you (My treat!)*
Tu veux... / Voudriez-vous... ? *Would you like to . . .*

POUR ACCEPTER

Avec plaisir *I'd love to*	D'accord *Okay*
Bonne idée! *Good idea!*	Entendu! *Good!*
C'est parfait! *It's perfect!*	Je veux bien *I'd be glad to*
C'est génial! *That's cool!*	Volontiers *Gladly*

POUR S'EXCUSER

C'est gentil, mais je ne peux pas *It's very nice of you, but I can't*
Je suis désolé(e), mais je ne suis pas libre *I'm sorry, but I'm not available*
Malheureusement, je n'ai pas le temps *Unfortunately, I don't have time*

Les pronoms d'objet direct et indirect

le, la, l' *it, him, her*	lui *(to) him, her*
les *them*	leur *(to) them*

Divers

un message électronique *an e-mail*
une sortie *an outing, a night out*
la vérité *the truth*

Voyages et transports

7

Ces gens reviennent de vacances.

Où sont-ils allés?

Qu'ont-ils fait?

Et vous?

Quand allez-vous partir en vacances?

Où voulez-vous aller?

Pendant combien de temps allez-vous y rester?

Comment allez-vous voyager?

This chapter will enable you to
- **understand conversations related to travel**
- **read travel brochures and an excerpt from *Le Petit Prince***

- **talk about places you've been or would like to visit**
- **discuss vacation activities**
- **ask for information or help**

Première étape

À l'écoute: À l'hôtel

Dans cette étape, vous allez entendre une conversation qui a lieu dans un hôtel de Quimper, en Bretagne.

Avant d'écouter

1 Imaginez que vous voyagez en Bretagne, une province de l'ouest de la France. Vous arrivez à Quimper, une ville touristique connue pour sa cathédrale et ses vieux quartiers, et vous cherchez un hôtel. Vous consultez donc un guide. Avec un(e) partenaire, étudiez ce guide et la légende des abréviations qui l'accompagne, puis remplissez le tableau à la page suivante.

LÉGENDE DES ABRÉVIATIONS

- ❦ = Jardin
- ⚲ = Tennis
- ≜ = Piscine
- P = Parking
- 🚗 = Garage
- 🐕 = Chiens admis
- ⇅ = Ascenseur
- ♿ = Chambres accessibles aux handicapés physiques
- ☎ = Téléphone dans la chambre

- TV = Télévision dans la chambre
- ≈ = Vue sur lac, rivière, canal
- M = Vue sur mer
- ☆ = Petit déjeuner
- S.R. = Sans restaurant
- L.F. = Logis de France

LOCALITÉS HOTELS-ADRESSES CONFORT	Téléphone	Nbre de chambres	PRIX Chambre mini/ maxi	R
9000 QUIMPER - C2				
★★★ HOTEL GRADLON 30, RUE DE BREST LF ❦ 🚗 ☎ TV	02.98.95.04.39	24	315/395	S.R.
★★★ HOTEL LE GRIFFON 131, ROUTE DE BENODET ≜ P ☎ 🐕 TV	02.98.90.33.33	49	330/450	☆
★★★ NOVOTEL QUIMPER 2, RUE DU POHER ≜ ❦ P ☎ 🐕 ♿ TV ⇅	02.98.90.46.26	92	470/520	☆
★★ HOTEL ARCADE 21BIS, AVENUE DE LA GARE ❦ 🚗 ☎ 🐕 ♿ TV ⇅	02.98.90.31.71	63	290/355	S.R.
★★ HOTEL DUPLEIX 34, BOULEVARD DUPLEIX 🚗 ☎ ≈ ♿ TV ⇅	02.98.90.53.35	29	330/400	☆
★★ HOTEL IBIS RUE GUSTAVE EIFFEL P ☎ 🐕 ♿ TV	02.98.90.53.80	72	290/320	☆
★★ HOTEL LA SAPINIERE 286, ROUTE DE BENODET Tx 940 034 ⚲ P ☎ ♿ TV	02.98.90.39.63	39	125/260	S.R.
★ HOTEL BALLADINS (ERGUE GABERIC) P ☎ 🐕 ♿ TV	02.98.59.55.00	38	195/219	☆
★ HOTEL PASCAL 17, AVENUE DE LA GARE P ☎ 🐕 TV	02.98.90.00.81	20	140/240	☆

Vous préférez un hôtel...	Vos choix possibles sont... (Donnez le nom des hôtels)
avec une piscine	
avec un jardin	
avec un ascenseur (*elevator*)	
avec un garage	
où les chiens sont admis	
qui sert le petit déjeuner	
qui coûte moins de 250 F la nuit (prix maximum)	

Écoutons

Audio CD

2 Écoutez une ou deux fois en fonction des questions suivantes. Les phrases suivantes sont-elles vraies ou fausses? Si elles sont fausses, corrigez-les.

1. La réceptionniste demande au client
   a. combien de temps il veut rester à l'hôtel. ✓
   b. s'il a des bagages.
   c. de payer tout de suite (immédiatement).
2. Le client veut
   a. rester seulement une nuit (*one night only*).
   b. une chambre pour une personne.
   c. payer avec une carte de crédit. ✓

3 Écoutez encore et répondez aux questions suivantes.

1. Combien coûte la chambre que prend le monsieur?
2. Comment s'appelle le monsieur?
3. Quel est le numéro de sa chambre?

4 Écoutez une dernière fois et complétez les phrases suivantes, puis déduisez le sens des mots en caractères gras.

1. Quand on entre dans un hôtel, on demande: « _Pardon_ , madame (monsieur), vous avez _chambre_ **libre,** s'il vous plaît?»
2. Le monsieur veut une chambre avec **baignoire** ou _douche_ , si possible.
3. Il demande si le _petit déjeuner_ est **compris.**
4. La dame lui donne sa **clé** et lui indique que sa chambre est au _première_ **étage.**

5 Maintenant consultez encore le guide des hôtels de Quimper. De quel hôtel s'agit-il? Justifiez votre réponse.

Imaginez que vous voulez réserver une chambre dans un hôtel de Quimper. Jouez les rôles suivants avec un(e) partenaire: l'un(e) de vous est le/la touriste, l'autre le/la réceptionniste. D'abord, sélectionnez ensemble un hôtel qui vous plaît, puis jouez la situation au téléphone. «Allô?...»

Note culturelle

Les hôtels.   A star system is used to categorize hotels in France. Four-star hotels **(quatre étoiles)** are the most luxurious. **Une étoile** indicates more basic accommodations, which means that each room has **un lavabo** *(sink),* but the toilet and the shower may be down the hall. Several chains of inexpensive hotels, such as **Formule 1** or **Nuit d'Hôtel** are springing up all over France, near freeway exits. Rooms are small, but cost under 150 francs ($20–$30) for one to three people. If you stay in a French hotel, don't be surprised if the clerk tells you your room is **au premier étage** and points you to the stairs **(l'escalier)** or the elevator **(l'ascenseur).** In France, the first floor is called **le rez-de-chaussée**, the second floor **le premier étage,** and so on.

VOCABULAIRE ACTIF

un ascenseur
les bagages (m.)
une baignoire
une carte de crédit
(une chambre) libre
un chien
une clé
un escalier
un garage
un jardin
un lavabo
la nuit
le petit déjeuner
   compris
une piscine
le premier étage, etc.
un(e) réceptionniste
le rez-de-chaussée
tout de suite

La rue Kéréon à Quimper.

Prononciation   *Les semi-voyelles* [w] *et* [ɥ]

■ A semi-vowel is a short vowel sound that is combined with another vowel in the same syllable.

■ [w] is the initial sound in **oui** [wi]; it is a short [u] sound that is also found in **soir** [swar].

■ [ɥ] is the initial sound in **huit** [ɥit]; it is a short [y] sound that glides into the following vowel, in this case [i].

Écoutez

Audio CD

Listen to the following expressions from **À l'écoute: À l'hôtel** on the student audio CD and in the following chart check the [w] and [ɥ] sounds you hear. The first expression is done for you. You will hear each expression twice.

	[w]	[ɥ]
au m**oi**ns	✔	
deux n**ui**ts		
avec baign**oi**re		
tout de s**ui**te		
v**oi**ci		

Now can you match the following spelling combinations with the appropriate phonetic symbols?

ou + vowel   [ɥ]
oi/oy   [w]
u + vowel*   [wa]

Essayez!

Audio CD

A. Prononcez. Practice pronouncing and contrasting the sounds [w] and [ɥ] in the following pairs. Then listen to them on the student audio CD to verify your pronunciation.

 [w]   [ɥ]
1. oui   huit
2. Louis lui
3. moins juin

voyage = w

B. [w] ou [ɥ]? In the following sentences, underline the [w] sounds with one line, and the [ɥ] sounds with two lines.

1. Quand Marie-Louise voyage, elle prend toujours des fruits et des biscuits.
2. L'Hôtel des Trois Suisses? Continuez jusqu'au coin de la rue, puis tournez à droite.
3. Chouette! Il n'y a pas de nuages aujourd'hui. C'est ennuyeux, des vacances sous la pluie.
4. Je suis fatigué; bonne nuit!

Now practice saying the sentences aloud, then listen to them on the student audio CD to verify your pronunciation.

---

*Exception: after a **q** or a **g,** the **u** is generally not pronounced: qui [ki]; quel [kɛl]; Guy [gi]; guerre *(war)* [gɛr].

STRUCTURE: Talking about travel (I)
*Les verbes comme **sortir***

Observez et déduisez   Angèle Martin fait un séjour à l'Hôtel Dupleix, le même hôtel qu'Alain Ches-nel. On lui sert le petit déjeuner à 8 h 30; après ça, elle sort pour visiter les vieux quartiers. Aujourd'hui, elle est rentrée à onze heures du soir, et elle est allée au lit tout de suite. Après cette longue journée, elle a bien dormi! Demain elle part pour Bruxelles.

- Look at the present tense forms of the verbs **servir, sortir,** and **partir** in the preceding paragraph. What would be the third-person singular form of the verb **dormir?**
- Look at the past participle of **dormir.** What would be the past partici-ples of **partir, servir,** and **sortir?**

Vérifiez   *Les verbes comme **sortir***

VOCABULAIRE ACTIF
dormir
faire un séjour
partir
servir
sortir

Les verbes comme sortir	
servir	**dormir**
je sers	je dors
tu sers	tu dors
il /elle / on sert	il / elle / on dort
nous servons	nous dormons
vous servez	vous dormez
ils / elles servent	ils / elles dorment

Les verbes comme **sortir**	
partir	**sortir**
je pars	je sors
tu pars	tu sors
il / elle / on part	il / elle / on sort
nous partons	nous sortons
vous partez	vous sortez
ils / elles partent	ils / elles sortent

Passé composé

j'ai servi   j'ai dormi   je **suis** parti(e)   je **suis** sorti(e)

■ Verbs like **sortir** have two stems. The plural stem is formed by dropping the **-ir** of the infinitive. The singular stem drops the consonant preceding the **-ir** as well.

plural: nous **sort**-ons   singular: je **sor**-s

■ Notice that in the passé composé, **sortir** and **partir** are conjugated with **être.** This means that the past participle must agree with the subject in number and gender.

Angèle **est sortie** tôt.   Les filles **sont parties** le 15 mai.

■ Both **sortir** and **partir** can be used alone or with a preposition, but to convey the idea of leaving a particular place, both verbs must be followed by **de.**

Angèle **sort.** *(is going out)*   Elle **sort de** l'hôtel. (du supermarché, de sa chambre)
Elle **part** demain. *(is leaving)*   Elle **part de** Quimper. (de la gare, du musée)

■ Other prepositions are also used with these verbs.

Elle sort **avec** ses amis.   Elle part **pour** Paris.

ACTIVITÉS

A. Vrai ou faux? Malheureusement, vous n'êtes pas en vacances comme Mme Martin. D'abord, indiquez si ces phrases sont vraies ou fausses pour votre vie de tous les jours, puis interviewez un(e) camarade de classe pour comparer vos réponses.

	moi	**partenaire**
1. Mes copains et moi, nous sortons souvent le dimanche.	____	____
2. Mes parents ne sortent jamais.	____	____
3. Le matin, je pars pour mes cours avant neuf heures.	____	____
4. Mon/Ma camarade de chambre part toujours à la dernière minute.	____	____

   5. Au restaurant universitaire, on sert de bons
repas. ____ ____

   6. Chez moi, nous ne servons jamais de poisson. ____ ____

   7. Après un bon dîner, moi, je dors tout de suite. ____ ____

   8. Je dors huit heures par nuit. ____ ____

Maintenant, partagez vos réponses avec vos camarades de classe. Comment est la vie de l'étudiant typique?

B. Curiosité. Qu'est-ce que vos camarades de classe ont fait récemment? Pour chaque question que vous posez, trouvez une personne différente qui répond affirmativement. Posez une question complémentaire *(follow-up)*—même si la personne répond négativement.

➡ — *Tu es sorti(e) hier soir?*   — *Tu es sorti(e) hier soir?*
   — *Oui, je suis sorti(e).*   — *Non, je ne suis pas sorti(e).*
   — *Où est-ce que tu es allé(e)?*   — *Pourquoi pas?*
   — *Je suis allé(e) à la bibliothèque.*   — *J'ai fait mes devoirs.*

   1. Tu es sorti(e) hier soir?
   2. Tu es rentré(e) très tard?
   3. Tu as bien dormi?
   4. Tu es resté(e) à la maison samedi dernier?
   5. Tu es allé(e) voir un bon film récemment?
   6. Tu es parti(e) pour tes cours avant huit heures ce matin?
   7. Tu es arrivé(e) à l'heure au cours de français?
   8. Tu as servi du gâteau au professeur?

STRUCTURES: Saying how long or how long ago
Depuis / Il y a / Pendant

Observez et déduisez   Angèle Martin est partie en vacances il y a une semaine pour un voyage en France. Elle a voyagé pendant onze heures pour arriver à Quimper. Maintenant, elle est à l'hôtel Dupleix depuis huit jours.

> ■ Three time expressions are used in the preceding **Observez et déduisez.** Which one suggests how long an activity *has been going on?* Which one is used to state *how long ago* something happened? Which one indicates how long an activity *lasted?*

Vérifiez   *Depuis*

■ Use **depuis** and an expression of time to indicate *how long something has been going on.* Although the activity began in the past, it is still going on, so use the *present* tense of the verb.

      On sert le petit déjeuner **depuis** une heure.
      Angèle est à l'hôtel **depuis** lundi dernier.

■ To ask how long something has been going on, use the expression **depuis quand?** *(since when)* or **depuis combien de temps?** *(for how long).*

> **Depuis quand** est-elle à l'hôtel? **Depuis** samedi dernier.
> **Depuis combien de temps** est-ce qu'elle est à l'hôtel? **Depuis** une semaine.

Il y a

■ You learned in Chapter 6 that **il y a** can be used with a period of time to say *how long ago something happened.* Since the activity has been completed, use the past tense.

> Elle est arrivée **il y a** huit jours. (trois minutes, un an, etc.)

■ To ask how long ago something happened, use **Quand?**

> — **Quand** est-ce qu'elle est arrivée?
> — Il y a une heure.

Pendant

■ Use **pendant** to indicate *the duration of an event* in the past, present, or future.

> Après son voyage, elle a dormi **pendant** dix heures.
> On sert le petit déjeuner **pendant** une heure et demie.
> Elle va voyager **pendant** toute la nuit.

■ To ask about the duration of an event or activity, use the interrogative expression **pendant combien de temps?**

> **Pendant combien de temps** est-ce qu'il a dormi?
>   est-ce qu'il dort d'habitude?
>   est-ce qu'il va dormir?

Des expressions de temps	
Question	**Réponse**
Depuis quand est-il à l'hôtel?	**Depuis** hier. (**Depuis** 15 h.)
Depuis combien de temps est-il à l'hôtel?	**Depuis** deux jours. (**Depuis** vingt minutes.)
Quand est-ce qu'il est arrivé à l'hôtel?	Il est arrivé **il y a** vingt minutes. (... **il y a** trois jours.)
Pendant combien de temps va-t-il rester à l'hôtel?	**Pendant** une semaine.

ACTIVITÉS

C. Clients.   Indiquez de qui on parle selon le registre de l'hôtel Dupleix ci-dessous. *(Aujourd'hui c'est le mardi 15 mai.)*

1. Cette personne est à l'hôtel depuis deux jours. C'est *M. Duclos*.

2. Cette personne va être à l'hôtel pendant dix jours. C'est *M Grimmer*.

3. Cette personne est arrivée il y a huit jours. C'est *M. Martin*.

4. Cette personne est partie il y a trois jours. C'est *M Bonal*.

5. Cette personne part aujourd'hui. C'est *Mme Mystère*

6. Cette personne est à l'hôtel depuis lundi. C'est *Mme Péron*.

7. Ces personnes vont être à Quimper pendant deux semaines. C'est *Mme Mystère -s. Mr Marber*

Chambre N°	Clients	Arrivée	Départ prévu
10	Claude Grimmer	1 mai	11 mai
27	Mme Mystère	1 mai	15 mai
32	Angèle Martin	7 mai	21 mai
35	Antoine Bonal	9 mai	12 mai
15	Henri Duclos	13 mai	19 mai
44	Mme Péron	14 mai	18 mai
	Nouradine Charfi		
	Pierre Bonnet		

Maintenant, complétez le registre avec les dates d'arrivée et de départ prévues pour les deux autres clients:

- Nouradine Charfi est à l'hôtel depuis une semaine. Il va être à Quimper pendant dix jours.
- Pierre Bonnet est arrivé à Quimper il y a deux jours. Il va rester à l'hôtel pendant une semaine.

D. Un jeu. Imaginez que vous travaillez dans un hôtel. D'abord inventez tous les renseignements pour compléter le registre à gauche ci-dessous. Votre partenaire va faire la même chose. Ensuite, posez des questions à votre partenaire pour compléter *son* registre, à droite.

➡ *Comment s'appelle le client dans la chambre numéro... ?*
Depuis combien de temps est-ce qu'il/elle est à l'hôtel?
Pendant combien de temps est-ce qu'il/elle va être à l'hôtel?

Mon hôtel

Chambre N°	Client	Arrivée	Départ prévu
15			
23			
25			
31			

L'hôtel de mon/ma partenaire

Chambre N°	Client	Arrivée	Départ prévu
15			
23			
25			
31			

Maintenant comparez vos registres. Avez-vous bien noté les renseignements?

Jeu de rôle

You're a guest at the Hotel Dupleix, and you're spending a few moments visiting with other guests (two classmates) as you wait for breakfast. One person is in Quimper on a business trip **(un voyage d'affaires)**, the second is there on vacation, and the third is moving there and looking for a house to rent. Ask one another the reasons for your visit, when you arrived, how long you've been there, how long you're staying, when you're leaving, etc. If you enjoy your conversation, you might want to invite the others to go out. Discuss some possible outings.

Deuxième étape

Lecture: Un voyage en Afrique

Avant de lire **1** Qu'est-ce que vous aimez faire pendant les vacances? Regardez les deux illustrations, puis cochez les activités que vous aimez et ajoutez d'autres options si vous le désirez.

une voiture — une montagne — une promenade à pied

une forêt

la chasse

un vélo

la pêche

un lac

_____ voyager en train

_____ voyager en avion

_____ découvrir une région en voiture

_____ faire des promenades à pied ou en vélo

_____ explorer la nature—la montagne, le désert, la forêt

_____ faire du camping

_____ aller à la pêche ou à la chasse

_____ aller à la plage

_____ nager dans la mer, dans un lac ou dans une piscine

_____ faire du bateau ou du ski nautique

_____ visiter des villes historiques avec leurs vieux quartiers et leurs monuments

_____ visiter des châteaux, des musées, des églises et des cathédrales

_____ acheter des souvenirs

_____ manger des plats exotiques

_____ danser dans une discothèque

_____ ?

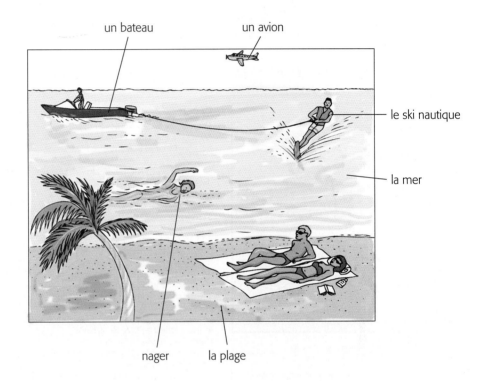

un bateau

un avion

le ski nautique

la mer

nager   la plage

2 Regardez la carte du monde francophone au début du livre. Quels sont les trois pays francophones d'Afrique du Nord? Quels sont les pays francophones de l'Afrique occidentale (de l'ouest)?

3 Maintenant imaginez qu'on vous offre la possibilité de passer une semaine en Tunisie ou au Sénégal. Comment imaginez-vous ces pays?

1. À votre avis, laquelle des descriptions suivantes s'applique au climat de la Tunisie? du Sénégal?

Climat très agréable et sec *(dry)* de novembre à mars. Très chaud (plus de 30°) de juin à septembre avec précipitations.

Climat méditerranéen, doux et humide en hiver. Pas d'inter-saison; été sec et chaud (25°–28°), très chaud dans le Sahara.

2. Parmi les activités touristiques mentionnées dans **Avant de lire,** lesquelles, à votre avis, peut-on faire dans ces deux pays?

En général

4 Parcourez rapidement les deux textes. De quel genre de textes s'agit-il? Cochez toutes les réponses correctes.

_____ Des extraits d'une brochure d'une agence de voyages

_____ Des renseignements distribués par l'office de tourisme de la Tunisie et du Sénégal sur l'histoire et la géographie de leur pays

_____ Une description de voyages organisés

_____ Des renseignements sur les safaris et la chasse au lion

5 Reprenez la liste des activités touristiques donnée dans **Avant de lire.** Lesquelles de ces activités sont mentionnées dans les textes?

TUNISIE

L'AVIS DU LION

Un circuit se déroulant essentielle-ment dans le Sud que vous visiterez en 4x4 Toyota climatisé, et qui allie la découverte de ruines romaines, mosquée, troglodytes,[1] pistes,[2] désert, oasis... et la détente[3] à la plage pour les deux derniers jours à Port El Kantaoui.

EL DJEM · GABES · MATMATA · TOZEUR · NEFTA · TAMERZA · GAFSA · KAIROUAN

Départ de France les dimanches.

1er jour: France - Tunis- Sousse. Accueil[4] à l'aéroport et transfert à Sousse. Dîner et nuit à l'hôtel El Mouradi.

2e jour: Port El Kantaoui. Journée de détente en pension complète[5] à l'hôtel El Mouradi.

3e jour: Sousse - El Djem - Gabès - Matmata - Kébili. Départ pour le Sud en 4x4 Toyota climatisé. Visite de l'amphithéâtre romain d'El Djem. Arrêt à Sfax, arrivée à Gabès et visite de l'oasis de Chenini. Déjeuner à Matmata et visite des maisons troglodytiques. Dîner et nuit à Kébili, hôtel Al Fouar, situé au milieu des dunes de sable.

4e jour: Chott El Djerid - Tozeur - Nefta. Traversée du Chott El Djerid. Déjeuner à Nefta, visite de l'oasis et route sur Tozeur pour la visite du zoo du désert. Dîner et nuit à Nefta, hôtel Les Nomades.

5e jour: Chebika - Tamerza - Gafsa - Kairouan - Sousse. Le matin, visite des oasis de montagne Chebika et Tamerza. Continuation sur Gafsa. Déjeuner. Route sur Kairouan, ville sainte de l'Islam. Dîner et nuit à l'hôtel El Mouradi de Port El Kantaoui.

6e jour: Nabeul - Port El Kantaoui. Le matin, excursion à Nabeul, ville célèbre pour ses poteries. Visite du marché. Retour à l'hôtel pour déjeuner. Après-midi libre. Le soir, départ pour un dîner spécial tunisien avec fête bédouine. Nuit hôtel El Mouradi.

7e jour: Port El Kantaoui. Journée libre de détente à l'hôtel El Mouradi en pension complète.

8e jour: Tunis - France. Petit déjeuner, transfert à l'aéroport de Tunis et envol pour la France (repas à bord).

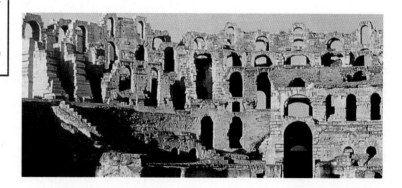

_____

1. *cave dwellings*   2. *trails*   3. *relaxation*   4. *welcome*   5. chambre et trois repas inclus

SENEGAL

DAKAR - TOUBACOUTA - NDANGANE TOUTI - SALOUM - SALY

1er jour: France - Dakar. Vol pour Dakar.

2e jour: Dakar. Arrivée matinale à l'aéroport de Yoff, transfert à votre hôtel sur la presqu'île[1] de Ngor. Excursion au lac Rose puis départ pour l'île Gorée, émouvant centre de la traite des esclaves[2] jusqu'au siècle dernier.[3] Déjeuner au restaurant Le Chevalier de Boufflers puis retour vers Dakar. Dîner et nuit à l'hôtel Le Calao, Ngor, Diarama ou similaire.

3e jour: Dakar - Toubacouta. Départ le matin pour Toubacouta. Déjeuner en route. Promenade en pirogue[4] l'après-midi dans le delta du Saloum. Dîner et nuit à l'hôtel-campement Les Palétuviers ou similaire.

4e jour: Toubacouta - Ndangane Touti. Départ après le petit déjeuner, en pirogue, pour l'île de Ndangane Touti. Déjeuner. Promenade en pirogue l'après-midi dans le delta du Saloum. Dîner et nuit au campement.

5e jour: Ndangane Touti - Toubacouta. Retour par la mer à l'hôtel Les Palétuviers. Déjeuner. Après-midi libre, promenade en brousse[5] dans le pays Sérère. Dîner et nuit à l'hôtel Les Palétuviers.

6e jour: Toubacouta - Saly. Petit déjeuner, puis visite d'un marché et de villages africains. Route pour Saly. Arrivée en fin de matinée. Déjeuner libre. Dîner et nuit au Club du Lion Saly.

7e et 8e jours: Saly. Séjour libre en demipension au Club du Lion Saly.

9e jour: Saly - France. Transfert à l'aéroport de Dakar tôt le matin et vol pour la France.

L'AVIS DU LION

Le circuit du Lion vous propose 3 journées de séjour libre sur les plages de la Petite Côte en fin de voyage. Vous découvrirez tout particulièrement la région du Siné Saloum à la richesse souvent ignorée des circuits habituels. Détente et découverte sont soigneusement dosées et le tout pour un prix attractif.

---

1. péninsule   2. *slave market*   3. *last century*   4. type de bateau   5. *brush country*

---

6 Les mots. En utilisant les mots apparentés, le contexte et la logique, pouvez-vous déduire le sens des mots en caractères gras?

1. Texte sur la Tunisie: «en 4×4 Toyota **climatisé**»; «découverte de **ruines romaines, mosquée**»; «des dunes de **sable**»; «ville **sainte** de l'Islam»; «ville **célèbre** pour ses **poteries**»
2. Texte sur le Sénégal: «3 journées de **séjour** libre»; «**Vol** pour Dakar»; «**Arrivée** matinale à **l'aéroport... départ** pour **l'île** Gorée... puis **retour** vers Dakar»

VOCABULAIRE ACTIF

Les moyens de transport
à pied, en avion, en
   bateau, en train, en
   vélo, en voiture
l'aéroport
un vol

7 Les textes. Complétez les tableaux suivants selon les renseignements donnés dans les textes.

VOCABULAIRE ACTIF

La nature
le désert, la forêt, une île, un lac, la mer, la plage

Les vacances
acheter des souvenirs
une agence de voyages
aller à la chasse/à la pêche
célèbre
faire du bateau, du camping, du ski nautique
un lieu
nager
passer (une semaine, ses vacances)
un séjour
visiter une cathédrale, un château, un monument, des vieux quartiers
un voyage organisé

1. En Tunisie

jour	lieu *(place)*	activité
2e jour		détente
	Gabès	
		visite du zoo
	Nabeul	
		dîner spécial tunisien, fête bédouine

2. Au Sénégal

jour	lieu	activité
		visite du centre de la traite des esclaves
	delta du Saloum	
		promenade en brousse
6e jour	Toubacouta	
		séjour libre

Et vous?

1. Quel circuit préférez-vous? Pourquoi?
2. Imaginez que ce voyage en Afrique est un fait accompli. En groupes de deux, racontez ce que vous avez fait chaque jour en Tunisie (étudiant/e A) et au Sénégal (étudiant/e B). Comparez vos aventures, posez des questions, ajoutez des détails—et n'hésitez pas à exagérer!

Notes culturelles

La Tunisie. Tunisia, Algeria, and Morocco form the Maghreb, an Arab region in North Africa once colonized by France. Most of the population of Tunisia lives in the northern third of the country, where the land is more fertile. The history of Tunisia goes back to the ninth century B.C., when the Phoenicians founded the city of Carthage, near present-day Tunis, the capital of Tunisia. Carthage was under Roman rule from 146 B.C. until the fifth century A.D., which explains the presence of Roman ruins. Tunisia was a French protectorate from 1881 to 1956. Although Arabic is the official language of Tunisia, French is still widely used.

Le Sénégal. Senegal was France's oldest colony in West Africa. The French founded the city of Saint-Louis, at the mouth of the Senegal River, in 1659. In 1902, Dakar, Senegal's chief port, became the capital of **l'Afrique occidentale française (l'AOF)**, a federation of eight French territories in West Africa. Senegal became an independent republic in 1960, with poet Léopold Sédar Senghor as its first president. Senegal is a predominantly Muslim country with six national languages, including **le ouolof**, but French has remained the official language.

STRUCTURES: Referring to places
Le verbe (re)venir • Les prépositions avec les noms géographiques

Observez et déduisez

Elles reviennent du Luxembourg.   Il revient de Tunisie.

Pour entendre parler français, bien sûr, on peut voyager en France. Mais on peut aller aussi au Maroc ou au Mali ou même aux États-Unis, par exemple, en Louisiane. Regardez les cartes au début du livre. Quel pays ou région du monde francophone voudriez-vous visiter? La Guyane? Le Sénégal? Les Antilles?

■ If the verb **venir** means *to come*, what do you think **revenir** means?

■ What three prepositions do you notice in the preceding paragraph that express the idea of being *in* or going *to* a country or region? Can you think of a reason why the prepositions are different?

■ Geographical names, like all nouns, have a gender. **France** is feminine. Can you find the other feminine names in **Observez et déduisez?** What is the last letter in each of those names? Which names are masculine?

■ From the preceding paragraph and the following example, can you infer which prepositions to use in the blanks below?

Je suis **en** Suisse, mais je pars **au** Mali la semaine prochaine et ensuite je vais **aux** Antilles.

Nous allons…   _____ Espagne   _____ Tunisie   _____ Philippines

   _____ Portugal   _____ Canada   _____ Allemagne
   (Germany)

Vérifiez   *Le verbe (re)venir*

Les verbes venir/revenir	
je (re)viens	nous (re)venons
tu (re)viens	vous (re)venez
il / elle / on (re)vient	ils / elles (re)viennent
Passé composé	
il / elle / on est (re)venu(e)	nous sommes (re)venu(e)s

■ Both **venir** and **revenir** *(to come back)* require **être** in the passé composé, as do several other verbs you have already studied. Below is a summary chart of these verbs.

Quelques verbes avec **être** au passé composé		
aller	passer	revenir
arriver	rentrer	sortir
entrer	rester	tomber
monter	retourner	venir
partir		

Les prépositions avec les noms géographiques

■ You have already seen that **de** means *from* when referring to cities (page 21) and that **à** is used to express the idea of being *in* or going *to* a city (page 200).

— D'où es-tu? — Où est-elle allée?
— Je suis **de** Dakar. — Elle est allée **à** Bruxelles.

■ Most countries with names ending in **e** are feminine, and those ending in other letters are usually masculine.*

la Belgique   le Maroc

■ The choice of preposition to express *going to* or *being in* a place or *coming from* a place depends on gender, number, and whether or not the place name begins with a vowel. Study the examples in the chart below.

Prepositions with geographical names	going *to* / being *in*	coming *from*
	à	de / d'
names of cities	je vais... / je suis... à Dakar	je viens... d'Alger
	en	de / d'
feminine names; masculine names beginning with a vowel	je vais... / je suis... en Suisse en Irak	je viens... de Suisse d'Irak
	au	du
all other masculine place names	je vais... / je suis... au Canada	je viens... du Portugal
	aux	des
all plural place names	je vais... / je suis... aux Antilles	je viens... des États-Unis

*__Le Mexique__ is an exception to this rule.

■ The same rules for choosing prepositions apply to continents (e.g., **en Asie**) and to regions (e.g., **en Provence, au Québec**). Most states will also follow these rules (**au** Texas, **en** Floride), although usage varies. **Dans l'état de...** can be used with any state.

> Il habite **dans l'état de** New York.   Elle habite **dans l'état d'**Ohio.

■ When no preposition is indicated, use a definite article to refer to countries, continents, and regions.

> **L'**Algérie est le pays voisin *(neighboring)* du Maroc.
> Avez-vous visité **l'**Algérie ou **le** Maroc?

Des noms géographiques

l'Afrique	l'Amérique du Nord	l'Europe
l'Afrique du Sud	le Canada	l'Allemagne
l'Algérie	les États-Unis	l'Angleterre
le Cameroun	le Mexique	la Belgique
la Côte-d'Ivoire		le Danemark
la Libye	**l'Amérique du Sud**	l'Espagne
le Mali		la France
le Maroc	l'Argentine	la Fédération Russe
la Mauritanie	le Brésil	l'Italie
le Sénégal	le Chili	le Luxembourg
la Tunisie	la Colombie	les Pays-Bas
	la Guyane	le Portugal
	le Vénézuéla	la Suisse

l'Asie	le Proche-Orient	l'Océanie
la Chine	l'Égypte	l'Australie
la Corée	l'Irak	la Nouvelle-Zélande
l'Inde	l'Iran	les Philippines
le Japon	Israël	
le Viêt-nam		
	La mer des Antilles	
	la Guadeloupe	
	Haïti (f.)	
	la Martinique	

ACTIVITÉS

A. Agent de voyage. Vous organisez des voyages selon les préférences de vos client(e)s. Quel pays est-ce que vous recommandez pour...

> ➡ une personne qui aime aller à la chasse?
> *Je recommande l'Afrique du Sud ou le/la...*

Quel pays est-ce que vous recommandez pour...

> une personne qui veut aller à la plage?
> une personne qui aime faire du bateau et du ski nautique?
> une personne qui s'intéresse aux châteaux?

une personne qui adore manger des plats exotiques?
une personne qui veut faire des promenades à pied en montagne?
une personne qui s'intéresse à l'histoire ancienne?
une personne qui parle couramment l'espagnol?
une personne qui s'intéresse à l'art de la Renaissance?
une personne qui étudie la forêt tropicale?

B. Arrivée à Tunis. Vous êtes guide d'une visite organisée en Tunisie. Selon votre registre, d'où viennent les membres du groupe?

➡ *Mustapha vient d'Algérie.*

passager	provenance
A. Mustapha	Alger
M/Mme Martin	Montréal
Y. Mikimoto	Tokyo
M. Wéry	Bruxelles
M/Mme Clark	Chicago
Mlle Sabouri	Téhéran
A. Bergen	Amsterdam
J. Maier	Jérusalem

C. Des stages linguistiques. Plusieurs étudiants veulent faire des stages linguistiques. Où vont-ils aller pour apprendre les langues suivantes? Vous êtes chargé des réservations!

➡ l'espagnol?
Ils vont aller en Espagne ou...

l'anglais?   le chinois?   le français?   le portugais?   l'arabe?

D. Les sites touristiques. Testez vos connaissances culturelles. Dites où se trouvent les sites touristiques suivants.

➡ *L'abbaye de Westminster se trouve à Londres.*

sites	villes
le palais de Buckingham	Québec
le Louvre	Jérusalem
le Kremlin	Pékin
le Parthénon	Londres
le mur des Lamentations	Moscou
la place Tien-an-men	Paris
le château Frontenac	Athènes

Maintenant, écrivez d'autres exemples de sites touristiques, et testez les connaissances de vos camarades de classe.

➡ *Où se trouve l'Alamo?*

STRATÉGIE DE COMMUNICATION
Asking for information or help

When you travel, you will certainly need to ask for help or information from strangers. Doing so politely makes a good impression and facilitates the task. Study the examples below and find polite expressions French speakers use to

- get someone's attention
- ask for information
- ask for help

— Pardon, madame. Je voudrais savoir à quelle heure arrive l'avion de Dakar, s'il vous plaît.

— Je suis désolée, madame. Demandez au bureau de renseignements (*information*).

— Excusez-moi de vous déranger, monsieur. Est-ce que vous pourriez m'aider à descendre (*get down*) ma valise?

— Avec plaisir.

— Pardon, monsieur. Pourriez vous m'indiquer la consigne (*baggage claim*)?

— Bien sûr. Vous continuez tout droit. C'est à gauche, juste après le bureau des objets trouvés.

Now verify your answers in the chart on the next page.

Pour demander de l'aide/des renseignements

Pour attirer l'attention

Pardon, madame.
Excusez-moi de vous déranger, monsieur.

Pour demander

Pourriez-vous...
  me donner un coup de main?
  m'indiquer... la consigne? le bureau de renseignements?
  m'aider... à descendre ma valise? à trouver la consigne?
Je voudrais savoir... s'il vous plaît.
  l'heure
  à quelle heure arrive le train (l'avion)
  où se trouve(nt)... la consigne, les toilettes, le restaurant

Pour accepter	**Pour refuser**
Avec plaisir.	Je regrette, mais...
Bien sûr. / Certainement.	Je suis désolé(e)...
Volontiers.	

Note culturelle

La politesse. In their quest for efficiency, North Americans like to get right to the point: *Could you help me . . .* This directness, however, may be perceived as bluntness by a French person. In her book *French or Foe,* Polly Platt insists that the five most important words in the French language are **Excusez-moi de vous déranger...** The next five, **mais j'ai un petit problème,** will guarantee, she insists, a quick, thorough response to any request. Try it!

ACTIVITÉS

E. Soyez poli(e)! Complétez les dialogues suivants avec des expressions polies.

1. — Est-ce que vous pourriez m'aider à trouver mes valises?

   — *Avec plaisir* .

2. — *Pardon, madame, pourriez-vous dire mce dire à quelle heure part)*

   — Je suis désolé. Je n'ai pas de montre (*watch*).

3. — Pourriez-vous me dire où sont les toilettes?

   — *Certainement*

4. — _____

   — Avec plaisir, monsieur.

F. Des petits problèmes. Imaginez-vous dans les situations suivantes. Comment allez-vous demander poliment de l'aide ou des renseignements? Développez les scènes avec un(e) partenaire.

1. Vous êtes à l'hôtel El Mouradi à Sousse en Tunisie. Vous êtes en retard ce matin, et votre groupe est déjà parti pour faire le tour du port. Vous voulez prendre un taxi pour rattraper le groupe. Qu'est-ce que vous demandez au concierge?
2. Votre amie de Dakar arrive à l'aéroport de Marseille. Vous voulez la retrouver, mais vous ne savez pas l'heure ou le numéro du vol. Qu'est-ce que vous demandez à l'employé de la ligne aérienne?
3. Vous êtes touriste à Paris. Malheureusement, vous ne pouvez pas trouver votre passeport. Vous allez à l'ambassade pour demander de l'aide.
4. Vous avez un voyage d'affaires imprévu *(unexpected)*, alors vous allez dans une agence de voyages pour avoir des renseignements au sujet des vols de Bruxelles à New York. Vous voulez partir demain matin le plus tôt possible.

Jeu de rôle

Think of an exciting trip you have taken or would like to take. Describe the trip to your partner, giving details about activities, hotels, and so on. Ask each other questions to make sure you have the whole story, then guess if the trip was real or **une pure invention!**

CULTURE ET RÉFLEXION

■ Les vacances des Français.   Pour la majorité des Français, les «vraies vacances» restent celles de l'été, mais la tendance actuelle est d'étaler[1] ces vacances au cours de l'année. Quarante pour cent des Français partent en vacances d'hiver pour dix à quinze jours, et la durée moyenne[2] des vacances d'été est maintenant de quinze jours. La plage reste le lieu privilégié des vacances d'été, et l'on préfère rester dans un seul endroit plutôt que[3] de visiter une série de sites. La formule des week-ends prolongés

Sur la route des vacances: les bouchons du 1er juillet.

complète le profil des vacances des Français. Cette tendance au fractionnement s'explique par le désir de diversifier les expériences et par des facteurs économiques. Imaginez que vous avez cinq semaines de congés payés garanties par la loi. Est-ce que vous allez les prendre d'un seul coup[4] ou les étaler au cours de l'année?

Pourquoi? Qu'est-ce que vous allez faire? Si vous partez en vacances, allez-vous rester dans un seul endroit ou préférez-vous visiter une série de sites touristiques? Expliquez.

■ Les Français en voiture. Un écrivain satirique français, Pierre Daninos, compare ainsi les Anglais et les Français «au volant[5]»: «Les Anglais conduisent[6] plutôt mal, mais prudemment. Les Français conduisent plutôt bien, mais follement. La proportion des accidents est à peu près la même dans les deux pays», mais est-on «plus tranquille avec des gens qui font mal des choses bien» ou «avec ceux qui font bien de mauvaises choses»? (*Les Carnets du Major Thompson,* p. 198.) Voilà donc la réputation des Français! Il est vrai que la limite de vitesse[7] sur les autoroutes[8] françaises est de 130 km/h (81 miles/h), mais le permis de conduire[9] n'est pas facile à obtenir en France: il faut avoir dix-huit ans, investir environ 4.000 F ($650) en leçons d'auto-école

Une leçon d'auto-école.

(données non pas dans les écoles mais par des entreprises privées) et passer un examen de conduite très rigoureux. Par mesure de sécurité, les enfants de moins de dix ans ne peuvent pas s'asseoir à l'avant du véhicule. Que pensez-vous de tout cela? Est-ce une bonne idée d'avoir une limite de vitesse de 130 km/h sur les autoroutes? De passer le permis de conduire à dix-huit ans au lieu de seize? De ne pas permettre aux écoles secondaires de donner des leçons d'auto-école? De ne pas permettre aux jeunes enfants de s'asseoir à l'avant d'une voiture? Donnez votre opinion et proposez une réforme possible du code de la route dans votre pays—ou en France!

---

1. *spread out*   2. *average duration*   3. *stay in one place rather than*   4. *all at once*   5. *at the wheel*   6. *drive*
7. *speed*   8. *freeways*   9. *driver's license*

Troisième étape

À l'écoute: À la gare

Vous allez entendre deux petites conversations qui ont lieu dans une gare de Paris. Pour vous préparer, faites les activités 1 et 2, puis écoutez en suivant les instructions données.

Avant d'écouter

1 Voici un horaire des trains Paris–Marseille de 15 h à 18 h. Pour comprendre cet horaire, répondez aux questions page 258.

Numéro de train		54927	627	849	5640/1	6165/4	5001	877	827	835	54939	679	5642/3	5055	6132/3	5009	831	831	769	837
Notes à consulter		1	2	3	4	5		6	6	7	8	9	10	4	11	10	12	13	11	14
			TGV	TGV				TGV	TGV	TGV		TGV					TGV	TGV	TGV	TGV
Paris-Gare-de-Lyon	D		15.00	15.05				15.40	15.40	16.05		16.23				16.46	16.49	16.53	17.19	17.47
Dijon-Ville	D													16.45	16.57	19.14			19.03	
Macon-Ville	D						16.28							17.54	18.00	20.16				
Lyon-Part-Dieu	D		17.03	17.05		17.14	17.17					18.34		18.39	18.44	21.01	19.00	19.00		
Lyon-Perrache	D	16.22	17.10								17.49	18.42								
Vienne	A	16.46									18.13				21.21					
Valence Ville	A	17.40			17.55	18.08	18.12	18.33	18.33	19.03		19.11	19.27	19.33	19.39	21.58	19.53	19.53		20.40
Arles	A				19.24	19.32	19.38							20.55	21.03	23.30				
Marseille-St-Charles	A				20.10	20.17	20.21		20.25	21.09			21.25	21.41	21.49	00.15	21.44	21.44		22.36

Notes

1. Ne prend pas de voyageurs à Lyon-Part-Dieu- ⚑- &.
2. Circule : du 18 juin au 28 août : tous les jours- ⚑- &.
3. 🍴.
4. Circule : les ven- 🍴.
5. 🍴- &.
6. ⚑- &.
7. Circule : jusqu'au 2 juil : les ven;les 3, 10, 17 et 24 sept- ⚑- &.
8. Circule : tous les jours sauf les sam, dim et fêtes.
9. Circule : jusqu'au 2 juil : tous les jours sauf les sam, dim et fêtes;Circule du 9 juil au 27 août : les ven;à partir du 30 août : tous les jours sauf les sam et dim- Ne prend pas de voyageurs à Lyon-Part-Dieu- ⚑- &.
10. Circule : les ven.
11. ⚑.
12. Circule : les sam, dim et fêtes- ⚑- &.
13. Circule : tous les jours sauf les sam, dim et fêtes- ⚑- &.
14. 🍽 1ʳᵉ CL assuré certains jours- ⚑- &.

Symboles

A Arrivée
D Départ
TGV Résa TGV : réservation obligatoire
🍽 Restauration à la place
⚑ Bar
🍴 Vente ambulante
& Facilités handicapés

Remarque

Les trains circulant tous les jours ont leurs horaires indiqués en gras[1]
Tous les trains offrent des places assises en 1ʳᵉ et 2ᵉ classe sauf indication contraire dans les notes

---

1. *boldface*

1. Comment s'appelle la gare de Paris d'où partent les trains pour Marseille?
2. Quels trains sont des TGV (trains à grande vitesse)? Donnez le numéro de ces trains. Selon l'explication donnée sous «Symboles», qu'est-ce qui est obligatoire *(mandatory)* pour les TGV? Comparez la durée du voyage Paris–Marseille en TGV et en train ordinaire.
3. Regardez les notes. Quels trains ont des facilités pour handicapés? un bar? une vente ambulante, c'est-à-dire des employés qui circulent dans le train pour vendre *(sell)* des boissons et des sandwichs? Ici encore, donnez le numéro des trains.
4. Quels trains circulent tous les jours? (Voir «Remarque».)
5. Imaginez que...
   a. nous sommes au mois d'août; pouvez-vous prendre le train numéro 835?
   b. nous sommes un samedi; pouvez-vous prendre le train numéro 5009?
   c. vous voulez aller à Valence, avec départ de Paris un vendredi, entre 16 h 30 et 18 h. Quelles sont vos options? Donnez l'heure (les heures) du départ de Paris et de l'arrivée à Valence.

Note culturelle

Les trains en France.   Trains are a very common mode of transportation in France and throughout Europe. The French railroad system, controlled by the **Société nationale des chemins de fer français (SNCF)** is one of the fastest and most reliable in the world. The **TGV (train à grande vitesse)** travels at speeds of 150 to 200 miles per hour. TGV lines are now expanding beyond the borders of France, from Paris to Madrid, to Amsterdam, and to other European cities.

   Some tips for traveling by train in France:

- You can reserve your ticket by phone, by Minitel (computer terminal at home), or at the ticket window **(le guichet).**

- Your ticket must be validated **(composté)** by a machine at the railroad station just before you get on the train. You may be fined if you fail to do this.

- For overnight trips, you may reserve a berth **(une couchette)** in a sleeping compartment.

- On each platform, a diagram of the train indicates in advance where each car is going to be when the train stops. This allows you to get on the train in the precise spot where your reserved seat is located.

2 Les conversations que vous allez entendre incluent les mots suivants (en caractères gras). Pouvez-vous déduire leur sens par le contexte?

— Il est 10 h. Mon train est à 10 h 30. Alors je vais **attendre** 30 minutes.
— Il est 10 h 35. Mince! Mon train est déjà parti. J'**ai raté** mon train!

Écoutons

Audio CD

3 Écoutez les *deux* conversations une première fois pour déterminer qui fait les choses suivantes—Monsieur Godot ou Monsieur Estragon? Cochez la colonne appropriée.

	M. Godot	M. Estragon
Il attend le prochain train parce qu'il a raté le premier.		
Il part en voyage d'affaires.		
Il a une petite maison à Cassis.		
Il va retrouver sa femme et ses enfants qui sont déjà en vacances.		
Il prend son billet.		
Il prend le train pour Marseille.		
Il va à Lyon.		
Il va revenir demain soir.		

4 Écoutez encore, cette fois-ci en faisant attention aux expressions utilisées pour prendre un billet de train. Complétez et déduisez le sens des mots en caractères gras.

— Un billet _____ Lyon, _____ . Vous avez toujours

   des **places?**

— **Un aller-retour** ou un _____ simple?

— _____ ou _____ classe?

— **Fumeurs** ou _____-fumeurs?

Monsieur Estragon va être dans **le même** _____ que Monsieur

Godot.

VOCABULAIRE ACTIF

À la gare
   un aller simple
   un aller-retour
   l'arrivée (f.)
   attendre
   un billet
   une couchette
   le départ
   le guichet
   un horaire
   le (la) même
Une place...
   en première ou
      deuxième classe
   fumeurs/non-fumeurs
le prochain train
rater le train
le TGV
un voyage d'affaires

5 Écoutez une dernière fois en faisant attention aux heures mentionnées.

   Départ de Paris   Train raté: _____

                  Prochain train pour Marseille: _____

   Retour de Lyon   Départ de Lyon: _____

                  Arrivée à Paris: _____

Maintenant consultez l'horaire, page 257, pour voir à quelle heure Monsieur Godot et Monsieur Estragon vont arriver à leur destination.

6 Imaginez que vous êtes à la gare de Lyon, à Paris. Jouez les rôles suivants avec un(e) partenaire: l'un de vous est le voyageur (la voyageuse) qui demande des renseignements et prend un billet, l'autre l'employé(e) de la SNCF. D'abord, sélectionnez ensemble une destination, puis jouez la situation au guichet.

Prononciation   *La lettre **l***

■ The French [l] is fairly close to the [l] sound at the beginning of English words such as *list* or *love*. But it is never pronounced like the final [l] of English words, such as *pull* or *shell*. To say a French [l], remember to keep the tip of your tongue close to your top front teeth.

> Quelle surprise!   Un aller-retour, s'il vous plaît.

■ The spelling **-ll-** is sometimes pronounced like the *y* in *yes*.

> Marseille   un billet

Écoutez   Listen to the following phrases from the two **À l'écoute** conversations. When is the **-ll-** pronounced like a *y*? In the chart check the pronunciation you hear, then infer which vowel must precede the **-ll-** to create the *y* sound.

	l	*y*
Quelle surprise!	✔	
le prochain train pour Marseille		
un billet pour Lyon		
un aller-retour		

Vowel _____ + **ll** = *y* sound*

Essayez!   In the following sentences, underline each **-ill** that is pronounced like a *y*.

1. La famille Godot aime les villages tranquilles.
2. On a passé le mois de juillet à Deauville.
3. La fille dans le train mange une glace à la vanille.
4. Monsieur Estragon travaille à Versailles.
5. Quel train prenez-vous pour aller à Chantilly?

Now practice saying the sentences aloud, paying special attention to the **l**'s. Then listen to the sentences on the student audio CD to verify your pronunciation.

---

*Exceptions: **ville, mille, tranquille,** and their derivatives keep the [l] sound.

STRUCTURE: Talking about travel (II)

Les verbes en -re

Observez et déduisez

À Paris, gare de Lyon…

Monsieur Estragon attend depuis 15 minutes au guichet où on vend des billets.

Les gens au service d'accueil répondent poliment aux questions de la famille Paumé.

Thomas va au bureau des objets trouvés parce qu'il a perdu son billet pour Caen.

Hélène descend du train. Elle vient à Paris pour rendre visite à sa grand-mère.

Monsieur Godot n'a pas entendu l'annonce de son train parce qu'il dort. Il va rater son train.

■ Read about the scene at the **gare de Lyon** in Paris and try to locate in the drawing above the people mentioned in the sentences. Can you infer the meaning of the verbs from context?

■ Look at the verbs used in the sentences. Can you infer the **il/ils** forms for **perdre, rendre visite,** and **entendre?**

■ Can you conjugate **répondre** in the passé composé?

Vérifiez   *Les verbes en -re*

Le verbe **attendre**	
j'attends	nous attend**ons**
tu attend**s**	vous attend**ez**
il / elle / on attend	ils / elles attend**ent**
Passé composé: j'ai **attendu**	

■ The following verbs are conjugated like **attendre:**

descendre	*to get off/out of; to go downstairs*
entendre	*to hear*
perdre	*to lose*
rendre visite (à)	*to visit (a person)*
répondre (à)	*to answer*
vendre	*to sell*

■ Verbs conjugated like **attendre** follow a regular pattern. The stem is formed by dropping the **-re** of the infinitive and adding the endings: **-s, -s, —, -ons, -ez, -ent.**

> je **perd**-s
> vous **vend**-ez

■ **Descendre*** is conjugated in the passé composé with **être.** The other **-re** verbs are conjugated in the passé composé with **avoir.**

> Claudine **est descendue** du train à Paris.
> Marie **a rendu visite à** son amie.
> Elle **a entendu** des nouvelles *(news)* intéressantes.

VOCABULAIRE ACTIF

descendre
entendre
perdre
rendre visite à
répondre
vendre

ACTIVITÉS

A. Vrai ou faux?   Dites si les phrases suivantes sont vraies ou fausses selon l'histoire de Monsieur Godot et Monsieur Estragon.

1. Monsieur Godot attend le train. *Non, il attend au guichet*
2. Il descend à Lyon.
3. Monsieur et Madame Godot vendent leur petite maison à Cassis.
4. Monsieur Godot n'a probablement pas entendu l'annonce du train de 15 h 40.
5. Monsieur Estragon rend visite à son cousin à Lyon.
6. Il va au guichet parce qu'il a perdu son billet.
7. L'employée répond poliment à Monsieur Estragon.

Maintenant, corrigez les phrases fausses.

B. Le "voyage" de Monsieur Ronfle.   Employez les éléments indiqués pour raconter l'histoire de Monsieur Ronfle. Ajoutez des mots-liens et une phrase pour terminer l'histoire.

➡ Monsieur Ronfle / sortir de / maison / huit heures
Monsieur Ronfle sort de la maison à huit heures.

1. Il / rendre visite / petits-enfants
2. Il / aller / gare / pour prendre / train
3. Il / attendre / dix minutes / guichet
4. employé / répondre poliment / questions / Monsieur Ronfle / et / lui vendre / billet
5. train / partir / dans une heure
6. Monsieur Ronfle / dormir / pendant que / attendre

*****Descendre à** can also be used to express the idea of staying at a hotel: Ils sont descendus à l'hôtel Dupleix.

7. Il / ne pas entendre / annonce
8. Il / rater / train
9. Il / perdre / patience*
10. ?

STRUCTURE: Avoiding repetition (III)

Le pronom **y**

Observez et déduisez

Une maison en Provence.

La famille Godot adore Cassis. Depuis qu'ils y ont acheté une petite maison, ils y passent toutes leurs vacances. Madame Godot et les enfants y vont début juillet en voiture. M. Godot y va en août, en train ou en avion. À Cassis, la famille trouve beaucoup de choses à faire: des promenades à pied, en vélo ou en bateau—et la plage, bien sûr, on peut y passer des heures!

- Study examples of the pronoun **y** in the preceding paragraph. The first four times it is used, it refers to the same thing. What is it? What does it refer to in the last sentence?
- Where is **y** placed in relationship to a verb in the present tense? to a verb in the passé composé? Where is it placed when there is more than one verb, as in the last sentence?

*No article is required before the noun in the expression **perdre patience**.

Vérifiez   *Le pronom* **y**

■ The pronoun **y** can be used to avoid repeating the name of a place. It can substitute for a prepositional phrase beginning with **en, à, sur, dans,** or another preposition of location.

> Les Godot habitent **en France.**
> Ils **y** habitent depuis longtemps.
> Pendant les vacances, ils sont allés **à Cassis.**
> Ils **y** sont restés deux mois.

VOCABULAIRE ACTIF

passer ses vacances

y

■ **Y** takes the same place in the sentence as do direct and indirect object pronouns: directly before the verb in the present; before the auxiliary verb in the passé composé; and before the infinitive in sentences with a verb followed by an infinitive.

> — Qui veut aller à la montagne?
> — Moi, je veux bien **y** aller. J'**y** vais le plus souvent possible.
> — Pas moi. J'**y** suis déjà allé(e) hier.

ACTIVITÉS

C. Mais où?   Dites où sont (où vont) Messieurs Godot et Estragon.

1. Messieurs Godot et Estragon y sont.
2. Monsieur Godot y va en train.
3. Monsieur Godot y a une petite maison.
4. Monsieur Estragon y fait un voyage d'affaires.
5. Monsieur Estragon y va pour acheter son billet.

Et vous? Où êtes-vous?

6. J'y étudie.
7. J'y habite.
8. J'y mange tous les jours.
9. J'y voyage en été.
10. J'y travaille.

D. Y ou lui?   Pour chaque question que le professeur vous pose, soulignez la bonne réponse.

1. Oui, il (y / lui) est.
2. Oui, il (y / lui) a une petite maison.
3. Oui, il (y / lui) téléphone.
4. Oui, il (y / lui) dit «bonjour».
5. Oui, il (y / lui) répond.
6. Oui, il (y / lui) prend son billet.
7. Oui, il (y / lui) voyage.
8. Oui, il (y / lui) rend visite.

E. Interviews.   Complétez les phrases suivantes avec le nom d'un endroit et la préposition qui convient.

1. Cet été je passe mes vacances _____ .

2. Mes parents vont _____ .

3. L'année prochaine je vais étudier _____ .

4. Mes copains et moi, nous allons voyager _____ .

5. Mon copain (ma copine) est allé(e) _____ pour faire un

stage linguistique.

6. Ma sœur (Mon frère) a voyagé _____ .

Maintenant interviewez un(e) camarade de classe pour voir si vos réponses sont semblables.

➡ — *Tu passes tes vacances au Sénégal cet été?*
— *Oui, j'y passe mes vacances.*

ou — *Non, je n'y passe pas mes vacances. Je vais passer mes vacances en Floride.*

F. Voyages. (1) Écrivez le nom de quatre endroits (destinations désirées) que vous voudriez visiter (villes ou pays). (2) Cherchez des camarades de classe qui ont déjà visité ces endroits. (3) Posez des questions pour compléter le tableau.

➡ — *Tu es allé à la Martinique?*
— *Oui, j'y suis allé.*
— *Comment est-ce que tu y es allé?*
— *J'y suis allé en avion.*
— *Qu'est-ce qu'on y trouve?*
— *On y trouve de belles plages et du beau temps.*

ma destination désirée	camarade de classe	moyen de transport	ce qu'on y trouve

Jeu de rôle

In groups of four or five, play the role of a family that has trouble deciding where to go on vacation. One of the children likes mountains and nature; another likes sports and the beach; the third wants to spend time shopping! One parent loves museums and tourist sites; the other simply wants some peace and quiet. Try to come up with a plan!

 Now that you have finished the Troisième étape of this chapter, do your Lab Manual activities with the audio program. Explore chapter topics further with the *Mais oui!* Video and CD-ROM. Viewing and comprehension activities are in the video section of your *Workbook/Lab Manual/Video Manual.*

Intégration

Littérature: Le voyage du petit prince

Antoine de Saint-Exupéry, born in 1900, was a pilot by profession. He flew mail planes from France to Senegal and then pioneered air routes to Brazil and Chile. The trips he made in the early days of aviation inspired *Courrier-Sud* (1928), *Vol de nuit* (1931), and *Terre des hommes* (1939), three novels that tell of dangerous encounters with the elements, action and responsibility, solitary struggles and human bonds. During World War II, Saint-Exupéry was sent to New York to appeal for aid for the Free French. While in New York, he published *Pilote de guerre* (1942) and *Le Petit Prince* (1943). In 1943, he returned to combat and volunteered for a number of dangerous missions. In July 1944, his plane was shot down over the Alps, and he was presumed dead.

Les billets de banque français représentent souvent des artistes et des écrivains. Ce billet de 50 francs, sorti en 1994, fait honneur à Saint-Exupéry et au petit prince.

Le Petit Prince is a classic for both children and adults. The setting for most of the book is the Sahara Desert, where Saint-Exupéry himself almost died after a forced landing in 1935. In real life, Saint-Exupéry was rescued by some Bedouins. In *Le Petit Prince,* the pilot is rescued by an extraordinary little guy (**«un petit bonhomme tout à fait extraordinaire»**) who comes from another planet (**l'astéroïde B-612).** He lives alone on that planet until a beautiful rose appears, a rose who is really quite insecure and seeks attention in all the wrong ways. After a few misunderstandings with his rose, **le petit prince** decides to look for friends elsewhere. In the following excerpts, he travels to a number of small planets, each inhabited by a single person, and finally arrives on Earth.

Avant de lire **1** Le petit prince va visiter plusieurs petites planètes, chacune habitée par une seule personne. Il va rencontrer ainsi un buveur (une personne qui boit trop) et un businessman. Quelle personne pensez-vous que les expressions suivantes décrivent—le buveur ou le businessman?

1. un homme très occupé
2. un homme qui a honte (is ashamed)
3. un homme qui veut oublier quelque chose
4. un homme très sérieux

Enfin, le petit prince va arriver sur la Terre—dans le désert du Sahara, où il va parler avec un serpent. Puis il va traverser le désert et arriver dans une gare, où il va parler avec un aiguilleur, c'est-à-dire un homme qui contrôle la direction des trains. À votre avis, dans quel contexte—le désert ou la gare—le petit prince va-t-il dire les choses suivantes?

1. «Il n'y a donc personne (no one) sur la Terre?»
2. «On est un peu seul (alone, lonely) ici... »
3. «Ils sont bien pressés (in a hurry). Que cherchent-ils?»

2 Dans ce texte, vous allez voir des verbes comme **il fit,** ou **il pensa.** Ces verbes sont au passé simple, qui est l'équivalent littéraire du passé composé.

il fit = il a fait   il pensa = il a pensé

Pouvez-vous donner le passé composé des verbes suivants?

il demanda   il répondit   il partit

En général **3** Parcourez le texte une première fois pour trouver les phrases données dans **Avant de lire.** Est-ce que vos prédictions étaient correctes?

1. Qui est très occupé?
2. Qui a honte de ce qu'il fait?
3. Qui veut oublier quelque chose?
4. Qui pense qu'il est sérieux?
5. Où est-ce que le petit prince demande: «Il n'y a donc personne sur la Terre?»
6. Où est-on «un peu seul»?
7. De qui parle le petit prince quand il dit, «Ils sont bien pressés»?

Le voyage du petit prince

La planète suivante était habitée par un buveur, installé en silence devant une collection de bouteilles.

— Que fais-tu là? dit le petit prince au buveur.
— Je bois, répondit le buveur.
— Pourquoi bois-tu? lui demanda le petit prince.
— Pour oublier, répondit le buveur.
— Pour oublier quoi?
— Pour oublier que j'ai honte, avoua le buveur.
— Honte de quoi? demanda le petit prince.
— Honte de boire!

Et le petit prince partit, perplexe.

Les grandes personnes sont décidément très très bizarres, se disait-il en lui-même durant le voyage.

La quatrième planète était celle du businessman. Cet homme était si occupé qu'il ne leva même pas la tête° à l'arrivée du petit prince.

ne... didn't even look up

— Bonjour, dit le petit prince.

— Trois et deux font cinq. Cinq et sept douze. Douze et trois quinze. Bonjour. Quinze et sept vingt-deux. Vingt-deux et six vingt-huit. Vingt-six et cinq trente et un. Ouf! Ça fait donc cinq cent un millions six cent vingt-deux mille sept cent trente et un.

— Cinq cent un millions de quoi?

— Hein? Tu es toujours là? Cinq cent un millions de... je ne sais plus... j'ai tellement de travail! Je suis sérieux, moi! Je disais donc cinq cent un millions...

— Millions de quoi?

— Millions de ces petites choses que l'on voit quelquefois dans le ciel.

— Des mouches°?

flies

— Mais non, des petites choses qui brillent°.

shine

— Ah! des étoiles?

— C'est bien ça. Des étoiles.

— Et que fais-tu de ces étoiles?

— Rien. Je les possède.

— Et à quoi cela te sert-il° de posséder les étoiles?

à quoi... what's the use

— Ça me sert à être riche.

— Et à quoi cela te sert-il d'être riche?

— À acheter d'autres étoiles.

Celui-là°, pensa le petit prince, il raisonne un peu comme le buveur. Les grandes personnes sont vraiment extraordinaires...

cet homme-là

[En continuant son voyage, le petit prince arrive enfin sur la Terre, et voit un serpent.]

— Sur quelle planète suis-je tombé°? demanda le petit prince.

suis... did I fall

— Sur la Terre, en Afrique, répondit le serpent.

— Ah!... Il n'y a donc personne sur la Terre?

— Ici c'est le désert. Il n'y a personne dans les déserts. La Terre est grande, dit le serpent.

— Où sont les hommes? demanda le petit prince. On est un peu seul dans le désert...

— On est seul aussi chez les hommes, dit le serpent.

[Le petit prince traverse le désert et arrive finalement dans une gare.]

— Bonjour, dit le petit prince.

— Bonjour, dit l'aiguilleur.

— Que fais-tu ici? dit le petit prince.

— J'expédie° les trains qui emportent° les voyageurs, tantôt vers la droite, tantôt vers la gauche, dit l'aiguilleur.   *send / take away*

Et un rapide° illuminé, grondant comme le tonnerre°, fit trembler la cabine d'aiguillage°.   *train / grondant... rumbling like thunder / de contrôle*

— Ils sont bien pressés, dit le petit prince. Que cherchent-ils?

— L'homme de la locomotive l'ignore lui-même, dit l'aiguilleur.

Et un second rapide illuminé gronda en sens inverse°.   *en... dans la direction opposée*

— Ils reviennent déjà? demanda le petit prince.

— Ce ne sont pas les mêmes, dit l'aiguilleur.

— Ils n'étaient° pas contents, là où ils étaient?   *were*

— On n'est jamais content là où l'on est, dit l'aiguilleur.

Et gronda le tonnerre d'un troisième rapide.

— Ils poursuivent° les premiers voyageurs? demanda le petit prince.   *pursue*

— Ils ne poursuivent rien du tout, dit l'aiguilleur. Ils dorment là-dedans, ou bien ils bâillent°. Les enfants seuls écrasent leur nez contre les vitres°.   *yawn / écrasent... press their noses to the windows*

— Les enfants seuls savent ce qu'ils cherchent, dit le petit prince. Ils perdent du temps pour une poupée de chiffons°, et elle devient très importante, et si on la leur enlève°, ils pleurent...   *poupée... rag doll*
take it away

— Ils ont de la chance°, dit l'aiguilleur.   *ont... are lucky*

Extrait et adapté de *Le Petit Prince* (Antoine de Saint-Exupéry)

En détail   **4 Les mots.**   En utilisant les mots apparentés, le contexte et la logique, pouvez-vous déduire le sens des mots suivants?

1. Sur la planète du businessman:

— Et que fais-tu de ces étoiles?
— **Rien,** je les **possède.**
... il **raisonne** un peu comme le buveur.

2. Sur la Terre, à la gare:

J'expédie les trains ... **tantôt vers** la droite, **tantôt vers** la gauche...
Ils perdent du temps pour une poupée de chiffons, et elle **devient** très
importante...

5 Le texte

A. Vrai ou faux?   Si les phrases suivantes sont vraies, expliquez-les. Si elles
sont fausses, corrigez-les.

1. Le buveur veut sortir de sa situation.
2. Le businessman ne sait pas comment s'appellent les choses qu'il
   compte.
3. Le businessman est très matérialiste.
4. Selon le serpent, il y a des problèmes de communication et de solitude
   chez les hommes.
5. L'aiguilleur pense que les voyageurs savent ce qu'ils cherchent.
6. Les voyageurs du premier train reviennent déjà dans le second train.
7. Les voyageurs lisent et parlent dans les trains.
8. Les enfants savent regarder avec le cœur.

B. Répondez.

1. Pourquoi le petit prince pense-t-il que le businessman raisonne un peu
   comme le buveur?
2. Le buveur et le businessman sont seuls dans leur petit monde avec
   leurs problèmes ou leurs illusions. Est-ce que la situation des
   voyageurs dans les trains est différente? Expliquez.
3. Qu'est-ce que les enfants savent faire pour une poupée de chiffons?

Et vous?   Discutez avec un(e) partenaire.

1. Les petites planètes que le petit prince visite sont habitées par une
   seule personne. Puis quand il arrive sur la Terre, c'est dans un désert.
   Quel est le symbolisme commun?
2. «On n'est jamais content là où l'on est.» Une autre expression dit que
   «l'herbe (grass) est toujours plus verte de l'autre côté». Est-ce vrai?
   Pourquoi? Donnez des illustrations.
3. Imaginez que vous aussi, vous avez voyagé sur deux petites planètes,
   chacune habitée par une seule personne. Qui avez-vous vu sur chaque
   planète? Créez pour chaque personne une identité qui illustre un trait
   typiquement humain, et un petit dialogue avec cette personne.

Par écrit: Wish you were here!

Avant d'écrire   **A. Strategy: Taking audience into account.**   What you say when you write
depends to a large extent on who your intended audience is. If you were
developing brochures for tourists visiting your state, for example, the
attractions you would emphasize to appeal to retirees would be different
from the ones you would emphasize to entice young families with children. The adjectives you would use to describe your state might also vary.

Application. Jot down two lists: (1) the types of leisure activities and amenities found in your state most likely to interest young families, and (2) those that would appeal to retirees. Remember, your lists need not be mutually exclusive!

B. Strategy: Using a telegraphic style. We sometimes encounter a telegraphic writing style used in advertising, and we often engage in it ourselves when we take notes in class, leave notes for friends, or send postcards. This highly informal style usually consists of incomplete sentences. Only the key words remain.

Application. Look at the tourist brochure that follows and find several examples of telegraphic writing. Who do you think the intended audience is? Why?

CASSIS

BOUCHES DU RHÔNE
LA PROVENCE

Tous renseignements auprès de
OFFICE MUNICIPAL DU TOURISME
Place P. Baragnon
13260 CASSIS
Tél. 42.01.71.17
Fax. 42.01.28.31

CASSIS

Petit port de pêche et de plaisance.

À 22 km de Marseille, situé entre le Massif des Calanques à l'ouest et la plus haute falaise d'Europe: le Cap Canaille (416 m) à l'est.

Station climatique et balnéaire.

Distractions et loisirs
- Casino municipal.
- Plongée sous-marine: 2 clubs.
- Voile et planche à voile: 2 clubs.
- Tennis: 2 clubs.

FESTIVITÉS - RENCONTRES SPORTIVES
Nombreuses festivités programmées par le Centre Culturel, Cassis Animation et l'Office Municipal de la Culture.

ITINÉRAIRES TOURISTIQUES
- Promenades - escalades dans le Massif des Calanques.
- Route des Crêtes dans le Massif du Cap Canaille.
- Route des vignobles de Cassis.
- Excursions organisées par l'Office Municipal du Tourisme.

À voir
- Le Massif des Calanques.
- Le Cap Canaille.
- Le Vignoble Cassidain.
- Le Port.
- Promenades en mer dans les Calanques de Port-Miou, Port-Pin, En-Vau.
- Musée d'arts et traditions populaires de Cassis.

Hôtels
- 5 hôtels 3 étoiles: Les Jardins du Campanile - La Plage du Bestouan - La Rade - Les Roches Blanches - Le Royal Cottage.
- 7 hôtels 2 étoiles: Le Cassitel - Le Clos des Arômes - Le Grand Jardin - Le Golfe - Le Laurence - Le Liautaud - Le Provençal.
- 2 hôtels 1 étoile: Le Commerce - Le Joli Bois.
- 1 hôtel: Maguy.
- 1 résidence de tourisme: Eleis.

ÉCRIVEZ

1. Vous allez écrire une publicité touristique. Choisissez une région, par exemple, votre état ou une région francophone que vous avez visitée ou voudriez visiter. Avant de commencer, décidez quel groupe de touristes vous allez viser *(focus on)*. Notez les sites touristiques et les agréments *(amenities)* qui vont intéresser ce groupe. Pensez à plusieurs titres intéressants, puis écrivez votre publicité en employant un style télégraphique.

2. Imaginez que vous êtes en vacances dans la région pour laquelle vous avez écrit une publicité. Écrivez une carte postale à un(e) ami(e), à un membre de votre famille ou à un(e) collègue. Il n'y a pas beaucoup de place sur une carte postale, alors il faut employer un style télégraphique. Qu'est-ce que vous avez vu? Qu'est-ce que vous avez fait? Comment allez-vous décrire la région?

Chère Maman,
Quelle région formidable!
— port de pêche calme —
avons fait excursion en
bateau — vu vignobles
et falaises — sortons
ce soir au casino —
revenons samedi 4 juillet.

Bises,
Claire et Thomas

Madame Dupuis
30, rue des Cerisiers
86280 St-Benoît

3. Le petit prince, lui, a fait un voyage dans la solitude. Imaginez qu'après son voyage à la Terre, il écrit une carte à son amie, la rose. Qu'est-ce qu'il va lui dire?

➡ *Ma chère rose...*

VOCABULAIRE ACTIF

À l'hôtel

les bagages (m.) *luggage*
une baignoire *a bathtub*
une carte de crédit *a credit card*
(une chambre) libre *(a room) available*
un chien *a dog*
la clé *the key*
un garage *a garage, covered parking*

un jardin *a garden*
un lavabo *a bathroom sink*
la nuit *the night*
(petit déjeuner) compris *(breakfast) included*
une piscine *a swimming pool*
un(e) réceptionniste *a receptionist*

Les étages *(floors)*

un ascenseur *an elevator*
un escalier *the stairs*

le premier étage *the second floor*
le rez-de-chaussée *the ground floor*

Les vacances

acheter des souvenirs *to buy souvenirs*
une agence de voyages *a travel agency*
aller à la chasse *to go hunting*
aller à la pêche *to go fishing*
une cathédrale *a cathedral*
célèbre *famous*
un château *a castle*
faire du bateau *to go boating*
faire du camping *to go camping*

faire du ski nautique *to water-ski*
faire un séjour *to stay*
un lieu *a place*
un monument *a monument*
passer une semaine / ses vacances *to spend a week / one's vacation*
un séjour *a stay*
un vieux quartier *an old quarter / part of town*
visiter *to visit (a place)*
un voyage organisé *a tour*

La nature

le désert *the desert*
la forêt *the forest*
une île *an island*

un lac *a lake*
la mer *the sea*
la plage *the beach*

Les moyens de transport *(means of transportation)*

à pied *on foot*
en avion *by plane*
en bateau *by boat*

en train *by train*
en vélo *on bicycle*
en voiture *by car*

À la gare

un aller-retour *a round-trip ticket*
un aller simple *a one-way ticket*
l'arrivée (f.) *the arrival*
un billet *a ticket*
la consigne *baggage checkroom / locker*
une couchette *a couchette / berth*
le départ *the departure*
en première ou deuxième classe *first or second class*

fumeurs / non-fumeurs *smoking / nonsmoking*
le guichet *the ticket window*
un horaire *a schedule*
une place *a seat*
le prochain train *the next train*
le TGV *high-speed train*
une valise *a suitcase*
un voyage d'affaires *a business trip*

À l'aéroport

un avion *an airplane*   un vol *a flight*

Les pays

(Voir le tableau p. 251)

le monde *the world*

Verbes

attendre *to wait (for)*

descendre *to go down, to get off,*
   to stay in a hotel

dormir *to sleep*

entendre *to hear*

nager *to swim*

partir *to leave*

perdre *to lose*

rater (le train) *to miss (the train)*

rendre visite (à) *to visit (someone)*

répondre *to answer*

revenir *to come back*

servir *to serve*

sortir *to go out*

vendre *to sell*

venir *to come*

Expressions de temps

depuis *since*

depuis combien de temps? / depuis quand?
   how long? / since when?

il y a *ago*

pendant *for*

pendant combien de temps? *for how long?*

tout de suite *right away*

Pour demander et donner des renseignements / de l'aide

avec plaisir *with pleasure (my pleasure)*

un bureau de renseignements *an information bureau / desk*

Est-ce que vous pourriez... *Could you please . . .*
   me donner un coup de main *give me a hand*
   m'aider à... *help me . . .*

je regrette *I'm sorry*

Pourriez-vous m'indiquer... *Could you tell me . . .*

Divers

le (la) même *the same*   y *it, there*

Les relations humaines

8

Ces amies ont été
jeunes, elles aussi,
n'est-ce pas?

Qu'est-ce qu'elles
faisaient ensemble
quand elles
étaient jeunes?

Quel était leur
concept du
bonheur?

Et vous?

Qu'est-ce que vous
aimiez faire quand
vous étiez enfant?

This chapter will enable you to

- **understand the gist of discussions on more abstract topics, such as the concept of happiness**
- **read an article on love and marriage in France, and a literary classic about friendship—as seen through the eyes of *le petit prince***
- **relate how things used to be**
- **link ideas while describing people and things**
- **make suggestions and begin to state opinions**

sont assises sur un banc

Première étape

À l'écoute: L'amitié

Vous allez entendre un monsieur parler de l'amitié et de son meilleur ami.

Avant d'écouter

1 Quand vous pensez à l'amitié, quelles sont les images qui vous viennent à l'esprit? Cochez les suggestions appropriées, puis complétez la liste selon votre expérience personnelle.

L'amitié, c'est...

_____ parler de tout

_____ communiquer sans parler

_____ savoir écouter

_____ rire* ensemble *(to laugh together)*

_____ s'amuser *(to have fun)* ensemble

_____ pleurer ensemble

_____ passer des heures au téléphone

_____ raconter des blagues *(to tell jokes)*

_____ prêter des vêtements *(to lend clothes)*, des livres, des CD, etc.

_____ partager des idées, des secrets, etc.

_____ demander et donner des conseils *(advice)*

_____ faire des choses ensemble: sortir, aller en boîte *(to nightclubs)*, au ciné *(cinéma)*, à une soirée *(party)*, etc.

_____ avoir les mêmes goûts *(same tastes)*

_____ ?

2 Les copains et les copines sont des camarades, c'est-à-dire des relations plus superficielles que les amis. Dans la liste qui précède, quelles sont les choses qu'on fait avec un(e) ami(e) mais pas avec un copain ou une copine?

3 Est-ce que vous voyez encore des ami(e)s d'enfance? Pensez à un(e) ami(e) d'enfance. Où et quand avez-vous fait sa connaissance *(did you meet)*?

---

*Rire se conjugue comme **dire** aux trois personnes du singulier (**je ris, tu ris, il/elle/on rit**) et comme **étudier** aux trois personnes du pluriel (**nous rions, vous riez, ils/elles rient**). Passé composé: **j'ai ri.**

Note culturelle

Ami? Copain? In French, different words indicate different kinds of friends. **Un(e) ami(e)** is a close friend; **un copain / une copine** is a pal, a buddy, a casual friend; **un petit ami** is a boyfriend and **une petite amie** is a girlfriend. In Canada, **un(e) chum** is the equivalent of **un copain / une copine**; **mon chum** is used for **mon petit ami**; and **ma blonde** or **ma chum** means **ma petite amie.**

Écoutons

Audio CD

4 Écoutez une première fois les réflexions du monsieur en regardant la liste dans **Avant d'écouter.** Quelles activités de cette liste mentionne-t-il? Cochez-les une deuxième fois.

5 Écoutez encore pour trouver la bonne réponse à chacune des questions suivantes.

1. Quand le monsieur a-t-il fait la connaissance de son meilleur ami?
   a. au lycée
   b. dans son enfance

2. Où est-ce que son ami habitait?
   a. à côté de chez lui
   b. assez loin

3. Qu'est-ce qu'ils ne faisaient *pas* ensemble?
   a. jouer au basket
   b. jouer aux cow-boys et aux Indiens

4. Qu'est-ce qu'ils faisaient «quelquefois»?
   a. ils achetaient des glaces à la vanille
   b. ils avaient des petites disputes

5. Quand ils étaient étudiants, où allaient-ils le samedi soir?
   a. au café et au ciné
   b. en boîte

6. Qu'est-ce qui est différent maintenant?
   a. la vie les a séparés
   b. ils ne racontent plus de blagues

6 Écoutez encore la dernière partie du segment sonore, depuis «Plus tard... ». En utilisant le contexte et la logique, pouvez-vous déduire le sens des mots suivants? Reliez les mots en caractères gras à leurs synonymes.

1. on faisait **un tas** de choses...
2. ce n'est plus **pareil**
3. on continue à **se** voir **de temps en temps**

a. quelquefois
b. l'un l'autre
c. beaucoup
d. la même chose

VOCABULAIRE ACTIF

l'amitié (f.)
s'amuser
une boîte (de nuit)
le ciné
communiquer
un conseil
ensemble
les goûts (m.)
pareil(le)
passer (des heures)
un(e) petit(e) ami(e)
pleurer
prêter
raconter des blagues (f.)
rire
un secret
une soirée
un tas de
de temps en temps
des vêtements (m.)
se voir

Prononciation

*La lettre **g***

■ You have seen that sometimes the letter **g** is pronounced [ʒ] as in **partager;** sometimes it is pronounced [g] as in **regarder;** sometimes it is pronounced [ɲ] as in **baignoire.**

Écoutez   Look at the following words, which are all familiar to you, and listen to their pronunciation on the student audio CD. As you listen, try to infer when the letter **g** is pronounced [ʒ], [g], or [ɲ], checking the appropriate boxes in the chart.

Audio CD

soft g
hard g

1. gentil, énergique, gymnastique
2. garçon, golf, légume
3. renseignement, Allemagne
4. église, grand

	[ʒ]	[g]	[ɲ]
g + e, i, y			
g + a, o, u			
g + n			
g + other consonant			

■ To retain the [ʒ] sound in some forms of verbs like **manger** or **partager,** a silent **e** is added after the **g** before an **o** or an **a.**

   nous partage**ons**   je partage**ais**

■ To retain the [g] sound, a silent **u** is added after the **g** before an **e** or an **i.**

   une bla**gue**   le **gu**ichet

Essayez!   Practice saying the following sentences aloud, then listen to them on the student audio CD to verify your pronunciation.

Audio CD

1. Mes amis aiment les voyages; après un séjour à la plage en Bretagne, ils veulent passer par la Bourgogne puis aller en montagne.
2. J'ai mis mes bagages à la consigne avant *(before)* d'aller voir un copain dans sa maison de campagne.
3. Georges et moi, nous avons les mêmes goûts—nous ne mangeons jamais d'oignons!

STRUCTURE: Talking about the way things used to be
L'imparfait

Observez et déduisez

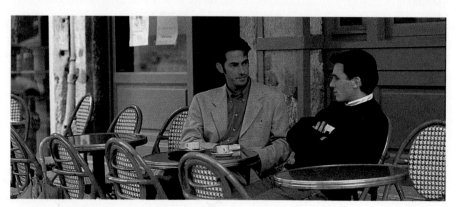

Des amis d'enfance se retrouvent.

Patrick est mon meilleur ami d'enfance. Il habitait à côté de chez moi, et nous faisions tout ensemble. On allait à l'école ensemble; on racontait des blagues; on riait beaucoup. Quelquefois nous avions des disputes—quand il voulait jouer aux cow-boys et aux Indiens alors que moi, je voulais jouer au foot, par exemple—mais pas souvent.

> ■ In the preceding paragraph, a young man uses the imperfect tense to talk about his best friend and the things they used to do together. What forms of the imperfect can you identify?
>
> ■ Jot down the endings for the following forms: **je, on, nous.** Can you predict the endings for the **tu** and **vous** forms of the verb?

Vérifiez *L'imparfait*

■ The formation of the imperfect is regular for all verbs except **être.*** To form the imperfect, take the *nous* form of the present tense, drop the *-ons,* and add the endings **-ais, -ais, -ait, -ions, -iez, -aient.**

> nous **parl**~~ons~~
> nous **sort**~~ons~~
> nous **ri**~~ons~~
> nous **fais**~~ons~~

L'imparfait			
je parlais	je sortais	je riais	je faisais
tu parlais	tu sortais	tu riais	tu faisais
il / elle / on parlait	il / elle / on sortait	il / elle / on riait	il / elle / on faisait
nous parlions	nous sortions	nous riions	nous faisions
vous parliez	vous sortiez	vous riiez	vous faisiez
ils / elles parlaient	ils / elles sortaient	ils / elles riaient	ils / elles faisaient

■ The stem for **être** is **ét-.** The endings are regular.

> j'étais
> nous étions

■ The imperfect is used to describe what things were like in the past, the way things used to be.

> Autrefois, quand nous **étions** petits, nous **faisions** un tas de choses ensemble.
> Nous **regardions** la télé; nous **jouions** avec notre chien et notre chat *(cat);* nous **riions** beaucoup.

VOCABULAIRE ACTIF
autrefois
un chat

---

*However, as you learned in Chapter 2, verbs ending in **-ger** add an **e** to the stem before endings beginning with **a.** Likewise, verbs ending in **-cer** add a cedilla to the **c** in the same cases:

je mang**e**ais BUT nous mangions   je commen**ç**ais BUT nous commencions

ACTIVITÉS

A. Une enfance française: comparaison. Comparez votre enfance avec l'enfance de Chantal pendant les années 50. Est-ce que vos enfances étaient semblables?

	Moi aussi	Pas moi
1. J'avais une amie qui m'invitait souvent à manger le quatre-heures *(snack)* chez elle, en revenant de l'école.	_____	_____
2. Après ça, on jouait ensemble, ou on faisait nos devoirs ensemble.	_____	_____
3. J'aimais être la première de ma classe parce qu'à la fin de l'année, je recevais un prix qui était généralement un beau livre.	_____	_____
4. Je lisais beaucoup, surtout les aventures d'Alice, une jeune détective.	_____	_____
5. Je prenais des cours de danse et d'art dramatique au conservatoire municipal.	_____	_____
6. Pendant l'été, ma famille fermait la maison pendant deux mois, et on partait en vacances.	_____	_____
7. Quelquefois on louait une villa à la montagne ou au bord de la mer, ou on faisait du camping.	_____	_____
8. Chaque été, nous passions aussi deux ou trois semaines chez ma grand-mère.	_____	_____

Maintenant, comparez vos réponses avec celles de vos camarades de classe. Est-ce que l'enfance chez vous ressemble à l'enfance de Chantal?

B. Un enfant pas comme les autres! Aviez-vous des goûts particuliers quand vous étiez petit(e)? D'abord, dans la colonne de gauche, complétez les phrases selon vos préférences *d'il y a dix ans.*

Il y a dix ans...	#1	#2	#3
je mangeais beaucoup de...			
j'allais souvent...			
je lisais...			
j'aimais...			
je détestais...			
j'avais...			
je...			

Maintenant, interviewez trois camarades de classe. Pouvez-vous trouver quelqu'un qui avait des goûts identiques?

➡ *Qu'est-ce que tu lisais il y a dix ans?*
   Est-ce que tu lisais... ?

C. **Autrefois et aujourd'hui.** Est-ce que la vie aujourd'hui ressemble à la vie d'autrefois? Comparez les deux en employant les expressions ci-dessous.

Autrefois je... ma famille... mes parents... mon copain/ ma copine...

regarder souvent la télévision
aller au ciné le samedi après-midi
habiter avec mes (ses/leurs) parents
ne pas aimer faire la sieste
voyager en été
rire beaucoup

jouer au Monopoly
vouloir être pompier *(fireman)*
prêter des vêtements (des livres, des CD)
aimer mes (ses/leurs) professeurs
raconter des blagues
?

➡ *Autrefois je faisais beaucoup de sports; aujourd'hui j'étudie beaucoup. Autrefois mes parents... (ma copine...)*

Maintenant, interviewez un(e) partenaire et comparez vos souvenirs.

➡ *Est-ce que ta famille regardait souvent la télé? Et aujourd'hui?*

D. **De mon temps.** Posez des questions à votre professeur pour savoir comment était sa vie quand il (elle) avait dix ans—mais ne soyez pas trop indiscret(-ète)! Écoutez ses réponses et devinez *(guess)* quelles réponses sont vraies et lesquelles sont fausses.

➡ *Est-ce que vous aviez un chat?*
Où est-ce que vous habitiez?

E. **Le portrait d'un(e) ami(e).** Imaginez que vous êtes psychologue et que vous interrogez un(e) client(e) au sujet de son (sa) meilleur(e) ami(e) d'enfance. En travaillant avec un(e) partenaire, écrivez huit questions que vous allez lui poser.

➡ *Comment était votre meilleur(e) ami(e)? Qu'est-ce que vous faisiez ensemble?*

Ensuite, à tour de rôle, assumez l'identité du (de la) client(e), et décrivez votre meilleur(e) ami(e) d'enfance à votre partenaire, le (la) psychologue, en répondant aux questions que vous avez préparées.

STRUCTURE: Talking about friendships
Les verbes pronominaux (I)

Observez et déduisez Mes meilleurs amis n'habitent plus à côté de chez moi, mais on continue à se voir de temps en temps, et chaque fois qu'on se retrouve, on s'amuse! Nous nous comprenons aussi bien aujourd'hui qu'auparavant—même si nous nous voyons rarement!

- If **se voir** means *to see each other,* what would the following verbs mean?

    se parler   se téléphoner   se comprendre   se disputer

- Study the pronominal verbs in the paragraph on page 281, and fill in the following chart with the appropriate pronouns: **me (m')**, **te (t')**, **se (s')**, **vous.**

s'amuser	
je _____ amuse	nous nous amusons
tu _____ amuses	vous _____ amusez
il / elle / on s'amuse	ils / elles _____ amusent

Vérifiez   *Les verbes pronominaux*

- Pronominal verbs are conjugated like other verbs except that an extra pronoun is needed before the verb.

Le verbe se souvenir *(to remember)*	
je **me** souviens	nous **nous** souvenons
tu **te** souviens	vous **vous** souvenez
il / elle / on **se** souvient	ils / elles **se** souviennent

- In the negative, **ne** precedes the pronoun.

    Je **ne** me dispute jamais avec mes copains.

- Some pronominal verbs indicate a *reciprocal* action, an action two or more subjects do to or with one another.

se battre	*to fight with each other*
se disputer	*to argue with each other*
se retrouver	*to meet each other (to get together)*
se (re)voir	*to see each other (again)*
se parler	*to talk to each other*
se comprendre	*to understand each other*
se téléphoner	*to phone each other*
s'écrire	*to write each other*

    Autrefois ma sœur et moi, **nous nous disputions** assez souvent, mais maintenant **nous nous comprenons** bien!

- Compare the pronominal and nonpronominal forms of these verbs:

    Alexis et Marie-Pierre **se retrouvent** au café. *(They meet each other.)*
    Alexis **retrouve** Marie-Pierre au café. *(He meets her.)*

- Some pronominal verbs are used *idiomatically.*

s'entendre	*to get along (with each other)*
se souvenir	*to remember*

VOCABULAIRE ACTIF
Les verbes pronominaux
se comprendre, etc.

| s'amuser | *to have fun* |
| s'ennuyer* | *to be bored* |

Ma meilleure amie du lycée et moi, nous **nous entendions** bien. Je **me souviens** que nous **nous amusions** beaucoup tous les week-ends.

ACTIVITÉS

F. Nous deux. Pensez à la relation que vous avez avec un frère, une sœur, un(e) autre parent ou un copain. Les phrases suivantes s'appliquent-elles *(apply)* à cette relation?

La personne: _____

	Oui	Non
1. Nous nous amusons ensemble.	____	____
2. Nous nous entendons bien.	____	____
3. Nous nous voyons assez souvent.	____	____
4. Nous ne nous parlons pas tous les jours.	____	____
5. Nous nous disputons rarement.	____	____
6. Nous nous comprenons bien.	____	____
7. Nous nous écrivons des messages électroniques.	____	____
8. Nous ne nous ennuyons jamais.	____	____

Maintenant, expliquez vos réponses à un(e) partenaire.

➡ *Ma sœur et moi, nous nous amusons ensemble. Nous jouons au tennis.*

G. Je me souviens que... Hélène parle de ses souvenirs d'enfance en regardant son album de photos (ci-dessous et à la page 284). Imaginez ce qu'elle va dire en employant autant de verbes pronominaux que possible.

Je me souviens que...

1. ... mes amis et moi, nous nous retrouvions souvent au café...

2. ... Carole et Jean... se disputaient

---

*Verbs ending in **-yer** are stem-changing verbs. Change **y** to **i** in all forms of the verb with silent endings: je m'ennuie, tu t'ennuies, il s'ennuie, ils s'ennuient, BUT nous nous ennuy<u>ons</u>, vous vous ennuy<u>ez</u>.

3. ... mes cousins...   *se battaient*

4. ... ma sœur et sa meilleure amie...   *se telephonaient*

5. ... _____ et moi, nous...

 Jeu de rôle

It's the year 2050. You've aged and the world has changed a lot! With a partner, play the role of a grandparent and grandchild. The grandchild describes what his/her life is like "now"—in 2050—and asks if the grandparent did the same things as a young person. The grandparent talks about life fifty years ago, and explains what s/he did differently.

**W
B**

Deuxième étape

Lecture: L'amour et le mariage

Avant de lire **1** Vous allez lire un article sur l'amour et le mariage en France. À votre avis, quels sont les nombres qui vont s'appliquer aux catégories suivantes pour la France des années 90?

1. Pourcentage des jeunes entre 20 et 24 ans qui vivent (habitent) avec un(e) conjoint(e) (qui sont mariés):
   a. 20%   b. 30%   c. 40% ou plus

2. Nombre de mariages qui se terminent par un divorce:
   a. 1 sur (out of) 2   b. 1 sur 3   c. 1 sur 4

3. Pourcentage de couples qui vivent ensemble sans être mariés (l'union libre ou la cohabitation):
   a. 10–15%   b. 20–25%   c. 30% ou plus

4. Nombre de couples qui ont vécu (habité) ensemble avant le mariage:
   a. 40% ou moins   b. 50%   c. 60% ou plus

2 À votre avis, est-ce que le nombre de célibataires, c'est-à-dire de gens non mariés, a augmenté (increased) ou diminué dans les dernières années?

3 Où est-ce qu'on rencontre l'homme ou la femme de sa vie? Complétez la liste suivante, puis classez ces lieux de 1 (lieu le plus commun) à 8 (lieu le moins commun).

_____ au travail

_____ à la fac

_____ au lycée

_____ à un bal (dance)

_____ chez des amis

_____ dans son voisinage (neighborhood)

_____ dans une boîte de nuit

_____ ?

En général **4** Parcourez le texte une première fois pour voir quels sujets sont traités dans l'article. Cochez-les.

_____ Les mariages mixtes (entre deux nationalités ou races différentes)

_____ Mariages religieux vs mariages civils

_____ Âge moyen des hommes et des femmes quand ils se marient

_____ Comparaison du nombre de divorces aujourd'hui et il y a vingt ans

_____ Comparaison de la proportion de célibataires chez les hommes et chez les femmes

_____ Relation éducation–mariage pour les femmes

_____ Évolution de la cohabitation

_____ Comparaison des circonstances de rencontre entre les années 1920 et aujourd'hui

_____ Saison privilégiée des rencontres

L'amour et le mariage en France

La vie en couple

Les mariés, une espèce en voie de disparition

Évolution du nombre annuel de mariages (en milliers) :

623

342

177

331

320

394

334

287

254

1920   1930   1940   1950   1960   1970   1980   1990   1995

INSEE

Depuis 1993, le nombre des mariages en France est le plus bas du siècle°, à l'exception des périodes des deux guerres mondiales°. Les 254 000 mariages enregistrés en 1995 représentent un mariage pour 228 habitants, le taux° le plus bas d'Europe après la Suède°. Et si l'on se marie moins, on se marie de plus en plus tard: l'âge moyen au premier mariage est de 27 ans pour les femmes (22 en 1970) et 29 ans pour les hommes (24 en 1970). On divorce aussi plus facilement: près d'un mariage sur deux se termine par un divorce, contre° un sur dix il y a vingt ans.

the lowest of the century
world wars

rate / Sweden

comparé à

Le célibat

Les célibataires sont de plus en plus nombreux: à peine° 20% des jeunes de 20–24 ans ont un(e) conjoint(e), contre 33% au début des années 80. La proportion de célibataires semble aussi liée° au niveau d'éducation: chez les hommes, il y a plus de célibataires dans les catégories sociales modestes; chez les femmes, au contraire, ce sont les femmes diplômées qui se marient le moins.

barely

linked

La cohabitation

Un couple concubin[1] sur dix

Évolution du nombre de couples non mariés en France et part dans le nombre total de couples:

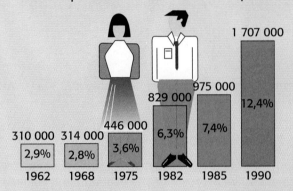

310 000	314 000	446 000	829 000	975 000	1 707 000
2,9%	2,8%	3,6%	6,3%	7,4%	12,4%
1962	1968	1975	1982	1985	1990

1. qui cohabite

Autre phénomène récent: le développement de l'union libre ou cohabitation. Apparue vers le milieu des années 70, la pratique de la cohabitation ou union libre concerne aujourd'hui plus de 12% de la population totale et dépasse° 20% chez les jeunes de 18 à 24 ans. Bien souvent, c'est l'arrivée attendue ou non d'un enfant qui motive l'officialisation de la cohabitation. Environ 60% des couples qui se marient aujourd'hui ont vécu ensemble avant le mariage, contre 8% pendant la période 1960–1969. L'union libre est considérée à la fois comme un «mariage à l'essai°» et une manière de conserver sa liberté.

exceeds

trial marriage

La rencontre

C'est seulement dans les contes de fées° que les princes épousent des bergères°. Dans la réalité, les princes épousent des princesses, et les bergères épousent des bergers. En effet, en France, on vit en général avec quelqu'un de son milieu social et de sa région. Mais le scénario des rencontres a évolué. Dans les années 1920, par exemple, quatre circonstances présidaient à la majorité des mariages: le voisinage, le travail, le bal et les rencontres chez des amis. Aujourd'hui on n'épouse plus son voisin (3% des mariages, contre 21% dans les années 1920) et le travail ou la fac ne produisent pas beaucoup de mariages. Les bals et les boîtes de nuit sont les lieux privilégiés des rencontres. Et la saison des amours, ce n'est pas le printemps, mais l'été, le temps des vacances où bals et sorties se multiplient.

comme Blanche Neige
shepherdess

Extrait de trois articles: «La famille française d'aujourd'hui», *Journal français d'Amérique,* 29 juin–26 juillet 1990; «La quête de l'âme sœur», *Ça m'intéresse,* août 1990; «Le couple», *Francoscopie* 1997.

5 Les mots.   En utilisant le contexte et la logique, identifiez les mots qui ont la signification donnée.

partie du texte	français	anglais
La vie en couple	_____	*to get married*
Le célibat	_____	*the level*
La cohabitation	_____ _____	*the middle* *freedom*
La rencontre	_____ _____	*fairy tales* *to marry (someone)*

6 Le texte

A. Les nombres.   Reprenez les nombres anticipés dans **Avant de lire**. Quelles sont les vraies réponses?

B. Vrai ou faux?   Les phrases suivantes sont-elles vraies ou fausses? Si elles sont fausses, corrigez-les.

1. L'âge moyen du mariage est le même pour les hommes et les femmes.
2. Il y a vingt ans, le divorce était aussi commun qu'aujourd'hui.
3. Selon cet article, il y a plus de jeunes (20–24 ans) qui vivaient avec un(e) conjoint(e) en 1990 qu'au début (commencement) des années 80.
4. L'éducation et les diplômes encouragent le mariage chez les femmes.
5. La majorité des couples qui cohabitent ont moins de 24 ans.
6. On épouse souvent quelqu'un d'un milieu social différent.
7. Les lieux de rencontres n'ont pas changé depuis les années 1920.
8. Le printemps est la saison des amours par excellence.

1. À votre avis, pourquoi est-ce qu'il y a moins de jeunes de 20 à 24 ans qui ont un(e) conjoint(e) dans les années 90 que dans les années 80? Est-ce la peur du Sida *(fear of AIDS)*? la situation économique? d'autres facteurs? La situation est-elle la même aux États-Unis?
2. Pourquoi est-ce que les femmes diplômées se marient moins souvent que les femmes qui ont moins d'éducation? Est-ce parce qu'elles sont plus indépendantes? plus occupées? plus difficiles *(choosy)*? Est-ce la même chose aux États-Unis? Pensez à des femmes que vous connaissez—est-ce vrai pour elles?
3. «C'est seulement dans les contes de fées que les princes épousent des bergères. Dans la réalité, les princes épousent les princesses, et les bergères épousent des bergers.»
   a. Trouvez des exemples dans la littérature, le cinéma ou l'actualité où des «princes» ont épousé des «bergères». Préparez une liste de noms célèbres. Quel groupe va pouvoir faire la liste la plus longue?
   b. Est-ce vrai que dans la réalité, on épouse quelqu'un de son milieu social? Pourquoi? Donnez des exemples personnels (des membres de votre famille, des amis, etc.).

VOCABULAIRE ACTIF

l'amour (m.)
un bal
célibataire
un couple
le divorce
épouser
le mariage
se marier
(l'âge) moyen
rencontrer/une rencontre

4. Réfléchissez aux lieux et saisons de rencontre en pensant aux membres de votre famille et à vos amis. Où ont-ils rencontré l'homme ou la femme de leur vie? En quelle saison? Préparez une liste, puis faites une synthèse des réponses que vous avez en commun avec vos partenaires.

STRUCTURE: Relating/linking ideas (I)
Les pronoms relatifs **qui** *et* **qu(e)**

Observez et déduisez Si les attitudes envers le mariage ont changé, est-ce que la répartition des tâches domestiques dans les couples a changé elle aussi? Lisez le tableau suivant.

Répartition des tâches domestiques dans les couples (en %)				
			Les deux conjoints	
	Hommes	Femmes	également	Autres
faire la lessive[1]	1,9	95,3	1,17	1,5
repasser[2]	2,2	89,3	0,9	7,6
laver la voiture	71,3	12,3	2,3	14,2
faire la cuisine	8,3	84,0	5,1	2,6
passer l'aspirateur[3]	13,5	77,9	2,1	6,3
faire la vaisselle[4]	16,4	73,7	6,8	3,11
faire les courses	19,9	67,4	10,6	2,2

1. *laundry*   2. *ironing*   3. *vacuuming*   4. *doing the dishes*

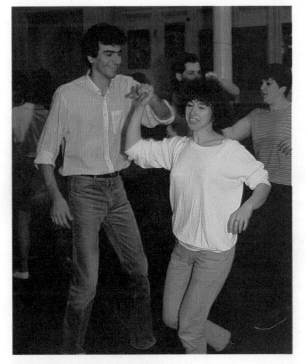

Rencontre dans une boîte.

Selon le tableau, d'habitude c'est la femme qui fait la lessive. Quelles sont les tâches que les hommes font rarement? Et dans votre famille, quelles sont les tâches que vous faites?

> ■ In the preceding paragraph, what kind of word follows the pronoun **qui**: a subject or a verb? What kind of word follows the pronoun **que** (**qu'**)?

Vérifiez *Les pronoms relatifs **qui** et **qu(e)***

■ Relative pronouns are used to relate (link) two sentences and to avoid repetition.

Ce sont les enfants.　+　Ils font la vaisselle.
→ Ce sont les enfants **qui** font la vaisselle.

Ranger *(Straighten)* ma chambre est une tâche.　+　Je n'aime pas cette tâche.
→ Ranger ma chambre est une tâche **que** je n'aime pas.

■ Both **qui** and **que** can refer to either people or things, so the difference in these pronouns is their grammatical function. The pronoun **qui** is used as a *subject* and is usually followed directly by a verb. The pronoun **que** is an *object* and is followed by a subject *and* a verb.

Pronoms relatifs
qui + verb
Ce sont les enfants **qui** font la vaisselle. Il y a des tâches domestiques **qui** sont ennuyeuses.
que + subject + verb
Ranger ma chambre est la tâche **que** je n'aime pas. Les couples **que** tu connais sont-ils des couples «modernes»?

■ Although the words "that," "whom," or "which" may be omitted in English, **que** may *not* be omitted in French.

les couples **que** je connais　　*the couples I know*

ACTIVITÉS

A. Les tâches domestiques. Complétez les phrases suivantes selon vos expériences personnelles, et partagez vos réponses avec la classe.

ma mère / mon père　　　　　　les enfants　　？
mon/ma camarade de chambre　　moi (je)

1. C'est (Ce sont) _____ qui passe(nt) l'aspirateur chez moi.

2. C'est (Ce sont) _____ qui fais (fait/font) les courses.

3. C'est (Ce sont) _____ qui repasse(nt) les vêtements.

4. C'est (Ce sont) _____ qui fais (fait/font) la vaisselle.

5. Faire la cuisine est une tâche que _____ déteste(nt).

6. Faire la lessive est une tâche que _____ déteste(nt).

7. Ranger la chambre est une tâche que _____ déteste(nt).

8. Laver la voiture est une tâche que _____ déteste(nt).

Maintenant, comparez le profil de la classe avec le tableau à la page 289.

B. L'amour et le mariage.   Voici un résumé de la lecture aux pages 286–287. Complétez les phrases avec **qui** ou **que,** puis indiquez si les phrases sont vraies ou fausses *selon l'article.*

	Vrai	Faux
➡ Le mariage est une institution *qu'*on valorise [*que*] de nouveau en France.	✓	___
1. L'augmentation du divorce est un phénomène [*que*] les statistiques révèlent de façon inquiétante.	___	___
2. Les femmes [*qui*] ont un diplôme et les hommes [*qui*] sont dans les catégories sociales modestes vivent plus souvent en couple.	___	___
3. Pour ceux *(those)* [*qui*] cohabitent, c'est bien souvent l'arrivée d'un enfant [*qui*] motive le mariage.	___	___
4. En France, on épouse rarement quelqu'un [*qui*] est de son milieu social.	___	___
5. Autrefois c'était souvent un voisin [*qu'*]on [*que*] épousait.	___	___
6. Aujourd'hui, le Français typique épouse quelqu'un [*qu'*]il rencontre à un bal ou dans une boîte de nuit.	___	___

C. Préférences.   Indiquez vos préférences en matière d'amour en cochant *toutes* les réponses qui sont vraies pour vous—ou ajoutez des réponses originales.

1. Je préfère les hommes (les femmes) qui/que...

_____ comprennent mes problèmes.

_____ je rencontre dans mes cours.

_____ sont sérieux (sérieuses).

?

2. Je veux épouser quelqu'un qui/que...

_____ écoute bien.

_____ j'admire.

_____ mes parents aiment bien aussi.

?

3. Je ne sors pas avec les hommes (les femmes) qui/que...

_____ mes copains n'aiment pas.

_____ n'aiment pas rire.

_____ sont égoïstes.

?

4. Pour moi, l'homme (la femme) idéal(e) c'est quelqu'un qui/que...

_____ adore faire les tâches domestiques.

_____ je peux admirer.

_____ aime mon chien (mon chat).

?

Maintenant, interviewez plusieurs camarades de classe pour trouver la personne qui vous ressemble le plus.

➡ — _Quels hommes (Quelles femmes) est-ce que tu préfères?_
   — _Je préfère les hommes (les femmes) **qui** comprennent mes problèmes._
                              ... **que** je rencontre dans mes cours.

STRUCTURE: Avoiding repetition (IV)
Les pronoms d'objet direct et indirect: **me, te, nous** et **vous**

Observez et déduisez   — Ah! il m'adorait; il m'écoutait; il me regardait toujours avec amour.
— Il t'attendait tous les soirs; il ne te demandait rien; il te comprenait.
— C'est vrai. Si seulement je pouvais trouver un homme aussi fidèle que mon chien!

- In the preceding dialogue, which object pronoun corresponds to **je?** to **tu?**
- Where are the pronouns **me (m')** and **te (t')** placed in relation to the verb?
- If **il m'écoutait** means _he used to listen to me,_ how would you say _he used to talk to me? he used to love you?_

Vérifiez   *Les pronoms d'objet direct et indirect:* **me, te, nous** *et* **vous**

■ You have already studied third-person direct object pronouns (**le, la, les**) and indirect object pronouns (**lui, leur**) in Chapter 6. **Me (m'), te (t'), nous,** and **vous** are first- and second-person direct *and* indirect object pronouns.

> je → **me (m')**   nous → **nous**
> tu → **te (t')**   vous → **vous**

> Est-ce que tes amis **te** prêtent leur voiture?   *indirect*
> Est-ce qu'ils **t'**écoutent?   *direct*
> Vos parents **vous** font souvent des cadeaux?   *indirect*
> Est-ce qu'ils **vous** comprennent?   *direct*

■ The placement of first- and second-person object pronouns is the same as for other object pronouns.

> Mon ami **m'**a dit qu'il **m'**aime et qu'il veut **m'**épouser!

■ In the passé composé, the past participle will agree in number and gender with the preceding *direct* object pronoun (see page 213).

> Tu **nous** as vus au bal, n'est-ce pas?

Résumé: Les pronoms		
pronoms sujets	pronoms d'objet direct	pronoms d'objet indirect
je	me	me
tu	te	te
il/elle/on	le, la, l'	lui
nous	nous	nous
vous	vous	vous
ils/elles	les	leur

ACTIVITÉS

D. Quelle chance!   Réfléchissez (pensez) à vos relations personnelles. À qui les phrases suivantes s'appliquent-elles, selon votre expérience?

> mon père /   mon copain /   mon frère /   ?
> ma mère   ma copine   ma sœur

1. Il/Elle me comprend.
2. Il/Elle m'écoute.
3. Il/Elle m'aime.
4. Il/Elle m'amuse.

> mes camarades de classe   mes professeurs   mes parents   ?

5. Ils/Elles m'écrivent des messages électroniques.
6. Ils/Elles me racontent des histoires amusantes.
7. Ils/Elles me retrouvent au café de temps en temps.
8. Ils/Elles me font des cadeaux.

Est-ce que votre partenaire a des réponses identiques?

E. Un anxieux. Le petit ami de Juliette est très anxieux *(insecure)*. Elle veut le rassurer. Imaginez les questions qu'il lui pose et les réponses mélodramatiques de Juliette.

➡ téléphoner ce soir?   — *Tu me téléphones ce soir?*
                                 — *Mais oui, je te téléphone ce soir.*

1. attendre après le cours?
2. retrouver au cinéma?
3. trouver irrésistible?
4. écrire des lettres d'amour?
5. aimer?
6. épouser?!

F. S'il vous plaît! Votre petit(e) ami(e) vient dîner chez vous, alors vous demandez à vos camarades de chambre de «libérer» l'appartement ce soir. Dites-leur tout ce que vous avez déjà fait pour eux ou elles *(them)*. Sont-ils (elles) d'accord ou non?

➡ préparer des repas
    — *Je vous ai préparé des repas.*
    — *C'est vrai. Tu nous as préparé des repas.*

    prêter de l'argent
    — *Je vous ai prêté de l'argent.*
    — *Mais non. Tu ne nous as pas prêté d'argent.*

1. servir le petit déjeuner au lit
2. acheter des cadeaux d'anniversaire
3. prêter mes CD
4. écouter à une heure du matin
5. aider à faire vos devoirs
6. ?

G. Un couple moderne. Pour un couple moderne, l'égalité absolue est importante. Jouez le rôle de l'homme ou de la femme en décrivant vos rapports selon l'exemple.

➡ adorer
    Mon époux (épouse) m'adore et je l'adore aussi!

1. écouter
2. téléphoner tous les jours du bureau
3. comprendre
4. admirer
5. parler de tout
6. dire la vérité

H. Les plaintes *(Complaints)*. Les femmes ne comprennent pas toujours les hommes et vice versa. Composez deux listes avec des plaintes typiques des hommes et des femmes.

➡ (plaintes des femmes)   *Les hommes ne nous écoutent pas.*
  (plaintes des hommes)   *Les femmes nous demandent trop.*

 Jeu de rôle

You and a classmate will play the role of a matrimonial agency employee and a client looking for an ideal mate. The employee needs to know what kind of mate is sought (men you meet in nightclubs? women who are independent?). The client describes his/her ideal husband/wife. (I want a wife who buys me presents! I prefer a husband who likes to laugh.) Does this ideal mate exist?

CULTURE ET RÉFLEXION

Internet

■ **L'amitié.** On dit que les Français sont comme une bonne baguette: l'extérieur est parfois dur mais l'intérieur est souple et tendre! À l'extérieur,

Les Français sont comme une bonne baguette...

les Français semblent parfois distants, réservés, froids, mais quand ils s'ouvrent, quand ils offrent leur amitié, c'est pour la vie. Un(e) ami(e), pour un Français, c'est quelqu'un qui n'a pas peur d'intervenir. Dans son livre *Évidences invisibles*, l'ethnologue Raymonde Carroll donne l'exemple d'une Française vivant aux États-Unis, une jeune maman qui traverse une période difficile. Son «amie-voisine» américaine, à qui elle mentionne qu'elle est très fatiguée, dit tout simplement: «Let me know if there is anything I can do.» Une amie française, à qui elle mentionne la même chose, propose tout de suite de garder ses enfants pendant quelques heures, pour lui permettre de se reposer[1]. Selon Raymonde

Carroll, la différence de réaction est culturelle: pour l'amie américaine, prendre la situation en main[2], c'est prononcer un jugement moral et dire en quelque sorte: «Tu n'es pas capable de contrôler ta vie.» Pour l'amie française, prendre la situation en main est une obligation, une des responsabilités de l'amitié. L'amitié, pour un Français, c'est dire ce qu'on pense, même si ce n'est pas toujours gentil.

L'amitié, c'est s'engager[3], même si ce n'est pas toujours pratique. Les Français préfèrent avoir peu d'amis, mais de vrais amis, plutôt que beaucoup d'«amitiés» superficielles. Et vous? Préférez-vous avoir peu d'amis, mais de vrais amis? Quand un(e) ami(e) traverse une situation difficile, qu'est-ce que vous faites? Attendez-vous que votre ami(e) vous demande de l'aide, ou prenez-vous la situation en main? Est-ce que vous êtes toujours honnête avec vos amis? Expliquez.

■ **«Dating».** La France évoque toutes sortes d'images romantiques, n'est-ce pas? Ah, l'amour... Est-ce donc vrai qu'il n'y a pas de mot pour «dating» en français? Eh oui! Le concept de «dating» n'existe même pas. Un jeune homme ne vient jamais chercher une jeune fille chez elle pour l'amener au cinéma. Non, les jeunes sortent généralement en groupes, et ils se donnent rendez-vous devant le cinéma ou à la terrasse d'un café. Les couples se forment à l'intérieur du groupe. Un autre concept complètement étranger à la culture française est le concept des «proms» ou autres activités sociales organisées par les écoles. La vie sociale et l'école sont deux mondes totalement séparés en France. Comparez les coutumes d'interaction sociale pour les jeunes en France et dans votre culture. Quels sont les avantages et les désavantages de sortir en groupe? en couple? Est-ce le rôle des écoles d'organiser des activités sociales? Expliquez votre point de vue.

Les jeunes sortent généralement en groupes.

---

1. *rest*   2. *take charge*   3. *commit oneself*

Troisième étape

À l'écoute: Le bonheur

Vous allez entendre deux personnes donner leur définition du bonheur. Est-ce que ces définitions vont correspondre à votre concept du bonheur?

1 Qu'est-ce que c'est que le bonheur pour vous? Cochez les suggestions que vous trouvez appropriées, puis ajoutez d'autres possibilités selon votre expérience personnelle.

Le bonheur, c'est...

être / se sentir* *(to feel)*	avoir	pouvoir
_____ aimé(e)	_____ une famille	_____ s'accepter
_____ accepté(e)	_____ des ami(e)s	_____ trouver son identité
_____ apprécié(e)	_____ de l'argent	_____ aimer les autres
_____ iibre *(free)*	_____ le confort matériel	_____ apprécier ce qu'on a
_____ indépendant(e)	_____ la santé *(health)*	_____ partager
_____ intelligent(e)	_____ un bon travail	_____ accumuler des choses matérielles
_____ beau (belle)	_____ confiance en soi *(self-confidence)*	_____ s'amuser
_____ ?	_____ ?	_____ arriver à ses objectifs *(reach one's goals)*
		_____ ?

* **(Se) sentir** se conjugue comme **partir.**

Maintenant choisissez dans ces listes les six éléments qui sont les plus importants pour vous et classez-les de 1 (le plus important) à 6 (le moins important).

Audio CD

2 Écoutez les conversations une première fois pour identifier le pays d'origine des deux personnes interviewées. Trouvez ces pays sur les cartes du monde francophone au début du livre.

1. Larmé vient de/du _____ .

2. Nayat est née *(was born)* en/au _____ , mais elle a grandi *(grew up)* en/au _____ .

3 Écoutez encore en regardant le tableau page 296. Soulignez les définitions mentionnées par Larmé, et encerclez celles que Nayat suggère.

4 Écoutez encore pour compléter les extraits suivants des conversations avec les mots donnés. Conjuguez les verbes si c'est nécessaire et déduisez le sens des mots en caractères gras. Attention: chaque liste contient des mots supplémentaires; le même mot peut être utilisé plus d'une fois.

1. Larmé   [*Mots:* partager, **se passer, avoir besoin,** heureux, pareil, individualiste, **tout le monde,** sa famille, voisins, amis, le village, son pays]

   On _a besoin_ des autres pour être _hereoux_ . En Europe et aux États-Unis c'est _individualiste_ , on est très _pareil_ , ou bien quand on _partageaient_ c'est avec _sa famille_ ou quelques _amis_ . En Afrique, quand quelque chose _se passe_ , tout _le village_ le sait, _tout le monde_ participe. .

2. Nayat   [*Mots:* **se développer,** s'accepter, se sentir, **isolé(e), déchiré(e),** libre, amour, identité, héritage, richesse, monde(s), culture(s)]

   Quand j'étais petite, je _____ inférieure parce que j'étais

   _____ entre deux _____ . Maintenant, pour moi le

   bonheur, c'est de trouver mon _____ dans ces deux

   _____ , et d'apprécier la _____ d'un double

   _____ . Sans l'_____ on est _____ et on ne

   peut pas vraiment _____ .

VOCABULAIRE ACTIF

apprécier
avoir besoin (de)
avoir confiance en soi
le bonheur
le confort matériel
(trouver) son identité
se passer (quelque chose
    se passe)
se sentir (libre)
la santé
tout le monde

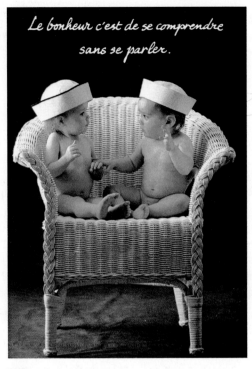

Le bonheur c'est de se comprendre sans se parler.

5 Écoutez une dernière fois et résumez...

1. la différence entre les relations humaines en Afrique et en Europe ou aux États-Unis, selon Larmé.
2. le problème de Nayat quand elle était petite.

Prononciation   *Les consonnes finales (suite)*

■ You have learned that in French, most final consonants are silent unless they are followed by a mute **e.**

petit / petite
grand / grande
français / française

■ Four consonants, however, are normally pronounced in final position—they are **c, r, f,** and **l,** all exemplified in the word CaReFuL.

avec   sur   neuf   il

Exceptions:

1. The **r** is silent in most **-er** endings.

parler   premier   papier

2. Some words are individual exceptions. They are words in which a final **c, r, f,** or **l** is silent (**blanc, porc, gentil**), or words in which other final consonants are pronounced (tennis, cinq, sept, concept).

■ Whether or not they are the last letter in the word, final consonant sounds must be pronounced clearly and completely. In American English, final consonant sounds are not always fully enunciated. In French, they are completely "released." Contrast:

English	French
intelligent	intelligente
lamp	lampe
soup	soupe
film	film

Écoutez

Audio CD

On the student audio CD, listen to the following excerpts from the conversation with Larmé, and underline all the final consonants that are pronounced. Which ones follow the CaReFuL rule? Which are individual exceptions?

1. Je viens de Pala, un petit village au sud du Tchad.
2. Quel est votre concept du bonheur?
3. Le bonheur, ça dépend de l'individu. Pour moi, le bonheur c'est le fait de se sentir libre.
4. Dans quel sens?
5. En Afrique, quand quelque chose se passe, tout le village le sait, tout le monde participe.

Musique au Congo: une image du bonheur?

Essayez!

Audio CD

Practice saying the sentences in **Écoutez** aloud, making sure you release all final consonant sounds clearly and completely. Then listen to the sentences again to verify your pronunciation.

STRUCTURE: Expressing obligation/necessity
*Le verbe **devoir***

Observez et déduisez

Je pense que pour être vraiment heureux, les jeunes doivent se sentir libres. On doit pouvoir décider ce qu'on veut faire dans la vie.

Moi, personnellement, je dois mon bonheur à la richesse d'un double héritage—français et algérien. Je dois beaucoup à ma famille.

> ■ What forms of the verb **devoir** do you see in the preceding sentences?
>
> ■ In which sentences does the verb mean *to owe?* In which sentences does it mean *must* or *to have to?*

Vérifiez   *Le verbe **devoir***

■ The verb **devoir** is irregular.

VOCABULAIRE ACTIF
devoir

Le verbe devoir	
je dois	nous devons
tu dois	vous devez
il / elle / on doit	ils / elles doivent

passé composé: j'ai dû

■ **Devoir** can be followed by a noun or an infinitive. When followed by a noun, it means *to owe.*

> Nayat **doit** son identité à son double héritage.
> Mon camarade de chambre me **doit** de l'argent!

■ When used with an infinitive, **devoir** expresses obligation or necessity, and its meaning varies according to the tense.

présent: *have to (must)*
Pour être heureux, on **doit** se sentir accepté.

passé composé: *had to*
Pour arriver à mes objectifs, j'**ai dû** beaucoup travailler.

imparfait: *was supposed to*
Claire **devait** arriver à ses objectifs aussi, mais elle n'a pas travaillé.

ACTIVITÉS

A. Le bonheur. Lisez les phrases suivantes, et indiquez si ce sont les opinions de Larmé ou de Nayat. (Écoutez encore **À l'écoute** si vous voulez.)

	Larmé	Nayat
Pour être heureux...		
1. On doit s'accepter.	_____	_____
2. On doit se sentir libre.	_____	_____
3. On doit arriver à ses objectifs.	_____	_____
4. On doit partager avec les autres.	_____	_____
5. On doit choisir ce qu'on veut faire dans la vie.	_____	_____
6. On doit trouver son identité.	_____	_____
7. On doit apprécier son héritage.	_____	_____
8. On doit se sentir aimé.	_____	_____

Êtes-vous d'accord avec ces opinions? Lesquelles?

B. Obligations familiales. Pour que le bonheur règne dans la famille, chacun doit s'occuper de ses obligations, n'est-ce pas? Parlez des obligations dans votre famille.

➡ *Tout le monde doit ranger sa chambre.*

Je		faire la lessive
Ma sœur / Mon frère		travailler beaucoup
Mes parents		faire les devoirs
Tout le monde	devoir	faire les courses
?		passer l'aspirateur
		laver la voiture
		ranger sa (leur) chambre

C. La semaine dernière.   Indiquez vos obligations de la semaine dernière.

J'ai dû... / Je n'ai pas dû...

_____ aller au supermarché   _____ faire mes devoirs

_____ ranger ma chambre   _____ demander de l'argent à mes parents

_____ écrire un rapport   _____ répondre aux questions du
professeur

_____ laver ma voiture   _____ travailler

_____ préparer un examen

_____ passer des heures à la   _____ lire un roman
bibliothèque

_____ prêter de l'argent à mon (ma)
camarade de chambre

_____ parler français

_____ ?   _____ ?

Maintenant, cherchez un(e) camarade de classe qui avait autant d'obligations que vous.

➡ *Tu as dû ranger ta chambre?*

D. Zut alors!   Votre mémoire n'est pas trop bonne. Dites ce que vous deviez faire récemment que vous avez oublié de faire.

➡ *Zut alors! Je devais téléphoner à ma sœur!*

STRATÉGIE DE COMMUNICATION
Making suggestions/Giving advice

When friends and family complain to you about personal problems or difficulties, you may feel compelled to offer advice—whether it is requested or not! Look at the following dialogue, and identify some expressions in French used for giving advice or making suggestions.

— Tu as l'air triste, Patrick. Ça ne va pas?
— Ben, pas trop... Mes parents et moi, nous ne nous entendons pas très bien en ce moment. Et puis mes camarades de chambre sont toujours en train de se disputer. Et en plus, Béatrice ne veut plus sortir avec moi!
— Oh là là, pauvre Patrick! Il faut te changer les idées. Tu as besoin de sortir; tu devrais t'amuser un peu pour ne pas penser* à tes problèmes. Si *(What if)* tu venais au cinéma avec Josée et moi ce soir?

Expressions pour donner des conseils	
Tu as besoin de... (Vous avez besoin de...)	+ infinitif
Tu dois... (Vous devez...)	+ infinitif
Tu devrais*... (Vous devriez*...)	+ infinitif
Il faut...	+ infinitif
Si tu... (Si vous...)	+ verbe à l'imparfait

* You should . . .

*Ne and pas are placed together before the verb when negating an infinitive.

ACTIVITÉS

E. Le bonheur. Quels conseils avez-vous pour une personne qui cherche le bonheur dans la vie?

1. Pour trouver le bonheur, il faut...
2. Pour trouver le bonheur, vous devriez...
3. Pour trouver le bonheur, vous avez besoin de...
4. Si vous...

F. Soucis. Votre camarade de chambre a beaucoup de soucis (de problèmes). Qu'est-ce que vous lui conseillez dans les situations suivantes?

«Je ne m'entends pas bien avec mon (ma) petit(e) ami(e).»
«Mes parents ne me comprennent pas.»
«Mes copains ne me parlent plus.»
«J'ai de mauvaises notes.»
«Je veux perdre du poids *(lose weight)*.»
«Je veux être riche.»

G. Le courrier du cœur. Il y a des gens qui envoient des lettres aux journaux pour demander des conseils—à Ann Landers, par exemple. Patrick et Micheline sont deux jeunes Français qui ont écrit des lettres à «Chère Chantal». Lisez leurs lettres, et préparez une réponse écrite à *une* de ces lettres avec un(e) partenaire.

Chère Chantal,

J'ai 18 ans et j'habite chez mes parents. Je ne m'entends pas bien du tout avec eux. Ils détestent mon petit ami, Gérard, et ils ne me permettent plus de sortir avec lui. Par conséquent, nous nous disputons souvent à la maison, et je me sens déchirée entre ma famille et mon ami. En fait, Gérard et moi, nous pensons que le mariage est peut-être une solution à notre problème. Qu'est-ce que vous nous conseillez? Nous avons tous les deux 18 ans.

Micheline

Chère Chantal,

J'ai un camarade de chambre vraiment embêtant! Nos goûts sont très différents. Lui, il aime le rock et moi, je préfère la musique country. Lui, il étudie le matin; moi, j'étudie le soir. Il est paresseux. Il passe des heures au téléphone, mais il n'a jamais le temps de ranger la chambre. En plus, il a un chat désagréable. Je suis allergique aux chats! À votre avis, qu'est-ce que je dois faire?

Patrick

Jeu de rôle

You and a couple of your childhood friends are reunited for the first time in many years. You reminisce about the way things used to be and share what is new in your lives, asking and giving advice, much as you did in the "good ol' days."

CD-ROM

Now that you have finished the Troisième étape of this chapter, do your Lab Manual activities with the audio program. Explore chapter topics further with the Mais oui! Video and CD-ROM. Viewing and comprehension activities are in the video section of your *Workbook/Lab Manual/Video Manual*.

Intégration

Littérature: Qu'est-ce que signifie «apprivoiser»?

We have seen **le petit prince** travel through the desert of loneliness. Here, he finds a road that leads him to a beautiful garden where, to his great surprise, he sees thousands of roses that look exactly like his rose—the rose back on his little planet, the one who had told him she was **«unique au monde»**. So, she had lied! She was just an ordinary flower! **«Je me croyais riche d'une fleur unique...»**

Feeling betrayed, **le petit prince** starts to cry. That's when a fox **(un renard)** appears. He is going to mention the word **apprivoiser.** What do you think it means? **Qu'est-ce que signifie «apprivoiser»?**

Avant de lire

1 Les mots suivants en caractères gras sont importants dans le texte que vous allez lire. D'après le contexte de chaque phrase, déduisez le sens de ces mots et trouvez l'équivalent anglais dans la liste donnée.

1. Je ne suis pas très populaire; je **n'**ai **que** deux copains.
2. Un homme qui chasse les animaux est un **chasseur.**
3. Les chasseurs chassent avec des **fusils.**
4. Une **poule** produit des œufs.
5. Un **lien,** c'est ce qui attache des choses ou des personnes.
6. Le **blé** est une céréale.
7. À la campagne, il y a des **champs** de blé.
8. Le blé est couleur d'**or,** ou **doré.**

a. fields
b. chicken/hen
c. wheat
d. only
e. gold/golden
f. bond
g. guns
h. hunter

2 Dans ce texte, vous allez encore voir des verbes au passé simple, mais vous allez voir aussi des verbes au futur. **Je pleurerai,** par exemple, signifie *I will cry.* Utilisez le contexte et la logique pour identifier l'infinitif qui correspond à chaque verbe en caractères gras.

1. Nous **aurons** besoin l'un de l'autre.
2. Tu **seras** pour moi unique au monde, je **serai** pour toi unique au monde.
3. Tu **reviendras** me dire adieu.
4. Je te **ferai** cadeau d'un secret.

a. être
b. revenir
c. faire
d. avoir

305

3 Qu'est-ce qu'il faut faire pour commencer une amitié? Cochez les suggestions qui vous semblent appropriées et ajoutez d'autres possibilités, selon votre expérience personnelle.

Il faut...

_____ parler

_____ s'observer sans parler d'abord

_____ s'ouvrir *(open oneself up)* immédiatement à l'autre personne

_____ s'ouvrir progressivement

_____ donner son temps

_____ faire des cadeaux

_____ savoir écouter

_____ faire des choses ensemble

_____ ?

En général **4** Parcourez le texte une première fois. Dans quel ordre les idées générales suivantes sont-elles présentées? Classez-les de 1 à 8.

_____ Le renard donne la définition du mot «apprivoiser».

_____ Le renard pose des questions sur la planète du petit prince.

_____ Le renard explique pourquoi il ne peut pas jouer avec le petit prince.

_____ Le renard explique pourquoi les hommes n'ont pas d'amis.

_____ Le renard explique comment on devient *(becomes)* unique au monde.

_____ Le renard donne au petit prince son secret et des conseils très importants.

_____ Le renard compare les cheveux du petit prince et les champs de blé.

_____ Le renard explique qu'il va être triste quand le petit prince va partir.

Qu'est-ce que signifie «apprivoiser»?

— Bonjour, dit le renard.
— Bonjour, répondit poliment le petit prince. Qui es-tu?
— Je suis un renard, dit le renard.
— Viens jouer avec moi, lui proposa le petit prince. Je suis tellement°   *so*
5 triste...

— Je ne peux pas jouer avec toi, dit le renard. Je ne suis pas apprivoisé.

— Ah! pardon, fit le petit prince.

Mais après réflexion, il ajouta:

— Qu'est-ce que signifie «apprivoiser»?

10 — Tu n'es pas d'ici, dit le renard, que cherches-tu?

— Je cherche les hommes, dit le petit prince. Qu'est-ce que signifie «apprivoiser»?

— Les hommes, dit le renard, ils ont des fusils et ils chassent. C'est bien gênant. Ils élèvent° aussi des poules. C'est leur seul intérêt. Tu cherches des *raise*
15 poules?

— Non, dit le petit prince. Je cherche des amis. Qu'est-ce que signifie «apprivoiser»?

— C'est une chose trop oubliée, dit le renard. Ça signifie «créer des liens». Tu n'es encore pour moi qu'un petit garçon tout semblable à cent mille petits
20 garçons. Et je n'ai pas besoin de toi. Et tu n'as pas besoin de moi non plus. Mais si tu m'apprivoises, nous aurons besoin l'un de l'autre. Tu seras pour moi unique au monde. Je serai pour toi unique au monde.

— Je commence à comprendre, dit le petit prince. Il y a une fleur, je crois qu'elle m'a apprivoisé...

25 — C'est possible, dit le renard. On voit sur la Terre toutes sortes de choses...

— Oh, ce n'est pas sur la Terre, dit le petit prince.

Le renard parut intrigué.

— Sur une autre planète?

— Oui.

30 — Il y a des chasseurs sur cette planète?

— Non.

— Ça, c'est intéressant! Et des poules?

— Non.

— Rien n'est parfait, soupira° le renard. *sighed*
35 Mais le renard revint à son idée.

—Ma vie est monotone. Je chasse les poules, les hommes me chassent. Toutes les poules se ressemblent, et tous les hommes se ressemblent. Je m'ennuie donc un peu. Mais si tu m'apprivoises, ma vie sera comme ensoleillée. Et puis, regarde! Tu vois, là-bas, les champs de blé? Je ne mange pas de pain. Le
40 blé pour moi est inutile°. Les champs de blé ne me rappellent rien. Et ça, c'est   *useless*
triste! Mais tu as des cheveux couleur d'or. Alors ce sera merveilleux quand tu m'auras apprivoisé! le blé, qui est doré, me fera penser à toi. S'il te plaît... apprivoise-moi!

—Je veux bien, répondit le petit prince. Mais je n'ai pas beaucoup de
45 temps. J'ai des amis à découvrir° et beaucoup de choses à connaître.   *trouver*

—On ne connaît que les choses que l'on apprivoise, dit le renard. Les hommes n'ont plus le temps de rien connaître. Ils achètent des choses toutes faites chez les marchands. Mais comme il n'existe pas de marchands d'amis, les hommes n'ont plus d'amis. Si tu veux un ami, apprivoise-moi!
50   —Que faut-il faire? dit le petit prince.

—Il faut être très patient, répondit le renard.

[Le renard explique qu'il faut s'asseoir chaque jour un peu plus près, ne pas parler quelquefois parce que «le langage est source de malentendus°». Il faut   *misunderstanding*
s'ouvrir progressivement, et venir toujours à la même heure pour avoir le
55 temps de se préparer le cœur, car l'anticipation est nécessaire au bonheur.]

Ainsi le petit prince apprivoisa le renard. Et quand l'heure du départ arriva:

—Ah, dit le renard... Je pleurerai.

—C'est ta faute, dit le petit prince. Tu as voulu que je t'apprivoise.
60   —Bien sûr, dit le renard.

—Mais tu vas pleurer! dit le petit prince.

—Bien sûr, dit le renard.

—Alors tu n'y gagnes rien°!   *gain nothing*

—J'y gagne, dit le renard, à cause de la couleur du blé.
65 Puis il ajouta:

—Va revoir les roses. Tu comprendras que ta rose est unique au monde. Tu reviendras me dire adieu, et je te ferai cadeau d'un secret.

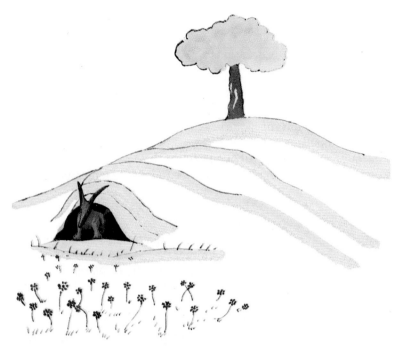

[Le petit prince va revoir les roses, comprend qu'elles ne sont pas du tout comme sa rose parce qu'elles ne sont pas apprivoisées. Sa rose est unique au
70 monde parce que c'est pour elle qu'il a sacrifié son temps, c'est elle qu'il a servie, c'est elle qu'il a écoutée, c'est elle qu'il a aimée—c'est elle qu'il aime.]

　　Et il revint vers le renard.
　　— Adieu, dit-il...
　　— Adieu, dit le renard. Voici mon secret. Il est très simple. On ne voit bien
75 qu'avec le cœur. L'essentiel est invisible pour les yeux.
　　— L'essentiel est invisible pour les yeux, répéta le petit prince, pour se souvenir.
　　— C'est le temps que tu as perdu pour ta rose qui fait ta rose si importante...
80　　— C'est le temps que j'ai perdu pour ma rose... fit le petit prince, pour se souvenir.
　　— Les hommes ont oublié cette vérité°, dit le renard. Mais tu ne dois pas *truth* l'oublier. Tu es responsable pour toujours de ce que tu as apprivoisé. Tu es responsable de ta rose...
85　　— Je suis responsable de ma rose... répéta le petit prince, pour se souvenir.

Extrait et adapté de *Le Petit Prince* (Antoine de Saint-Exupéry)

En détail　**5** **Les mots.**　En utilisant le contexte et la logique, pouvez-vous déduire ce que signifient les mots en caractères gras? Trouvez les synonymes.

1. (Page 307, line 13)　C'est bien **gênant.**
2. (Page 307, line 18)　Ça signifie **créer** des liens...
3. (Page 307, line 19)　Tu n'es encore pour moi qu'un petit garçon tout **semblable** à cent mille petits garçons.
4. (Page 308, line 40)　Les champs de blé ne me **rappellent** rien.
5. (Page 308, line 64)　J'y gagne, **à cause de** la couleur du blé.

a. pareil
b. parce qu'il y a
c. faire, fabriquer
d. problématique
e. font penser à

écrire ✓

6 **Le texte.**   Répondez aux questions suivantes, selon le texte.

1. Pourquoi le renard ne peut-il pas jouer avec le petit prince?
2. Quel est le seul intérêt des hommes, selon le renard?
3. Qu'est-ce que signifie «apprivoiser»?
4. Pourquoi le renard dit-il que «rien n'est parfait» quand il parle de la planète du petit prince?
5. Pourquoi le renard veut-il que le petit prince l'apprivoise?
6. Pourquoi le petit prince n'a-t-il pas beaucoup de temps pour apprivoiser le renard? Est-ce ironique?
7. Pourquoi les champs de blé vont-ils être une consolation pour le renard après le départ du petit prince?
8. Qu'est-ce que le petit prince comprend quand il revoit les roses?
9. Quel est le secret du renard? Comment est-ce que l'expérience du petit prince avec les roses l'a préparé à comprendre ce secret?
10. Quelle vérité est-ce que les hommes ont oubliée, selon le renard?

Et vous?

1. Est-ce que vous êtes d'accord avec le renard quand il dit que «les hommes n'ont plus le temps de rien connaître» et «n'ont plus d'amis»? Avec un(e) camarade de classe, faites une liste des obstacles aux relations humaines dans la société moderne, puis comparez votre liste avec celles des autres groupes.
2. Qu'est-ce qu'il faut faire pour apprivoiser quelqu'un? En groupes de deux ou trois, comparez la liste du renard et votre liste à vous, selon vos expériences personnelles. Ensuite présentez vos conclusions à la classe.

Selon le renard   **Selon nous**

3. Est-ce que vous avez «des champs de blé» dans votre vie—des objets, des chansons *(songs),* des parfums ou d'autres choses—qui vous rappellent des personnes que vous aimez? En groupes de deux ou trois, comparez vos «champs de blé».
4. «On ne voit bien qu'avec le cœur. L'essentiel est invisible pour les yeux.» Pensez à deux personnes que vous aimez. Qu'est-ce qu'on voit avec les yeux quand on regarde ces personnes? Et avec le cœur? Individuellement d'abord, complétez le tableau suivant, puis partagez vos observations avec un(e) partenaire.

Nom ou initiale	Avec les yeux	Avec le cœur

Post scriptum

After realizing that he is responsible for his rose, **le petit prince** decides to return to his planet to take care of her. The return will not be easy. **Le petit prince** will have to leave his body on earth, because it will be too heavy to carry on the way up. The snake that he met when he arrived on Earth will help him make his ultimate sacrifice. The prince's death will be the supreme illustration of the fox's secret: it is only with the heart that one can truly see; what is essential is invisible to the eyes. The body is just a shell; the essential lives on. **On ne voit bien qu'avec le cœur. L'essentiel est invisible pour les yeux...**

Par écrit: The way we were

Avant d'écrire

A. Strategy: Using reporters' questions. The standard questions asked by reporters—who? what? where? when? why? and how?—can be used as an effective pre-writing tool to help generate ideas. The answers to some questions will, of course, be more important than others depending upon the topic, but the process of *asking* questions will help clarify which items are most relevant.

Application. What questions would you ask a friend you hadn't seen in a long time? What would you ask someone who has lived a long time? List as many questions as you can in each category.

VOCABULAIRE ACTIF
à cette époque-là
en ce temps-là

B. Strategy: Talking about the way things were. These expressions can be used to introduce a discussion of the way things were in the past.

autrefois	*back then*
à cette époque-là ⎫	
en ce temps-là ⎭	*at that time*

Application. Use the preceding expressions to introduce three sentences about what life was like when you were ten years old.

ÉCRIVEZ

1. Le petit prince se prépare à retourner sur sa planète. Il anticipe les questions que sa rose va lui poser et, dans son journal de voyage, prépare les réponses qu'il va donner, décrivant au passé ses impressions de la Terre. Qu'est-ce que le petit prince écrit dans son journal?

   Questions de la rose   Réponses du petit prince

2. C'est l'an 2080. Vous fêtez votre centième anniversaire, et un journaliste vous pose des questions pour un article qui va paraître dans le journal local. Comment allez-vous répondre à ses questions?

   Vous aviez une grande famille?
   Qu'est-ce que vous faisiez pour vous amuser quand vous étiez petit(e)?
   Vous aviez un(e) meilleur(e) ami(e) à cette époque-là? Comment était-il/elle?
   Est-ce que l'institution du mariage était différente autrefois?
   Et le concept du bonheur?

VOCABULAIRE ACTIF

Verbes et expressions verbales

apprécier *to appreciate*
avoir besoin (de) *to need*
avoir confiance en soi *to be self-confident*
communiquer *to communicate*
devoir *to have to, to owe*
épouser *to marry (someone)*

passer (des heures) *to spend hours*
pleurer *to cry*
prêter *to lend, to loan*
raconter *to tell (a story)*
rencontrer *to meet*
rire *to laugh*

Verbes pronominaux

s'amuser *to have fun*
se battre *to fight*
se comprendre *to understand one another*
se disputer *to fight, to argue*
s'écrire *to write one another*
s'ennuyer *to be bored*
s'entendre (bien ou mal) *to get along*
se marier *to get married*

se parler *to talk to one another*
se passer (quelque chose se passe) *to happen, to take place*
se retrouver *to meet (by previous arrangement)*
se (re)voir *to see each other (again)*
se sentir (apprécié, libre) *to feel (appreciated, free)*
se souvenir *to remember*
se téléphoner *to phone one another*

L'amour

un couple *a couple*
le divorce *divorce*
le mariage *marriage*

un(e) petit(e) ami(e) *a boyfriend / a girlfriend*
un rencontre *a (chance) meeting*

Les sorties

un bal *a dance*
une boîte (de nuit) *a nightclub*

le ciné (le cinéma)
une soirée *a party*

Les tâches domestiques *(domestic chores)*

faire la lessive *to do the laundry*
faire la vaisselle *to do the dishes*
laver la voiture *to wash the car*

passer l'aspirateur *to vacuum*
ranger (sa chambre) *to tidy up*
repasser *to iron*

Ce qu'on donne ou ce qu'on a

l'amitié *friendship*
le bonheur *happiness*
un chat *a cat*
le confort matériel *material comfort*

son identité (f.) *one's identity*
les (mêmes) goûts (m.) *(the same) tastes*
la santé *health*
les vêtements (m.) *clothes*

Ce qu'on dit ou ne dit pas

une blague *a joke*
un conseil *a piece of advice*

un secret *a secret*

Expressions pour donner des conseils

Il faut... *It is necessary . . .*
Si tu / Si vous (+ imparfait)... *What if you . . .*
Tu as / Vous avez besoin de... *You need to . . .*

Tu dois / Vous devez... *You must . . . / have to . . .*
Tu devrais / Vous devriez... *You should . . .*

Divers

(l'âge) moyen *the average (age)*
célibataire *single*
ensemble *together*

pareil(le) *the same*
un tas de *lots of*
tout le monde *everyone*

Adverbes de temps

à cette époque-là, en ce temps-là *at that time, in those days*
autrefois *in the past*
rarement *rarely*
de temps en temps *from time to time*

9 Les souvenirs

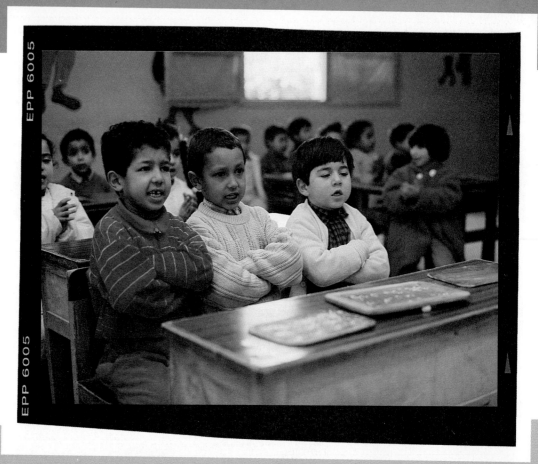

Qu'est-ce que ces enfants ont fait aujourd'hui?

Et vous?

Est-ce que vous vous souvenez de votre premier jour d'école?

Connaissiez-vous les autres enfants?

This chapter will enable you to
- understand extended past narrations and descriptions
- read texts about French holidays and traditions, and a literary passage by a Moroccan author about a young immigrant's struggles with French past tenses
- distinguish between *the way things used to be* and *what happened* in the past
- handle social situations related to holidays and gift giving
- state thoughts and opinions at a simple level
- make comparisons

Première étape

À l'écoute: Un souvenir d'école

Tout le monde a des souvenirs associés à l'école. Ici une dame va vous raconter quelque chose qui s'est passé quand elle était à l'école maternelle.

Avant d'écouter **1** Étudiez les phrases suivantes pour déduire le sens des mots en caractères gras. Complétez ensuite le tableau donné.

L'idée	La façon de le dire en français
To call on someone for an answer	
To raise one's hand/finger	
To be mad or angry	
To be ashamed	
To be punished	
To beat	
Pictures	
To remain standing	
To be seated	
To stop	
To whisper	

1. Quand il n'y a pas assez de chaises, certaines personnes **sont assises,** mais d'autres **restent debout.**
2. En France, quand on veut répondre en classe, on **lève le doigt** (eh non, ce n'est pas la main, mais seulement l'index!) en espérant que le professeur va nous **interroger.**
3. Dans les livres d'enfants, il y a beaucoup d'**images** ou d'illustrations.
4. Quand on est fatigué de faire quelque chose, on **arrête** de le faire; c'est le contraire de commencer.
5. Si on ne veut pas que les autres entendent, on parle très doucement, on **murmure.**

6. Quand un enfant fait quelque chose de mal, il risque d'**être puni.** L'interdiction de regarder la télé est une forme de punition; **battre** quelqu'un est une punition corporelle. Si l'enfant regrette et se sent embarrassé, il **a honte** de sa mauvaise action.
7. Quand on **est fâché,** ou irrité, on perd quelquefois le contrôle de ses émotions.

2 L'école maternelle, la maîtresse (l'institutrice), une petite fille, interroger, lever le doigt, une réponse, une image, fâché, battre, puni, la honte... Tous ces mots sont des mots-clés dans le «souvenir d'école» que vous allez entendre. Quelle sorte d'histoire anticipez-vous?

Écoutons

Audio CD

3 Écoutez d'abord pour comprendre la progression des idées dans cette histoire. Classez les images suivantes dans l'ordre chronologique, de 1 à 4.

Joëlle   Solange

4 Écoutez encore et indiquez si les phrases suivantes sont vraies ou fausses. Si elles sont fausses, corrigez-les.

1. Solange était une bonne élève.
2. Joëlle faisait la collection d'images.
3. Un jour, la maîtresse a arrêté d'interroger Joëlle pour donner l'occasion aux autres de répondre.

4. Joëlle voulait aider Solange à avoir des images.
5. Chaque fois que Joëlle n'a pas été interrogée, elle a murmuré les réponses et sa voisine a entendu.
6. Joëlle a pensé qu'elle était victime d'une injustice.
7. Joëlle a battu* Solange.
8. Les autres élèves ont séparé Joëlle et Solange.
9. La punition de Joëlle a été de rester assise au coin de la classe pendant plus de deux heures.
10. Joëlle n'a plus jamais attaqué personne en classe!

VOCABULAIRE ACTIF

arrêter
avoir honte
battre
être assis(e)
être fâché(e)
être puni(e)
une image
interroger
lever le doigt
la maîtresse
murmurer
rester debout

5 Écoutez encore et complétez les extraits suivants du segment sonore avec la forme appropriée des verbes au passé composé ou à l'imparfait.

1. Je crois que j' _avais_ cinq ans à l'époque, j' _etais_ donc à l'école maternelle.

2. Quand on _repondait_ bien, la maîtresse nous _donnait_ des images.

3. Cinq ou six fois de suite, Solange _a levé_ le doigt, la maîtresse _a interrogé_ Solange, et Solange _a reçu_ _a eu_ des images, avec mes réponses.

4. J' _etais_ tellement fâchée que j' _ai commencé_ à battre Solange. _jamais_

5. Je n' _ai oublée_ la honte et l'humiliation... mais ça m' _a appris_ quelque chose.

STRUCTURE: Talking about the past (I)
L'imparfait et le passé composé

Observez et déduisez   J'aimais bien répondre aux questions de la maîtresse parce que, quand je répondais bien, elle me donnait des images.

Solange a levé le doigt, la maîtresse a interrogé Solange, et Solange a eu des images avec *mes* réponses. Quelle injustice!

> ■ In both of the preceding sentences, Joëlle is talking about the past. What verb tense is used in each sentence? Which sentence answers the question *What happened?* Which sentence answers the question *What were things like?*

*****Battre** est un verbe irrégulier.

Présent: je bats	nous battons
tu bats	vous battez
il/elle/on bat	ils/elles battent

Participe passé: battu

Vérifiez   *L'imparfait et le passé composé*

- Any occurrence in the past can be viewed from different perspectives. Two of these perspectives are expressed in French through the imparfait and the passé composé. The imperfect tense is used to say what was going on in the past. The imperfect tense answers the questions *What was it like? What were the circumstances?* **(Quelles étaient les circonstances?)** There are two main instances in which you will use the imperfect tense:

  1. As you learned in Chapter 8, the imperfect is used to tell *what it was like* in the past, *the way things used to be* (page 279).

     Quand j'**étais** petite, j'**adorais** l'école.

  2. The imperfect is also used to "set the stage," to create a mood, to reveal the background conditions.

     Je crois que j'**avais** cinq ans à l'époque; j'**étais** donc à l'école maternelle.

     J'**étais** assise à côté d'une petite fille qui **s'appelait** Solange. Elle n'**aimait** pas l'école et elle ne **travaillait** pas trop bien.

     Conditions include all *physical* description.

     Moi, j'**avais** les cheveux courts (*short*) et bouclés (*curly*) tandis que Solange **avait** les cheveux longs et noirs.

- Verbs in the passé composé answer the questions *What happened? What happened next?* **(Qu'est-ce qui s'est passé?)**

     La maîtresse **a arrêté** de m'interroger, mais j'**ai murmuré** les réponses et Solange les **a entendues.**

- Since the imperfect sets the stage (describes the circumstances) and the passé composé tells what happened, it is not uncommon to see the two tenses used together.

     J'**étais** tellement fâchée ce jour-là que j'**ai attrapé** (*grabbed*) Solange par les cheveux, et j'**ai commencé** à la battre.

- The choice between the imparfait and passé composé must be made *in context*. If you are unsure about your choice, ask yourself if—*in this context*—the verb answers the question *What were the circumstances?* (→ imperfect) or the question *What happened?* (→ passé composé).

     Joelle **était** fâchée et elle **a attaqué** Solange. Par conséquent, elle **a été** punie.

L'imparfait	**Le passé composé**
What were the circumstances?	What happened?
What was it like?	What happened next?

ACTIVITÉS

A. Un autre point de vue. (1) Écoutez le professeur lire l'histoire selon Solange. Décidez si les phrases indiquent *les circonstances* ou *ce qui s'est passé*.

➡ (Joëlle était la meilleure élève de la classe.)   *les circonstances*

(2) Écoutez l'histoire encore une fois. Trouvez au moins une différence entre l'histoire de Solange et l'histoire de Joëlle.

B. Conclusions. Quelles conclusions peut-on tirer de l'histoire de Joëlle? Complétez les phrases de la colonne de gauche avec une expression logique de la colonne de droite.

1. Solange était jalouse...
2. Joëlle était frustrée...
3. La maîtresse a été surprise...
4. Les élèves ont ri...
5. Joëlle était humiliée...
6. Les parents de Joëlle n'étaient pas contents...

a. quand les filles se sont battues.
b. parce qu'elle a dû rester au coin.
c. quand la maîtresse leur a raconté l'incident.
d. parce que Joëlle recevait toujours des images.
e. parce que la maîtresse ne l'interrogeait plus.
f. quand Joëlle a «attaqué» Solange.

C. Quels élèves! La maîtresse a quitté *(left)* la classe pendant quelques minutes. Décrivez la scène dans la salle quand elle est revenue.

➡ Quand la maîtresse est revenue...
(ne pas être contente)   *elle n'était pas contente*

avoir honte

ne pas être contente

se battre

rire/ murmurer

se disputer

travailler

D. Rêve ou cauchemar? *(Dream or nightmare?)*   Solange est très troublée. Elle parle à une amie du rêve qu'elle a fait hier soir. Racontez le rêve en employant le passé composé et l'imparfait.

> Je suis à l'école. J'ai peur et j'ai froid. La maîtresse est très grande. Elle a les cheveux bleus. Je parle à mon amie quand la maîtresse commence à nous interroger. Je lève le doigt et je réponds à sa question, mais la réponse est fausse. J'ai honte. Les autres élèves rient et moi, je pleure. Puis ils me battent, mais la maîtresse, elle ne regarde pas. Elle mange une pomme noire!

E. Un souvenir d'école.   Pensez à votre premier jour d'école. Comment était-il?

1. Complétez la colonne de gauche dans le tableau ci-dessous.

Quelles étaient les circonstances?	Qu'est-ce qui s'est passé?
La maîtresse (le maître) était...	
J'aimais (n'aimais pas)...	
Je voulais (ne voulais pas)...	
Les élèves étaient...	
Je pouvais (ne pouvais pas)...	
?	

2. Maintenant, pensez à *ce qui s'est passé* ce jour-là. Écrivez ce que vous avez fait—ou n'avez pas fait—dans la colonne de droite. (Par exemple: lever le doigt, répondre aux questions, avoir des images, apprendre beaucoup, s'amuser, rester debout, être puni(e), murmurer, se battre, etc.)

3. Finalement, organisez les phrases dans l'ordre logique (ajoutez des détails si vous le désirez!) et racontez votre expérience aux autres étudiants.

STRUCTURE: Talking about the past (II)
Quelques verbes à sens multiples

Observez et déduisez   Solange devait écrire un rapport hier soir, mais elle a décidé de regarder la télé! Les étudiants qui voulaient avoir une bonne note ont dû travailler toute la nuit.

> ■ Some verbs have different meanings in the passé composé and the imparfait. Study the examples of the verb **devoir** in the preceding sentences. Based on those examples and what you remember from Chapter 8, in which tense does **devoir** mean *was supposed to?* In which tense does it mean *had to?*

Vérifiez   *Quelques verbes à sens multiples*

■ As you saw with **devoir** in Chapter 8, some verbs have a special meaning when used in the passé composé or the imperfect.

> **devoir**   ils devaient: *they were supposed to*
> ils ont dû: *they had to*

Les élèves **ont dû** travailler tard hier soir. Solange **devait** écrire un rapport aussi, mais elle ne l'a pas fait!

> **pouvoir**   elle pouvait: *she could*
> elle a pu: *she succeeded in*
> elle n'a pas pu: *she failed to*

Joëlle ne **pouvait** pas comprendre pourquoi la maîtresse ne l'interrogeait pas. Plusieurs fois elle a levé le doigt, mais elle **n'a pas pu** attirer *(attract)* l'attention de la maîtresse. Solange, par contre, **a pu** répondre aux questions.

> **vouloir**   elle voulait: *she wanted*
> elle a voulu: *she tried*
> elle n'a pas voulu: *she refused*

Joëlle **voulait** répondre à *toutes* les questions! Ce jour-là, quand elle **a voulu** répondre, la maîtresse **n'a pas voulu** l'interroger.

■ The verbs **être** and **avoir** usually occur in the imperfect because they are used most often to express conditions. When used in the passé composé, they reflect a *change* in that condition or a *reaction*.

condition
Joëlle **avait** une sœur et un frère.
Joëlle **était** fâchée contre Solange.

action/reaction
Quand elle a répondu à la question, elle **a eu** une image.
Quand Joëlle a attaqué Solange, la maîtresse **a été** fâchée.

Participes passés irréguliers	
pouvoir	j'ai **pu**
devoir	j'ai **dû**
vouloir	j'ai **voulu**
avoir	j'ai **eu**
être	j'ai **été**

F. Un mauvais souvenir. Il y a des histoires qu'on préfère oublier, comme l'histoire suivante. Trouvez la phrase qui correspond à chaque image.

———

———

———

1. Mon camarade de chambre a voulu m'aider, mais il ne parle pas français.
2. Quand elle a vu que je voulais vraiment réussir, elle a été gentille.
3. Je devais travailler à la bibli avec des camarades, mais je n'ai pas pu les trouver.
4. Après la classe, j'ai dû parler au professeur.
5. Il faisait très beau, et je ne voulais pas vraiment préparer l'examen.
6. Elle a dit que je pouvais repasser l'examen. Croyez-moi, j'étais bien content!
7. Je n'ai pas eu une bonne note à l'examen, et quand j'ai vu ma note, j'ai eu honte.

Maintenant, racontez l'histoire dans l'ordre indiqué. Avez-vous eu une expérience semblable? Expliquez!

G. Malentendu *(Misunderstanding).* Lisez l'histoire d'Hervé et son malentendu avec un agent de voyage. Mettez les verbes au passé composé ou à l'imparfait.

Hervé (vouloir) partir en vacances le 10 mai; malheureusement il (devoir) passer un examen final ce jour-là. Il a parlé au professeur, mais le professeur (ne pas vouloir) changer la date prévue. Quand Hervé a téléphoné à l'agence de voyage, il (apprendre) que son vol (devoir) partir à neuf heures *du soir,* pas à neuf heures du matin. Hervé (avoir) donc assez de temps, et il (pouvoir) passer l'examen *et* partir en vacances le même jour! Hervé (travailler) beaucoup, alors il (avoir) une bonne note. Le professeur (être) content.

Jeu de rôle

Lately you and a classmate have not met certain obligations or been able to do the things you wanted. For one of you, unexpected circumstances have kept you from your assigned task (the library was closed? the computer "ate" your paper?). For the other, it's been other people who have hindered your plans (a classmate who borrowed a book? a boss who had you work overtime?). Role-play a scene with a partner in which you both commiserate on your fate and your frustration.

Deuxième étape

Lecture: Fêtes et traditions

1 Les jours de fête sont d'autres occasions riches en souvenirs. Ce sont des jours de congé (vacances), des occasions de s'amuser, de manger, d'offrir ou de recevoir des cadeaux, etc. Quelles sont les fêtes que vous célébrez dans votre famille? Noël? le Ramadan? Hanoukka? le Jour d'action de grâces (fête américaine, le quatrième jeudi de novembre)? Comment est-ce que vous fêtez votre anniversaire? la fête nationale de votre pays?

Les Fêtes de la vigne à Dijon en Bourgogne.

2 Avec quelles fêtes est-ce que vous associez les choses suivantes?

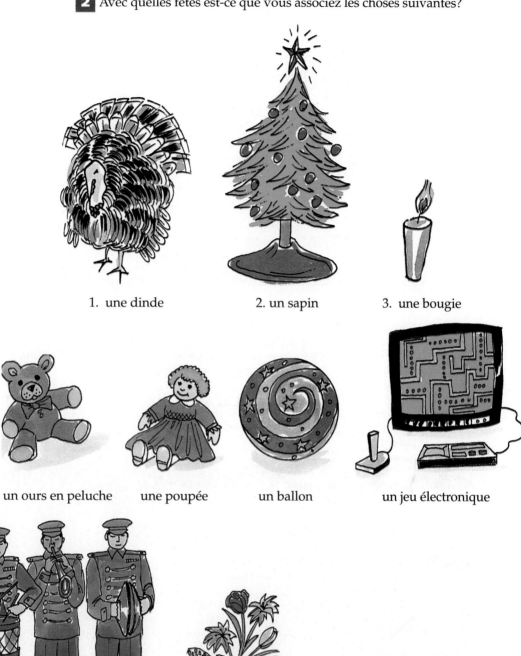

1. une dinde

2. un sapin

3. une bougie

4. des jouets: un ours en peluche une poupée un ballon un jeu électronique

5. un défilé militaire

6. un bouquet de fleurs

7. un pique-nique

En général   **3** Parcourez rapidement les deux textes et indiquez dans quel texte (**A. L'année des Français**, ou **B. Les Français et les fêtes de fin d'année**) on peut trouver des renseignements sur...

1. les fêtes civiles et religieuses en France.
2. les fêtes qui n'ont pas de date fixe.
3. les cadeaux qu'on fait le plus souvent aux enfants.
4. ce qu'on mange aux repas traditionnels de fin d'année.
5. ce qu'on mange le jour des Rois (kings).
6. des traditions particulières à une région du sud de la France, la Provence.

A.   L'année des Français: leurs jours de fête

Le 1er janvier, ou Jour de l'An (CF°): on se souhaite les uns aux autres une «bonne et heureuse année». On s'offre des petits cadeaux appelés «étrennes».

Carnaval (RM°): période qui commence «le jour des Rois» (6 janvier). On mange en famille un gâteau plat appelé galette des Rois. Celui ou celle qui y trouve la fève° devient «roi» ou «reine» de la fête. Le carnaval même a lieu le Mardi gras (généralement en février). Certaines villes organisent des défilés dans les rues et des bals costumés.

Les dimanche et lundi de Pâques (RM): c'est la grande fête du printemps. On offre aux enfants des œufs en sucre ou en chocolat.

Le 1er mai (CF): fête du travail. Les «travailleurs» défilent dans les rues.

Le 8 mai (CF): anniversaire de la victoire des Alliés en 1945. Cérémonie du Souvenir.

L'Ascension (RM): le 6e jeudi après Pâques.

Les dimanche et lundi de Pentecôte (RM): dix jours plus tard, beaucoup de gens des villes vont passer «le congé de Pentecôte» à la campagne.

Le 14 juillet (CF): fête nationale, anniversaire du 14 juillet 1789. On danse dans les rues. À Paris, on va voir passer le défilé militaire sur les Champs-Élysées.

L'Assomption: le 15 août (RF). Fête de la Sainte-Vierge° et de toutes les Marie, la grande fête de l'été.

La Toussaint: le 1er novembre (RF). Fête de tous les saints. Le lendemain c'est «le jour des Morts°»: on va fleurir leurs tombes dans les cimetières.

Le 11 novembre (CF): anniversaire de l'Armistice de 1918. Les anciens combattants° se souviennent...

R: Fête religieuse   C: Fête non religieuse, dite «civile»   F: fixe, à la même date tous les ans   M: mobile

hard token

Marie, mère de Jésus

dead

veterans

Noël: le 25 décembre (RF). Anniversaire de la naissance du Christ. Dans la nuit du 24 au 25 beaucoup se réunissent pour partager le repas du «réveillon°» et/ou aller à la messe de minuit. Tous ceux, jeunes et moins jeunes, qui croient encore au «Père Noël» attendent les cadeaux.

célébration du soir avant Noël

La plupart° de ces jours de fête, quand ils ne tombent pas un dimanche, sont des jours fériés ou chômés: on ne travaille pas.

majorité

Extrait de *La France, j'aime!*

B.   Les Français et les fêtes de fin d'année

La plupart des Français établissent d'avance un budget spécial pour les fêtes de fin d'année. Les plus grandes dépenses sont représentées par les achats de jouets ou de nourriture.

Les peluches (ours, lapins° et autres animaux) restent le jouet privilégié, le cadeau le plus souvent offert aux enfants en saison de fête, devant les poupées et les jeux électroniques ou vidéo.

rabbits

Pendant longtemps, le repas traditionnel de Noël comprenait une oie°. De nos jours, la dinde farcie aux marrons° est devenue la reine incontestée des repas des fêtes. Les huîtres, le foie gras°, et la bûche° figurent aussi au menu classique de ces repas ou réveillons.

goose
farcie... stuffed with chestnuts
goose liver pâté / yule log cake

En Provence, où les vieilles traditions ont longtemps revêtu° un caractère particulier, le repas de Noël s'appelait «le gros souper». Le menu comprenait des poissons, des légumes, et toujours un plat de lasagnes au beurre et au fromage, car les lasagnes, à l'origine, symbolisaient les langes° de l'enfant Jésus. Le repas se terminait par treize desserts (des fruits secs ou confits° et des gâteaux), symboliques du Christ et de ses douze apôtres°. La tradition des treize desserts continue à être observée de nos jours.

pris

swaddling clothes

dried or candied / apostles

Extrait du *Journal français d'Amérique* (13–26 décembre 1991) et de *Noël en Provence*

En détail   **4** **Les mots.**   En utilisant le contexte et la logique, pouvez-vous déduire le sens des mots en caractères gras? Ils se trouvent tous dans le texte **A, L'année des Français.**

1. (1er janvier) On se **souhaite** une «bonne et heureuse année». On s'**offre** des petits cadeaux.
2. (6 janvier) ... devient roi ou **reine** de la fête.
3. (8 mai) anniversaire de la **victoire** des Alliés en 1945.
4. (1er novembre) On va **fleurir** les **tombes** (des morts) dans les **cimetières.**
5. (24 décembre) ... aller à la **messe** de minuit. Tous ceux qui croient encore au «**Père Noël**» attendent les cadeaux.

5 **Les textes**

A. L'année des Français.   Complétez le tableau suivant selon le texte.

Date	Nom de la fête	(C) Civile ou (R) religieuse	Ce qu'on fait
		C	On s'offre des étrennes (des cadeaux de bonne année—argent ou bonbons).
	Pâques		
6 janvier		R	
un mardi de février			Il y a des défilés et des bals costumés (avec des masques et des costumes historiques ou exotiques).
	Fête nationale		
			On se souvient de l'Armistice de la Première Guerre mondiale (WWI).
1er novembre			
			Les catholiques (80% des Français) vont à la messe de minuit.

B. Les Français et les fêtes de fin d'année. Répondez aux questions suivantes selon le texte.

1. Quelles sont les plus grandes dépenses dans le budget des fêtes de fin d'année?
2. Quel est le jouet le plus populaire qu'on offre comme cadeau?
3. Donnez quatre plats qui figurent au menu traditionnel du repas de Noël.

dans l'ensemble de la France	en Provence

4. Quel est le symbolisme de deux des parties du repas traditionnel de Noël en Provence?

Et vous?

1. Avec un(e) partenaire, préparez un calendrier des jours de fête aux États-Unis, au Canada ou dans un autre pays que vous connaissez bien. Donnez la date, le nom de la fête, et une petite description de la façon de célébrer cette fête, sur le modèle de **L'année des Français.** Ensuite, comparez votre liste avec celles des autres groupes.

2. Répondez aux questions suivantes concernant les jouets.
   a. À votre avis, quels sont les jouets le plus souvent offerts aux enfants dans votre pays? Quels étaient vos jouets préférés quand vous étiez enfant?
   b. Racontez un souvenir particulier associé à un jouet. Pour vous aider à distinguer entre le passé composé et l'imparfait, organisez d'abord vos pensées dans le tableau suivant, puis comparez vos souvenirs.

VOCABULAIRE ACTIF
un ballon
une bougie
un bouquet de fleurs
un défilé
une dinde
un jeu électronique
un jouet
un jour de congé
mort(e)
offrir (inf.)
une peluche
le Père Noël
un pique-nique
la plupart
une poupée
un roi/une reine
souhaiter
une tradition/
    traditionnel(le)

Quelles étaient les circonstances? (conditions ou descriptions → imparfait)	Qu'est-ce qui s'est passé? (actions ou réactions → passé composé)
Comment était ce jouet?	Qui vous l'a donné? À quelle occasion?
	Quelle a été votre réaction? Avez-vous été surpris(e)?
Est-ce que vous saviez à l'avance?	
Est-ce que vous jouiez souvent avec ce jouet?	Quand avez-vous arrêté de jouer avec ce jouet?
Est-ce que vous le prêtiez?	Est-ce que ce jouet a causé une dispute un jour?
?	?

3. Changez de partenaire et racontez un souvenir particulier associé à un repas de fête.

Quelles étaient les circonstances? (imparfait)	Qu'est-ce qui s'est passé? (passé composé)
Qui était là?	Qu'est-ce que vous avez fait avant le repas?
Où est-ce que c'était? (Chez vous? Au restaurant?)	Qui a fait la cuisine?
	Qu'est-ce que vous avez mangé?
Comment étaient les plats?	
Comment étaient les gens?	De quoi est-ce que vous avez parlé?
?	?

Note culturelle

Le Ramadan.   Ramadan, a religious observance practiced by the Muslim community throughout the world, occurs in the ninth month of the Islamic calendar. It is a time in which Muslims refrain from food, drink, tobacco, and sexual relations between sunrise and sunset. **Le Ramadan** is an important holiday in France because Islam is its second largest religion, with well over three and a half million followers.

STRATÉGIE DE COMMUNICATION
Expressing thanks, congratulations, and good wishes

Birthdays, holidays, and other special events are often occasions for expressing good wishes or thanks to others and for acknowledging those wishes. Read the exchanges below and identify the expressions
- for wishing someone well
- for thanking
- for acknowledging

— Voici un petit cadeau d'anniversaire pour toi.
— Oh là là. Tu es trop gentil! Merci mille fois!
— Mais, ce n'est rien.

— Joyeux Noël, Monsieur Tournier.
— Et bonne année, Madame Robert!

— Vous avez terminé vos études?! Félicitations!
— Merci. Je suis très content.

— Une bonne note en français? Chapeau, Nancy, bravo!
— Merci, c'est gentil. J'ai eu de la chance.

Now check your answers in the chart that follows.

Pour remercier, féliciter, souhaiter	
remercier	**accepter des remerciements**
Merci beaucoup / mille fois.	Je vous en prie. / Je t'en prie.
C'est trop gentil / bien aimable.	Ce n'est rien.
Tu es trop gentil(le) / bien aimable.	De rien.
Vous êtes trop gentil(le) / bien aimable.	Il n'y a pas de quoi.
féliciter	**accepter des félicitations**
Félicitations!	Merci. C'est gentil.
Bravo!	
Chapeau!	
souhaiter	
Joyeux Noël! Joyeuses fêtes!	
Bonne année! Bon anniversaire!	
Bonne chance! Bon courage! Bon voyage! Bonnes vacances!	

ACTIVITÉS

A. À vous! Complétez les dialogues avec des expressions convenables pour remercier, féliciter ou souhaiter.

1. — Je peux t'aider à préparer l'examen si tu veux.

   — _____

   — _____

2. — Vous avez acheté une nouvelle maison? _____!

   — _____

3. — Enfin, c'est le dernier jour de classe!

   — _____

4. — Que je suis nerveux! Aujourd'hui j'ai un examen vachement important.

   — _____

B. Félicitations! Remerciements! Souhaits! Jouez le rôle des deux personnes dans les situations suivantes avec un(e) camarade de classe. Une personne va expliquer la situation; l'autre va réagir avec une expression appropriée.

➡ Vous avez eu la meilleure note de la classe à l'examen.
   — *Quelle chance! J'ai eu une bonne note à l'examen!*
   — *Chapeau!*

1. Vos amis ont un cadeau d'anniversaire pour vous.
2. Votre professeur va avoir 29 ans demain—encore!
3. Votre copain vous prête sa voiture.
4. Un ami de la famille vous invite à un concert de jazz.
5. Vos copains partent demain pour la France.
6. Votre cousine va se marier.

STRUCTURE: Making comparisons (II)
Le superlatif

Observez et déduisez   Chez nous, les plus grandes dépenses pour les fêtes de fin d'année sont pour les achats de jouets et de nourriture. Les peluches et les jeux vidéo sont les cadeaux les plus populaires, même s'ils ne sont pas les moins chers. La dinde farcie aux marrons est le repas de fête que l'on sert le plus souvent.

> ■ Find four examples of the superlative (e.g.: the most fun, the least expensive) in the preceding paragraph. What can you infer about the formation of the superlative?

Vérifiez   *Le superlatif*

■ The superlative is used to express extremes (negative and positive) in quality or quantity: the most, the least, the best, the worst, etc.

VOCABULAIRE ACTIF
longtemps
le/la meilleur(e)
le mieux
le moins
le plus

■ To form the superlative of an *adjective,* place a definite article and **plus** or **moins** before the adjective.

les moins chers

$$\left.\begin{array}{c} \text{le/l'} \\ \text{la/l'} \\ \text{les} \end{array}\right\} \quad + \quad \begin{array}{c} \text{plus} \\ \text{moins} \end{array} \quad + \quad \text{adjective}$$

■ Adjectives in the superlative maintain their normal position before or after the noun. Note that when the adjective *follows* the noun, *two* definite articles are required.

Adjectives *following* the noun: **le** cadeau **le** plus populaire
(art. + noun + art. + plus + adj.)

Adjectives *preceding* the noun: **les** plus grandes dépenses
(art. + plus + adj. + noun)

■ Remember that both the article and the adjective agree in number and gender with the noun.

le meilleu**r** gâteau **la** meilleur**e** fête

■ A phrase beginning with **de** may be used to qualify the superlative.

le cadeau le plus populaire de la liste
de tous
de la famille, etc.

■ To form the superlative of *adverbs,* simply insert **le** before the comparative. **Le** is invariable.

comparatif: Les repas français durent *(last)* **plus longtemps** que les repas américains.
superlatif: Le repas de Noël dure **le plus longtemps** de tous.

■ As in the comparative, **bon** and **bien** have irregular superlative forms:

Ce que j'aime **le mieux** comme chocolat? Les chocolats belges! Ce sont **les meilleurs** de tous!

ACTIVITÉS

C. Traditions. Complétez les phrases selon vos traditions et vos préférences.

1. Dans notre famille, la fête la plus importante c'est...

_____ Noël _____ Hanoukka _____ le Ramadan

_____ le Jour d'action de grâces _____ ?

2. Le plat le plus traditionnel pour les repas de fête chez nous c'est...

_____ la dinde _____ le jambon _____ l'oie _____ le lapin

_____ ?

3. Le cadeau qu'on fait le plus souvent aux enfants c'est...

_____ une peluche _____ un ballon _____ un jeu électronique

_____ une poupée _____ ?

4. Pour moi, le meilleur cadeau c'est...

_____ de l'argent   _____ des vêtements   _____ des CD

_____ des livres   _____ ?

5. La *moins* grande dépense dans le budget des fêtes de fin d'année c'est pour...

_____ les cadeaux   _____ l'alimentation   _____ les voyages

_____ les décorations

6. Pour la fête nationale, l'activité la plus commune de la famille c'est...

_____ un pique-nique   _____ un défilé   _____ un bal costumé

_____ ?

Maintenant, pour chaque phrase, trouvez un(e) camarade de classe qui a répondu comme vous.

➡ *Quelle est la fête la plus importante de ta famille?*

Quelles sont les réponses les plus communes de la classe?

D. Insistez!   Les opinions suivantes sur les fêtes et les traditions ne sont pas très «passionnées». Exprimez votre propre opinion d'une manière plus enthousiaste selon l'exemple, ou changez l'adjectif si vous préférez.

➡ Halloween? C'est une tradition bizarre.
    Pour moi, c'est la tradition la plus (la moins) bizarre!
ou: *Pour moi, c'est la tradition la plus amusante!*

Noël? C'est une fête importante.
Un CD? C'est un bon cadeau.
Le Père Noël? C'est un homme généreux.
La dinde farcie aux marrons? C'est un bon plat.
L'oie? C'est un plat élégant.
Un défilé militaire? C'est une tradition patriotique.

Est-ce que vos camarades de classe partagent vos opinions?

 Jeu de rôle

You and three classmates play the role of siblings who are organizing a family reunion. You discuss meals, activities, who you hope will attend—and who you hope won't! To no one's surprise, it is not easy to reach a consensus because no two siblings can agree on the best, the worst, the most, the least—about anything!

W
B

CULTURE ET RÉFLEXION

■ **Les griots.** Dans les sociétés africaines traditionnelles, les griots jouent un rôle très important: ils assurent le lien entre le passé et le présent. Spécialistes de généalogie, conteurs[1], poètes, musiciens, les griots sont présents à toutes les cérémonies familiales et communautaires. Par leurs paroles flatteuses, ils font revivre[2] les ancêtres et leurs légendes. Ils chantent le triomphe du bien sur le mal. Ils transmettent, de génération

Un village du Mali écoute sa griote.

en génération, l'histoire, la morale et la culture du peuple. Dans les sociétés occidentales, la tradition orale existe-t-elle toujours? Est-ce important de connaître ses ancêtres? Pourquoi ou pourquoi pas? Comment la morale se transmet-elle de génération en génération? Avons-nous des équivalents des griots? Expliquez.

■ **«Je me souviens».** La présence du passé se manifeste certainement dans la

devise[3] officielle du Québec, «Je me souviens». De quoi les Québécois se souviennent-ils? De leurs origines françaises, d'un pays qui de 1535 à 1763 s'appelait la Nouvelle-France, de la domination anglaise (1763–1867), puis de la création de la Fédération du Canada permettant aux «Canadiens français» une certaine autonomie. Depuis 1974, la seule langue officielle du Québec est le français, mais les tensions linguistiques et culturelles entre les francophones et les anglophones continuent. Comment la devise «Je me souviens» peut-elle aider les Québécois à préparer leur avenir?

■ **«C'est pur, c'est français!»** Savez-vous qu'il existe en France une institution nationale chargée de protéger la pureté de la langue française? Eh oui, c'est le rôle de l'Académie française! Fondée en 1634, cette institution se compose de 40 membres, élus à vie[4], presque tous des écrivains illustres. Ses fonctions incluent

la rédaction d'un *Dictionnaire de la langue française* (1ère édition en 1694, 9e édition en 1986) et d'une *Grammaire de la langue française* (publiée en 1933), l'attribution annuelle de prix littéraires, et la *Défense de la langue française,* une association officielle qui contrôle l'évolution de la langue et lutte contre l'invasion des mots étrangers, en particulier anglais. S'il existe un terme français pour désigner une nouvelle invention technologique, par exemple, défense[5] à tout document officiel d'utiliser le terme anglais. Exemple: «le courrier électronique» pour *e-mail.* Problème: beaucoup de jeunes Français disent «un e-mail»... À votre avis, est-il important de parler *correctement* sa langue maternelle? Donnez des exemples de «fautes[6]» qui sont maintenant acceptées dans l'anglais parlé.

Les membres de l'Académie française.

Qu'est-ce que vous considérez comme une «corruption» de votre langue? Est-ce du snobisme de résister à cette corruption?

---

1. *storytellers*   2. *bring to life*   3. *motto*   4. *elected for life*   5. *it is forbidden*   6. *erreurs*

Troisième étape

À l'écoute: Un souvenir de voyage

Ici, quelqu'un va vous raconter un souvenir de voyage—à Tahiti!

1 Quand vous pensez à la Polynésie, qu'est-ce que vous imaginez? Cochez les images qui vous semblent appropriées et complétez la liste selon votre imagination.

_____ des plages magnifiques   _____ des tableaux de Gauguin

_____ des fleurs exotiques   _____ ?

_____ des arbres exotiques:
des palmiers, des cocotiers
(*coconut trees*), etc.

2 Maintenant imaginez un repas tahitien. Cochez les plats qui, selon vous, vont figurer au menu, puis complétez la liste selon votre imagination.

_____ des poissons cuits (*cooked*)   _____ du taro (ou «fruit de la terre», comme une pomme de terre)

_____ des poissons crus (*raw*)

_____ des fruits cuits   _____ de la viande

_____ des fruits crus   _____ ?

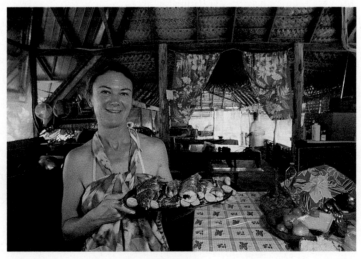

Les délices de la cuisine tahitienne.

Écoutons

Audio CD

3 Écoutez d'abord pour identifier au moins six choses que vous avez anticipées dans **Avant d'écouter** et qui sont mentionnées dans le passage (nature, aliments typiques, etc.). Cochez-les une deuxième fois.

4 Écoutez encore et indiquez si les phrases suivantes sont vraies ou fausses. Si elles sont fausses, corrigez-les.

1. Quand Édith est arrivée à Papeete, elle a pensé qu'il faisait chaud et humide.
2. En sortant de l'aéroport, elle est allée au cinéma.
3. Quand elle a fait le tour de la ville, elle a vu que les maisons des Tahitiens étaient généralement très modestes.
4. Il n'y avait pas de fenêtres aux maisons.
5. Le tama'ara'a est un repas tahitien.
6. Quand elle a été invitée dans une famille tahitienne, elle a dû retirer ses chaussures *(take off her shoes)* avant d'entrer dans la maison.
7. Édith ne savait pas identifier certains plats qu'il y avait sur la table.
8. Les hôtes *(hosts)* ont mangé avec les invités.
9. Il n'y avait pas d'assiettes pour les hôtes sur la table.
10. Un repas traditionnel tahitien se mange avec les doigts.

VOCABULAIRE ACTIF

cru(e) ≠ cuit(e)
frapper (ce qui m'a frappé[e])
magnifique
montrer
ouvert(e)
reconnaître
tahitien(ne)

5 Lisez le passage suivant, en écoutant la conversation. Écoutez encore la conversation pour pouvoir compléter le résumé suivant avec les verbes donnés, au passé composé ou à l'imparfait. (Pour les nouveaux verbes, une forme du passé composé et de l'imparfait vous est donnée.) Ensuite écoutez la conversation une dernière fois pour vérifier vos réponses (choix du verbe et temps). Pouvez-vous déduire le sens des mots en caractères gras?

avoir l'impression	manger (2 fois)
reconnaître (a reconnu/reconnaissait)	descendre
être	s'asseoir (s'est assis/
frapper	s'asseyait)

Quand elle _____ de l'avion, ce qui l'_____ , c'était la chaleur et l'humidité. Elle _____ d'être dans un sauna. Les portes _____ **ouvertes** en permanence.

Sur la table, il y avait des œufs de **tortue** et d'autres choses qu'elle (ne... pas) _____ . Seuls les parents _____ à table avec les invités. **Plus** les invités _____ , **plus** les hôtes étaient contents. Les hôtes (ne... pas) _____ devant les invités, pour **montrer** leur respect.

6 Imaginez que vous êtes parmi les invités à ce repas tahitien. Préparez trois ou quatre questions que vous aimeriez poser à vos hôtes.

STRUCTURE: Saying you know someone or something

*Les verbes **savoir** et **connaître***

Observez et déduisez

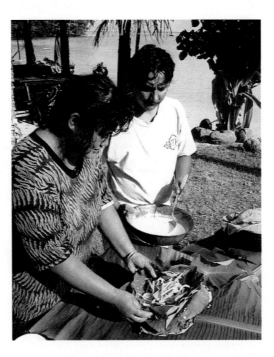

Édith connaît une famille tahitienne et, depuis son voyage là-bas, elle connaît un peu Tahiti aussi. Maintenant elle sait préparer quelques plats tahitiens et a appris quelques coutumes du pays. Par exemple, elle sait que dans la famille traditionnelle on mange avec les doigts, et elle sait pourquoi la famille ne mange pas avec les invités.

> ■ French has two verbs that mean *to know,* **savoir** and **connaître.** Study the use of the two verbs in the paragraph above. Which verb means *to know* a person? Which one means *to know* a fact or piece of information? Which one means *to know of* or *to be familiar with* a place? Which one means *to know how to do something?*

*Le verbe **savoir***

Le verbe **savoir**	
je sais	nous savons
tu sais	vous savez
il / elle / on sait	ils / elles savent

Passé composé: j'ai su

■ When followed by an infinitive, **savoir** means *to know how to do something.*

Édith sait faire la cuisine tahitienne.

■ **Savoir** is used to say one does or doesn't know how to speak a language.

Elle ne sait pas le tahitien; elle sait le français et l'anglais.

■ **Savoir** is used to say one knows facts (things learned or memorized).

Elle sait les noms des plats traditionnels.

■ **Savoir** can also be followed by a clause beginning with **que, où, pourquoi,** etc.

Elle sait pourquoi la famille ne mange pas avec les invités.

*Le verbe **connaître***

<table>
<tr><td colspan="2">**VOCABULAIRE ACTIF**
connaître
se connaître
savoir</td><td colspan="2">**Le verbe connaître**</td></tr>
</table>

VOCABULAIRE ACTIF
connaître
se connaître
savoir

Le verbe connaître	
je connais	nous connaissons
tu connais	vous connaissez
il / elle / on connaît	ils / elles connaissent

Passé composé: j'ai connu

■ To express the idea of knowing *people*, use **connaître.**

Édith connaît une famille tahitienne.

■ **Connaître** also means *to know of* or *be familiar with* a place or a topic.

Elle connaît bien Tahiti et son histoire.

■ In the passé composé, **connaître** can also mean *met* (as well as *knew*).

Édith **a connu** beaucoup d'amis de la famille tahitienne.

■ **Se connaître** means *to know each other.*

Édith et la famille se connaissent depuis longtemps.

■ **Reconnaître** means *to recognize.*

Il y avait des plats qu'Édith ne reconnaissait pas.

ACTIVITÉS

A. Connaître ou savoir?   Reliez les expressions de gauche avec des expressions logiques à droite (ci-dessous et à la page 339). Ensuite indiquez si les phrases sont vraies pour vous aussi.

		Moi aussi	Pas moi
Je sais...	le tahitien	_____	_____
Je connais...	Papeete	_____	_____
	un restaurant tahitien	_____	_____
	préparer le taro	_____	_____
	où est Tahiti	_____	_____
	des tableaux de Gauguin	_____	_____

une famille tahitienne _____ _____

pourquoi Édith est allée à Papeete _____ _____

les noms des amis d'Édith _____ _____

B. Interviews. Demandez à votre partenaire si les personnes indiquées connaissent ou savent les choses suivantes.

➡ Tu... (Tahiti, le tahitien)
— *Tu connais Tahiti?*
— *Oui, je connais Tahiti.*
— *Tu sais le tahitien?*
— *Non, je ne sais pas le tahitien.*

1. (des Français, le français, un bon restaurant français)
Est-ce que tes amis...
2. (dessiner, les tableaux impressionnistes, un grand musée)
Est-ce que tu...
3. (s'amuser en vacances, les coutumes d'un autre pays, où aller en vacances)
Est-ce que ta famille et toi, vous...
4. (pourquoi tu apprends le français, parler français, ton professeur de français)
Est-ce que ton copain (ta copine)...

C. Que sait-on? Partagez vos connaissances avec vos camarades de classe en groupes de trois ou quatre. Qu'est-ce que vous savez ou connaissez sur les sujets mentionnés?

➡ Tahiti
Je connais un bon hôtel à Tahiti.
Moi, je sais où se trouve une plage magnifique.
Et moi, je connais des gens qui habitent à Papeete.

1. les repas traditionnels tahitiens
2. le climat et la végétation à Tahiti
3. les coutumes dans un autre pays
4. ?

STRUCTURE: Negating
Les expressions ne ... rien, ne ... personne

Observez et déduisez   Quel cauchemar! Thomas a participé à un dîner traditionnel tahitien chez les amis d'un ami, mais il ne connaissait pas les traditions du pays. Il ne connaissait personne à côté de lui, et il ne reconnaissait rien sur son assiette. Il n'y avait pas de fourchette ou de couteau, et les hôtes n'ont rien mangé—ils l'ont regardé manger! Pauvre Thomas. Personne ne lui a expliqué les coutumes tahitiennes!

■ Find two new negative expressions in **Observez et déduisez.** Which expression means *nothing?* Which one means *no one?*

Vérifiez   *Les expressions **ne ... rien, ne ... personne***

■ You have seen the negative expressions **ne ... rien** *(nothing)* and **ne ... personne** *(no one)* in activities throughout the book. They correspond to the affirmative expressions **quelque chose** and **quelqu'un.**

ne ... rien   ≠   quelque chose
ne ... personne   ≠   quelqu'un

Notice in the chart below that **ne ... rien** follows the same placement rules as the other negative expressions you've studied: **ne ... pas, ne ... plus, ne ... jamais.** However, note the placement for **personne** in the passé composé and the futur proche.

	temps simples (présent, imparfait)	temps composé (passé composé)	futur proche
rien	Il **ne** reconnaissait **rien** sur l'assiette.	Il n'a **rien** compris.	Il **ne** va **rien** dire.
personne	Il **ne** connaissait **personne.**	Il n'a compris **personne.**	Il **ne** va regarder **personne.**

■ Both **personne** and **rien** follow the preposition of verbs requiring a preposition.

Parce qu'il était un peu timide, Thomas **n'**a parlé à **personne;** il **n'**a parlé de **rien.**

■ **Rien** and **personne** may both be used as the subject of a sentence. In this case, both parts of the expression precede the verb.

Personne ne lui a expliqué les coutumes.
Rien ne lui était familier.

■ Like **jamais,** both **rien** and **personne** can be used alone to answer a question.

— Qu'est-ce qu'il a dit?
— **Rien!**

— Qui est-ce qu'il connaissait?
— **Personne!**

ACTIVITÉS

D. Vrai ou faux?   Écoutez encore **À l'écoute,** puis lisez les phrases suivantes et indiquez si elles sont vraies ou fausses selon Édith.

Son voyage

1. Édith ne connaît personne à Tahiti.
2. Rien à Tahiti ne lui plaît.
3. Personne n'invite Édith à la maison.
4. Elle n'apprend rien d'intéressant au sujet de Tahiti.

Les traditions tahitiennes

5. Personne ne porte de chaussures *(shoes)* dans la maison.
6. Personne ne ferme la porte de la maison.
7. À un dîner traditionnel tahitien, on ne boit rien.
8. Les hôtes ne mangent rien.

E. Pauvre Thomas. Après un voyage à Tahiti, les copains de Thomas lui ont posé beaucoup de questions. Jouez le rôle de Thomas, et répondez à leurs questions en employant **ne ... rien** et **ne ... personne.**

➡ Qu'est-ce que tu as appris sur les coutumes tahitiennes avant d'y aller?
Malheureusement, je n'ai rien appris.

1. Alors une fois arrivé, qui t'a parlé des coutumes?
2. Qui est-ce que tu connaissais au dîner?
3. Qu'est-ce que tu as dit aux autres invités?
4. Qu'est-ce que tu as reconnu sur ton assiette?
5. Qu'est-ce que les hôtes ont mangé?
6. Qu'est-ce qu'ils ont bu?

F. Moi, non. Faites une liste de tout ce que vous ne faites *pas* quand vous êtes en vacances. Employez les expressions **ne ... rien** et **ne ... personne.**

➡ *Je ne lis rien...   Je ne téléphone à personne...*

Jeu de rôle

With a partner, play the role of two complaining friends. One of you has returned from a vacation in which everything seemed to go wrong (bad weather, missed flights, closed museums, etc.). The other had to stay home and is unhappy about not having a vacation. Each describes the circumstances and events of their "miserable" experience.

   Now that you have finished the Troisième étape of this chapter, do your Lab Manual activities with the audio program. Explore chapter topics further with the **Mais Oui!** Video and CD-ROM. Viewing and comprehension activities are in the video section of your *Workbook/Lab Manual/Video Manual.*

Intégration

Littérature: La concordance des temps

Born in Fès, Morocco, in 1944, Tahar Ben Jelloun has become an important spokesman for French-speaking Arabs. Through his poems, his short stories, and most of all his novels, he has exposed the wounds and the scars of a people torn between past and present and between two cultures. In *Les yeux baissés (With Lowered Eyes)*, a novel published in 1991, he shows the boring and oppressed life of a young shepherd girl who grows up in a very poor village in southern Morocco. When she is about eleven years old, she moves to Paris with her family and discovers a new world, one that seems to require a new identity, a new birth. If she is to survive in this world, she must learn the language. For her, the biggest problem with the French language is **la concordance des temps**—knowing which tense to use in the past! In the following excerpt, we learn that her struggle with past tenses is actually symbolic of the identity crisis she faces as she tries to adjust to a new and totally different culture. One day, she enters a church in Paris to sort out her frustrations.

Avant de lire

1 Voici quelques expressions que vous allez voir dans la lecture qui suit. Analysez d'abord le sens des mots en caractères gras, puis complétez les phrases en choisissant parmi ces mots.

une corde, un nœud

un nœud

une corde

vide, plein

un verre vide   un verre plein

342

une faute, se tromper	Quand on écrit quelque chose qui n'est pas correct, c'est une erreur ou **une faute. Se tromper,** c'est faire des fautes.
par cœur	Apprendre **par cœur,** c'est mémoriser.
sentir, une odeur	Les parfums **sentent** bon; ils ont une bonne **odeur.** On **sent** les **odeurs;** on entend les **bruits.** Dans les villes on entend **le bruit** des voitures et on sent **l'odeur** de **l'essence. L'essence** est une forme de pétrole utilisée par les voitures.
un bruit	
l'essence	

1. Quand rien ne se passe, les journées sont _____ et ennuyeuses. Quand les activités sont nombreuses, au contraire, les journées sont bien _____ .

2. Le temps peut être comparé à une _____ avec des _____ pour représenter les événements importants.

3. Quand je pense au village de mon enfance, je peux encore _____ les _____ des arbres, des fleurs, des rues...

4. Les enfants dorment—ne faites pas trop de _____ , s'il vous plaît.

5. J'ai besoin de prendre de _____ à la station-service.

6. J'ai appris _____ mes conjugaisons, mais j'ai fait plusieurs _____ à l'examen; je _____ de temps—j'ai utilisé le passé composé au lieu de l'imparfait!

2 Voici des phrases-clés dans le texte que vous allez lire:

> Je continuais à faire des fautes...
> Je repensais alors au village...
> Mon passé était vraiment simple...
> J'ai compris qu'il fallait [était nécessaire de] se détacher complètement du pays natal.
> ... j'ai pu maîtriser [contrôler] la concordance des temps

D'après ces phrases-clés, quelle sorte d'histoire est-ce que vous anticipez pour cette petite bergère marocaine qui essaie de s'adapter à la vie à Paris?

En général **3** Parcourez le texte une première fois puis classez (de 1 à 6) les idées générales suivantes dans l'ordre où elles sont présentées dans l'histoire.

_____ Le concept du temps dans le village de la jeune bergère

_____ Le concept du temps en France

_____ Le problème principal de la langue française

_____ La confrontation entre les verbes français et les souvenirs du village

_____ La nouvelle appréciation et perception de la ville et de la langue française

_____ Le souvenir particulier qui a causé la «libération» de la narratrice

La concordance des temps

1 Je continuais à faire des fautes en écrivant mais je lisais correctement. Mon handicap majeur était l'utilisation des temps. J'étais fâchée avec la concordance des temps. Je n'arrivais pas à distinguer toutes ces nuances du passé dans une langue que j'aimais mais qui ne m'aimait pas. Je butais contre° l'imparfait, le passé simple—simplicité toute illusoire—et le passé composé. Pour tout simplifier, je réduisais° l'ensemble au présent, ce qui était absurde.

2 Je repensais alors au village, aux journées identiques où il ne se passait rien. Ces journées vides, s'étiraient° comme une corde entre deux arbres. Le temps, c'était cette ligne droite°, marquée au début, au milieu et à l'autre bout par trois nœuds, trois moments où il se passait quelque chose: les états° du soleil. La vie était ces trois moments où il fallait penser à sortir les bêtes°, manger au moment où le soleil est au-dessus de la tête, rentrer les bêtes quand il se couchait°.

3 Mon passé était vraiment simple, fait de répétition, sans surprise. En arrivant en France j'ai su que la fameuse corde était une suite° de nœuds serrés° les uns aux autres, et que peu de gens avaient le loisir de s'arrêter sous l'arbre.

4 Je connaissais par cœur les conjugaisons des verbes «être» et «avoir», mais je me trompais tout le temps quand il s'agissait de les utiliser dans une longue phrase. J'ai compris qu'il fallait se détacher complètement du pays natal. Mais le village était toujours là; il rôdait autour° de moi. Je résistais. Je niais° cette présence. Je suis entrée un jour dans une église pour ne plus sentir les odeurs du village. Mais j'étais ramenée au village par une main magique et je revoyais la même corde avec les trois nœuds, et moi assise sous l'arbre, attendant... Dans cette église obscure, j'entendais la litanie° des enfants de l'école coranique°, et je voyais, par moments, la tête du vieux fqih° qui dormait. Sa bouche entrouverte° laissait passer un filet de salive° transparent.

5 Cette image venue de si loin m'a donné un frisson°: ç'a été le coup de fouet° dont j'avais besoin pour arrêter de perpétuer la présence du village.

6 Dehors, j'ai apprécié l'agitation de la ville, l'odeur de l'essence, le bruit du métro°, et tout ce qui annulait° en moi le souvenir du village.

7 À partir de là, j'ai pu maîtriser la concordance des temps. J'ai fait des exercices et je n'ai plus utilisé le présent. Cela m'amusait, car je savais que le jour où je ne mélangerais plus° les temps, j'aurais réellement quitté° le village.

Extrait de _Les yeux baissés_ (Tahar Ben Jelloun)

butais... _stumbled against_

reduced

stretched
ligne... _straight line_
positions
animaux

quand... _le soir_

série / _close together_

rôdait... _prowled around_ / _denied_

récitation / religieuse arabe
professeur du Coran
un peu ouverte / filet... _string of saliva_ / _shiver_
coup... _whiplash_

subway / canceled

ne... _would no longer mix_ / aurais quitté: _would have left_

En détail **4 Les mots.** Trouvez dans le texte des synonymes pour les mots en caractères gras et substituez-les dans les phrases suivantes, qui sont des paraphrases du texte.

1. (¶2) Au village, les journées étaient toutes **pareilles.**
2. (¶2) Le temps était comme une corde, ou une ligne droite, marquée au début, au milieu et à l'autre **extrémité** par trois nœuds.

3. (¶4) La narratrice se trompait **constamment** quand **il était question d'**utiliser les verbes au passé dans des phrases.

4. (¶4) Elle voulait refuser la présence de son village, mais elle était toujours **transportée** dans son village par une force magique.

5 **Le texte.** Répondez aux questions du tableau, selon le texte.

Quelles étaient les circonstances?	Qu'est-ce qui s'est passé?
1. Quel était le handicap majeur de la narratrice?	
2. Combien de nœuds y avait-il dans la corde du temps de son village? Quels étaient ces nœuds?	
3. Comment était la corde du temps en France?	4. Qu'est-ce qu'elle a fait un jour pour essayer d'oublier son village?
5. Comment était l'image «venue de si loin»? Qu'est-ce qu'elle «entendait» dans sa mémoire? Qu'est-ce qu'elle «voyait»?	6. Quelle a été la réaction de la jeune Marocaine à cette image?
	7. Qu'est-ce qu'elle a pu apprécier en sortant de l'église?
	8. Qu'est-ce qui a changé pour elle dans la langue française?

Et vous?

1. L'auteur présente le temps comme une corde avec des nœuds. Avec un(e) partenaire, comparez la corde du temps à différentes périodes de votre vie. Combien y avait-il de nœuds, c'est-à-dire de moments importants, dans chacune de ces cordes, et quels étaient ces nœuds? (Le petit déjeuner? Le départ pour l'école? Une activité particulière? Une émission de télévision? Le repas du soir? etc.)
   a. Quand vous étiez à l'école primaire.
   b. Quand vous étiez au lycée.
   c. Aujourd'hui.

2. Considérez les problèmes de séparation et d'adaptation de la narratrice.
   a. Pourquoi la jeune Marocaine devait-elle arrêter de vivre mentalement dans son village pour pouvoir s'adapter à son nouveau monde?
   b. Pensez à un moment où vous avez dû vous adapter à une nouvelle situation (par exemple, quand vous avez quitté votre famille pour la première fois, ou la première semaine dans une nouvelle école). Organisez d'abord vos pensées selon le tableau à la page 346, puis discutez avec un(e) camarade de classe.

Quelles étaient les circonstances?	Qu'est-ce qui s'est passé?
Où étiez-vous?	Qu'est-ce que quelqu'un a dit ou fait?
Avec qui étiez-vous?	Quelle a été votre réaction?
À quoi pensiez-vous?	Qu'est-ce que vous avez fait pour vous adapter à la nouvelle situation?
Qu'est-ce qui était familier/ différent?	
Qu'est-ce qui était facile/difficile?	Qu'est-ce que vous avez appris?
Pourquoi?	Qu'est-ce qui n'a pas changé?
?	?

Par écrit: I had *so* much fun!

Avant d'écrire

A. Strategy: Using sentence cues.   Sometimes getting an idea to write about is the most difficult aspect of a writing assignment. Sentence completions can serve as a stimulant to generate ideas. Completing a sentence that begins, "Last year while Christmas shopping . . . ," for example, could trigger memories about the sights, sounds, smells, and people associated with this moment in the past.

Application.   What thoughts/impressions are brought to mind by the following topics? Jot down as many ideas as you can for each cue.

a. L'année dernière pendant les fêtes de fin d'année...
b. Une fois à l'école quand j'avais 8 (12, 16) ans...
c. Je me souviens bien de nos vacances en...

B. Strategy: Organizing a story in the past.   In this chapter you learned that in French, you need to distinguish between two past tenses when relating a memory from your past. You may want to use a diagram to visualize the relationship between what happened and what the conditions were.

Application.   Choose a memorable moment from those you listed above and construct a diagram related to it using the example below. First write a name for the memory in the center of the page. In a column to the right, develop a list of verbs telling what happened. To the left, develop a list of circumstances, e.g., how you felt, what your attitude was, what the weather was like, who was there, and so on. You may have a "circumstance" for each "event"—or you may not. In order to make the story come alive as you tell it, however, it is important to balance the story narrative—what happened—with descriptive detail relating what it was like for you. Now draw the diagram showing the relationship between the circumstances (C) and the events (É).

circonstances	*un souvenir*	événements
C, C	⟷	É
	⟷	É
C	⟷	É
	⟷	É, É, É
C, C	⟷	É

1. C'est le Jour de l'An et vous écrivez une carte à votre cousine que vous n'avez pas vue depuis des mois. Souhaitez-lui une bonne année et racontez-lui ce que vous avez fait pendant les fêtes de fin d'année.
2. Vous avez un souvenir amusant que vous voulez publier dans le *Journal français d'Amérique*. Alors, il faut, bien sûr, être précis et bref—mais intéressant aussi. Vous devez raconter votre histoire en moins de 100 mots. Choisissez votre titre (par exemple, «Humour à l'école»? «Rire en famille»? «S'amuser en voyage»?) et écrivez l'essentiel de ce qui s'est passé et quelles étaient les circonstances.

VOCABULAIRE ACTIF

Verbes

arrêter *to stop*
avoir honte (de) *to be ashamed (of)*
battre *to beat*
connaître *to know (someone)*
se connaître *to know one another, to meet*
être assis(e) *to be seated*
être fâché(e) *to be mad, angry*
être puni(e) *to be punished*
féliciter *to congratulate*
frapper (Ce qui m'a frappé(e)...)
   to strike (What struck me . . .)

interroger (quelqu'un) *to call on / to question (someone)*
lever le doigt *to raise one's hand*
montrer *to show*
murmurer *to whisper*
offrir (inf.) *to offer, give (a gift)*
reconnaître *to recognize*
remercier *to thank*
rester debout *to remain standing*
savoir *to know (something)*
souhaiter *to wish*

Verbes à sens multiples

j'ai dû *I had to*
j'ai pu / je n'ai pas pu *I was able (I succeeded in) / I couldn't (I failed to)*

j'ai su *I found out*
j'ai voulu / je n'ai pas voulu *I tried / I refused*

Adjectifs

cuit(e) ≠ cru(e) *cooked ≠ raw*
magnifique *magnificent*
mort(e) *dead*

ouvert(e) *open*
tahitien(ne) *Tahitian*
traditionnel(le) *traditional*

Noms

un ballon *a ball*
une bougie *a candle*
un bouquet de fleurs *a bouquet of flowers*
un coutume *a custom*
un défilé *a parade*
une dinde *a turkey*
une image *a picture*
un jeu électronique *an electronic game*
un jouet *a toy*

un jour de congé *a holiday, a day off*
la maîtresse *the (elementary school) teacher*
une peluche *a stuffed animal*
le Père Noël *Santa Claus*
un pique-nique *a picnic*
une poupée *a doll*
une reine *a queen*
un roi *a king*
une tradition *a tradition*

Expressions pour remercier, féliciter, souhaiter
Bon anniversaire! *Happy birthday!*
Bonne année! *Happy New Year!*
Bonne chance! *Good luck!*
Bon courage! *Hang in there!*
Bonnes vacances! *Have a good vacation!*
Bon voyage! *Have a nice trip!*
Bravo! / Chapeau! / Félicitations! *Congratulations!*
CE n'est rien *think nothing of it*
Joyeux Noël *Merry Christmas*

Le superlatif
le moins... *the least . . .*   le (la) meilleur(e) *the best (adj.)*
le plus... *the most . . .*   le mieux *the best (adv.)*

Divers
longtemps *a long time*   la plupart (des gens) *most (people)*
personne *nobody*   rien *nothing*

La vie de tous les jours

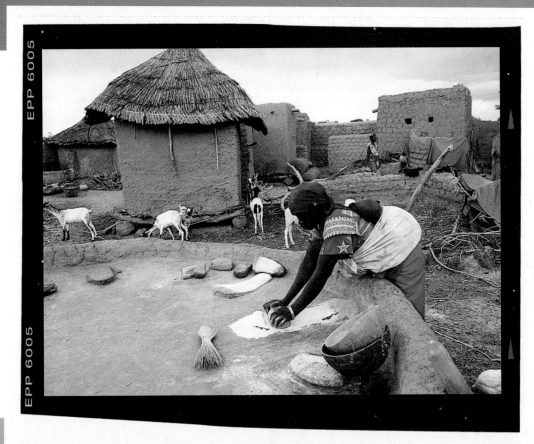

EPP 6005

EPP 6005

Quelle est la routine quotidienne de cette jeune maman? Imaginez!

Et vous?

Quelles sont les activités de votre routine quotidienne?

This chapter will enable you to

- **understand longer conversations about daily life and exercise**
- **read some fashion tips from a popular French magazine and a French-Canadian short story about a sweater—and hockey**

- **talk about your daily routine**
- **describe the clothes you wear**
- **respond to compliments in a French manner**
- **discuss choices related to health and exercise**

Première étape

À l'écoute: La routine quotidienne

Est-ce que vous vous souvenez de Larmé, le jeune homme du Tchad qui nous a parlé du bonheur (Chapitre 8)? Cette fois, il va vous parler de la vie de tous les jours dans son village. Avant de l'écouter, pensez à votre routine quotidienne (de tous les jours).

Avant d'écouter **1** Regardez les illustrations et les verbes donnés, et dites quand et dans quel ordre vous faites les actions suivantes le matin.

➡ *Je me réveille à / vers sept heures; je..., puis..., après ça je...*

se réveiller · se lever* · se laver / prendre une douche

se brosser les dents · se peigner / se coiffer · se maquiller

---

*Se lever** se conjugue comme **acheter** (avec un accent grave devant une syllabe muette): je me **lè**ve, mais nous nous **le**vons.

se raser   s'habiller   prendre le petit déjeuner

2 Parlez de votre routine du soir. Qu'est-ce que vous faites pour **vous reposer?** Vous regardez la télé? Vous faites de l'exercice physique? Vous lisez? À quelle heure est-ce que **vous vous couchez** (allez au lit)?

3 Maintenant imaginez la vie dans un village africain. À quelle heure pensez-vous que la journée commence? Quelles sont les actions déjà mentionnées qui vont / ne vont pas faire partie de la routine quotidienne?

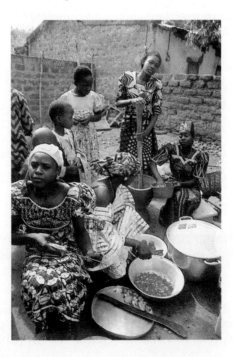

Les femmes font la cuisine dans un village du Burkina Faso.

Écoutons

Audio CD

4 Écoutez d'abord pour identifier les idées générales de la conversation. Cochez parmi les sujets ci-dessous et à la page 352 ceux qui sont traités.

_____ la routine du matin

_____ la routine du soir

_____ les responsabilités des hommes

_____ les responsabilités des femmes

_____ les activités des enfants pendant la journée

_____ ce qu'on mange le matin

_____ ce qu'on mange le soir

_____ avec qui on mange le repas du soir

5 Écoutez encore en regardant les verbes donnés dans **Avant d'écouter.** Quelles sont les actions qui sont mentionnées dans la conversation?

6 Écoutez encore et indiquez si les phrases suivantes sont vraies ou fausses. Si elles sont fausses, corrigez-les.

1. Dans ce village du sud du Tchad, on se lève vers sept ou huit heures.
2. On mange avant d'aller aux champs.
3. Les femmes ne travaillent pas aux champs.
4. Après le travail aux champs, les hommes aident les femmes à préparer le repas du soir.
5. Les hommes ne mangent pas avec les femmes.
6. Les hommes et les femmes ont des causeries (conversations) différentes.
7. Les filles de plus de dix ou douze ans mangent séparément.
8. On se couche vers dix heures du soir.

7 Écoutez une dernière fois et complétez les phrases avec les mots suivants. Pouvez-vous déduire le sens de ces mots?

> noir   dur   le feu   la lune   du bois

1. Larmé dit que les femmes travaillent plus _____ que les hommes. Après le travail des champs, et avant de pouvoir préparer à manger, elles vont chercher _____ pour _____ .

2. Quand est-ce qu'on se couche? Ça dépend de _____ .

   Comme il n'y a pas d'électricité, on se couche quand il fait trop _____ pour y voir.

VOCABULAIRE ACTIF

le bois
le feu
la lune
La routine quotidienne
  se réveiller
  se lever
  se laver, prendre une
    douche
  se brosser les dents
  se peigner
  se coiffer
  se maquiller
  se raser
  s'habiller
  se reposer
  se coucher
(travailler) dur

STRUCTURE: Talking about daily routines (I)
Les verbes pronominaux (II)

Observez et déduisez   Aujourd'hui la maman de Larmé se fâche parce qu'il se réveille tard, et il ne veut pas se lever tout de suite. Son papa n'est pas content non plus parce qu'il ne se dépêche pas. «Larmé! Quand vas-tu t'habiller?»

> ■ From the context, which verb in the preceding paragraph means *to hurry up*? Which one means *to get mad*?
>
> ■ What happens to the pronoun when the pronominal verb is an infinitive?

Vérifiez *Les verbes pronominaux*

■ Some pronominal verbs indicate a *reflexive* action, that is, an action that reflects back on the subject of the verb. The reflexive pronoun is often *not* expressed in English.

> Je me lève tôt le matin, et je me douche tout de suite.
> *I get (myself) up*   *I shower (myself)*

■ Just as with the pronominal verbs you saw in Chapter 8, the reflexive pronoun always precedes the verb directly, even in the interrogative and the negative.

> **Vous** couchez-vous tôt ou tard?
> Nous nous couchons vers dix heures, mais nous **ne nous** endormons **pas** tout de suite.

■ The pronoun agrees with the subject when an infinitive is used.

> **Je** ne passe pas beaucoup de temps à **me** peigner.

■ Remember that some verbs have a pronominal *and* a nonpronominal form.

> D'abord le papa **se réveille** puis il **réveille** les enfants.

ACTIVITÉS

A. Typique? Lisez la description d'une routine quotidienne. Indiquez si votre routine est pareille (*«Moi aussi»*) ou différente (d'autres choix).

1. Je me réveille *assez tôt.* _____ Moi aussi

   _____ vers __?__ heures _____ aussi tard que possible _____ ?

2. Une fois réveillé, je me lève *tout de suite.* _____ Moi aussi

   _____ après quelques minutes _____ au dernier moment _____ ?

3. Je me brosse les dents *avant de prendre le petit déjeuner.* _____ Moi aussi

   _____ après le petit déjeuner _____ si je m'en souviens _____ ?

4. Je passe *très peu de temps* à me coiffer. _____ Moi aussi

   _____ __?__ minutes _____ des heures _____ ?

5. Je m'habille *selon le temps qu'il fait.* _____ Moi aussi

   _____ selon la mode _____ selon mon humeur _____ ?

6. Je me douche *le matin.* _____ Moi aussi

   _____ le soir _____ le week-end _____ ?

7. Quand je me couche, je m'endors *tout de suite.* _____ Moi aussi

   _____ difficilement _____ avec une peluche _____ ?

Maintenant, comparez vos réponses avec celles d'un(e) partenaire.

➡ *Quand est-ce que tu te réveilles? Est-ce que tu t'habilles selon la mode?*

B. **Stéréotypes.**   Larmé est un jeune homme typique du Tchad. Imaginez un jeune homme typique de chez vous. Que va-t-il faire ce week-end à votre avis?

➡ se réveiller à midi?
Oui, il va se réveiller à midi.
ou: *Non, il ne va pas se réveiller à midi. Il va se réveiller à deux heures!*

1. se lever tôt?
2. passer des heures à se coiffer?
3. se raser?
4. se dépêcher?
5. s'amuser?
6. s'endormir tard?

Maintenant, dites si les personnes suivantes vont faire ces mêmes activités ou pas.

Mes parents...
Mes copains et moi, nous...
Le professeur (Vous...)
Moi (Je...)

STRUCTURE: Talking about daily routines (II)
Les verbes pronominaux (III)

Observez et déduisez   J'habite au Texas, pas au Tchad, mais ma routine n'est pas très différente de celle de Larmé. Ce matin, je me suis levée assez tôt; je me suis brossé les dents; j'ai pris mon petit déjeuner; je me suis dépêchée d'aller au travail. Et vous? Vous vous êtes réveillés de bonne heure? Vous vous êtes lavé les cheveux?

> ■ Which auxiliary is used in the passé composé of pronominal verbs?
>
> ■ Is the author of the paragraph male or female? How do you know?
>
> ■ Compare the past participles of the verbs in the preceding paragraph. Can you think of any reason why the past participles of **se brosser les dents** and **se laver les cheveux** are different from the others?

Vérifiez   *Les verbes pronominaux*

■ All pronominal verbs require **être** as the auxiliary in the passé composé.

Mon frère s'**est** levé à neuf heures aujourd'hui.

■ As with object pronouns, the reflexive pronoun always comes directly before the auxiliary in the passé composé.

Moi non plus, je ne **me** suis pas dépêché ce matin. Je **me** suis promené dans le parc.

Et vous? **Vous** êtes-vous reposés aussi?

■ The past participle usually agrees in number and gender with the reflexive pronoun (and the subject).

Ma sœur? **Elle** ne s'est pas peign**ée** ce matin.

However, the past participle does *not* agree if the verb is *followed* by a direct object.

> Elle ne s'est pas bross**é les cheveux.** En plus, elle ne s'est pas bross**é les dents!**

It also does *not* agree if the reflexive pronoun serves as an *indirect* object, as is the case with verbs like **se parler** and **se téléphoner.** (On parle **à** quelqu'un. On téléphone **à** quelqu'un.)

> Mes copains et moi, nous nous sommes téléphon**é.**
> Vos copines et vous, vous vous êtes parl**é** aujourd'hui?

ACTIVITÉS

C. Aujourd'hui. (1) Regardez les images suivantes et à la page 356. Qu'est-ce que ce petit garçon a fait aujourd'hui? Écoutez votre professeur, et numérotez les images selon les descriptions que vous entendez.

___

1

___

___

(2) Maintenant, dites si vous avez fait les mêmes choses aujourd'hui.

➡ *Je me suis peigné. Je ne me suis pas ennuyé.*

D. Les esprits curieux.   Travaillez en petits groupes, et imaginez ce que le professeur a fait hier en employant les verbes ci-dessous. Cochez votre choix.

➡ se réveiller   ✓ tôt / _____ tard

1. se lever   _____ tout de suite / _____ dix minutes plus tard

2. se laver   _____ hier matin / _____ hier soir

3. s'habiller avant de se brosser les dents   _____ oui / _____ non

4. _____ prendre / _____ ne pas prendre le petit déjeuner

5. lire le journal   _____ hier matin / _____ hier soir

6. _____ se dépêcher / _____ ne pas se dépêcher hier matin

7. se promener   _____ après / _____ avant le travail

8. _____ se reposer / _____ travailler après le dîner

9. se coucher   _____ tard / _____ tôt

Maintenant, lisez vos listes au professeur, qui va vous dire si vous avez raison.

➡ (groupe 1)   *Nous pensons que vous vous êtes réveillé(e) tôt.*
  (groupe 2)   *Nous ne sommes pas d'accord. Nous pensons que...*
  (professeur) *Vous avez raison. Je me suis réveillé tôt.*
       ou: *Mais non! Je me suis réveillé à midi, hier!*

E. Trouvez quelqu'un...   Qu'est-ce que vos camarades de classe ont fait hier? Pour chaque question que vous posez, trouvez une personne différente qui répond «oui». Écrivez le nom de la personne.

➡ — *Tu t'es couché(e) avant neuf heures?*
  — *Non, je me suis couché(e) à une heure et demie du matin!*

Trouvez quelqu'un qui...   **Camarade de classe**

1. s'est couché avant neuf heures.   _____

2. s'est fâché contre un copain (une copine).   _____

3. s'est reposé sous un arbre.   _____

4. s'est réveillé avant six heures (du matin!).   _____

5. a pris une douche après minuit.   _____

6. s'est promené avec un(e) ami(e).   _____

7. ne s'est pas brossé les dents.   _____

8. s'est amusé en classe.   _____

Quelles sont les activités les plus communes de la classe? les moins communes?

F. Des excuses.   Vous avez promis d'aider votre camarade de chambre hier, mais vous ne l'avez pas fait. Maintenant, faites vos excuses et expliquez tout ce que vous avez fait hier—du matin au soir.

➡ *J'étais vraiment occupé(e) hier. D'abord, je me suis réveillé(e) à six heures et demie...*

 Jeu de rôle

It's near the end of the semester, and you and your roommate are suffering from burnout. You've decided to change your routine as soon as the semester ends. Role-play a scene in which you discuss what you're going to do differently.

Deuxième étape

Lecture: Arithmétique de la mode

Le texte suivant est extrait de *Biba*, un magazine semblable à *Elle* ou *Vogue*, mais destiné principalement aux jeunes. L'article en question s'intitule **Système b,** c'est-à-dire Système (ou Suggestions ingénieuses)–Biba pour la vie quotidienne. Ici, le «système vestiaire» donne des conseils de mode *(fashion)*.

Avant de lire

1 Regardez d'abord le titre et les illustrations qui accompagnent le texte. À votre avis, de quoi s'agit-il dans cet article?

a. Des vêtements et accessoires qu'on peut porter *(wear)* pour faire du jogging.

b. Des vêtements et accessoires qui peuvent accompagner un jogging ou pantalon de survêtement *(sweatpants)* pour diverses activités.

c. Trois options d'articles qu'on peut acheter pour le prix d'un jogging de luxe.

En général

2 Parcourez le texte une première fois pour confirmer votre hypothèse. Quelle est la bonne réponse à l'activité 1 ci-dessus?

3 Parcourez le texte une deuxième fois pour identifier l'ordre des renseignements donnés pour chaque vêtement ou accessoire. Numérotez de 1 à 5.

_____ la description de l'article

_____ le prix

_____ la marque (Christian Dior, Ralph Lauren, etc.)

_____ le nombre de coloris ou couleurs possibles

_____ la matière ou le tissu (polyester, coton, etc.)

Système vestiaire

(arithmétique de la mode)

Le jogging en ville

AVEC LUI, DÉSORMAIS, ON COURT AUSSI LES RENDEZ-VOUS, LES BOUTIQUES ET LES VERNISSAGES. RECYCLEZ LE VÔTRE OU CHOISISSEZ-EN UN URBAIN.

PANTALON DE SURVÊTEMENT ANTHRACITE, ENFCOTON ET POLYESTER, CHEVIGNON GIRL, 295 F. EXISTE EN GRIS CLAIR CHINÉ ET MARINE.

Version night-bar
Lunettes de soleil à monture acétate, Scooter, 595 F, 3 coloris.
+ Tunique près du corps, col chinois, en soie rebrodée de fleurs, Paul & Joe, 875 F, existe en noir.
+ Mini-pochette zippée en velours bordeaux, Claudie Pierlot, 110 F, 3 coloris.
+ Sandales hautes à plateau en crêpe de Chine irisé, Nine West, 595 F, 3 coloris.

Version shopping
Capeline en flanelle, Printemps, 249 F, 3 coloris.
+ Chemise en satin de polyester, Unanyme de Georges Rech, 660 F, 6 coloris.
+ Veste ceinturée en maille acrylique chinée, Kookaï, 329 F, 3 coloris.
+ Bottines lacées en veau velours, semelle crêpe, Sequoïa, 495 F env., 10 coloris.

Version concert de rap
Lunettes bandeau profilées, verres polycarbonate, Diesel by Safilo, 540 F.
+ T. shirt col montant zippé à inscription argentée, en polyamide, Marithé et François Girbaud, 500 F, 3 coloris.
+ Cabas zippé 4 poches en nylon et cuir, existe aussi en marron, Y'Saccs Tokyo au Printemps, 595 F.
+ Bottines en cuir souple, semelle en microfibre, Ligne basket Nimasc de Nimal, 630 F, 4 coloris.

Version night-bar   **Version shopping**   **Version concert de rap**

Page réalisée par Christine Lerche assistée de Sylvie Poidevin.

---

désormais = maintenant   on court = *one runs*   vernissages = *art exhibit previews*   rebrodée = *embroidered*
Printemps = chaîne de grands magasins en France   veau = *calf*

VOCABULAIRE ACTIF

la mode
porter
la marque
Les vêtements
  une chemise
  un col
  un jean
  un jogging
  un pantalon
  une poche
  un polo
  un pull
  un T-shirt à manches
    courtes/longues
  une veste
Les accessoires (m.)
  une casquette
  une ceinture
  un chapeau
  des lunettes (f.) de
    soleil
Les chaussures (f.)
  des baskets (f.)
  des tennis (f.)
  des mocassins
  des sandales (f.)
  des bottines (f.)
Les matières et les
  tissus
  en coton (m.)
  en cuir (m.)
  en flanelle (f.)
  en laine (f.)
  en nylon (m.)
  en polyester (m.)
  en soie (f.)
  en velours (m.)
Les couleurs
  gris clair/foncé, bleu
    clair/bleu marine,
    bordeaux, marron
une fleur
haut(e)

Identifiez le nom des vêtements ou accessoires mentionnés. Écrivez le numéro correspondant à côté de l'illustration (ou *des* illustrations selon le cas).

1. des lunettes de soleil
2. des chaussures (sandales ou bottines)
3. une chemise
4. une tunique
5. une veste
6. un T-shirt
7. un chapeau (une capeline)
8. un cabas
9. une pochette

5 **La matière.**   Identifiez les articles qui sont faits des matières suivantes.

➡ en coton et polyester   *Le pantalon de survêtement (le jogging)*

1. en soie *(silk)*
2. en velours *(velvet)*
3. en satin de polyester
4. en flanelle
5. en cuir souple *(soft leather)*
6. en nylon et cuir
7. en polyamide *(tissu synthétique)*
8. en maille *(knit)* acrylique

6 En utilisant le contexte et la logique, déduisez le sens des mots suivants. Attention, il y a un choix de trop dans chaque section!

Le jogging

1. anthracite (gris foncé)	*a. navy blue*
2. gris clair	*b. light blue*
3. marine	*c. dark gray*
	d. light gray

Version night-bar

1. un col	*a. high*
2. une fleur	*b. low*
3. bordeaux	*c. a collar*
4. haut(e)	*d. platform*
5. à plateau	*e. burgundy*
	f. a flower

Version shopping

1. une ceinture	*a. a belt*
2. une semelle	*b. a sole*
	c. a hood

Version concert de rap

1. des verres (m.)   *a. lenses*
2. argenté   *b. brown*
3. des poches (f.)   *c. silver*
4. marron   *d. zipper*
                   e. pockets

7 **Qu'est-ce que c'est?**   Pouvez-vous identifier les articles ci-dessous?

1. Cet article de Marithé et François Girbaud coûte 500F.
2. Cet article est la base des trois versions.
3. Cet article a un col chinois et des fleurs.
4. Cet article existe en 6 coloris.
5. Cet article a des semelles à plateau.
6. Cet article se porte sur les yeux.
7. Cet article a une ceinture.
8. Cette version inclut un chapeau.

8 **L'arithmétique de la mode...**   Faites le total des prix—en français, bien sûr. Combien coûte chaque version, pantalon inclus? Laquelle des trois versions est la meilleure affaire *(deal)?* Comparez les prix en France et chez vous.

Et vous?

Avez-vous une garde-robe *(wardrobe)* versatile? Avec les articles mentionnés dans le texte et les articles supplémentaires suivants, créez votre version école, votre version cinéma et votre version shopping. Votre base: le pantalon universel des jeunes—le jean!

un pull en laine — une casquette
un polo
un T-shirt à manches courtes
un jean — un T-shirt à manches longues
des chaussettes (*f.*)
des baskets (*f.*) — des tennis (*f.*) — des mocassins (*m.*)

VOCABULAIRE
Les vêtements

Pour sortir

un smoking

un costume

une cravate

une robe

un tailleur

une robe du soir

un chemisier

une jupe

des chaussures (*f.*) habillées

Pour la pluie et le froid

un manteau

un blouson

un imperméable

un parapluie

des gants (*m.*)

une écharpe

un cardigan

des bottes (*f.*)

un anorak

Pour la nuit

une robe de chambre   un pyjama   une chemise de nuit

des pantoufles (*f.*)

Pour le beau temps

une chemise à fleurs

un short uni

un maillot de bain à rayures   un maillot de bain à pois

un short à carreaux

Portez-vous un jogging en ville? Qu'est-ce que vous portez pour faire du shopping? pour vous reposer à la maison? pour aller dans une discothèque?

ACTIVITÉS

A. Masculin, féminin, unisexe?   Classez les mots que vous entendez. Est-ce que ce sont des vêtements pour hommes? pour femmes? ou des vêtements unisexe?

➡ **pour hommes**   **pour femmes**   **unisexe**
   une cravate   *une jupe*   *des gants*

Maintenant, écoutez encore une fois et levez la main si vous portez le vêtement mentionné.

B. Chassez l'intrus.   Dans chaque groupe ci-dessous et à la page 364, trouvez le mot qui ne va pas, et expliquez pourquoi.

1. un costume, une robe, un tailleur, un chemisier
2. des tennis, des sandales, des bottes, des gants
3. un pull, un chemisier, un blouson, un jean

4. un short, des tennis, un jogging, une jupe
5. un manteau, une veste, un pull, un maillot de bain
6. un pantalon, une chemise, un pyjama, une cravate

C. Que porte-on?   À votre avis, qu'est-ce que les gens suivants portent pour aller aux endroits mentionnés? (Si vous ne savez pas, imaginez!)

➡ Céline Dion / pour chanter à la Maison-Blanche
Elle porte une longue robe du soir en soie bleu marine avec des chaussures habillées.

le (la) président(e) de votre institution / pour travailler
votre camarade de chambre / pour aller en ville
vos professeurs / pour sortir le week-end
vous / pour voyager en avion
Madonna / pour se reposer à la maison
Dennis Rodman / pour aller dans une discothèque

D. Quelle chance!   Vous avez gagné 500 dollars à la loterie! Décrivez à un(e) partenaire les vêtements que vous voudriez acheter avec cet argent. Mentionnez l'occasion pour laquelle vous achetez les vêtements, la couleur, le tissu, etc. Il/Elle va essayer d'en faire un sketch!

➡ *D'abord, je vais m'acheter une robe imprimée en coton et des sandales noires pour sortir le week-end quand il fait chaud...*

STRUCTURES: Talking about what you wear and when
*Le verbe **mettre** • Les pronoms avec l'impératif*

Observez et déduisez

— Papa, qu'est-ce qu'on met pour aller faire du vélo cet après-midi?
— Selon la météo, il va faire beau. Mettez des shorts et des T-shirts... Mais prenons nos blousons aussi. Au moins mettez-les dans la voiture—en cas de vent.

■ **Mettre** is an irregular verb. Using the examples and what you already know about verbs, can you fill in the chart with the forms of **mettre?**

je mets	nous _____
tu _____	vous _____
il / elle / on _____	ils / elles _____

■ What do you notice about the placement of the pronoun **les** in the preceding dialogue?

Vérifiez   *Le verbe **mettre***

■ **Mettre*** *(to put, to put on)* is conjugated in the passé composé with **avoir**.

     j'**ai mis**   ils **ont mis**

Les pronoms avec l'impératif

■ Object pronouns follow a verb in the imperative if the sentence is affirmative. Join the verb and pronoun with a hyphen.

     — Qu'est-ce que je fais de nos pulls?
     — Donne-**les** à maman.

VOCABULAIRE ACTIF
mettre
une valise

If the sentence is negative, the pronoun maintains its regular position in front of the verb.

     — Ne **les** mets pas dans la valise.

■ The pronouns **me** and **te** become **moi** and **toi** when they follow the verb.

     Claire! Donne-**moi** ta valise... et dépêche-**toi.** Nous sommes en retard!

ACTIVITÉS

E. Ce qu'on met.   Est-ce que les phrases suivantes sont vraies ou fausses selon votre expérience personnelle? Discutez avec un(e) partenaire et corrigez les phrases qui sont fausses.

	Vrai	Faux
➡ Quand j'ai froid, je mets des vêtements en laine. *Je mets des vêtements en coton. Je n'aime pas la laine.*	_____	✓
1. Quand j'ai chaud, je mets un jean et un T-shirt.	_____	_____
2. Je mets souvent des vêtements à rayures.	_____	_____

*****Permettre** *(to permit, allow)* and **promettre** *(to promise)* are conjugated like **mettre**.

	Vrai	Faux

3. Quand j'étais petit(e), mes ami(e)s et moi, nous mettions toujours un short pour jouer dehors. _____ _____

4. Pour aller à la plage, nous mettions un maillot de bain et des bottes. _____ _____

5. Mes copains ont mis des chaussures habillées hier pour aller en cours. _____ _____

6. Ils ne mettent jamais de costume pour aller en cours. _____ _____

7. Le professeur a mis des vêtements à carreaux la semaine dernière. _____ _____

8. Il/Elle ne met jamais de sandales. _____ _____

F. Dans ma valise... Reliez les personnes de la colonne de droite avec une situation de la colonne de gauche, et dites ce qu'elles mettent dans leurs valises pour faire le voyage indiqué.

➡ Pour aller en Floride, je...
... je mets des shorts, des chaussettes, des T-shirts, des tennis, une robe, des sandales et un maillot de bain.

Pour passer le week-end chez un copain   moi, je...
Pour passer une semaine à la montagne   mes copains et moi, nous...
Pour voyager au Sénégal en été   le professeur...
Pour aller en Alaska en hiver   mes parents...
Pour aller à New York   mon (ma) camarade de chambre...

G. Des cadeaux. Votre copain vous demande conseil pour ses achats de Noël. Dites-lui quels vêtements il devrait acheter pour les personnes suivantes.

➡ ses camarades de chambre qui préfèrent les vêtements habillés
Donne-leur des cravates!

1. son oncle Bernard qui aime le jogging
2. ses petites sœurs qui aiment nager
3. ses cousins qui vont faire un voyage en Alaska
4. sa petite amie
5. vous!

Note culturelle

Les compliments. Appropriate social responses do not always "translate" well from one culture to another. Whereas in North America you are expected to say "thank you" when someone compliments you on something you have done, what you are wearing, or how you look, in France you should not respond with **merci**. That would suggest that you agree with the compliment and are boasting. Instead, you should try to minimize the compliment by disclaiming responsibility or expressing doubt that you deserve it. You may also deflect it by commenting on the other person's kindness.

STRATÉGIE DE COMMUNICATION
Giving and responding to compliments

Study the mini-dialogues below and find some examples of
- how compliments are given
- how compliments are minimized

— J'aime beaucoup ta robe! Elle est très jolie.
— Tu trouves? Je l'ai depuis longtemps.

— Quelle belle cravate!
— C'est ma femme qui me l'a achetée. Elle a bon goût, n'est-ce pas?

— Il est vraiment chic, votre costume.
— Vraiment? Vous pensez que ça me va *(fits me)*?
— Ah oui. Et cette couleur vous va vraiment bien.
— Vous êtes bien gentil.

— Tu as vraiment fait du bon travail!
— Tu trouves? Ce n'était pas si difficile que ça.

Pour faire ou répondre à un compliment

Pour faire un compliment

C'est vraiment chic, votre... (costume, etc.)
Quelle belle cravate (Quel beau pantalon, etc.)
Cette couleur (Ce jogging) vous va bien.

Pour répondre à un compliment

Vous trouvez? / Tu trouves?
Vous pensez que ça me va? / Tu penses que ça me va?
Vous êtes bien gentil(le).
Vraiment? Je ne sais pas.
C'est ma femme (mon père) qui...
Je l'ai depuis longtemps.

ACTIVITÉS

H. Des compliments. Avec un(e) partenaire, jouez les scénarios suivants et à la page 368. À tour de rôle, faites un compliment ou acceptez le compliment «à la française».

1. Vous aimez beaucoup la coiffure d'une copine.
2. Vous admirez le pantalon de votre professeur.
3. Vous aimez les nouvelles chaussures d'un(e) camarade de classe.
4. Votre petite sœur vous fait un compliment sur votre nouveau pull (et non, vous ne voulez pas le lui prêter).

5. Vous complimentez votre camarade de chambre sur le dîner qu'il (elle) a préparé.
6. Vous pensez que la veste de votre meilleur(e) ami(e) lui va très bien.

 Jeu de rôle

Prepare a fashion show with your classmates. Each student takes a turn as the announcer, describing and complimenting the clothes of another student. In addition, each student plays the role of the fashion model on the runway as the announcer describes the clothes.

CULTURE ET RÉFLEXION

Internet

■ **La haute couture.** C'est au grand Louis XIV que nous devons la tradition française de haute couture. Roi de France de 1643 à 1715, le «Roi-Soleil»

La haute couture—pas tout à fait du prêt-à-porter!

installe sa cour[1] à Versailles, qui devient le centre de la vie politique, sociale et artistique de l'époque. C'est Louis XIV qui établit «l'étiquette», c'est-à-dire les conventions dictant comment les gens se comportent[2] et s'habillent. Que porte-t-on pour aller au théâtre? à la chasse? aux «salons» sociaux? La cour de Versailles devient le modèle de la mode pour toute l'Europe. Les styles ont beaucoup changé depuis l'époque de Louis XIV, mais le règne de la haute couture française

continue dans les boutiques de l'Avenue Montaigne à Paris, avec des noms comme Christian Dior, Coco Chanel, Yves Saint-Laurent, Givenchy, Hermès, etc. Évidemment, la haute couture a une clientèle assez limitée, mais son influence se fait sentir dans le prêt-à-porter[3], accessible à tous. Qu'est-ce qui influence le plus votre choix quand vous achetez des vêtements: le style? le prix? la marque?

Quelles sont vos marques préférées? Pourquoi? Est-ce qu'une grande marque assure la qualité du vêtement? Pourquoi les gens suivent-ils la mode, à votre avis? Est-ce du snobisme ou autre chose? Expliquez.

Un costume bien breton de la région de Pont L'Abbé, dans le Finistère. Pas très pratique pour monter en voiture!

■ **Les costumes régionaux.** La coiffe[4] bretonne, la jupe provençale, le boubou africain—ces costumes sont depuis des siècles une façon d'indiquer sa région d'origine. On porte, littéralement, son identité culturelle. Si ces traditions restent fortes dans certaines régions, beaucoup de costumes régionaux sont maintenant réservés aux jours de fêtes, ou disparaissent complètement. Les vêtements se standardisent, comme les modes de vie. À votre avis, est-ce une bonne chose de remplacer l'identité régionale par une identité globale? Y a-t-il un style de vêtements particulier à votre région? Décrivez-le.

Le boubou africain—ample et confortable.

---

1. *court*　　2. *behave*　　3. *ready-to-wear*　　4. *headdress*

Troisième étape

À l'écoute: La forme

Pour être en forme *(in shape)*, il faut faire de l'exercice physique, n'est-ce pas? Avant d'écouter la conversation, une préparation linguistique et psychologique s'impose...

Avant d'écouter

1 Voici, extraits du magazine français *Vital,* deux exercices très simples: des pompes et un exercice de raffermissement du haut du corps *(upper body firming).* Lisez la description de ces exercices—et essayez-les à la maison si vous le désirez!

Exercice A

Effectuez des pompes à plat ventre (1), les mains (2) placées sous les épaules (3). Les genoux (4) sont pliés *(bent),* les pieds (5) en l'air pour assurer une bonne position du dos (6). Tendez *(Straighten)* les bras (7), puis repliez-les alternativement.

Exercice B

Debout, les coudes (8) contre la taille (9), une haltère dans chaque main. Levez (↑) et abaissez (↓) les haltères sans bouger les coudes. En même temps, montez et descendez sur les demi-pointes *(balls)* des pieds, sans plier les jambes (10).

2 Maintenant un autre genre d'exercice—un petit exercice de mémoire! Sans regarder le texte, est-ce que vous pouvez nommer toutes les parties du corps indiquées par des numéros sur les photos?

3 Quel genre d'exercice physique est-ce que vous faites? Du tennis? Du vélo? Du jogging? De l'aérobic? De la musculation *(weight lifting)?* Combien de fois par semaine faites-vous de l'exercice?

4 **Une devinette!** Pour bien comprendre la conversation que vous allez entendre, il faut comprendre le mot «paupières». Si l'on vous dit que les paupières sont les «portes» des yeux, pouvez-vous deviner ce que c'est? Montrez vos paupières!

Écoutons

Audio CD

VOCABULAIRE ACTIF

Le corps
les bras (m.)
les coudes (m.)
le dos
les épaules (f.)
les genoux (m.)
les jambes (f.)
les mains (f.)
les paupières (f.)
les pieds (m.)
la taille
le ventre

L'exercice physique
l'aérobic
baisser
lever
la musculation
les pompes (f.)

Divers
être en forme
faire mal (à)
partout

5 Écoutez une première fois pour répondre aux questions suivantes.

1. Pourquoi le monsieur pose-t-il ces questions à la dame?
2. Est-ce que la dame a un programme régulier d'exercice physique?

6 Écoutez encore. Quel est son programme régulier d'exercice physique? Quand est-ce qu'elle le fait?

7 Écoutez une dernière fois pour compléter les phrases suivantes avec les parties du corps qui sont mentionnées. Ensuite, déduisez le sens des mots en caractères gras.

1. La dame n'aime pas l'aérobic parce que **ça fait mal** _____ , _____ , _____ , etc.

2. La dame n'aime pas le jogging parce que c'est très mauvais pour _____ .

3. Elle n'aime pas la marche parce qu'elle a les _____ **sensibles.**

4. Elle n'aime pas les abdominaux parce que ça fait mal _____ , _____ , ça fait mal **partout!**

8 Est-ce que vous aimez le programme d'exercice physique de cette dame? Est-ce que vous êtes d'accord avec ce qu'elle dit sur l'aérobic? le jogging? la marche? la musculation?

VOCABULAIRE
La tête

Selon les descriptions suivantes, écrivez les numéros qui correspondent à l'image.

_____ On peut montrer avec le **doigt.**

_____ On entend avec les **oreilles.**

_____ On fait la bise avec les **lèvres.**

_____ On a les **joues** rouges quand on est embarrassé.

_____ On va chez le dentiste pour soigner ses **dents.**

_____ On sent les odeurs et les parfums avec le **nez.**

_____ On voit avec les **yeux (un œil).**

_____ La nourriture entre par la **bouche** et passe par...

_____ ... la **gorge** en route vers l'estomac.

_____ La **tête** est la partie supérieure du corps.

_____ Le **cou** est entre la tête et le corps.

_____ Le **front** est entre les yeux et les cheveux.

ACTIVITÉS

A. Montrez *(Point to)...*   Écoutez le professeur. Montrez la partie du corps que vous entendez.

➡ Montrez la tête!   *(Point to your head.)*

B. Avez-vous une bonne mémoire?   Composez trois listes des parties du corps sans regarder votre manuel en travaillant avec un(e) partenaire.

On a une... ; on a deux... ; on a plusieurs...

C. Où est-ce que ça fait mal?   Dites où on a mal selon la situation indiquée.

➡ Quand on fait trop de musculation... *on a mal aux bras, au dos...*

1. Quand on mange trop...
2. Quand on fait trop de pompes...
3. Quand on met des chaussures qui sont trop petites...
4. Quand on fait du jogging pendant des heures...
5. Quand on regarde trop de télévision...
6. Quand on écoute la radio avec le son trop fort...
7. ?

Maintenant dites *dans quelles circonstances* on a mal aux autres parties du corps.

➡ *On a mal aux dents quand on mange trop de sucre.*

STRUCTURE: Talking about choices
*Les verbes comme **choisir***

Observez et déduisez

— J'ai grossi pendant les vacances de Noël, et maintenant je ne réussis pas à maigrir.
— Et qu'est-ce que tu fais pour maigrir, Thomas? Tu n'es pas discipliné! Tu ne fais jamais d'exercice!
— Mais tu vois bien que je choisis des plats sains: des légumes, du poisson au lieu *(instead of)* de viande...
— Oui, mais regarde, Thomas, tu finis par un gros morceau de gâteau au chocolat!

■ Several new verbs are introduced in the preceding conversation. Using the context and your knowledge of cognates, can you match the verbs with their meaning?

1. grossir		a.	to lose weight
2. réussir à		b.	to finish
3. maigrir		c.	to gain weight
4. finir		d.	to choose
5. choisir		e.	to succeed in

■ Can you infer the **je** and **tu** forms of **grossir** and **maigrir**?

■ Based on the example of **grossir** in the conversation, how would you form the passé composé of the other new verbs?

VOCABULAIRE ACTIF

choisir
discipliné
finir
grossir
maigrir
réussir

Vérifiez   *Les verbes comme **choisir***

■ Verbs conjugated like **choisir** are known as regular **-ir** verbs. (Verbs like **sortir,** page 238, are *not* regular **-ir** verbs.)

■ The stem of **choisir** in the present is **chois-.** To this stem, add the endings shown in the following chart. Add **i** to the singular stem to form the past participle.

Le verbe choisir	
je chois**is**	nous chois**issons**
tu chois**is**	vous chois**issez**
il / elle / on chois**it**	ils / elles chois**issent**
Passé composé j'ai chois**i**	
Imparfait je choisiss**ais**	

■ Some of these **-ir** verbs require a preposition when followed by an infinitive.

Thomas a fini **de** manger.
Il a choisi **d'**oublier son régime.
Bien sûr, il ne réussit* pas **à** maigrir.

ACTIVITÉS

D. L'étudiant typique.   D'abord, lisez les phrases ci-dessous et à la page 374 et indiquez si elles sont vraies ou fausses pour vous.

	moi		mon partenaire	
	vrai	faux	vrai	faux
1. Je maigris facilement.	_____	_____	_____	_____
2. D'habitude je grossis pendant les vacances de fin d'année.	_____	_____	_____	_____

*Réussir à un examen** means *to pass an exam.* (Remember that **passer un examen** means *to take an exam.*)

	moi		mon partenaire	
	vrai	**faux**	**vrai**	**faux**

3. Je choisis des plats sains au restaurant. _____ _____   _____ _____

4. Je finis mon dîner avant de goûter *(taste)* le dessert. _____ _____   _____ _____

5. Je finis mes devoirs avant de m'amuser. _____ _____   _____ _____

6. Je choisis de faire de l'exercice tous les jours. _____ _____   _____ _____

7. Je réussis toujours à me réveiller à l'heure. _____ _____   _____ _____

8. Normalement, je réussis à me coucher avant minuit. _____ _____   _____ _____

Maintenant, interviewez un(e) camarade de classe et notez ses réponses.

➡ *Tu maigris facilement?*

Partagez les résultats avec la classe. Comment est l'étudiant(e) «typique»? Est-il (elle) en bonne forme? discipliné(e)?

E. Un test psychologique.   Quel genre de personne êtes-vous? Complétez les phrases suivantes. Est-ce que vos réponses sont révélatrices? Êtes-vous discipliné(e)? optimiste? bavard(e)? calme?

1. Hier, j'ai (je n'ai pas) fini (de)...
2. Autrefois, mes copains et moi, nous réussissions toujours (ne réussissions jamais) à... mais maintenant...
3. Je choisis souvent (de)... alors que mes parents...
4. J'ai maigri (grossi) parce que... Quand je (maigris) grossis...

 Jeu de rôle

Choose one of the pictures below and play the role of that person. Imagine and explain to the class (or a partner) what's going on in your life at the moment, what happened earlier, what's going to happen later. Use as many **-ir** verbs as possible to explain the situation. (You didn't finish . . . ; your parents chose to . . . ; your friend didn't succeed in . . . ; etc.)

CD-ROM

Now that you have finished the Troisième étape of this chapter, do your Lab Manual activities with the audio program. Explore chapter topics further with the Mais oui! Video and CD-ROM. Viewing and comprehension activities are in the video section of your *Workbook/Lab Manual/Video Manual.*

Intégration

Littérature: Une abominable feuille d'érable sur la glace

Born near Montreal in 1937, Roch Carrier belongs to the generation of Quebecois writers who have sought to express the unique identity of the French-Canadian people, their intense attachment to their native land, and their rejection of the political and cultural domination by the English-speaking minority in the predominantly French-speaking province of Quebec. In the 1960s and '70s, a growing secessionist movement formed **le Parti québécois,** a political party that won a large majority in the provincial assembly in the 1976 elections. In 1980, Quebec's voters turned down a referendum to secede from Canada, but French separatism remained strong. It was right at that time—1979—that Roch Carrier published *Les enfants du Bonhomme dans la lune,* a collection of tales that received **le Grand Prix littéraire de la ville de Montréal** in 1980. In that collection, *Une abominable feuille d'érable sur la glace (An abominable maple leaf on the ice)* is about a boy, hockey, a sweater, and a very symbolic maple leaf.

Avant de lire

1 Que faut-il pour jouer au hockey?

un arbitre　　　　une patinoire　　　　un bâton

les patins

deux équipes

2 Vous avez déjà vu dans vos lectures des verbes au passé simple. Pouvez-vous reconnaître les verbes suivants? Trouvez l'équivalent au passé composé.

il/elle fit	a pris
commença	a eu
prit	est venu
écrivit	a fait
eut	a commencé
vint	a sauté
sauta *(jumped)*	a écrit

3 Voici quelques expressions-clés du texte:

... le chandail bleu, blanc, rouge des Canadiens de Montréal...
... un chandail bleu et blanc, avec la feuille d'érable au devant, le chandail des Maple Leafs de Toronto.
... une des plus grandes déceptions *(disappointments)* de ma vie!
À la troisième période, je n'avais pas encore joué *(I hadn't played yet)*... C'est de la persécution!

D'après ces expressions, quelle sorte d'histoire est-ce que vous anticipez?

En général   **4** Parcourez le texte une première fois, simplement pour identifier l'idée générale. Ce texte est l'histoire d'un garçon qui

a. est fatigué de porter toujours le même uniforme de hockey et demande à sa mère de lui acheter un chandail complètement différent.
b. est invité à jouer pour l'équipe des Maple Leafs de Toronto.
c. fait partie d'une équipe de jeunes fanatiques des Canadiens de Montréal mais est obligé de porter le chandail des Maple Leafs de Toronto.

Une abominable feuille d'érable sur la glace

Les hivers de mon enfance étaient des saisons longues, longues. Nous vivions en trois lieux: l'école, l'église et la patinoire; mais la vraie vie était sur la patinoire.

Tous, nous portions le même costume que Maurice Richard, notre héros, ce costume rouge, blanc, bleu des Canadiens de Montréal, la meilleure équipe de hockey au monde; tous, nous peignions nos cheveux à la manière de Maurice Richard. Nous lacions° nos patins à la manière de Maurice Richard. Nous découpions° dans les journaux toutes ses photographies. Sur la glace, nous étions cinq Maurice Richard contre cinq autres Maurice Richard; nous étions dix joueurs qui portions, avec le même enthousiasme, l'uniforme des Canadiens de Montréal. Tous nous avions au dos le très célèbre numéro 9.

Un jour, mon chandail des Canadiens de Montréal était devenu trop petit; puis il était déchiré° ici et là. Ma mère me dit: «Avec ce vieux chandail, tu vas nous faire passer pour pauvres!» Elle fit ce qu'elle faisait chaque fois que nous

laced

cut out

torn

avions besoin de vêtements. Elle commença de feuilleter° le catalogue que la compagnie Eaton° nous envoyait par la poste chaque année. Ma mère était fière°. Elle n'a jamais voulu nous habiller au magasin général; seule la dernière mode du catalogue Eaton était acceptable. Pour commander mon chandail de hockey, elle prit son papier à lettres et elle écrivit: «Cher Monsieur Eaton, auriez-vous l'amabilité de m'envoyer un chandail de hockey des Canadiens pour mon garçon qui a dix ans et qui est un peu trop grand pour son âge, et que le docteur Robitaille trouve un peu trop mince? Je vous envoie trois piastres° et retournez-moi le reste s'il en reste.»

Monsieur Eaton répondit rapidement à la lettre de ma mère. Deux semaines plus tard, nous recevions le chandail. Ce jour-là, j'eus l'une des plus grandes déceptions de ma vie! Au lieu du° chandail bleu, blanc, rouge des Canadiens de Montréal, M. Eaton nous avait envoyé un chandail bleu et blanc, avec la feuille d'érable au devant, le chandail des Maple Leafs de Toronto. J'avais toujours porté le chandail bleu, blanc, rouge des Canadiens de Montréal; tous mes amis portaient le chandail bleu, blanc, rouge; jamais dans mon village on n'avait vu un chandail des Maple Leafs de Toronto. De plus, l'équipe de Toronto se faisait battre régulièrement par les triomphants Canadiens. Les larmes° aux yeux, je trouvai assez de force pour dire:

— J'porterai° jamais cet uniforme-là.

— Mon garçon, tu vas d'abord l'essayer! Si tu te fais une idée sur les choses avant de les essayer, mon garçon, tu n'iras° pas loin dans la vie...

Elle tira° le chandail sur moi. Je pleurais.

— J'pourrai jamais porter ça.

— Pourquoi? Ce chandail te va très bien... Comme un gant...

— Maurice Richard se mettrait jamais ça sur le dos...

— T'es° pas Maurice Richard. Puis, c'est pas ce qu'on se met sur le dos qui compte, c'est ce qu'on se met dans la tête... Si tu gardes pas ce chandail, il va falloir écrire à M. Eaton pour lui expliquer que tu veux pas porter le chandail de Toronto. M. Eaton, c'est un Anglais; il va être insulté parce que lui, il aime les Maple Leafs de Toronto. S'il est insulté, penses-tu qu'il va nous répondre très vite? Le printemps va arriver et tu auras pas joué° une seule partie° parce que tu auras pas voulu porter le beau chandail bleu que tu as sur le dos.

Je fus donc obligé de porter le chandail des Maple Leafs. Quand j'arrivai à la patinoire, tous les Maurice Richard en bleu, blanc, rouge s'approchèrent° un à un pour regarder ça. Au coup de sifflet° de l'arbitre, je partis prendre mon poste habituel. Le chandail des Maple Leafs pesait° sur mes épaules comme une montagne. Le chef d'équipe vint me dire d'attendre. Il aurait besoin de moi à la défense, plus tard. À la troisième période, je n'avais pas encore joué; un des joueurs de défense reçut un coup de bâton° sur le nez, il saignait°; je sautai sur la glace: mon heure était venue! L'arbitre m'arrêta. Il prétendait° que j'avais sauté sur la glace quand il y avait encore cinq joueurs. C'était trop injuste!

C'est de la persécution! C'est à cause de mon chandail bleu! Je frappai mon bâton sur la glace si fort qu'il se brisa°. Le vicaire°, en patins, vint tout de suite vers moi.

— Mon enfant, un bon jeune homme ne se fâche pas comme ça. Enlève tes patins et va à l'église demander pardon à Dieu.

Avec mon chandail des Maple Leafs de Toronto, j'allai à l'église, je priai Dieu; je lui demandai qu'il envoie au plus vite des mites° qui viendraient dévorer mon chandail des Maple Leafs de Toronto.

Extrait de *Une abominable feuille d'érable sur la glace* (Roch Carrier)

---

Glossary (right margin):

regarder
grand magasin canadien
proud

vieille monnaie québécoise

instead of

tears
(Je) / futur de **porter**

futur d'**aller**
a mis

tu n'es

won't have played / un match

sont venus
whistle
weighed

was hit / *was bleeding*
claimed

broke / *priest*

moths

5 **Le texte.** Lisez plus attentivement et indiquez si les phrases suivantes sont vraies ou fausses. Si elles sont fausses, corrigez-les.

1. Maurice Richard était un des garçons qui jouaient dans l'équipe du narrateur.
2. Les joueurs des deux équipes portaient tous le même uniforme, et tous les joueurs avaient le même numéro sur le dos.
3. La mère du narrateur pensait que le magasin général de la ville n'était pas assez bien pour acheter les vêtements de la famille.
4. La mère du narrateur faisait confiance *(trusted)* au catalogue de la compagnie Eaton.
5. Dans sa lettre à M. Eaton, la mère du narrateur a oublié de spécifier le nom de l'équipe (les Canadiens).
6. Elle a mis de l'argent dans la lettre à M. Eaton.
7. L'équipe des Maple Leafs de Toronto était la meilleure équipe du Canada.
8. Quand le narrateur a vu le chandail des Maple Leafs, il a pleuré.
9. La maman a expliqué que pour réussir dans la vie, il faut essayer les choses avant de les juger.
10. Elle a aussi expliqué que ce qu'on pense est plus important que les vêtements qu'on porte.
11. La maman pense que si elle demande à M. Eaton d'échanger *(exchange)* le chandail, M. Eaton va le faire très vite.
12. Quand le narrateur est arrivé à la patinoire avec son nouveau chandail, les autres joueurs sont tous venus lui faire des compliments.
13. Le chef d'équipe n'a pas voulu donner au narrateur son poste habituel.
14. Le narrateur a utilisé son bâton pour frapper *(hit)* l'arbitre.
15. Le vicaire a demandé au narrateur d'aller prier *(pray)* à l'église.
16. La prière du narrateur montrait une vraie repentance!

6 **Les mots.** En utilisant le contexte et la logique, pouvez-vous déduire le sens des mots suivants?

1. **envoyer** («... le catalogue que la compagnie Eaton nous **envoyait** par la poste... »)
2. **recevoir** («Deux semaines plus tard, nous **recevions** le chandail.»)
3. **enlever** («**Enlève** tes patins et va à l'église... »)
4. **dévorer** («... des mites qui viendraient **dévorer** mon chandail... »)

1. En groupes de deux, préparez un résumé de l'histoire du chandail. L'un(e) de vous va être responsable des circonstances/conditions (comment étaient les choses?); l'autre va donner les actions (qu'est-ce qui s'est passé?). Sur une feuille de papier, faites deux colonnes comme dans le tableau suivant, puis remplissez chaque colonne avec les détails importants. Ensuite, soyez prêt(e)s à lire votre résumé à la classe.

	Étudiant(e) A Comment étaient les choses?	Étudiant(e) B Qu'est-ce qui s'est passé?
	Quand le narrateur avait 10 ans... Etc.	Un jour, sa mère a décidé de lui acheter un nouveau chandail... Etc.

2. On peut lire cette histoire à un niveau littéral, mais on peut aussi y voir des symboles. Complétez le tableau suivant selon votre interprétation. Relisez l'introduction sur Roch Carrier au besoin.

	Littéralement	**Figurativement**
le chandail bleu, blanc, rouge	uniforme des Canadiens de Montréal	
le chandail bleu et blanc avec la feuille d'érable		
Monsieur Eaton		les «Anglais»
L'erreur de M. Eaton	une simple erreur?	les anglophones...
Maurice Richard		

Par écrit: Close encounters

Avant d'écrire

A. Strategy: Viewing different facets of an object. To use this strategy, you are going to answer a series of questions that will lead you to examine a topic from a variety of viewpoints before you begin writing. When you do begin to write, you do *not* need to describe your topic from all perspectives. You can focus on only one or blend two or more together. Choose the ones that best spark your imagination.

Application. Imagine you wish to describe an article of clothing that has some special significance for you. The garment may be new or old, elegant or ugly, yours or someone else's. It may evoke memories of pleasant or unpleasant circumstances, or it may remind you of someone else. Whatever the case, think about the article of clothing as you try to answer the following questions.

How would you describe the garment to someone who is not in the room?
Does it remind you of someone, something, or some event?
What can you do with the article besides wear it?
How would you divide the garment into its constituent parts?
What other garment is similar? different? Explain.
Do you like the article of clothing? Why or why not?

B. Strategy: Making descriptions vivid.   Descriptions become memorable when details appeal to the senses and sharp images are produced. Study the following example from *Une abominable feuille d'érable sur la glace:*

> ... un chandail bleu et blanc, avec la feuille d'érable au devant, le chandail des Maple Leafs de Toronto.

Application.   Now try completing the following sentence in a way that depicts an old sweater in an evocative and vivid manner.

> J'ai un vieux chandail...

ÉCRIVEZ

Choisissez un des sujets suivants.

1. Le narrateur dans le conte de Carrier raconte un souvenir de sa jeunesse associé à un chandail. Vous souvenez-vous d'un vêtement particulier de votre passé? Votre premier costume, par exemple, ou votre première robe du soir? Ou, vous souvenez-vous du jour où votre tante vous a acheté ce grand manteau à carreaux (orange!)? Écrivez un paragraphe où vous décrivez le vêtement. Pourquoi est-ce que vous vous souvenez de ce vêtement? Pourquoi est-il mémorable?

2. Quelle chance! En vous promenant hier soir, vous avez rencontré un extraterrestre avec qui vous avez parlé! Maintenant vos copains pensent que vous avez perdu la boule *(your marbles)*. Alors il faut décrire le bonhomme en détail. Comment était-il (description physique, portrait moral)? À quoi ressemblait-il? Vous a-t-il fait une bonne impression? Pourquoi? / pourquoi pas?

VOCABULAIRE ACTIF

Les vêtements (m.)

un anorak *ski jacket, parka*
un blouson *a short jacket*
un cardigan *a button-up sweater*
des chaussettes (f.) *socks*
une chemise *a man's shirt*
une chemise de nuit *a nightgown*
un chemisier *a blouse*
un col *a collar*
un costume *a man's suit*
une cravate *a tie*
un imperméable *a raincoat*

un jean *jeans*
un jogging *a jogging suit*
une jupe *a skirt*
un maillot de bain *a swimsuit*
un manteau *a coat*
une marque *a brand*
la mode *fashion*
un pantalon *(a pair of) pants*
une poche *a pocket*
un polo *a polo shirt*

un pull *a sweater (generic term)*
un pyjama *pajamas*
une robe *a dress*
une robe de chambre *a bathrobe*
une robe du soir *an evening gown*
un short *shorts*
un smoking *a tuxedo*
un tailleur *a woman's suit*
un T-shirt *a T-shirt*
une veste *a jacket (generic)*

Les chaussures (f.)

des baskets (f.) *basketball shoes*
des bottes (f.) *boots*
des bottines (f.) *ankle-boots*
des chaussures habillées *dress shoes*

des mocassins (m.) *moccasins*
des pantoufles (f.) *slippers*
des sandales (f.) *sandals*
des tennis (f.) *tennis shoes*

Les accessoires (m.)

une ceinture *a belt*
un chapeau *a hat*
une écharpe *a winter scarf*

des gants (m.) *gloves*
des lunettes (f.) de soleil *sunglasses*

Les matières (f.) et les tissus (m.)

en coton (m.) *cotton*
en cuir (m.) *leather*
en flanelle (f.) *flannel*
en laine (f.) *wool*
en nylon (m.) *nylon*
en polyester (m.) *polyester*
en soie (f.) *silk*

en velours (m.) *velvet*
à carreaux *plaid*
à fleurs *flowered*
à pois *polka dot*
à rayures *striped*
uni *solid (color)*
(gris) clair *light (gray)*

(gris) foncé *dark (gray)*
bleu marine *navy blue*
bordeaux *burgundy*
marron *brown*
à manches courtes / longues
  short-sleeved / long-sleeved
haut(e) *high*

La tête

la bouche *mouth*
le cou *neck*
les dents (f.) *teeth*
le front *forehead*

la gorge *throat*
la joue *cheek*
les lèvres (f.) *lips*
le nez *nose*

un œil / des yeux (m.) *eye / eyes*
les oreilles (f.) *ears*
les paupières (f.) *eyelids*

Le corps

le bras *arm*
le coude *elbow*
le doigt *finger*
le dos *back*

l'épaule (f.) *shoulder*
le genou *knee*
la jambe *leg*
la main *hand*

le pied *foot*
la taille *waist*
le ventre *stomach*

La forme

l'aérobic (m.)
discipliné(e) *disciplined*
être en bonne forme *to be in good shape*

l'exercice physique (m.) *exercise*
la musculation *weight training*
des pompes (f.) *pushups*

Verbes

aller bien / mal *to fit well / poorly*
baisser *to lower*
se brosser les dents / les cheveux
  to brush one's teeth / hair
choisir (de) *to choose (to)*
se coiffer *to do one's hair*
se coucher *to go to bed*
se dépêcher *to hurry*
se doucher *to shower*
s'endormir *to fall asleep*

se fâcher *to get mad*
faire mal (à) *to hurt*
finir (de) *to finish*
grossir *to gain weight*
s'habiller *to get dressed*
se laver *to wash (oneself)*
lever *to raise*
se lever *to get up*
maigrir *to lose weight*
se maquiller *to put on makeup*

mettre *to put (on)*
se peigner *to comb one's hair*
porter *to wear*
prendre une douche *to take a
  shower*
se promener *to go for a walk*
se raser *to shave*
se reposer *to rest*
réussir (à) *to succeed (in)*
se réveiller *to wake up*

Adverbes

(travailler) dur *(to work) hard*
partout *everywhere*

Divers

le bois *wood*
le feu *fire*
une valise *a suitcase*

la lune *the moon*
la routine quotidienne *the daily routine*

11 Plans et projets

Qu'est-ce que ces étudiants feront dans l'avenir?

Quelle profession choisiront-ils?

Seront-ils heureux?

Se marieront-ils?

Auront-ils des enfants?

Et vous?

Qu'est-ce que vous ferez dans vingt ans?

Où serez-vous?

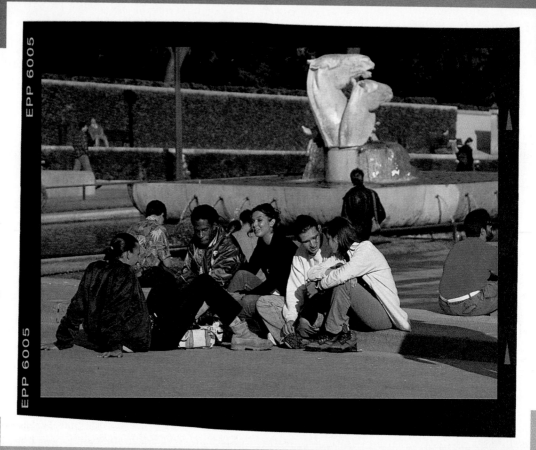

This chapter will enable you to

- **model a conversation between a job applicant and a prospective employer; understand an excerpt from a radio interview between two political figures in France**
- **read an article on people's perceptions of work and a literary text from Senegal about the condition of women in an African society**

- **talk about the future**
- **discuss jobs, careers, and other issues related to the professional world**
- **interrupt in a conversation**

Première étape

À l'écoute: Le monde du travail

Comment se passe une conversation téléphonique entre quelqu'un qui cherche du travail et un employeur en France? Cette étape vous propose un exemple d'une telle conversation.

Avant d'écouter

Imaginez que vous cherchez du travail dans la région parisienne. En consultant le journal, vous voyez les petites annonces page 384.

1 Avec un(e) camarade de classe, trouvez dans les annonces les mots donnés dans la colonne de gauche. En utilisant le contexte et la logique, pouvez-vous relier ces mots à leur définition (à droite)?

1. un comptable
2. un(e) débutant(e)
3. un gagneur
4. un vendeur / une vendeuse
5. le salaire
6. de haut niveau
7. exigé
8. juridique
9. un infirmier / une infirmière
10. le bloc opératoire

a. quelqu'un qui vend quelque chose dans un magasin
b. quelqu'un qui travaille avec les nombres, les budgets, etc.
c. quelqu'un qui assiste un médecin dans un hôpital
d. quelqu'un qui aime la compétition et être le premier
e. quelqu'un qui commence (dans le monde du travail ou autre chose)
f. un synonyme de «nécessaire» ou «obligatoire»
g. un adjectif qui se rapporte à la justice
h. la partie d'un hôpital où on fait les opérations
i. l'argent qu'on gagne par mois ou de l'heure quand on travaille
j. compliqué, sophistiqué

2 Maintenant avec votre partenaire, discutez chaque petite annonce; dites pourquoi ces postes vous intéressent ou non, soit comme emplois temporaires ou comme carrières. Comparez-les avec des emplois que vous avez déjà eus et la profession que vous voulez exercer.

CARRIÈRES ET EMPLOIS

CENTRE HOSPITALIER recherche **INFIRMIÈRS[ES]** D.É. BLOC OPÉRATOIRE salaire intéressant Tél: (1) 49.11.60.53	IMPORTANT GROUPE DE PRESSE recrute **SUPERVISEURS** POUR GRANDE CAMPAGNE DE TÉLÉMARKETING Vous avez 20 à 30 ans. Vous avez le sens de l'animation et l'expérience du télémarketing. Appelez dès maintenant de 9 heures à 18 heures. Tél: 43.87.03.00
HÔTEL *** cherche **ASSISTANT[E]** **DE DIRECTION** Bilingue anglais Formation hôtelière Référ. exigées Tél: (1) 42.56.88.44	
AGENCE DE PUBLICITÉ FINANCIÈRE recherche **COMPTABLE** connaissance informatique Tél: 40.26.55.50	SOCIÉTÉ COMMUNICATION recherche **CONSEILLERS** **COMMERCIAUX** • débutant(es) accepté(es) • tempérament de gagneur • capables négociations de haut niveau • formation assurée • promotion rapide possible Tél: 48.98.55.00
SECRÉTAIRE **BILINGUE ANGLAIS** Expérience service juridique. Très bon salaire. Poste stable. Tél: 43.71.89.89	
VENDEUSE vêtements femmes. Qualifiée, bonne présentation, anglais si possible. Âge min, 25 ans Référ. récentes. Tél: 40.06.57.52	ÉCOLE INTERNATIONALE recrute **RESPONSABLE** **DÉPARTEMENT** **BILINGUE ANGLAIS** Expérience pédagogique obligatoire universitaire ou secondaire. 39 h minimum par semaine. Logement. Tél: 43.07.86.06

Écoutons

Audio CD

3 Écoutez une première fois pour identifier

1. la petite annonce qui a occasionné cette conversation.
2. l'expérience professionnelle de la jeune fille. Quelles sont les phrases qui décrivent sa situation?

_____ Elle n'a pas encore fini ses études.

_____ Elle a déjà son diplôme.

_____ Elle a travaillé pendant trois mois.

_____ Elle a trois ans d'expérience professionnelle.

4 Écoutez encore pour déduire d'après le contexte le sens des mots dans la colonne de gauche. Reliez-les à leur définition dans la colonne de droite. (Attention, il y a deux définitions supplémentaires.)

1. un stage
2. un poste
3. à plein temps
4. à mi-temps
5. un curriculum vitae
6. prendre rendez-vous
7. un entretien
8. remplir une demande d'emploi
9. être embauché(e)

a. 39–40 heures par semaine
b. une position
c. une période de vacances
d. un résumé de ses qualifications
e. une conversation officielle
f. une période de travail pratique dans un programme d'études
g. à temps partiel
h. perdre son travail
i. être choisi(e) comme employé(e)
j. décider d'une heure spécifique pour voir quelqu'un
k. compléter un formulaire (form) pour essayer d'avoir un travail

VOCABULAIRE ACTIF

un(e) comptable
un curriculum vitae
un(e) débutant(e)
embaucher /
    être embauché(e)
un emploi
un(e) employé(e)
un employeur
un entretien
(faire) une demande
    d'emploi
un infirmier /
    une infirmière
un poste à mi-temps /
    à plein temps
prendre rendez-vous
remplir un formulaire
le salaire
un stage
un vendeur /
    une vendeuse
venir de

5 Écoutez encore en faisant particulièrement attention aux verbes.

1. D'après le contexte, quel est le sens de **je viens de...** (...sortir, etc.)?
   a. I've come to   b. I have just

2. Plusieurs verbes dans cette conversation sont au futur. Cochez dans la liste suivante les formes que vous entendez.

_____ vous chercherez

_____ vous prendrez

_____ vous viendrez

_____ vous remplirez

_____ il fera

_____ il faudra

_____ je commencerai

_____ je pourrai

Maintenant pouvez-vous identifier l'infinitif ou la forme correspondante du présent pour chacun des verbes de la liste ci-dessus? Quel est le futur de l'expression **il faut?** Quel est le futur du verbe **faire? pouvoir? venir?**

6 Écoutez la conversation une dernière fois pour répondre aux questions suivantes.

1. Quelles sont les trois choses que l'employeur veut savoir?
2. Quelles sont les trois choses que l'employeur dit à la jeune fille de faire?
3. La jeune fille ne pose qu'une seule question. Quelle est cette question, et quelle est la réponse?

7 Avec un(e) partenaire, choisissez une petite annonce qui vous intéresse et jouez le rôle d'un(e) postulant(e) (une personne qui fait une demande d'emploi) et de l'employeur. Dans une conversation téléphonique semblable à celle que vous venez d'entendre, posez les questions appropriées—et improvisez les réponses!

VOCABULAIRE
Pour parler du travail

Mes amis ont des rêves grandioses. Par exemple, Gilles ne veut pas être ouvrier chez Renault; il veut être chef d'entreprise ou homme d'affaires. Nadia ne veut pas être journaliste; elle veut avoir un poste de direction au *Nouvel Observateur*. Karim ne veut pas être un simple cuisinier; il veut être le patron de son propre restaurant. Didier veut être non seulement banquier, mais cadre à la Banque de France. José veut exercer une profession libérale comme médecin ou avocat, ou peut-être enseignant dans une école supérieure. Moi, je veux être fonctionnaire; j'aime la sécurité de travailler pour le gouvernement.

■ En choisissant parmi le nouveau vocabulaire de cette étape, complétez les phrases suivantes d'une façon personnelle en parlant de vos «rêves grandioses».

Je ne veux pas être...
Je voudrais...

ACTIVITÉS

A. Quelles catégories?   Classez le vocabulaire suivant selon quatre catégories que vous développez avec des camarades de classe.

curriculum vitae   poste   cadre   ouvrier
    entreprise   salaire   emploi
exercer   poste de direction   banquier
    fonctionnaire   formation   carrière
gagner   patron   enseignant
    profession libérale   expérience   embaucher
chef d'entreprise   journaliste   stage
    remplir   employé(e)   homme/femme d'affaires
promotion   employeur   vendeur
    rendez-vous   débutant   comptable
entretien   infirmier   demande d'emploi

B. Préférences. Cochez les professions que les personnes suivantes voudraient exercer, à votre avis. Interviewez un(e) partenaire pour compléter la colonne de droite.

	moi	mon copain/ ma copine	mon frère/ ma sœur	mon/ma camarade de chambre	mon/ma partenaire
comptable					
journaliste					
infirmier/-ère					
vendeur/ vendeuse					
banquier/-ère					
enseignant(e)					
homme/ femme d'affaires					
?					

Maintenant, expliquez vos réponses. Par exemple, est-ce une profession où on gagne beaucoup d'argent? où il y a beaucoup de temps libre? où il y a très peu de stress? etc.

➡ *Ma copine voudrait être comptable parce qu'elle aime les mathématiques et la sécurité d'un bon travail.*

STRUCTURE: Talking about the future (I)
L'infinitif

Observez et déduisez

Qu'est-ce que l'avenir réserve à ces jeunes gens? Sandrine espère être cadre. Didier a l'intention d'être banquier. Christelle compte devenir* journaliste. Julien veut devenir comptable. Isa a envie d'être infirmière.

Sandrine

Didier

Christelle

Julien

Isa

■ Study the examples above. Can you find five different verbs or expressions to talk about the future?

***Devenir** is conjugated like **venir.**

Vérifiez   *L'infinitif*

■ There are many ways to speak about the future in French without using the future tense. You have already learned the immediate future *(futur proche)* in Chapter 3 (page 106).

> Je **vais parler** à mon patron.

■ The following expressions, followed by an infinitive, can also be used to speak about the future.

VOCABULAIRE ACTIF
l'avenir
avoir envie de
avoir l'intention de
compter
devenir
espérer

espérer* *(to hope to)*
vouloir
compter *(to plan to)*   } + infinitive
avoir l'intention de *(to intend to)*
avoir envie de *(to want to)*

ACTIVITÉS

C. L'avenir et le travail.   Voici les résultats d'un sondage effectué auprès de jeunes Français de 15 à 24 ans. Récapitulez leurs réponses en utilisant les expressions données dans **Vérifiez.**

> ➡ *Vingt pour cent des jeunes Français **comptent travailler** dans la fonction publique.*

L'avenir			
Vous préférez travailler dans		**Dans dix ans, professionnellement, pensez-vous être**	
une grande entreprise	31%	ouvrier	3%
une PME[1]	12%	employé	15%
la fonction publique	20%	cadre moyen	18%
une profession libérale	34%	cadre supérieur	18%
ne sait pas	3%	pratiquant une profession libérale	23%
		enseignant (professeur)	8%
		chef d'entreprise	9%

1. petite ou moyenne entreprise

Le Français dans le monde, N° 246

Et vous? Quelles sont vos réponses personnelles à ce sondage? Faites un sondage de votre classe.

> ➡ *J'espère travailler dans la fonction publique. Je n'ai pas envie de travailler dans une grande entreprise.*

*****Espérer** has a stem-changing conjugation like **préférer:** j'espère, tu espères, on espère, nous espérons, vous espérez, ils espèrent.

D. L'avenir. Comment voyez-vous l'avenir? Complétez les phrases suivantes en ajoutant un infinitif.

Dans 10 ans...

1. je / vouloir...
2. mon (ma) camarade de chambre / compter...
3. mes parents / espérer...
4. mes amis / avoir l'intention de...
5. les étudiants d'aujourd'hui / aller...

STRUCTURE: Talking about the future (II)
Le futur simple

Observez et déduisez

> J'espère que le patron
> m'embauchera.

_____

> J'espère que les
> postulants seront
> qualifiés.

_____

> J'espère que j'aurai
> du succès dans
> ma carrière.

_____

> J'espère que nous
> trouverons des postes
> dans un hôpital.

_____

- Match the hopes expressed above with the person most likely to have
  voiced each:

    une débutante / un postulant / des infirmiers / un patron

  Write the name under the appropriate bubble.
- Can you infer the infinitive of the verb **aurai? seront?**
- The verbs in the preceding examples are in the *futur simple*. Based on
  the examples given and previous knowledge, can you infer the rest of
  the *futur simple* conjugation?

je _____	nous _____
tu chercheras	vous _____
il / elle / on _____	ils / elles chercheront

Vérifiez *Le futur simple*

- The simple future in French, as in English, is used to say what *will take place*
  or what one *will do.*

    Les nouveaux diplômés **chercheront** un poste.

■ The future tense is formed by adding the following endings to the infinitive: **-ai, -as, -a, -ons, -ez, -ont.**

Le futur simple	
je travailler**ai**	nous travailler**ons**
tu travailler**as**	vous travailler**ez**
il / elle / on travailler**a**	ils / elles travailler**ont**

■ For infinitives ending in **-e,** drop the **-e** before adding the future ending.

Le postulant **prendra** rendez-vous avec la patronne.

■ Certain irregular verbs have irregular stems to which the future endings are added.

être	**ser-**	vouloir	**voudr-**
avoir	**aur-**	devoir	**devr-**
faire	**fer-**	falloir	**faudr-**
aller	**ir-**	venir	**viendr-**
pouvoir	**pourr-**	savoir	**saur-**

Pour parler de l'avenir
• Le futur proche **(aller** + infinitif)
Je **vais chercher** un poste.
• Autres expressions verbales + infinitif
J'**ai envie de travailler** comme infirmier.
Je **compte travailler...**
• Le futur simple
J'**aurai** une profession intéressante.

ACTIVITÉS

E. Cherchons un travail! Normalement, on ne trouve pas de poste au hasard *(by chance)*; il y a une certaine progression. Mettez les activités suivantes dans l'ordre logique.

_____ faire une demande d'emploi   _____ parler au patron

_____ pouvoir gagner sa vie   _____ demander un entretien

_____ choisir une profession   _____ lire les petites annonces

_____ travailler dur   _____ prendre rendez-vous

_____ être embauché(e)   __1__ finir ses études

Maintenant, dites à un(e) partenaire ce que vous ferez pour chercher un travail. Comparez votre progression à celle de votre partenaire.

➡ *Bon, d'abord je finirai mes études...*

F. Clairvoyant(e).   En employant le futur simple, dites ce que les personnes suivantes feront dans les circonstances indiquées... selon votre «boule de cristal»!

➡ vous / dans cinq ans (avoir, trouver, ?)
Dans cinq ans j'aurai un appartement à New York. Je trouverai un bon poste. Je serai reporter pour le New York Times...

1. vous / dans cinq ans (vouloir, aller, ?)
2. vos copains (copines) / après leurs études (savoir, ne plus devoir, ?)
3. votre famille / ce week-end (faire, devoir, ?)
4. le professeur / pendant les vacances (être, ne pas venir, ?)
5. ? / ?

G. Un monde idéal.   Qu'est-ce que vous espérez pour l'avenir? Complétez les phrases suivantes, puis partagez vos réponses avec la classe.

J'espère que ma famille...
      mes copains (copines)...
      les gens...
      le gouvernement...
      ?

 Jeu de rôle

Imagine that you are a famous figure from the past or a modern-day celebrity. Now, with that identity in mind, imagine you're still in high school, and you're writing a paper called *«Mon avenir»* for your French class. Share your aspirations of future accomplishments with your classmates! Will you be Picasso? Queen Victoria? Napoleon? Mother Teresa? Someone else?

W
B

Deuxième étape

Lecture: L'image du travail

Le travail et la réussite professionnelle (le succès) ont un sens différent pour différentes personnes. Le texte que vous allez lire dans cette étape analyse l'image du travail chez les Français d'aujourd'hui.

Avant de lire

1 Quelle est votre image du travail? Cochez les réponses qui expriment votre opinion et ajoutez d'autres réponses au besoin.

Pour moi, le travail (une carrière), c'est...

_____ un mal nécessaire

_____ un moyen de gagner sa vie *(earn a living)*

_____ un moyen de faire fortune (devenir riche)

_____ un moyen de s'épanouir (développer ses talents et sa personnalité)

_____ un moyen d'acquérir un statut social

_____ un moyen de monter dans la société

_____ un moyen d'établir des contacts sociaux (collègues, amis)

_____ un moyen d'avoir la sécurité, sans la peur du chômage *(unemployment)*

_____ un moyen d'être utile *(useful)* à la société

_____ un moyen d'éviter l'ennui *(avoid boredom)*

_____ ?

2 L'illustration qui accompagne le texte est un peu insolite (bizarre), n'est-ce pas? Quelle est la conception du travail de ce jeune homme, à votre avis? Est-il ambitieux? conformiste? Qu'est-ce que ses vêtements révèlent? et ses patins à roulettes *(roller skates)*? Imaginez sa profession, sa personnalité et ses projets d'avenir.

En général

3 Parcourez le texte une première fois pour identifier les idées générales.

Quatre conceptions nouvelles du travail

Quels sont les quatre adjectifs qui définissent ces conceptions?

La régression du carriérisme

1. Cochez les idées qui sont mentionnées dans cette partie du texte.

_____ La mentalité des jeunes cadres dans les années 80.

_____ Les attentes *(expectations)* des jeunes cadres dans les années 90.

_____ Les professions préférées des jeunes des années 80.

_____ Les professions préférées des jeunes des années 90.

_____ Les prédictions d'un sociologue pour le vingt et unième siècle.

_____ Une analyse de la situation actuelle par un sociologue.

2. Quelle génération de jeunes cadres le jeune homme de l'illustration représente-t-il? Pourquoi?

L'image du travail

Quatre conceptions nouvelles du travail

Quelle est l'attitude des Français vis-à-vis du travail? Une vieille chanson populaire dit que «le travail c'est la santé, rien faire c'est la conserver!... » Peu de Français sont assez naïfs pour imaginer qu'on puisse se soustraire° à l'obligation de travailler, mais avec la crise économique et la peur croissante du chômage, quatre conceptions nouvelles du travail sont apparues°.

　　Une conception «sécuritaire» s'est développée dans les catégories les plus vulnérables de la population. Elle est particulièrement forte chez tous ceux qui se sentent menacés dans leur vie professionnelle pour des raisons diverses: manque de formation, charges de famille, une entreprise ou une profession vulnérable.

　　On rencontre aussi chez les personnes les plus attachées à la consommation une conception «financière». Leur vision du travail est simple et concrète. Il s'agit avant tout de bien gagner sa vie, afin de pouvoir dépenser sans trop compter.

　　La conception «affective» est répandue° chez ceux qui accordent une importance prioritaire aux relations humaines dans le travail et qui cherchent à s'épanouir. Elle concerne beaucoup de jeunes et d'adultes des classes moyennes pour qui la nature de l'activité professionnelle revêt° une importance particulière, ainsi que son environnement (les collègues, la hiérarchie, le cadre° de travail...).

　　Enfin, la conception «libertaire» représente une façon d'envisager° le travail comme une aventure professionnelle. Ses adeptes sont attirés surtout par la liberté, propice° à la création et à la réalisation de soi-même. Ils sont ouverts à toutes les formes nouvelles de travail (temps partiel, interim°) ainsi qu'à l'utilisation des technologies dans l'entreprise. Ils sont par principe très mobiles et considèrent tout changement de travail, d'entreprise ou de région comme une opportunité.

La régression du carriérisme

Les années 80 étaient l'ère du _golden boy_, le jeune cadre dynamique pour qui réussite professionnelle et argent étaient synonymes. L'ambition des «jeunes loups°» était de faire fortune. Aujourd'hui, le désir de s'épanouir en occupant un emploi intéressant leur paraît de plus en plus légitime. Pour beaucoup, le travail idéal, c'est celui que

éviter

arrivées

commune

prend

environnement
considérer

favorable

travail temporaire

wolves

l'on accomplit sans avoir l'impression de travailler. De plus, le désir de gagner le plus d'argent possible en travaillant, ou d'accélérer son ascension dans l'entreprise, semble s'essouffler° depuis quelques années. Ainsi, les métiers qui, dans l'absolu, ont aujourd'hui les faveurs des jeunes (chercheur, médecin, journaliste, professeur...) ne sont pas systématiquement ceux qui permettent de gagner le plus d'argent ou d'acquérir du pouvoir. Les attentes qualitatives tendent à s'accroître°: être utile; exercer des responsabilités; participer à un projet collectif; apprendre et se développer sur le plan personnel; avoir des contacts enrichissants; créer. Le sociologue Gilles Lipovetsky, auteur de *L'Ère du vide* (éd. Gallimard) confirme: «Désormais°, penser l'ambition uniquement en termes de progression sociale est dépassé°. Les gens veulent toujours gagner de l'argent mais se demandent pour quoi faire? L'argent doit être utile à réaliser de nouveaux luxes: ceux d'aider les autres, de prendre son temps, de réaliser ses désirs.»

diminuer

augmenter

from now on
outdated

Gérard Mermet, *Francoscopie 1997*, pp. 261–263

En détail **4** **Les mots.** En utilisant le contexte et la logique, déduisez le sens des mots suivants.

Quatre conceptions nouvelles du travail, ¶2

1. **menacé** («... ceux qui se sentent menacés dans leur vie professionnelle»)
   a. en situation de risque   b. en situation de sécurité
2. **(le) manque de formation**
   a. l'absence d'organisation   b. l'absence de préparation académique
3. **les charges** (de famille)
   a. les accusations   b. les obligations financières
4. **une entreprise** («une entreprise ou une profession vulnérable»)
   a. une compagnie   b. un projet

La régression du carriérisme

5. **un métier** («les métiers qui ont aujourd'hui les faveurs des jeunes»)
   a. un domaine d'études   b. une profession
6. **le pouvoir** («qui permettent d'acquérir du pouvoir»)
   a. l'autorité, la capacité de dominer   b. l'aptitude, la capacité d'essayer
7. **réaliser** («L'argent doit être utile à réaliser de nouveaux luxes»)
   a. comprendre   b. obtenir

5 **Le texte.** Lisez plus attentivement pour voir si les phrases suivantes sont vraies ou fausses. Si elles sont fausses, corrigez-les.

Quatre conceptions nouvelles du travail

1. Selon une vieille chanson populaire, «le travail, c'est la santé» et donc la meilleure façon de conserver sa santé, c'est de travailler constamment.
2. Les quatre conceptions nouvelles du travail sont dues à la crise économique.
3. La première conception est celle des gens qui ont particulièrement peur du chômage.

4. La deuxième conception est une vision tout à fait matérialiste.
5. La troisième conception concerne principalement les riches qui ont moins de préoccupations financières.
6. La quatrième conception est celle des gens qui aiment la routine.

La régression du carriérisme

7. Les «jeunes loups» des années 80 préféraient un emploi qui paye bien à un emploi intéressant.
8. Le travail idéal d'aujourd'hui est défini comme un travail où l'on peut être son propre *(own)* patron.
9. Les métiers préférés des jeunes d'aujourd'hui sont des métiers qui permettent une ascension sociale rapide.
10. Le désir de s'épanouir est une attente qualitative.
11. Selon le sociologue cité, l'ambition est toujours une question de progression sociale.
12. Prendre son temps et épanouir sa personnalité sont des luxes dans la société d'aujourd'hui.

6 Récapitulation. En utilisant vos propres mots, définissez

1. les quatre conceptions du travail présentées dans le texte.
2. le *golden boy* des années 80.
3. l'ambition des jeunes cadres d'aujourd'hui.

Et vous?

Discutez les sujets suivants en groupes de deux ou trois, puis comparez vos réponses avec celles des autres groupes.

VOCABULAIRE ACTIF

l'ambition (f.)
les attentes (f.)
une carrière
le chômage
une crise
l'ennui (m.)
une entreprise
éviter
la formation
gagner (sa vie, de l'argent)
un manque (de)
un métier
le pouvoir
réaliser (ses rêves, ses désirs)
la retraite
la réussite
la société
le succès
utile

1. Est-ce que votre conception du travail correspond à l'une des quatre catégories présentées dans le texte? Laquelle? Pourquoi?
2. Est-ce que ce texte reflète les valeurs de la société américaine pour les années 80? pour les années 90? Est-ce que le *golden boy* existe toujours? Où?
3. Quelle est votre définition du luxe? Quels luxes voulez-vous réaliser dans votre vie?
4. Le texte parle à plusieurs reprises d'épanouissement. Comment peut-on «s'épanouir» dans sa vie professionnelle, personnelle et familiale? Donnez des idées pour chaque domaine.
5. À votre avis, les conceptions du travail et de la réussite professionnelle seront-elles différentes dans 20 ans? Imaginez les définitions de l'avenir.

Note culturelle

Le chômage. 1996 figures indicate that unemployment in France reached an all-time high of 12.4% (9.8 in Belgium, 9.5 in Canada, 5.4 in the U.S., 3.3 in Switzerland). Unemployment is highest among the youth and among women: 22.1% of men 24 years of age or under, and 31.9% of women in the same age group are unemployed. These figures drop to 9.6% for men and 13.6% for women in the 25–49 age category. To fight unemployment, the French government has instituted or is considering a number of measures: **les stages d'insertion** (through which private companies receive subsidies to hire young people right out of school for a few months), **la semaine de 35 heures** (passed in 1998), **la retraite à 55 ans** (retirement), etc.

STRUCTURE: Talking about the future (III)

Le futur simple après certaines locutions

Observez et déduisez   Quelle est votre définition de la réussite?

Si je deviens riche, j'achèterai
une voiture de luxe.

Moi, dès que j'aurai assez
d'argent, je voyagerai.

Et moi, quand je pourrai,
j'aiderai les autres.

> ■ Study the sentences in the preceding dialogue. What tense is used after
> the conjunctions **quand** and **dès que** *(as soon as)?* What tense is used
> after **si?**

Vérifiez   *Le futur simple après certaines locutions*

VOCABULAIRE ACTIF
dès que

■ In French, the future tense—*not* the present—is required after the expressions
quand and **dès que** if one is speaking about the future.

> **Dès qu'**il **aura** la sécurité d'un travail sûr, il n'**aura** plus peur du
> chômage.

■ The future tense is also used to indicate what will happen if certain conditions are met. Use **si** and a verb in the *present* tense to express the *conditions.*
Use the *future* tense to explain the *consequences.*

> **Si** tu **es** au bon endroit au bon moment, tu **feras** fortune!

ACTIVITÉS

A. Choisissez!   Qu'est-ce qu'une carrière représente pour vous? Complétez
les phrases suivantes, en soulignant la phrase qui exprime ce qui compte le
plus pour vous.

1. Dès que j'aurai un bon poste...
   a. je serai utile à la société.
   b. je me développerai sur le plan professionnel.
2. Quand je finirai mes études...
   a. je ferai fortune.
   b. je gagnerai ma vie.

3. Quand je commencerai ma carrière...
   a. je monterai vite dans l'entreprise.
   b. j'aurai des collègues sympathiques.
4. Dès que j'aurai mon diplôme...
   a. je chercherai un travail intéressant.
   b. je n'aurai plus peur du chômage.
5. Quand j'aurai un travail...
   a. je chercherai à acquérir du pouvoir.
   b. j'exercerai des responsabilités importantes.

Maintenant, comparez vos réponses en groupes de trois ou quatre. Quels concepts sont les plus importants pour votre groupe? Faire fortune ou gagner sa vie? etc. Faites un résumé de vos réponses pour la classe.

B. Des conseils. Lisez les conditions et les conséquences suivantes et formulez des conseils logiques pour quelqu'un qui cherche un travail.

➡ avoir ton diplôme / pouvoir trouver un bon poste
Si tu as ton diplôme, tu pourras trouver un bon poste.

conditions	conséquences
être au bon endroit au bon moment	réussir ta vie
	être heureux (heureuse)
avoir de l'ambition	avoir un bon emploi
étudier	choisir une carrière qui te plaît
penser aux autres	devoir travailler dur
vouloir être heureux	apprendre (à)
se réveiller tôt	avoir besoin d'argent
être responsable	faire fortune
avoir un diplôme universitaire	t'amuser
?	donner un sens à ta vie
	?

C. Mon avenir. Complétez les phrases pour parler de vos projets d'avenir.

1. Dès que j'aurai mon diplôme...
2. Quand je trouverai un bon emploi...
3. Dès que je ferai fortune...
4. Quand je me marierai...
5. Quand j'aurai 40 ans (65 ans)...
6. Quand je serai prêt(e) à acheter une maison...

STRUCTURE: Adding emphasis
Les pronoms toniques

Observez et déduisez
— Qu'est-ce que la réussite pour toi, Nadine?
— Pour moi, la réussite c'est exercer des responsabilités, participer à des projets collectifs...
— Et pour toi, Patrick?
— Eh bien, moi, je pense que la réussite c'est avoir un travail intéressant et avoir du temps libre aussi.

■ What two pronouns do you find after the preposition **pour** in the preceding conversation? Can you infer the subject pronouns to which they correspond?

■ Fill in the following stress pronouns next to the corresponding subject pronouns in the chart below:

elles, nous, vous, lui, eux, elle, soi

subject pronoun	stress pronoun	subject pronoun	stress pronoun
je	*moi*	nous	
tu	*toi*	vous	
il		ils	
elle		elles	
on			

■ In the last sentence of the dialogue, you see «Moi, je... ». You have seen this use of **Moi, je...** many times throughout this text. Can you infer its function from the context?

Vérifiez *Les pronoms toniques*

VOCABULAIRE ACTIF
Les pronoms toniques
 toi, eux, etc.

■ Stress, or tonic, pronouns are used after prepositions:

> Réussir?
> C'est avoir de bons collègues; c'est participer à des projets avec **eux.**
> C'est retrouver ma copine; c'est aller chez **elle.**
> Et pour **toi?** Qu'est-ce que «réussir»?

■ for emphasis:

> **Moi,** je veux un travail sûr. **Lui,** il veut se sentir libre.

■ after **c'est/ce sont:**

> C'est **nous** qui cherchons une «aventure» professionnelle.
> Ce sont **eux** qui veulent faire fortune.

(Use **ce sont** only with the third-person plural, **eux/elles.**)

■ and alone as a question or as an answer to a question:

> — Qui veut réussir?
> — **Moi!**
> — **Vous** aussi?

ACTIVITÉS

D. Qu'est-ce qu'une vie réussie? Écoutez les activités mentionnées et indiquez si elles jouent un rôle important dans le concept d'une vie réussie pour vous, pour votre meilleur(e) ami(e), ou pour vous deux.

➡ (se marier?)   pour moi   pour elle/lui   pour nous deux

        _____   ✓   _____

Maintenant réfléchissez à vos réponses. Est-ce que vous ressemblez beaucoup à votre ami(e)?

E. La réussite. Regardez les photos ci-dessous, puis lisez les phrases suivantes. Décidez qui a dit chacune de ces phrases: l'homme? le couple? la femme? Est-ce que les phrases pourraient s'appliquer à différentes personnes?

➡ «La réussite, c'est arriver à ses objectifs.»
C'est lui qui l'a dit.

«La réussite, c'est s'accepter.»

«La réussite, c'est avoir confiance en soi.»

«La réussite, c'est être libre.»

«La réussite, c'est avoir le confort matériel.»

«La réussite, c'est avoir la tranquillité.»

«La réussite, c'est avoir du temps libre.»

«La réussite, c'est avoir de l'argent.»

«La réussite, c'est pouvoir voyager.»

F. Moi, je... et toi?   (1) Parmi les descriptions suivantes, cochez dans la 1ère colonne celles qui s'appliquent à vous.

	s'applique à moi	s'applique à...
1. être ambitieux (-euse)	_____	_____
2. être attiré(e) par la créativité	_____	_____
3. se sentir menacé(e) par le chômage	_____	_____
4. être attaché(e) à la consommation	_____	_____
5. accorder une importance prioritaire aux relations humaines	_____	_____
6. chercher l'aventure professionnelle	_____	_____
7. ?	_____	_____

(2) Interviewez quatre camarades de classe pour voir si vous vous ressemblez. Écrivez les noms des camarades qui vous ressemblent.

➡ s'ennuyer quelquefois
   — *Moi, je m'ennuie quelquefois. Et toi?*
   — *Moi aussi, je...*   ou: — *Moi, je ne m'ennuie jamais!*

Jeu de rôle

Role-play a scene with three classmates in which each of you is a proponent of a different «conception du travail». Defend your «conception», and ask your classmates questions to force them to defend their opinions.

CULTURE ET RÉFLEXION

Internet

■ **Le monde des affaires.**
Comme le dit Polly Platt dans son livre *French or Foe?,* les affaires en France sont «un tango» et il faut connaître les pas[1] pour pouvoir danser.

Un petit brin de conversation avant la transaction.

Tout d'abord, il faut savoir que si vous voulez le pain le plus frais chez le boulanger du coin ou des échantillons gratuits[2] à la parfumerie, il faut établir un rapport personnel avec les commerçants. Un brin[3] de conversation («Votre maman est sortie de l'hôpital? À cet âge-là, évidemment, on devient fragile... ») avant la transaction assure un meilleur service. Il est vrai que cela prend du temps, mais c'est un investissement qui rapporte[4], que ce soit[5] à la banque, chez l'avocat, chez le médecin ou dans un magasin, le client le mieux servi ne sera pas nécessairement celui qui dépense le plus d'argent, mais celui qui prend le temps d'établir un rapport personnel avec son interlocuteur. Pensez au monde des affaires dans votre pays: les transactions sont-elles personnalisées? Si oui, comment? Si non, pourquoi pas, à votre avis?

Préférez-vous une culture où «le temps, c'est de l'argent», ou une culture où les relations humaines sont plus valorisées? Peut-on avoir les deux?

■ **La femme au Sénégal.**
L'article 154 du Code de la Famille stipule: «La femme peut exercer une profession, à moins que[6] son mari ne s'y oppose.» L'article 134 de ce même code stipule que «la femme peut demander à son mari, à l'occasion du mariage ou postérieurement, d'opter pour le régime de la monogamie ou de la limitation de la polygamie». Si le mari s'y oppose, le mariage est automatiquement placé sous le régime de la polygamie, qui autorise l'homme à avoir jusqu'à quatre femmes. Ces lois semblent rétrogrades aux Occidentaux. Cependant, l'écrivain sénégalais Cheik Aliou Ndao fait remarquer que «il serait dangereux de juger l'Afrique comme s'il s'agissait d'un pays européen, sous le prétexte d'une universalité qui, en fait, n'est que la généralisation de la réflexion européenne». Ndao explique que la société africaine traditionnelle est basée sur l'harmonie entre l'homme et la femme et que la femme devient l'inférieure de l'homme seulement s'il devient un «rival»—un concept occidental.

La femme africaine dans un monde en transition.

Quels sont les dangers de juger une société non-occidentale selon les valeurs occidentales? Donnez des exemples de tels jugements et leurs conséquences.

---

1. *steps*   2. *free samples*   3. peu   4. *pays off*   5. *be it*   6. *unless*

Troisième étape

À l'écoute: Hommes et femmes—l'égalité?

Vous allez entendre deux députés (ou représentants) à l'Assemblée nationale, dans le Parlement français, discuter la question de l'égalité *(equality)* des hommes et des femmes en France.

Avant d'écouter

1 À votre avis, l'égalité des sexes est-elle un mythe ou une réalité de nos jours? Est-ce que l'égalité des droits *(rights)* garantit l'égalité des chances? Pensez à la société nord-américaine. En groupes de deux ou trois, décidez si les femmes sont les égales des hommes dans les domaines suivants. Donnez des explications ou des exemples pour justifier vos réponses, puis, si vous le désirez, ajoutez d'autres catégories où la question d'égalité se pose.

1. dans les écoles et les universités
2. dans le monde professionnel
   a. embauche
   b. promotions
   c. postes de direction
   d. salaires
3. dans le monde politique
4. ?

2 Selon vous, qu'est-ce qui est plus difficile pour les femmes: entrer ou monter (avoir des promotions) dans les domaines traditionnellement masculins? Expliquez.

L'Assemblée nationale—quelques femmes?

Écoutons

Audio CD

3 Écoutez d'abord pour identifier le point de vue de Françoise Brasseur et de Philippe Aubry sur l'égalité entre les hommes et les femmes. Est-ce un mythe ou une réalité pour elle? pour lui?

4 Écoutez encore en faisant attention aux chiffres. Complétez.

1. Les femmes constituent _____ pour cent de la population active (qui travaille).

2. À profession égale, les femmes gagnent en moyenne *(average)* _____ pour cent de moins que les hommes.

3. Il y a _____ pour cent de représentation féminine au Parlement.

4. Les femmes ont le droit de voter depuis _____ ans.

5. Dans _____ ans, la situation sera très différente.

Notes culturelles

Le gouvernement français. The French government is divided into two branches. In the executive branch, **le président de la République,** elected for seven years, is assisted by **le Premier ministre** and **le Conseil des ministres.** In the legislative branch, **le Parlement** consists of **l'Assemblée nationale,** with approximately 500 **députés** who are elected for five years, and **le Sénat,** with approximately 300 **sénateurs** elected for nine years.

Le droit de vote. Women in France and Belgium gained the right to vote in 1944; in Switzerland, it was not until 1971 that women were able to vote in national elections.

5 Écoutez encore ce que dit Françoise Brasseur pour trouver le contexte des mots suivants et déduire leur sens. Donnez un synonyme, un antonyme ou une définition.

➡ en théorie
   Contexte: «*On peut en parler, oui, en théorie!*»
   Sens: *Le contraire de la pratique.*   ou: *C'est ce qu'on dit mais pas ce qu'on fait.*

1. réservé (à)   2. évidemment   3. franchement

6 Écoutez une dernière fois et reconstituez les arguments des deux députés.

1. Deux «preuves» que l'égalité est plus qu'une théorie.
2. Trois «preuves» que l'égalité est seulement une théorie.
3. Une raison pour laquelle l'égalité est difficile à réaliser.

VOCABULAIRE ACTIF

l'égalité (f.)
évidemment
franchement
une promotion
la réalité
réservé(e) à
seulement
traditionnellement

7 Discutez les sujets suivants.

1. Imaginez une discussion semblable entre des démocrates et des républicains aux États-Unis. Est-ce que les arguments seront les mêmes? En groupes de trois, adaptez l'interview au contexte américain. Discutez d'abord les différences et les ressemblances que vous voyez, puis jouez l'interview.

2. Philippe Aubry pense que dans cinquante ans, la situation sera très différente. Êtes-vous aussi optimiste? À votre avis, qu'est-ce qui sera différent? Qu'est-ce qui ne changera pas dans la condition des femmes—et des hommes? Faites une liste de vos prédictions.

STRUCTURE: Qualifying an action
Les adverbes

Observez et déduisez   Evidemment, les femmes peuvent entrer dans toutes les professions aujourd'hui. Malheureusement elles montent difficilement aux postes de direction, et elles gagnent rarement autant que les hommes à profession égale.

> ■ Adverbs frequently describe how something is done. Study the preceding examples, and infer two rules for the placement of adverbs in a sentence.
>
> ■ Study the following examples and complete the chart showing how adverbs are formed.

certain	→	certaine	→	certainement
traditionnel	→	traditionnelle	→	traditionnellement
actif	→	_____	→	_____
poli		→		poliment
absolu		→		_____
impatient		→		impatiemment
récent		→		_____

Vérifiez   *Les adverbes*

■ The suffix **-ment** corresponds to *-ly* in English. Many adverbs of manner are formed by adding **-ment** to the feminine form of an adjective.

   heureuse → heureusement   seule → seulement

The **-ment** suffix is added directly to the masculine form if it ends in a vowel.

   rapide → rapidement   vrai → vraiment

If the adjective ends in **-ent** or **-ant,** change the ending as follows:*

constant → const**amment**   fréquent → fréqu**emment**

■ In a simple tense (present, imperfect, future), most adverbs follow the verb.

Aujourd'hui, les femmes entrent **facilement** dans le monde professionnel...

In the negative, they follow **pas.**

... mais elles ne montent pas **rapidement.**

■ Adverbs of time (like **aujourd'hui**) and those that modify the entire idea are placed at the beginning or the end of the sentence.

Malheureusement, les femmes gagnent 25 pour cent de moins que les hommes.
Et il y a très peu de femmes au Parlement, **évidemment.**

■ In the passé composé, adverbs ending in **-ment** usually follow the past participle.

Elle a attendu **patiemment** une promotion.

Short, common adverbs like many you have already learned (**bien, mal, déjà, encore, souvent, quelquefois, beaucoup, assez, trop, jamais, rien,** etc.) come *between* the auxiliary and the past participle.

Elle a **beaucoup** travaillé, mais elle n'a **jamais** eu de promotion.

■ Below is a chart of some common adverbs and their uses.

VOCABULAIRE ACTIF

absolument
activement
certainement
constamment
difficilement
facilement
fréquemment
généralement
heureusement
lentement
malheureusement
patiemment /
  impatiemment
poliment
rapidement
rarement
récemment
sérieusement

Résumé: les adverbes

interrogation	fréquence	quantité
où?	encore	trop
comment?	souvent	beaucoup / peu
combien?	rarement	assez
quand?	quelquefois	plus / moins
pourquoi?	déjà	autant
négation	**temps**	**manière**
ne ... plus	hier	bien / mal
ne ... jamais	demain	rapidement
ne ... pas (du tout)	aujourd'hui	seulement
	autrefois	sérieusement
		vraiment
		etc.

*The adverb **lentement** (*slowly*) does not follow this rule.

ACTIVITÉS

A. Égalité entre hommes et femmes?   Écoutez le professeur et cochez l'adverbe qui exprime (*expresses*) le mieux votre opinion sur l'égalité dans le monde professionnel.

➡ (1. Les femmes sont les égales des hommes dans le monde professionnel.)

1. _____ absolument   ✓ rarement   _____ heureusement

2. _____ évidemment   _____ récemment   _____ seulement

3. _____ facilement   _____ fréquemment   _____ traditionnellement

4. _____ vraiment   _____ rapidement   _____ lentement

5. _____ généralement   _____ souvent   _____ certainement

6. _____ sérieusement   _____ beaucoup   _____ peu

7. _____ constamment   _____ quelquefois   _____ lentement

8. _____ ne ... plus   _____ impatiemment   _____ malheureusement

Est-ce que vos camarades de classe sont d'accord avec vous?

B. Comparaisons.   Comparez les femmes modernes et les femmes traditionnelles à l'aide des suggestions suivantes (ou choisissez un autre adverbe si vous le voulez).

➡ parler (franchement?)   *Les femmes modernes parlent plus franchement (moins poliment / aussi raisonnablement) que les femmes traditionnelles.*

1. entrer dans le monde professionnel (facilement?)
2. travailler (sérieusement?)
3. discuter l'égalité (timidement?)
4. monter dans leur carrière (rapidement?)
5. attendre l'égalité (patiemment?)
6. diriger des entreprises (rarement?)
7. choisir une carrière (difficilement?)
8. avoir des promotions (fréquemment?)

C. Dans un monde idéal...   Décrivez le patron (la patronne) idéal(e). Complétez les phrases suivantes en employant des adverbes de manière, de fréquence ou de temps.

➡ Le patron (La patronne) idéal(e) remerciera *constamment les employés.* Il (Elle) se fâchera *rarement.*

1. Il (Elle) travaillera...
2. Il (Elle) dirigera...
3. Il (Elle) écoutera...
4. Il (Elle) comprendra...
5. Il (Elle) répondra...
6. Il (Elle) parlera...
7. ?

STRATÉGIES DE COMMUNICATION
Taking part in a conversation • Interrupting

There are times in conversation when you'll want to interrupt the speaker, for example, in a lively discussion on a controversial topic. Study the following example, and identify the expressions used to interrupt.

— Est-ce qu'on peut parler d'égalité entre les hommes et les femmes? Eh bien, oui, en théorie...
— Excusez-moi, mais c'est plus que de la théorie! Les femmes aujourd'hui peuvent entrer dans toutes les professions...
— Attendez! Entrer, peut-être, mais pas *monter*. Le pouvoir économique et politique est encore réservé aux hommes, et...
— Oui, mais il faut du temps pour changer les institutions et la mentalité de la société...
— Franchement, il faut *trop* de temps!

Expressions pour prendre la parole ou interrompre

Oui/Non, mais...	Excusez-moi, mais...
Écoute/Écoutez...	Au contraire!
Attends!/Attendez!	Franchement...

Note culturelle

Les interruptions. According to cultural ethnographer Raymonde Carroll, misunderstandings often occur during conversations among French and Americans because their respective conversational styles are so different. Americans claim the French are "rude" and "interrupt constantly," while the French think Americans are "boring" and tend to "lecture." According to Carroll, the French save "long, uninterrupted responses, attentively listened to" for the kind of serious conversations that don't usually occur at social gatherings. And they use interruptions to react, to "punctuate" a conversation and keep it animated, *not* to cut someone off in mid thought or change the subject.

ACTIVITÉS

D. Une conversation animée.   Avec un(e) partenaire jouez le rôle de deux député(e)s au Parlement en utilisant les éléments suivants. Vous voulez expliquer votre position; votre partenaire veut vous interrompre. Employez des expressions pour hésiter (page 61) et pour interrompre (page 407).

Député républicain

Les femmes constituent aujourd'hui 46 pour cent de la population active.
Elles peuvent entrer dans toutes les professions.
Elles ont le droit de voter seulement depuis cinquante ans.
Cinquante ans, ce n'est pas beaucoup.
Les institutions et les mentalités changent lentement.
Dans cinquante ans, la situation des femmes sera différente.

Député socialiste

Les femmes ne montent pas facilement dans le monde professionnel.
Une femme dans un poste de direction est l'exception.
Le pouvoir économique et politique est réservé aux hommes.
Les hommes dirigent toutes les grandes entreprises.
Les femmes gagnent en général 25 pour cent de moins que les hommes.
Seulement 6 pour cent des membres du Parlement sont des femmes.

Jeu de rôle

How have the relationships and responsibilities of men and women changed in the last thirty years? What will they be like in 2020? In groups of three, play the roles of colleagues who have different opinions on the answers to these questions. One thinks that the relationship between men and women was better in the past; another prefers today's situation; the third is impatiently awaiting a brighter future. Try to convince your partners of your point of view.

 CD-ROM   **Now that you have finished the Troisième étape of this chapter, do your Lab Manual activities with the audio program. Explore chapter topics further with the Mais oui! Video and CD-ROM. Viewing and comprehension activities are in the video section of your *Workbook/Lab Manual/Video Manual.***

Intégration

Littérature: Une si longue lettre

Mariama Bâ (1929–1981), a writer from Senegal, was one of the pioneers of women's literature in Africa. *Une si longue lettre,* published in 1979, is a 130-page letter from Ramatoulaye, a Senegalese woman, to her best friend, Aïssatou. Ramatoulaye and Aïssatou were among the first girls in Senegal to receive an advanced degree from **«l'école des Blancs»,** and both have become schoolteachers. Aïssatou married Mawdo Bâ, a doctor, and Ramatoulaye married Modou Fall, an intellectual who has become an administrator and politician. Both couples are **«résolument progressistes»,** but they also live in a very traditional society, deeply rooted in the practice of polygamy. After twenty years of marriage, and under much pressure from his family, Mawdo Bâ takes a second wife **(une co-épouse).** A few years later, Modou Fall also takes a **co-épouse**—his daughter's best friend—and abandons Ramatoulaye and their twelve children. In *Une si longue lettre,* Ramatoulaye shares her distress with Aïssatou—Aïssatou who has gone through the same ordeal, who understands, who has asked herself the same painful questions on women's condition in an African Muslim society. In the excerpt, Ramatoulaye remembers what it was like when her friend lost her husband.

Avant de lire

1 Le texte que vous allez lire contient des mots illustrés dans le paragraphe suivant. Lisez ce paragraphe sur le cycle de la vie, puis, en utilisant le contexte et la logique, associez chaque mot en caractères gras avec son équivalent anglais, dans la liste donnée.

> Quand on arrive dans ce monde, c'est la naissance; les **sages-femmes** ou les médecins aident les bébés à **naître.** Puis les parents **élèvent** leurs enfants et leur **enseignent** des principes, des valeurs. Plus tard, les jeunes choisissent de **garder** ou de **rejeter** ces valeurs, d'obéir aux **lois** ou de **mépriser** les traditions. **Mûrir,** pour beaucoup, c'est apprendre à **faire son devoir, gagner sa vie,** assumer des responsabilités. Petit à petit, on **vieillit,** et finalement on meurt; on peut **mourir** de causes naturelles ou être victime d'une **maladie** qui **tue,** comme certaines formes de cancer.

Équivalents anglais: *to be born; to die; to kill; to keep; to reject; to despise; to raise; to teach; laws; midwives; disease/sickness; to earn a living; to do one's duty; to mature; to grow old*

2 Dans l'extrait que vous allez lire, il est question de «Tante Nabou» et de «la petite Nabou». Tante Nabou, mère de Mawdo Bâ, vient d'une famille royale et n'a jamais approuvé le mariage de son fils avec Aïssatou, fille d'un simple bijoutier *(jeweler)*. Pour perpétuer le sang royal *(royal blood)*, Tante Nabou prépare une jeune nièce, qui s'appelle aussi Nabou—«la petite Nabou»—à devenir la co-épouse de Mawdo. Sous la pression de la famille et de la tradition, quelle va être la réaction de Mawdo? Et quelle va être la réaction d'Aïssatou, la première épouse? Va-t-elle accepter de partager l'homme qu'elle aime? Choisira-t-elle le compromis (c'est-à-dire rester, accepter la situation) ou la rupture (c'est-à-dire partir, divorcer)? Discutez vos prédictions en groupes.

En général   **3** Parcourez le texte une première fois pour identifier les paragraphes qui contiennent les idées générales suivantes.

paragraphes

1. «La petite Nabou est entrée... »
2. «Après son certificat d'études... »
3. «La petite Nabou est donc... »
4. «Je savais. La ville savait... »
5. «C'est pour ne pas voir... »
6. «Alors, tu n'as plus compté... »
7. «Mawdo ne te chassait pas... »
8. «Tu as choisi la rupture... »

idées générales

a. Tante Nabou annonce à Mawdo qu'il doit épouser la petite Nabou.
b. Raisons pour lesquelles Mawdo obéit à sa mère
c. Réaction d'Aïssatou
d. Formation domestique de la petite Nabou
e. Formation scolaire et professionnelle de la petite Nabou
f. Mawdo parle à Aïssatou d'amour et de devoir.
g. Mawdo explique à Aïssatou pourquoi il doit épouser la petite Nabou.
h. Les enfants d'Aïssatou sont inférieurs.

Une si longue lettre

1   La petite Nabou est entrée à l'école française. Mûrissant sous la protection de sa tante, elle apprenait le secret des sauces délicieuses, à manier fer à repasser et pilon°. Sa tante ne manquait jamais l'occasion de lui rappeler son   à... les tâches domestiques
origine royale et lui enseignait que la qualité première d'une femme est la docilité.

2   Après son certificat d'études° et quelques années au lycée, Tante Nabou a   diplôme d'études primaires
conseillé à sa nièce de passer le concours° d'entrée à l'École des Sages-Femmes   examen
d'État°: «Cette école est bien. Là, on éduque. Des jeunes filles sobres, sans   *State*
boucles d'oreilles°, vêtues de blanc, couleur de la pureté. Le métier que tu y   *earrings*
apprendras est beau; tu gagneras ta vie et tu aideras à naître des serviteurs° de   *servants*
Mahomet°. En vérité, l'instruction d'une femme n'est pas à pousser. Et puis, je   prophète des musulmans
me demande comment une femme peut gagner sa vie en parlant matin et soir°.»   allusion au métier d'institutrice

3   La petite Nabou est donc devenue sage-femme. Un beau jour, Tante Nabou a convoqué Mawdo et lui a dit: «Mon frère te donne la petite Nabou comme femme pour me remercier de la façon digne° dont je l'ai élevée. Si tu ne la   honorable
gardes pas comme épouse, je ne m'en relèverai jamais°. La honte tue plus vite   je... *I'll never get over it*
que la maladie.»

4   Je savais. La ville savait. Toi, Aïssatou, tu ne soupçonnais° rien. Et parce   *suspected*
que sa mère avait pris date pour la nuit nuptiale, Mawdo a enfin eu le courage
de te dire ce que chaque femme chuchotait°: tu avais une co-épouse. «Ma mère   *was whispering*
est vieille. Les chocs et les déceptions° ont rendu son cœur fragile. Si je méprise   *disappointments*
cette enfant, elle mourra. C'est le médecin qui parle, non le fils. Pense donc, la
fille de son frère, élevée par ses soins°, rejetée par son fils. Quelle honte devant   *ses... elle (Tante Nabou)*
la société!»

5   C'est «pour ne pas voir sa mère mourir de honte et de chagrin» que
Mawdo était décidé à aller au rendez-vous de la nuit nuptiale. Devant cette
mère rigide, pétrie° de morale ancienne, brûlée intérieurement par° les féroces   *formée / brûlée... burnt inside by*
lois antiques, que pouvait Mawdo Bâ? Il vieillissait et puis, voulait-il seulement
résister? La petite Nabou était bien jolie...

6   Alors, tu n'as plus compté, Aïssatou, pas plus que tes quatre fils: ceux-ci ne
seront jamais les égaux° des fils de la petite Nabou. Les enfants de la petite   *equals*
Nabou seront de sang royal. La mère de Mawdo, princesse, ne pouvait pas se
reconnaître dans les fils d'une simple bijoutière. Et puis une bijoutière peut-elle
avoir de la dignité, de l'honneur?

7   Mawdo ne te chassait pas°. Il allait à son devoir et souhaitait que tu restes.   *ne... wasn't kicking you out*
La petite Nabou habiterait° toujours chez sa mère; c'est toi qu'il aimait. Tous les   *would live*
jours, il irait°, la nuit, voir l'autre épouse, pour «accomplir un devoir».   *would go*

8   Tu as choisi la rupture, un aller sans retour avec tes quatre fils. Tu as eu le
courage de t'assumer. Tu as loué une maison et, au lieu de regarder en arrière°,   *backwards*
tu as fixé l'avenir obstinément.

Extrait de *Une si longue lettre* (Mariama Bâ)

En détail   **4** **Les mots.**   En utilisant le contexte et la logique, pouvez-vous déduire le
sens des expressions en caractères gras?

1. «Sa tante **ne manquait jamais l'occasion de** lui rappeler son origine
   royale... »
2. «En vérité, l'instruction d'une femme **n'est pas à pousser.**»
3. «Tu as eu le courage de **t'assumer.**»
4. «... tu **as fixé** l'avenir **obstinément.**»

5 **Le texte.**   Répondez aux questions suivantes.

1. Quelle est la qualité la plus importante d'une femme, selon Tante
   Nabou?
2. Pourquoi Tante Nabou a-t-elle voulu que sa nièce entre à l'École des
   Sages-Femmes?
3. Si Mawdo refuse de prendre la petite Nabou comme épouse, quelle
   sera la réaction de sa mère?
4. Quelle explication Mawdo a-t-il donnée à Aïssatou pour justifier son
   mariage à la petite Nabou?
5. Mawdo Bâ voulait-il vraiment résister à ce mariage? Donnez deux
   indications du contraire.
6. Quel était le problème d'Aïssatou, selon la mère de Mawdo? Pourquoi
   les fils d'Aïssatou ne seront-ils jamais les égaux des fils de la petite
   Nabou?
7. Quel arrangement Mawdo a-t-il proposé à Aïssatou?
8. Quelle a été la réaction d'Aïssatou?

Et vous?

1. Quelques pages plus tard, Ramatoulaye dira qu'Aïssatou était la «victime innocente d'une injuste cause». À votre avis, de quoi exactement Aïssatou était-elle la victime?

2. Mawdo Bâ et Aïssatou se disaient «progressistes», mais c'est la tradition qui a été la plus forte pour Mawdo. À votre avis, la tradition et le progrès sont-ils compatibles? En groupes de deux ou trois, trouvez des situations, dans l'histoire, l'actualité, la littérature, le cinéma ou même dans votre expérience personnelle, qui illustrent ce conflit entre la tradition et le changement.

3. Chaque culture a ses traditions et ses valeurs concernant le mariage, la famille, la religion, la notion du bien et du mal, le concept du devoir, l'attitude vis-à-vis de la nature, et bien d'autres choses. Prenez deux ou trois traditions de votre culture et comparez ces traditions il y a 50 ans et aujourd'hui. Ont-elles changé? Comment voyez-vous l'avenir de ces traditions ou valeurs? Organisez vos idées en quatre colonnes: **Traditions, Il y a 50 ans, Aujourd'hui, Dans 50 ans.**

Par écrit: In my crystal ball . . .

Avant d'écrire

A. Strategy: Webbing.   Webbing allows a writer to draw on both sides of the brain, the analytical and the intuitive, making visible the processes of association, imagination, and feeling. You begin by writing your topic in the center of a circle. Lines radiating from the circle lead to other words brought to mind through free association. Some of the associations are "logical," i.e., they can be analyzed:

emploi → travailler

Others are on an intuitive or feeling level drawn from personal experience:

avenir → incertain

Application.   Try webbing as a prewriting technique using the terms **avenir** and **emploi** as centers of thought. Spend five to ten minutes on each web before beginning the writing activities.

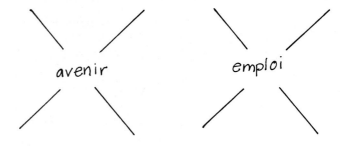

avenir   emploi

B. Strategy: Adding variety to sentence beginnings.   Your writing will be monotonous if you begin each sentence with the same word or type of word. To see how well you do at varying sentence beginnings, take one of your previous creative writing efforts and circle the first word in each sentence. Did your sentences begin in different ways or did most of your sentences begin with a subject pronoun (je, il...)?

Application.   Study the examples that follow, then try to rewrite four or five sentences from your previous writing effort, using each of the following types of sentence beginnings.

noun:	Mawdo ne te chassait pas.
pronoun:	Je savais.
article:	La petite Nabou entra...
preposition:	Après son certificat d'études...
	Devant cette mère rigide...
adjective:	Quelle honte devant la société!
	Cette école est bien.
verb:	Pense donc,...
	Mûrir, pour beaucoup, c'est apprendre...
conjunction:	Si tu ne la gardes pas comme épouse,...
	Et puis, je me demande...

ÉCRIVEZ

1. L'extrait d'*Une si longue lettre* se termine par la phrase «au lieu de regarder en arrière, tu as fixé l'avenir obstinément.» Mais, ce n'est pas vraiment la fin de la lettre. À vous maintenant de terminer l'histoire d'Aïssatou. Écrivez un paragraphe sur ce qui arrivera à la jeune femme et ses quatre fils. Qu'est-ce qu'elle fera? Est-ce qu'elle trouvera un emploi? Où est-ce qu'elle habitera? etc. N'oubliez pas de varier les débuts des phrases.

2. Quelle chance! Vous vouliez passer l'été au Québec et vous allez pouvoir le faire! Vous venez d'être embauché(e) pour le poste décrit dans une des annonces ci-dessous et à la page 414. Maintenant il faut expliquer à votre camarade de chambre que vous ne pourrez pas venir lui rendre visite comme prévu *(planned)*. Envoyez-lui une lettre pour expliquer la situation. Dites-lui où vous passerez l'été, où vous travaillerez, ce que vous ferez et ce que vous espérez voir pendant votre séjour.

TÉLÉPHONISTES-RÉCEPTIONNISTES
(liste de rappel)

Le CENTRE HOSPITALIER DES CONVALESCENTS DE MONTRÉAL désire s'adjoindre des téléphonistes-réceptionnistes pour travailler sur appel. Les exigences du poste sont les suivantes: horaire flexible, incluant quarts de travail de soir et de fin de semaine, bilinguisme à l'oral et à l'écrit, connaissance d'une console téléphonique, expérience d'au moins une année dans un milieu de travail semblable.

Les candidat(e)s intéressé(e)s sont prié(e)s de faire parvenir leur curriculum vitae au plus tard le 30 septembre à:

Mme S. Marcil
Dossier 4521
Direction des ressources humaines
Centre hospitalier
des Convalescents de Montréal
6363, chemin Hudson
Montréal (Québec) H3S 1M9

Journaliste

LE DEVOIR est à la recherche de deux jeunes journalistes à titre de surnuméraires d'été pour travailler au sein de la section des informations générales.

Un diplôme universitaire de premier cycle (en journalisme, en communication et/ou dans un autre domaine), une connaissance de la presse écrite et la maîtrise d'autres langues que le français seront des atouts.

Durée de l'emploi: 10 semaines

Rémunération: selon la convention collective en vigueur.

Envoyez vos candidatures avant le 15 mai à:

Bernard Descôteaux,
rédacteur en chef
LE DEVOIR
2050 de Bleury, 9ᵉ étage
Montréal (Québec)
H3A 3M9

Rabais Campus
Journaux et magazines

Nous recherchons des représentant(e)s pour nos promotions de ventes d'abonnements par kiosques du **DEVOIR** pour les campus étudiants de Montréal, Québec, Ottawa, Sherbrooke, Trois-Rivières et Chicoutimi.

Exigences: Dynamisme, aptitudes à la vente, disponibilité et bonne présentation

Salaire: de 8 $ à 9 $/hre; de 1 à 5 semaines

Pour informations:

Hélène Génier (514) 982-0637
Monique Lévesque (418) 529-4250
Entre 9 h 00 et midi

VOCABULAIRE ACTIF

Le monde du travail

l'ambition (f.) *ambition*
les attentes (f.) *expectations*
l'avenir (m.) *the future*
un banquier *a banker*
un cadre *a professional (manager, executive, etc.)*
une carrière *a career*
un chef d'entreprise *a CEO*
le chômage *unemployment*
un(e) comptable *an accountant*
un(e) cuisinier (-ière) *a cook*
un curriculum vitae (un CV) *a résumé*
un(e) débutant(e) *a beginner*
l'égalité (f.) *equality*
un emploi *a job*

un(e) employé(e) *an employee*
un employeur *an employer*
l'ennui (m.) *boredom*
un(e) enseignant(e) *a teacher*
une entreprise *a company*
un entretien *an interview*
un(e) fonctionnaire *a government employee, a civil servant*
la formation *education, training*
un homme / une femme d'affaires *a businessman / -woman*
un(e) infirmier (-ière) *a nurse*
un manque (de) *a lack (of)*
un métier *a job, career*
un(e) ouvrier (-ière) *a factory worker*

le patron / la patronne *the boss*
un poste à mi-temps / à plein temps *a half-time / full-time position*
le pouvoir *power*
une profession (libérale) *a profession*
un poste de direction *a management position*
une promotion *a promotion*
la réalité *reality*
la retraite *retirement*
la réussite, le succès *success*
le salaire *salary*
la société *society*
un stage *an internship*
un(e) vendeur (-euse) *a salesperson*

Verbes et expressions verbales

avoir l'intention de *to intend to*
compter (+ infinitif) *to plan to, to count on*
devenir *to become*

embaucher / être embauché(e) *to hire / to be hired*
espérer *to hope*
éviter *to avoid*

faire une demande d'emploi *to apply for a job*
gagner (sa vie, de l'argent) *to earn (a living, money)*
prendre rendez-vous *to make an appointment*
réaliser (ses désirs, un projet) *to fulfill, to achieve,*
 to accomplish

remplir un formulaire *to fill out a form*
venir de (faire quelque chose) *to have just (done*
 something)

Adjectifs
professionnel(le) *professional*
réservé(e) à *reserved (for)*
utile *useful*

Adverbes
absolument *absolutely*
activement *actively*
certainement *certainly*
constamment *constantly*
difficilement *with difficulty*
évidemment *obviously*
facilement *easily*

fréquemment *frequently*
généralement *generally*
heureusement *fortunately*
lentement *slowly*
patiemment / impatiemment
 patiently / impatiently
poliment *politely*

rapidement *fast*
rarement *rarely*
récemment *recently*
sérieusement *seriously*
seulement *only*
traditionnellement *traditionally*

Expressions communicatives
attends / attendez *wait*
au contraire *on the contrary*
écoute / écoutez *listen*
Excuse-moi / Excusez-moi, mais... *Excuse me, but . . .*
franchement *frankly*

Pronoms toniques
moi, toi, lui, elle, soi, nous, vous, eux, elles *me, you, him, her, oneself, us, you, them*

Divers
dès que *as soon as*

12 Soucis et rêves

Quels sont les soucis de cette dame?

Imaginez ses problèmes.

Et vous?

Si vous étiez à sa place, qu'est-ce que vous feriez?

This chapter will enable you to
- **understand conversations about health and fears**
- **read an article and a literary passage about dreams**
- **discuss physical and mental health**
- **say what you would do if . . .**
- **express regrets and give advice**

Première étape

À l'écoute: Ça ne va pas du tout

Quand vous êtes malade, êtes-vous optimiste («Ce n'est rien... ») ou êtes-vous pessimiste («Ça ne va pas du tout... »)? Est-ce que vous vous inquiétez *(worry)* facilement? La conversation que vous allez entendre traite des maladies et des inquiétudes (ou soucis) de certaines personnes.

Avant d'écouter

1 Quand est-ce que vous attrapez les maladies suivantes? Souvent? De temps en temps? Rarement? Jamais?

> un rhume *(a cold)*
> la grippe *(the flu)*
> une indigestion
> le rhume des foins (allergie aux pollens, etc.)

2 Pour chaque maladie, où est-ce qu'on a mal? Reliez la maladie au(x) symptôme(s).

Quand on a...	**On a mal...**
1. un rhume	a. au ventre
2. la grippe	b. à la tête et à la gorge
3. une indigestion	c. partout!

Écoutons

Audio CD

3 Écoutez d'abord pour identifier

1. qui parle.
   a. deux personnes optimistes
   b. deux hypocondriaques
   c. une hypocondriaque et une personne optimiste

2. les maladies mentionnées. (Cochez-les.)

   _____ un rhume

   _____ la grippe

   _____ le rhume des foins

   _____ une indigestion

   _____ une bronchite

   _____ une pneumonie

4 Écoutez encore. Quels sont les symptômes mentionnés? Cochez toutes les réponses appropriées, puis déduisez le sens des mots en caractères gras.

1. Odile a mal

_____ à la tête.

_____ au ventre.

_____ à la gorge.

_____ partout.

2. Elle

_____ a **le nez bouché** (congestionné).

_____ **éternue.**

_____ **tousse.**

_____ a **la nausée.**

_____ a **de la fièvre.**

5 Écoutez encore la conversation et cochez toutes les réponses qui sont correctes.

1. Pour savoir si elle a de la fièvre, Odile demande à son amie de

_____ prendre sa température avec un thermomètre.

_____ toucher son front.

_____ toucher ses joues.

2. Odile pense que sa toux est

_____ étrange.

_____ normale.

_____ contagieuse.

3. Son amie dit que si elle appelle le médecin,

_____ il lui prescrira des médicaments (du sirop, un antibiotique, etc.).

_____ elle sera plus tranquille.

_____ les autres auront la paix *(peace)*!

6 Écoutez une dernière fois en faisant attention aux verbes au conditionnel *(actions that **would** happen)*. Quelles sont les formes du conditionnel? Encerclez les réponses selon ce que vous entendez.

1. À ta place, je ne _____ pas.
   a. m'inquiétais
   b. m'inquiéterais

2. À ta place, j'_____ un médecin.
   a. appellerais
   b. appelais

3. Il te _____ des médicaments.
   a. prescrirait
   b. prescrira

4. Et surtout, tu _____ plus tranquille.
   a. seras
   b. serais

Note culturelle

La médecine en France. Medical care in France is socialized, with both employers and employees paying into a common fund. Most medical expenses, including the cost of medications, are reimbursed by **la sécurité sociale.** Individuals are free to choose their own doctors as long as the charges are in line with governmental norms. Doctors still make house calls; no one suffering from a serious case of the flu, for example, would dream of getting out of bed to get medical attention. For minor ailments, the French will often consult their local pharmacist instead of their doctor. **Les pharmaciens** give advice, dispense nonprescription medicine, and apply some first aid.

VOCABULAIRE
Pour parler de la santé

Le garçon est tombé et il s'est blessé. Il a une blessure. / Son père met un pansement sur sa blessure.

Odile ne se sent pas bien. Elle a mal à la tête. Le pharmacien a recommandé des comprimés.

Ce monsieur est tombé malade. Le médecin a prescrit* une piqûre.

■ Complétez les phrases suivantes en employant les verbes **prescrire, se blesser, avoir mal à** et **se sentir bien/mal.**

En général, je...
Quand je tombe malade, je...
Le médecin...
Quand je fais trop d'exercice physique, j(e)...
Quand je suis tombé(e) dans la rue, j(e)...

---

*Prescrire se conjugue comme écrire.

■ Odile connaît bien le vocabulaire de la santé! Vous aussi? Classez le vocabulaire suivant selon les catégories indiquées. Devinez le sens des nouveaux mots apparentés.

un rhume   un pansement   un(e) dentiste
la température   tousser   un antibiotique
le cancer   une migraine   éternuer
la nausée   le sida *(AIDS)*   une indigestion
le nez qui coule   une crise cardiaque   examiner
une piqûre   de l'aspirine   une toux
un médecin   le rhume des foins   un(e) spécialiste
de la fièvre   la grippe   un(e) pharmacien(ne)
un médicament   un(e) infirmier (-ère)   du sirop
la bronchite   contagieux (-euse)   une attaque cérébrale
un comprimé   le nez bouché   une pneumonie

les maladies	les symptômes	les traitements	les professionnels de la santé

ACTIVITÉS

A. Associations.   À votre avis, quels mots (symptômes, traitements, etc.) associez-vous avec les maladies suivantes? Cochez toutes les réponses logiques.

1. un rhume

   _____ le dentiste   _____ éternuer

   _____ le nez bouché   _____ la nausée

2. une crise cardiaque

   _____ un(e) pharmacien(ne)   _____ du sirop

   _____ un(e) spécialiste   _____ de l'aspirine

3. une migraine

   _____ mal à la tête   _____ la nausée

   _____ contagieuse   _____ une piqûre

4. une indigestion

   _____ un comprimé   _____ de la température

   _____ un pansement   _____ mal à l'estomac

5. le rhume des foins

_____ tousser   _____ le nez qui coule

_____ de la fièvre   _____ du sirop

B. Maladies et traitements. Indiquez ce qu'on fait normalement (ou ne fait _pas_) quand on souffre des maladies suivantes:

une pneumonie, une migraine, mal aux dents, le rhume des foins

➡ _Quand on a une indigestion, on n'appelle pas le médecin; on prend des comprimés et on mange moins!_

appeler le médecin (dentiste)?   se coucher?

   prendre des médicaments?   aller à l'hôpital?

faire une piqûre?   parler au pharmacien?   mettre un pansement?

   prendre un antibiotique?   aller voir un spécialiste?

boire beaucoup de jus de fruits?   rester au lit?

C. Le malade imaginaire. Choisissez votre maladie «favorite», puis jouez le rôle d'un(e) malade en décrivant tous vos symptômes à un(e) camarade de classe. Il (Elle) va faire un diagnostic et recommander un traitement. Ensuite, changez de rôle et répétez.

—J'ai mal partout. Je tousse et j'éternue. Je n'ai pas de fièvre.
—Vous avez un rhume. Il faut prendre du sirop...

STRUCTURE: Saying what you would do
Le conditionnel (I)

Observez et déduisez

VOCABULAIRE ACTIF
mort(e)
mourir

—Quel malheur! J'ai le nez bouché, j'ai mal aux oreilles, je tousse, j'éternue constamment... Je vais mourir* _(die)_!
—Pauvre Odile. À ta place, j'appellerais le médecin. Il te prescrirait des médicaments et tu serais plus tranquille.
—Alors, tu voudrais bien lui téléphoner pour moi? S'il te plaît... ?
—Bien sûr! Et je pourrais passer par la pharmacie aussi.
—Tu es gentille!

■ What does Odile's friend say she _would_ do if she were Odile? What does she say the doctor _would_ do? Study those examples, then imagine you are Odile's friend and say how you would express the following:

   I would sleep. I would drink juice.

■ Do you recognize the last three conditional verbs in the preceding dialogue? What are the infinitives? Based on those examples, how would you express the following:

   I would not go to class. I would not do my homework. I would need medicine.

***Mourir** is an irregular verb that is used most often in the passé composé.

Il **est mort.** / Elle **est morte.**

Vérifiez   *Le conditionnel*

■ In French, the conditional is used to state what someone *would* or *would not* do under certain conditions. It is a simple tense formed by adding the imperfect endings to the infinitive: **-ais, -ais, -ait, -ions, -iez, -aient.**

Le conditionnel	
je me coucher**ais**	nous nous coucher**ions**
tu te coucher**ais**	vous vous coucher**iez**
il / elle / on se coucher**ait**	ils / elles se coucher**aient**
je prend**rais**	nous prend**rions**
tu prend**rais**	vous prend**riez**
il / elle / on prend**rait**	ils / elles prend**raient**

■ Although they have the same endings, be sure not to confuse the imperfect tense of the verb with the conditional.

> Imparfait: Elle **s'inquiétait** facilement.
> Conditionnel: Elle **s'inquiéterait** encore.

■ Verbs that have an irregular stem in the future (see page 390) have the same irregular stem in the conditional.

> Tu **ser**ais plus tranquille.
> Tu n'**aur**ais plus mal à la tête.

-re verbs drop the **-e** before adding the ending.

> Le médecin te **prescrir**ait des médicaments.

■ Use the conditional of **pouvoir** to suggest what someone *could* do.

> Tu **pourrais** appeler le médecin.

Use the conditional of **devoir** to say what someone *should* do.

> Tu **devrais** te coucher tout de suite.

■ Remember that the conditional tense is used most frequently to express wishes and requests politely (see page 84).

> Je **voudrais** parler au médecin, s'il vous plaît.
> **Auriez**-vous le numéro de téléphone de la pharmacie?

ACTIVITÉS

D. Que feraient-ils?   Indiquez ce que les personnes suivantes feraient (✓) et ne feraient pas (X) si vous aviez la pneumonie.

➡ Ma grand-mère... ___✓___ *me préparerait de la soupe au poulet*

         ___X___ *aurait peur*

1. Je...

_____ me coucherais   _____ serais anxieux (-euse)

_____ pleurerais   _____ ?

2. Mes parents...

_____ viendraient me voir   _____ prendraient ma température

_____ appelleraient le médecin   _____ ?

3. Le médecin...

_____ m'examinerait   _____ prescrirait des médicaments

_____ me conseillerait de faire
de l'exercice   _____ ?

4. Mes copains...

_____ feraient mes devoirs   _____ seraient tristes

_____ sortiraient sans moi   _____ ?

5. Mon professeur...

_____ comprendrait   _____ demanderait un certificat du
médecin

_____ serait triste   _____ ?

Quelles sont les réponses les plus communes de la classe?

E. Vous êtes vraiment malade! Parce que vous devez rester au lit, vous appelez souvent pour demander des petits services à votre famille. Pour être plus poli(e), refaites les phrases en employant le conditionnel de **vouloir** et de **pouvoir.**

➡ Nicolas, j'ai soif. Va me chercher du jus d'orange.
Nicolas, tu voudrais m'apporter du jus d'orange, s'il te plaît?
ou: *Nicolas, est-ce que tu pourrais m'apporter du jus d'orange, s'il te plaît?*

1. Papa, apporte-moi de l'aspirine.
2. Maman, j'ai faim. Prépare mon déjeuner.
3. Nathalie, Andrée! Je m'ennuie. Apportez-moi le journal.
4. Maman, papa, j'ai mal partout. Téléphonez au médecin.
5. Andrée, je tousse. Donne-moi le sirop.
6. ?

F. À ta place. Odile veut votre opinion sur tous ses problèmes. Quelles suggestions avez-vous pour elle? (Commencez vos suggestions par **À ta place...**)

➡ Mon copain est à l'hôpital.
À ta place, je lui rendrais visite. Je choisirais des magazines intéressants, et je lui apporterais des fruits aussi!

1. J'ai une migraine.
2. Je me suis blessée en faisant
de la gymnastique.
3. Je veux être en bonne forme.
4. Je veux perdre du poids.

Jeu de rôle

Read the following notes in the medical files of three patients, then imagine you are the doctor of one of them. What would you say to your patient, played by a classmate? Say what s/he can do to improve his/her condition. Your partner will ask questions about what habits s/he should change and may present some excuses for bad habits. Present your recommendations using your best bedside manner.

Hôpital St-Pierre

Nom: MEGOT, Michel   Age: 47   Poids: 100 kilos

Remarques:

Père et 2 oncles morts d'une crise cardiaque

Fumeur

Hôpital St-Pierre

Nom: BOUFFETOUT, Jean-Paul   Age: 8 ans   Poids: 60 kilos

Remarques:

Déteste l'exercice physique; régime malsain

Parents trop tolérants

Hôpital St-Pierre

Nom: LAFOLIE, Patricia   Age: 28 ans   Poids: 57 kilos

Remarques: Histoire médicale chargée: bronchite, 1992; pneumonie, 1993; migraines, 1993→présent; indigestions fréquentes; rhume des foins chronique. Hypocondriaque?

Lecture: Les fantasmes des Français

Un fantasme est un rêve, conscient ou inconscient. Quels sont vos fantasmes? Quels sont les fantasmes des Français?

Avant de lire

1 Parlons d'abord de vos fantasmes. Est-ce que vous rêvez d'être célèbre? d'être riche? de voyager? Complétez l'étoile de vos rêves personnels et comparez-les avec ceux d'un(e) camarade de classe.

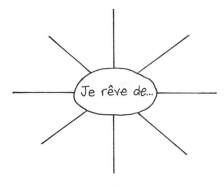

Je rêve de...

En général

2 Regardez l'article sur **Les fantasmes des Français.** Est-ce que vous reconnaissez dans le texte ou dans les résultats du sondage des rêves mentionnés dans votre étoile personnelle? Lesquels?

3 Parcourez l'article. Les sujets suivants sont-ils traités dans le texte, dans les résultats du sondage, ou dans les deux? Complétez le tableau.

sujets	texte	sondage	les deux
le «plus grand fantasme»			
les sept pôles de l'imagination			
les professions de rêve			
les cadeaux			
les voyages			
la maison			
les actes extraordinaires (exploits)			
le bonheur affectif			
la sexualité			
un quart d'heure à la télévision			
l'éternité			

A. Les fantasmes des Français

Le fantasme n° 1 des Français, c'est partir. Tous ne rêvent pas de traverser les continents. Il y a mille et une manières de partir, de rompre° avec la routine, avec soi-même. Pour savoir quels rêves cachés caressent les Français, *L'Express* a demandé à l'institut Louis Harris de sonder leurs fantasmes. Le résultat est surprenant.

break

En fait, les fantasmes des Français sont, comme eux, multicolores et multiformes. L'imagination ne s'empare° pas des mêmes images selon que l'on est jeune ou vieux, homme ou femme, riche ou pauvre. Mais pour la plupart, l'imagination est attirée° par sept grands pôles. Dans l'ordre: 1. les voyages; 2. l'argent, tombé du ciel, grâce à saint Loto°; 3. le travail: la profession qu'on aurait rêvé d'exercer; 4. la maison, «neuve», «jolie», «grande», à la campagne ou au bord de la mer, «à soi»; 5. le bonheur affectif, en famille, en couple, ou dans une société qu'on rêve plus juste, plus démocratique et pacifique; 6. la sexualité, qui fait surtout rêver les plus jeunes; 7. enfin, l'éternité: tout est bon pour défier ou éviter la mort°—devenir célèbre, vivre cent ans, mille ans.

prend

attracted

grâce à... thanks to Saint Lottery

défier... challenge or avoid death

Les fantasmes des Français sont effectivement plutôt «réalistes». Un réalisme teinté d'humanitarisme, un rêve de retour à la vraie vie, odorante° comme une miche° de pain.

qui sent bon
loaf

B. Sondage

Quel est votre plus grand fantasme?

Être le (la) plus compétent(e)	39%
Être le (la) plus aimé(e)	23
Être le (la) plus drôle	14
Être le (la) plus intelligent(e)	12
Être le (la) plus célèbre	3
Être le (la) plus sexy	2
Être le (la) plus grand(e)	1
Être le (la) plus beau (belle)	1
Sans opinion	5

Quelle profession auriez-vous rêvé exercer?

Médecin sans frontières[1]	32%
Berger[2]	11
Cosmonaute	9
Navigateur solitaire	8
Prince ou princesse	8
Chanteur à succès	7
Ambassadeur de France	6
Chef de la brigade antigang	5
Président de la République	3
Raider en Bourse[3]	2
Prostituée de luxe	1
Évêque[4]	1
Sans opinion	7

1. volontaires dans les pays pauvres ou situations de crise
2. *shepherd*   3. *stock market*   4. *bishop*

L'exploit de vos fantasmes?

Sauver un enfant de la noyade[1]	46%
Faire le tour du monde à la voile[2]	16
Recevoir le prix Nobel	10
Écrire un best-seller	9
Escalader l'Himalaya	8
Marquer le but de la victoire[3] en coupe du monde	6
Commettre le crime parfait	4
Sans opinion	1

1. *drowning*   2. *in a sailboat*   3. *score the winning goal*

Si vous gagniez 10 millions de francs au Loto, comment rêveriez-vous de les dépenser?

En arrêtant de travailler pour vivre en rentier[1]	25%
En créant une entreprise	24
En donnant tout aux déshérités[2]	18
En quittant tout pour refaire votre vie au bout du monde[3]	11
En dépensant tout votre argent n'importe comment[4]	7
En achetant un château et une Rolls	7
Sans opinion	8

1. *person of independent means*   2. pauvres   3. loin
4. impulsivement

Le cadeau de vos fantasmes?

Une Ferrari	**22%**
Un bijou de chez Cartier	18
Une place dans la prochaine navette spatiale[1]	17
Une caisse de vin de pommard de 1929	16
Un tableau de Matisse	12
Un costume ou une robe de chez Christian Dior	8
Un tuyau d'initié[2] en Bourse	4
Sans opinion	3

1. *space shuttle*   2. *an insider's tip*

Le week-end de vos fantasmes?

Sur une île déserte	**52%**
Dans un palace[1]	36
Au lit	8
Sans opinion	4

1. hôtel de grand luxe

La contrée de vos fantasmes?

Tahiti	**25%**
Australie	17
Californie	14
Brésil	12
Japon	11
Tibet	7
Sahara	5
Grand Nord	4
Sans opinion	5

Si on vous offrait un quart d'heure d'antenne[1] à la télévision, qu'en feriez-vous?

Vous défendriez une grande cause humanitaire	**48%**
Vous feriez la morale aux hommes politiques	22
Vous feriez une déclaration d'amour	12
Vous feriez votre propre publicité	7
Vous raconteriez votre vie	5
Vous diriez du mal de votre pire ennemi[2]	1
Sans opinion	5

1. *air time*   2. parleriez négativement de votre plus grand ennemi

La maison de vos fantasmes?

Une cabane au Canada	**25%**
Un bungalow aux Seychelles[1]	24
Un château dans le Périgord[2]	17
Une villa hollywoodienne à Saint-Tropez[3]	13
Un hôtel particulier à Paris	8
Un palais à Marrakech[4]	7
Un loft à New York	3
Sans opinion	3

1. îles de l'océan Indien   2. région de France   3. ville touristique de la Côte d'Azur *(Riviera)*   4. résidence royale au Maroc

Extrait de *L'Express,* 24 mars 1989, pp. 24–31.

En détail   **4** Le texte

A. Le texte même.

1. Quel est le fantasme n° 1 des Français?
2. Quels sont les facteurs qui font varier les «images» de l'imagination?
3. Quels sont les sept pôles principaux de l'imagination des Français?
4. Comment les Français rêvent-ils la société?
5. Comment peut-on défier la mort? Donnez deux «solutions» mentionnées dans l'article.
6. Quelle comparaison l'auteur de l'article utilise-t-il pour décrire «la vraie vie»?

B. Le sondage.   Quel est l'ordre de préférence des fantasmes suivants? Complétez le tableau. Suivez l'exemple du numéro 1.

fantasme	ordre	derrière	devant
1. être le (la) plus drôle (comique)	3ᵉ	le (la) plus aimé(e)	le (la) plus intelligent(e)
2. être cosmonaute (astronaute)			
3. sauver un enfant de la noyade			
4. créer une entreprise			
5. avoir un vêtement de chez Christian Dior			
6. passer le week-end dans un palace			
7. aller en Californie			
8. faire la morale (donner une leçon) aux hommes politiques			
9. vivre dans un hôtel particulier (une maison de luxe) à Paris			

VOCABULAIRE ACTIF

un bijou
caché(e)
dépenser
en fait
une étoile
faire le tour du monde
un fantasme, un rêve
quitter
rêver
soi-même
surprenant(e)
un tableau

5 **Les mots.**   Utilisez le contexte et la logique pour trouver dans l'article les mots qui ont le sens suivant. Vous avez déjà vu certains de ces mots.

1. Premier paragraphe: *oneself; hidden; surprising*
2. Deuxième paragraphe: *heaven-sent; one would have dreamed; one's own*
3. Troisième paragraphe: *actually* (Trouvez un synonyme dans le deuxième paragraphe.)
4. Sondage «L'exploit... »: *the World Cup*
5. Sondage «Si vous gagniez... »: *leaving (someone or something); to spend money*
6. Sondage «Le cadeau... »: *a jewel; a case (of wine); a painting*
7. Sondage «Si on vous offrait... »: *your own advertisement*

Et vous?

1. L'article donne les sept grands pôles de l'imagination des Français. À votre avis, est-ce que ces pôles seraient les mêmes pour les Américains? Dans le même ordre? En groupes de quatre ou cinq personnes, discutez les différences possibles et préparez un rapport pour la classe.
2. Si ce sondage s'adressait au public américain, est-ce que les questions seraient les mêmes? Par exemple, pour les professions, est-ce que «médecin volontaire» ou «berger» seraient mentionnés? Avec vos partenaires, reprenez chaque partie du sondage et faites les changements que vous jugez nécessaires.

3. L'auteur de l'article dit que les Français rêvent de retourner à «la vraie vie, odorante comme une miche de pain». Que pensez-vous de cette image? Quelles sont les autres images qui vous viennent à l'esprit quand vous pensez à «la vraie vie»? Avec un(e) partenaire, faites une liste de huit à dix images, puis comparez votre liste avec celles de vos camarades de classe.

STRUCTURE: Hypothesizing
Le conditionnel (II)

Observez et déduisez

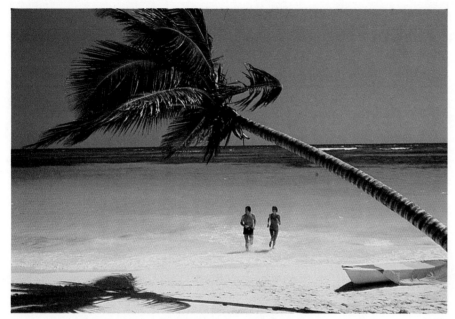

Des vacances de rêve sur une île déserte.

Fantasmes et rêves...

— Si je gagnais 10 millions de francs à la loterie, je dépenserais tout mon argent. Je m'achèterais une Ferrari et...

— Si j'avais le temps, j'arrêterais de travailler et je ferais le tour du monde.

— Si j'étais riche et célèbre, je serais sûrement heureux.

■ To hypothesize is to predict consequences based on conditions that have not yet occurred. You have already learned (page 396) to hypothesize about probable future events using the following tense sequence:

si + **present** + **future**

Si j'ai le temps, j'irai au cinéma ce soir.

■ When you hypothesize about events that are *less* likely to occur, a different combination of verb tenses is used. Study the preceding examples and complete the following sentences, using the new tense sequence.

Si je gagnais à la loterie, _____ .
Je serais heureux (-euse) si _____ .

Write the tense sequence below.

si + _____ + _____

Vérifiez *Le conditionnel*

■ To hypothesize about imaginary circumstances and consequences, use **si** and the *imperfect* to express the circumstances and the *conditional* to express the consequences.

> Si j'**étais** plus âgé, je **comprendrais** tout!
> *(condition)*   →   *(consequence)*

■ Either the condition or the consequence clause may come first, but the conditional tense is never used in the **si** clause.

> — **Si** j'avais le temps, je ferais mes devoirs.
> — Et moi, j'irais à la plage **si** j'avais le temps!

ACTIVITÉS

A. Mes rêves.   Complétez les phrases suivantes selon vos rêves personnels.

1. Si je gagnais 10 millions de francs à la loterie,

   j'achèterais _____ , et j'irais

   _____ .

2. Si on m'offrait le cadeau de mes rêves,

   je demanderais _____ , et je voudrais aussi

   _____ .

3. Si j'avais la maison de mes rêves,

   j'aurais _____ , et j'habiterais à (en, au, aux)

   _____ .

4. Si j'exerçais la profession de mes rêves,

   je serais _____ , et je travaillerais

   _____ .

5. Si je pouvais réaliser mon plus grand rêve,

   j(e) _____ , et j(e)

   _____ .

Maintenant, interviewez un(e) partenaire et comparez vos réponses. Vos rêves sont-ils semblables ou non? Qui a les rêves les plus grandioses?

➡ *Si tu gagnais 10 millions de francs à la loterie, qu'est-ce que tu achèterais?*

B. Hypothèses.   Parlez de vous et de vos copains (copines) en employant les expressions suivantes. Montrez un rapport logique entre les conditions et les conséquences selon l'exemple.

➡ *Si j'avais le temps et l'argent, je voyagerais dans un pays francophone. Mes copains eux, ils iraient sur une île déserte.*

Si...

être le prof	être célèbre (riche, etc.)
avoir un million de dollars	arrêter de travailler

habiter une île déserte
exercer la profession de
mes rêves
avoir 35 ans

parler parfaitement le français
voyager dans un pays francophone
avoir le temps
?

C. Gagnants! Pour fêter son ouverture *(grand opening),* une agence de voyage offre un séjour au Québec—tous frais payés, bien sûr! Lisez les renseignements suivants, puis dites ce que les personnes suivantes feraient ou ne feraient pas si elles gagnaient le prix.

➡ *Si j'allais à Québec, je mangerais au restaurant Aux Anciens Canadiens.*

1. vous
2. vos parents
3. votre professeur de français
4. votre camarade de chambre ou un(e) ami(e)

Québec et sa région—sites à visiter

Palais Montcalm   On y présente du théâtre, des concerts de musique classique et des spectacles de variétés.

Colisée de Québec   Club de hockey Les Nordiques. Les Nordiques représentent la ville de Québec au sein de la Ligue nationale de hockey.

Le vieux quartier

Hôtel du Parlement   Premier site historique national du Québec, l'Hôtel du Parlement est un édifice imposant.

Quartier du Petit-Champlain   Aujourd'hui, suite à une restauration générale, le quartier du Petit-Champlain rappelle un coquet village au bord du fleuve. Ses rues étroites d'antan sont animées par des musiciens, des clowns et des jongleurs.

Parc des Champs-de-Bataille   Créé en 1908, le parc a été le théâtre de la bataille entre les armées anglaise et française dirigées par Wolfe et Montcalm (1759).

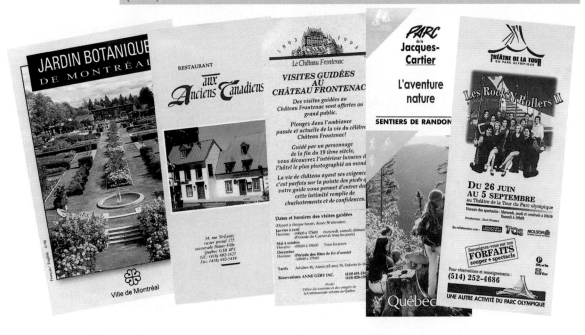

D. Remue-méninges. La profession de vos rêves: *professeur de français?!* Peut-être pas... mais imaginez de toute façon. Si vous étiez le professeur pendant une semaine, qu'est-ce que vous feriez? Qu'est-ce que vous ne feriez pas? Qu'est-ce que vous changeriez? Préparez une liste avec des camarades de classe.

➡ *Si nous étions le professeur, nous regarderions des films français tous les jours.*

STRATÉGIE DE COMMUNICATION
Expressing obligation, regret, disapproval, and empathy

Neglecting obligations can lead to regret (our own) and the disapproval of others—or occasionally their reassurances! Read the following conversation and identify the expressions used

- to describe obligations
- to express regret
- to show disapproval
- to empathize

Deux amies se retrouvent après des années sans s'être vues. Elles parlent de leurs ambitions, de leurs rêves et de leurs efforts pour les réaliser.

— Je me souviens que tu voulais devenir chef d'entreprise et gagner beaucoup d'argent!

— C'est vrai, mais pour cela j'aurais dû finir mes études. Je me suis mariée très jeune et j'ai abandonné mes études. Comme j'ai été bête! Si j'avais su alors ce que je sais maintenant!

— Bof! Ne t'en fais pas! Ça arrive à tout le monde de faire des bêtises quand on est jeune. Tu vas voir: tout va s'arranger. Tu as encore le temps...

— Tu as raison, mais ma mère n'arrête pas de me dire: «Tu aurais dû finir tes études. Tu as eu tort de croire que ton avenir était assuré une fois mariée.» Maintenant je dois recommencer à zéro; tu crois que je devrais reprendre mes études?

Pour exprimer l'obligation, le regret, la désapprobation, le réconfort	
L'obligation	**Le réconfort**
Je dois...	Ne t'inquiète pas.
Je devais...	Ne t'en fais pas.
Je devrais...	Ce n'est pas grave.
	Ça arrive à tout le monde.
	Tout va s'arranger.
Le regret	**La désapprobation**
Comme j'ai été bête!	Quelle bêtise!
Que je suis bête!	Tu as (eu) tort de...
J'ai eu tort de...	Tu aurais dû... / Tu n'aurais pas dû...
J'aurais dû... / Je n'aurais pas dû...	
Si j'avais su...	

ACTIVITÉS

E. De quoi parle-t-on?   Complétez les conversations suivantes d'une façon logique. Travaillez avec un(e) camarade de classe.

1. — Oh, là, là. Quelle mauvaise note! J'aurais dû

     _____ .

     — Mais ça arrive à tout le monde de temps en temps.

2. — Je devrais _____ , mais je n'ai pas le

     temps. Zut!

     — Ce n'est pas grave. Je peux le faire pour toi.

3. — Comme j'ai été bête! Je devais _____ ,

     mais _____ .

     — Ne t'inquiète pas! Tout va s'arranger.

4. — Quelle bêtise! Tu as eu tort de _____ . Tu

     aurais dû _____ .

     — C'est vrai. Si j'avais su...

F. Excuses.   Essayez d'expliquer les situations suivantes de manière à solliciter la sympathie.

➡ Vous dépensez trop d'argent pour vous amuser, et maintenant vous n'avez pas assez d'argent pour payer le loyer.
C'est vrai que je n'ai pas l'argent pour le loyer, mais j'ai dû acheter beaucoup de manuels de classe ce semestre.

1. Vous n'êtes pas diligent(e) au travail, et maintenant on pense vous renvoyer *(fire you)*.
2. Vous ne faites jamais vos devoirs, et vous avez raté vos examens.
3. Vous n'avez jamais le temps de sortir avec vos copains, et maintenant ils ne vous téléphonent plus.
4. Vous mangez mal et vous ne faites jamais d'exercice; maintenant, vous êtes vraiment malade.

Maintenant, mettez vos «excuses» à l'essai avec vos camarades de classe. Vont-ils réagir avec désapprobation *(Tu as eu tort de...)* ou réconfort *(Ne t'en fais pas)?*

 Jeu de rôle

Everyone has regrets in life. With a classmate, role-play a scene between old friends who are commiserating over missed opportunities. One has a profession s/he no longer enjoys and regrets not having pursued a different major in college. The other regrets a relationship that didn't work out and wishes s/he had done things differently.

W
B

Aminata Sow Fall est considérée comme la femme écrivain la plus éminente de l'Afrique franco-phone actuelle. Auteur de *La Grève des Bàttu* (*The Beggars' Strike,* 1979) et *L'Appel des Arènes* (*The Call of the Ring,* 1982), qui ont reçu de grands prix litté-raires internationaux, Aminata Sow Fall vient de publier son sixième roman, *Douceurs du Bercail* (*Sweetness of Home,* 1998), qui a déjà été traduit en plusieurs langues. Ses autres activités incluent la direction du Centre pour l'étude des civilisations au Ministère de la culture du Sénégal, la fonda-tion du Bureau africain pour la défense des libertés des écrivains, des conférences aux quatre coins du monde, et une intervention comme invitée d'honneur aux Nations Unies (janvier 1999). Ici, elle écrit, expressément pour *Mais oui!,* ses pensées sur les soucis et rêves de l'Afrique.

■ Soucis et rêves de l'Afrique

Internet

L'Afrique: on serait tenté de dire «la Terre des soucis». Le continent est en effet rongé[1] par mille et un fléaux[2] qui sont autant de facteurs d'anéantissement[3]. Et chaque jour apporte son lot[4] de calamités naturelles ou d'incendies attisés[5] par l'ambition et la déraison. Les champs de mort au Rwanda sont encore fumants[6] sous la clameur désespérée des rescapés[7] du génocide et voici que les armes tonnent encore[8] en République du Congo, à Brazzaville, en Guinée-Bissau, au Lesotho, faisant écho aux bombes qui sèment[9] l'horreur en Algérie. Le tout sur fond de misère, d'analphabétisme, de dictature[10] (Eh oui, en cette ère de démocratie!).

Mais je veux rêver. Quel-que chose au fond de moi me dit que ce géant blessé va se relever[11]; que ce grand malade va se secouer pour se débarrasser[12] de tous ses complexes et pesanteurs[13] pour mieux capter ses éner-gies morales et spirituelles dangereusement diluées dans l'attentisme qui a généré une mentalité d'assisté[14]. Mes rêves de l'Afrique: un continent debout avec un mental de gagneur[15], avec une voix[16] réelle au concert des Nations, avec la volonté[17] réelle d'exister. Et je sais que le rêve n'est pas utopie: il y a le soleil, les rires, le bleu du ciel, une faune et une flore magnifiques. Et il y a des hommes et des femmes qui savent écouter et aimer, qui croient en la culture, donc à l'Humain.

Aminata Sow Fall

Aminata Sow Fall (Dakar, octobre 1998)

D'après ce texte, quels sont les soucis de l'Afrique? Quelles sont les calamités politiques et sociales mentionnées? Qu'est-ce que «ce géant blessé», «ce grand malade» doit faire pour «se relever» et chanter «avec une voix réelle au concert des Nations»? Qu'est-ce qu'il y a en Afrique qui indique que le rêve n'est pas une utopie? Et vous, comment voyez-vous l'avenir de l'Afrique? Si l'on vous demandait d'écrire un paragraphe ou deux sur les soucis et les rêves de votre pays, que diriez-vous? Essayez...

---

1. attaqué   2. *plagues*   3. destruction   4. sa dose   5. *fires fed by*   6. *still smoking*   7. survivants   8. *the thunder of gunfire is still heard*   9. *sow*   10. *All these on a background of misery, illiteracy, and dictatorship*   11. *get back up*   12. *is going to shake off*   13. inertie   14. *diluted in the wait-and-see attitude of welfare recipients*   15. *a winning attitude*   16. *voice*   17. le désir

Troisième étape

À l'écoute: Peurs et phobies

Dans cette étape, vous allez entendre plusieurs personnes répondre à la question «Qu'est-ce qui vous fait peur?»

Avant d'écouter **1** Qu'est-ce qui vous fait peur? Le noir (l'obscurité)? La solitude? La foule (une multitude de gens)? Certains animaux? Les examens? L'avenir? Le chômage? La mort? En groupes de quatre ou cinq, faites une liste des peurs communes pour les catégories de personnes dans le tableau, puis indiquez vos peurs personnelles.

les jeunes enfants	les adolescents	les étudiants	les gens qui commencent carrière et/ou famille	les gens âgés	vous

Écoutons

Audio CD

2 Écoutez d'abord pour identifier à quelles catégories du tableau d'**Avant d'écouter** les personnes interviewées appartiennent (si on le sait) et cochez-les dans le tableau. Est-ce que vous reconnaissez certaines peurs que vos camarades de classe et vous avez mentionnées dans le même tableau? Si oui, cochez-les aussi.

3 Qui a peur de quoi? Écoutez encore et complétez le tableau suivant.

Qui...	... a peur de quoi?
	du chômage
la 1re personne	
le copain de la 3e personne	
	des araignées (*spiders*), des chiens
	des ascenseurs
	des espaces clos (fermés)
	de rien

VOCABULAIRE ACTIF

un animal / des animaux
une araignée
faire peur (à)
la foule
l'obscurité (f.)
la solitude
supporter (je ne peux pas supporter...)

435

4 Écoutez une dernière fois, complétez les phrases suivantes, puis déduisez le sens des expressions en caractères gras.

1. Les maladies dont le monsieur âgé a peur sont _____ ou les **attaques cérébrales.** Il a peur de _____ ses facultés et donc de devenir **un fardeau** pour les autres.

2. La jeune fille dit qu'il y a _____ pour cent de **chômeurs** dans l'ensemble de la population active, mais que _____ pour cent des jeunes de moins de _____ ans cherchent un emploi.

3. La personne **claustrophobe** ne peut pas **supporter** les _____ fermées, les pièces dont les _____ ne s'ouvrent pas, les _____ , etc.

5 Racontez l'histoire de la petite fille!

Note culturelle

Promotion de l'emploi des jeunes.   To try to alleviate unemployment among the youth, in the last few years the French government has instituted some programs to encourage employers to hire young people. One such program, the SIVP (Stages d'insertion dans la vie professionnelle), allows newcomers to the job market to get practical experience in private companies for three to six months through government subsidies.

STRUCTURE: Avoiding repetition (V)
*Le pronom **en***

Observez et déduisez

Le chômage? Mais bien sûr que j'en ai peur.
De l'argent? J'en ai besoin, comme tout le monde. J'ai des enfants à nourrir—en fait, j'en ai trois. Et des soucis, j'en ai trop.

> ■ The pronoun **en** is used several times in the preceding paragraph. To what or whom does it refer in each case? What can you infer about the placement of this pronoun in relation to the verbs in the sentences?

Vérifiez *Le pronom **en***

■ The pronoun **en** is used with verbal expressions requiring the preposition **de** such as **avoir peur (honte, besoin, envie) de** and **parler de.***

Vous avez peur **du chômage?**   Bien sûr que j'**en** ai peur.

■ Use **en** to replace a noun preceded by the following:

an indefinite or a partitive article (see page 163),

Vous cherchez **du travail?**   Bien sûr que j'**en** cherche. Je suis au chômage.

a number,

Vous avez **deux enfants?**   Non, j'**en** ai trois.

or an expression of quantity.

Vous avez **beaucoup de soucis?**   J'**en** ai trop.

■ The pronoun **en** takes the same position in the sentence as other object pronouns, that is, before the verb of which it is the object.

Des interviews? J'**en** ai déjà eu plusieurs—sans résultats positifs.

ACTIVITÉS

A. Premier brouillon *(First draft).*   Un étudiant de français fait ses devoirs; il écrit un paragraphe qui s'intitule *Un copain peureux.* Aidez-le à compléter son premier brouillon en soulignant tous les compléments qui sont répétés.

Martin a vraiment peur de tout. Par exemple, il est claustrophobe, alors il a peur des espaces clos. Il parle des espaces clos tout le temps parce qu'il y a beaucoup d'espaces clos là où il travaille: l'ascenseur, le cabinet de toilette, son bureau! Il a besoin de fenêtres, mais son bureau n'a pas de fenêtre. En plus, Martin a peur des chiens. Malheureusement, sa petite amie a trois chiens. Euh, les espaces clos, les chiens, quoi d'autre? L'eau? Oui, il a peur de l'eau. Les insectes? Oui, il a peur des insectes. La maladie et la mort? Bien sûr qu'il a peur de la maladie et la mort. Je te dis, il a peur de tout!

B. Deuxième brouillon.   Regardez encore le paragraphe de l'activité A. Cette fois-ci, aidez l'étudiant à mieux rédiger son paragraphe en remplaçant les compléments que vous avez soulignés par le pronom **en.** Attention au placement du pronom.

---

*But remember to use a stress pronoun to replace a person:

Tu as peur du professeur? Mais non, je n'ai pas peur de **lui.**

C. Moi? Écoutez le professeur et soulignez la réponse qui exprime le mieux votre réaction personnelle.

➡ (la maladie) J'en ai peur. ou: Je n'en ai pas peur.

1. J'en ai peur. / Je n'en ai pas peur.
2. J'en ai besoin. / Je n'en ai pas besoin.
3. J'en ai honte. / Je n'en ai pas honte.
4. J'en ai envie. / Je n'en ai pas envie.
5. J'en parle souvent. / Je n'en parle pas souvent.
6. J'en ai beaucoup. / Je n'en ai pas beaucoup.
7. J'en ai deux. / Je n'en ai pas.
8. J'en voudrais. / Je n'en veux pas.

Quelles sont les réactions les plus communes de la classe?

D. Sondage. Pensez à quatre compléments logiques pour les expressions verbales suivantes. Employez-les pour préparer un sondage avec un(e) camarade de classe.

➡ avoir peur de *(le cancer, les ascenseurs, rater les cours, etc.)*
Tu as peur des ascenseurs? (du cancer? de rater tes cours?...)

avoir peur de
avoir besoin de
avoir envie de
vouloir
avoir honte de
parler de

Ensuite, faites le sondage et répondez aux questions des autres, en employant **en,** bien sûr!

➡ *— Tu as peur des ascenseurs?*
— Non, je n'en ai pas peur.

Maintenant, présentez les résultats de votre sondage à la classe.

➡ *Six personnes ont peur des ascenseurs...*

E. Peur de parler? Avez-vous peur de parler de certains sujets avec votre famille ou est-ce qu'il y a simplement certaines choses que vous préférez discuter avec vos copains/copines? D'abord, répondez aux questions du professeur selon votre expérience personnelle. Ensuite, lisez les résultats du sondage suivant et discutez-en.

Ils en parlent

Les sujets dont les 15–24 ans parlent le plus fréquemment avec leurs parents sont: le travail (61%), l'argent (51%), l'avenir (51%), la vie de famille (46%), les études (46%), l'actualité (45%). Les sujets dont ils parlent le plus fréquemment avec leurs amis sont: les vacances ou les week-ends (78%), le cinéma (67%), la musique (59%), la prochaine sortie (57%), le travail (49%), l'avenir (46%), les sports (43%), l'actualité (42%), les études (41%), les vêtements (40%).

STRUCTURE: Relating / linking ideas (II)
*Les pronoms relatifs **dont** et **où***

Observez et déduisez   Alexis Duhamel, 76 ans: «C'est la maladie qui me fait peur. Perdre mon indépendance, être un fardeau pour mes enfants, voilà des situations que je veux absolument éviter.»

Rémi Wéry, 27 ans: «Moi, je suis claustrophobe. Ce sont les espaces clos dont j'ai peur.»

Claudine Garnier, 8 ans: «J'ai peur des ascenseurs. Je me souviens bien du jour où l'ascenseur est parti sans maman... »

- In Chapter 8 (page 290), you learned that the relative pronouns **qui** and **que** are used to combine two sentences. They refer back to a noun (the antecedent) in the first clause. In the first example above, to which nouns do **qui** and **que** refer?

- **Où** and **dont** are also relative pronouns. In the last two examples, to which nouns do **où** and **dont** refer?

Vérifiez   *Les pronoms relatifs **dont** et **où***

VOCABULAIRE ACTIF
Les pronoms relatifs
   dont
   où

- Remember that the relative pronouns **qui** and **que** introduce a relative clause and that both can refer to people or things.

- The pronoun **dont** also introduces a relative clause and is used for both people and things. Use **dont** to say *whose*.

   Madame Wéry est la femme **dont** le mari est claustrophobe.
   Il ne supporte pas les pièces **dont** les fenêtres ne s'ouvrent pas.

- **Dont** is also used to replace a noun preceded by the preposition **de**.

   Voilà l'espace clos.   +   Il a peur de l'espace clos.
   Voilà l'espace clos **dont** il a peur.

   Voilà le psychiatre.   +   Il a besoin d'un psychiatre.
   Voilà le psychiatre **dont** il a besoin.

■ The pronoun **où** introduces a relative clause referring to a place *(where)* or a time *(when)*.

> C'est l'ascenseur **où** la petite fille a eu peur.
> Elle se souvient bien du jour **où** elle a perdu sa mère.

ACTIVITÉS

F. Réponses révélatrices. Qu'est-ce que les réponses aux phrases suivantes révèlent sur votre personnalité? Écrivez une réponse personnelle qui convient à chaque phrase.

➡ C'est la chose dont j'ai le plus besoin.   *Plus de temps! (De l'argent...)*
C'est le mois où je suis le (la) plus occupé(e).   *Novembre (Mai...)*

1. C'est le sujet dont je parle le plus avec mes copains.
2. C'est le talent dont j'ai le plus envie.
3. C'est le défaut personnel dont j'ai le plus honte.
4. C'est une qualité dont je suis fier (-ère) *(proud)*.
5. C'est le cours où j'ai le plus de confiance en moi.
6. C'est le jour de fête où je m'amuse le plus.
7. C'est l'endroit où je me sens le (la) plus libre.
8. C'est le moment de la journée où je peux vraiment me reposer.

Maintenant, comparez vos réponses avec celles d'un(e) partenaire. Quelles sont les réponses les plus amusantes? les plus bizarres?

G. Il n'a plus peur. Un copain vous montre plusieurs photos d'Antoine, un petit garçon qu'il connaissait autrefois. Racontez son histoire en employant **où** et **dont** pour relier les phrases suivantes.

➡ Je vais te montrer l'album. Je mets mes photos dans cet album.
Je vais te montrer l'album où je mets mes photos.

1. Voici le petit Antoine. Je t'ai parlé d'Antoine l'autre jour.
2. Voici la petite maison. Il habitait dans cette maison.
3. Et voilà le chien. Il avait peur de ce chien.
4. Voici le jardin. Le chien l'a chassé *(chased)* dans ce jardin.
5. C'était un jour de fête. Je me souviens bien de ce jour.
6. Voilà la piscine du quartier. Antoine est tombé dans la piscine.
7. Voici Monsieur Fido. Le chien de Monsieur Fido a sauvé Antoine de la noyade *(drowning)*.
8. Voilà Antoine avec le chien. Il n'avait plus peur du chien.

H. Aucune crainte! Valérie n'a peur de rien. Dans les phrases suivantes, elle exprime son opinion sur des phobies ordinaires. Complétez les phrases avec le pronom correct: **qui, que, où, dont.**

1. Les chiens?! Mais, un chien est un animal _____ tout le monde adore.

2. Les ascenseurs?! Mais un ascenseur est simplement un endroit

   _____ on entre pour monter et descendre.

3. La foule?! Mais la foule est un groupe de gens _____ sont comme vous.

4. Le chômage?! Le chômage est une situation économique _____ personne n'est content, mais _____ est temporaire.

5. L'eau?! L'eau est une substance _____ tout le monde a besoin.

6. Les cimetières *(cemeteries)*?! Mais un cimetière est un endroit _____ on n'a plus peur de rien!

7. Les araignées?! Les araignées sont des animaux _____ beaucoup de gens n'aiment pas mais _____ ont une fonction importante dans la nature et _____ le monde a vraiment besoin.

8. Le vendredi treize?! Mais le vendredi treize est le jour _____ on s'amuse le plus!

9. La mort?! Eh bien, la mort est un phénomène _____ tout le monde a peur!

Êtes-vous d'accord avec les opinions exprimées? Discutez en petits groupes, et changez les phrases avec lesquelles le groupe n'est pas d'accord.

➡ *Les araignées sont importantes à la nature, mais quelquefois elles sont dangereuses aussi.*

Finalement, présentez vos idées aux autres groupes.

 Jeu de rôle

Role-play a scene between the French student in activity A (page 437) and his fearful friend Martin. Martin expresses his many fears and phobias while his friend tries to encourage him by explaining what he would do in each case. (If I couldn't find work in my field, I'd . . . , If I were claustrophobic . . . , If I were stuck in an elevator . . . , etc.)

   CD-ROM **Now that you have finished the Troisième étape of this chapter, do your Lab Manual activities with the audio program. Explore chapter topics further with the Mais oui! Video and CD-ROM. Viewing and comprehension activities are in the video section of your *Workbook/Lab Manual/Video Manual.***

Intégration

Littérature: Les Choses

Born in Paris in 1936, Georges Perec was the only child of a Jewish couple who had emigrated from Poland. His father was killed in World War II in 1940, and his mother died at the Auschwitz concentration camp in 1943. Left orphaned at age 7, Georges was raised by an aunt and uncle, and soon found refuge in what would be his life's passion: writing. From about 1960 until 1982, when he died of cancer, he devoted himself to being a novelist, essayist, and poet.

Known as **«un virtuose de la langue»,** Perec challenged himself with all kinds of language experiments. For example, he wrote a whole novel, *La Disparition*, without the most common vowel in French, the letter *e!* He also wrote a puzzle-novel, *La Vie, mode d'emploi (Life, Operating Instructions)*, in which the reader is expected to piece the different parts of the novel together. *Les Choses*, Perec's first published novel (1965), was an instant success. It is the story of a young middle-class couple, Jérôme and Sylvie, whose quest for happiness in material possessions, **«les choses»,** ends in broken dreams and a sense of emptiness. The novel also experiments with moods and tenses: the story starts out in the conditional, then moves to the past, and ends in the future. In the opening chapter, Jérôme and Sylvie depict in great detail each room of their would-be apartment—the perfect setting for the perfect life.

Avant de lire

1 Décrivez votre maison ou votre appartement idéal.

1. Quelles choses est-ce qu'il y aurait sur les murs? (des livres? des objets d'art? des photos?)
2. Est-ce que vous préféreriez les couleurs vives *(bright)* ou les couleurs douces? La lumière *(light)* et les choses lumineuses, ou l'obscurité et les choses sombres?
3. Est-ce que les pièces seraient en ordre ou en désordre? Est-ce que vous auriez une femme de ménage (une employée) pour nettoyer la maison et y mettre de l'ordre?

En général

2 Parcourez le texte une première fois en pensant aux questions suivantes.

1. Quelle pièce est décrite dans cet extrait?
2. Les goûts de Jérôme et de Sylvie sont-ils semblables aux vôtres? Reprenez les questions d'**Avant de lire** et trouvez les points que vous avez en commun.

3 Dans quel paragraphe trouve-t-on les idées suivantes? Reliez les paragraphes et les idées.

¶1 «La vie, là,... »
¶2 «Ils ouvriraient... »
¶3 «Leur appartement... »
¶4 «Il leur semblerait... »
¶5 «Ils savaient... »

a. L'harmonie des choses et de la vie
b. Le petit déjeuner
c. L'anticipation du bonheur
d. Les activités du matin, après le petit déjeuner
e. Le charme de l'appartement

Les choses

1 La vie, là, serait facile, serait simple. Toutes les obligations, tous les problèmes qu'implique la vie matérielle trouveraient une solution naturelle. Une femme de ménage serait là chaque matin. Il y aurait une cuisine vaste et claire, avec des carreaux° bleus, trois assiettes de faïence° décorées d'arabesques jaunes, des placards° partout, une belle table de bois blanc au centre, des tabourets°, des bancs°. Il serait agréable de venir s'y asseoir, chaque matin, après une douche, à peine° habillé. Il y aurait sur la table des pots de marmelade, du beurre, des toasts, des pamplemousses° coupés en deux.

tiles / stoneware
cabinets
stools / benches
hardly
grapefruit

2 Ils ouvriraient les journaux. Ils sortiraient. Leur travail ne les retiendrait que quelques heures, le matin. Ils se retrouveraient pour déjeuner; ils prendraient un café à une terrasse, puis rentreraient chez eux, à pied, lentement.

3 Leur appartement serait rarement en ordre mais son désordre même serait son plus grand charme. Leur attention serait ailleurs: dans le livre qu'ils ouvriraient, dans le texte qu'ils écriraient, dans le disque qu'ils écouteraient, dans leur dialogue.

4 Il leur semblerait° parfois qu'une vie entière pourrait harmonieusement s'écouler° entre ces murs couverts de livres, entre ces choses belles et simples, douces, lumineuses.

Il... Ils penseraient
se passer

5 Ils savaient ce qu'ils voulaient; ils avaient des idées claires°. Ils savaient ce que seraient leur bonheur, leur liberté. Il leur arrivait d'avoir° peur. Mais le plus souvent, ils étaient seulement impatients: ils se sentaient prêts; ils étaient disponibles: ils attendaient de vivre, ils attendaient l'argent. Ils aimaient la richesse avant d'aimer la vie.

précises
Il... Parfois ils avaient

Extrait de *Les Choses* (Georges Perec)

En détail   **4** **Les mots.** Utilisez le contexte et la logique pour déduire le sens des expressions en caractères gras ci-dessous et à la page 444.

¶1 «... des pamplemousses **coupés en deux.**»
   a. two by two   b. cut in half

¶2 «Leur travail **ne les retiendrait que** quelques heures... »
   a. would only keep them   b. would not keep them

¶3 «Leur attention serait **ailleurs...** »
   a. elsewhere   b. nowhere

¶4 «... **couverts de livres...** »
a. book covers   b. covered with books

¶5 «... ils se sentaient **prêts;** ils étaient **disponibles...** »
a. ready / available   b. close / busy

5 **Le texte.**   Les phrases suivantes sont-elles vraies ou fausses? Justifiez vos réponses.

1. Jérôme et Sylvie n'auraient pas de soucis matériels.
2. Une femme de ménage viendrait une fois par semaine.
3. Les placards de la cuisine seraient décorés d'arabesques jaunes.
4. Ils prendraient une douche avant le petit déjeuner.
5. Ils prendraient le déjeuner ensemble.
6. Ils rentreraient chez eux en voiture.
7. Les livres, les disques, leurs activités et leur conversation seraient plus importants que l'ordre ou le désordre de leur appartement.
8. Ils seraient heureux de passer toute leur vie dans cet appartement.
9. Ils acceptaient le présent avec patience.
10. Ils aimaient la vie plus que l'argent.

Et vous?

1. La journée idéale—qu'est-ce que vous feriez? À la manière de Jérôme et Sylvie, décrivez ce que vous feriez du matin jusqu'au soir. Décrivez aussi les choses qui seraient autour de vous aux différents moments de cette journée.
2. Jérôme avait 24 ans et Sylvie en avait 22 quand ils ont tous les deux abandonné leurs études universitaires pour prendre des emplois temporaires, avec l'espoir de vite gagner beaucoup d'argent. Ont-ils eu raison? Imaginez que vous parlez à Jérôme ou à Sylvie au moment de leur décision. Divisez-vous en deux groupes: un groupe sera pour les études, et l'autre contre. Préparez d'abord une liste de conseils et d'arguments. Ensuite essayez vos conseils et arguments sur le professeur qui jouera le rôle de Jérôme ou de Sylvie. Qui aura les meilleurs arguments?

   ➡ *À ta place, je finirais / j'abandonnerais mes études parce que...*
   ou: *Tu devrais finir / abandonner tes études parce que...*
       Si tu finissais / abandonnais tes études, tu pourrais...

3. «Ils attendaient de vivre, ils attendaient l'argent.» Parfois, on «attend de vivre», comme un enfant avant de commencer l'école, par exemple, ou un(e) étudiant(e) avant de commencer «la vraie vie» du monde professionnel. En groupes de deux ou trois, faites une liste de situations où, parfois, on «attend de vivre». Pour chacune de ces situations, indiquez ce qu'on attend, et les dangers ou les avantages de cette anticipation.
4. «Ils aimaient la richesse avant d'aimer la vie.» En groupes de deux, contrastez l'attitude, les priorités et les actions des gens dans les deux catégories suivantes. Trouvez au moins cinq contrastes.

Les gens qui aiment la richesse avant d'aimer la vie	**Les gens qui aiment la vie avant d'aimer la richesse**

Par écrit: If only . . .

A. Strategy: Looping. Often one of the most difficult prewriting tasks is narrowing the focus of the topic. Looping, a technique involving several stages of prewriting, is designed to help you do just that: decide on which elements of a broad theme you will concentrate. Begin looping by freewriting (writing without stopping) for five to ten minutes on the assigned subject. Next, stop and read what you've written, consciously seeking out the "center of gravity," the feature that seems to prevail. Once you've identified this focal point of the first "loop," use it as the topic for the next five to ten minutes of freewriting, the second loop. The process can be repeated as often as necessary until you feel you have clearly identified the focus of the paper you wish to write.

Application. Practice looping using one of the following topics:

> Mon plus grand rêve
> La maison de mes rêves

B. Strategy: Adding variety through analogy. An analogy is an attempt to explain or describe something by comparing it to something else, often something that at first glance may seem totally unrelated. You are probably familiar with the use of similes and metaphors in literature to express analogies. In French, descriptions can also be enhanced through the use of these stylistic techniques, for example:

> Ma maison est vieille **comme** le monde,
> elle **ressemble à** une cabane,
> mais **c'est** une forteresse contre le temps.

Application. Now try creating three analogies of your own using the topic **Ma maison** and the preceding examples as models.

1. Dans l'extrait de *Les Choses*, Jérôme et Sylvie imaginent une maison parfaite, une vie idéale. À vous maintenant de décrire la maison de vos rêves. Comment serait-elle? Qu'est-ce qu'elle aurait? n'aurait pas? Qu'est-ce qui s'y passerait? Avant d'écrire, décidez quel sera le point de départ de votre description: les *choses*—ce qu'il y aurait (le décor et les objets matériels); les *activités*—ce que vous y feriez; ou *autres choses*—les rêves familiaux, les expériences partagées, les valeurs, les éléments immatériels. Limitez votre sujet en employant la technique décrite dans **Avant d'écrire** (A).
2. Si votre bonne fée *(fairy godmother)* vous accordait votre plus grand désir, qu'est-ce que ça serait? Décrivez ce qui se passerait si vous aviez cette bonne fortune. Est-ce que vous achèteriez quelque chose? Iriez-vous quelque part? Feriez-vous quelque chose d'extraordinaire? Donnez autant de détails que possible.

VOCABULAIRE ACTIF

La santé et les maladies (f.)

une attaque cérébrale *a stroke*

une bronchite *bronchitis*

le cancer *cancer*

une crise cardiaque *a heart attack*

la grippe *the flu*

une indigestion *indigestion*

une migraine *a migraine*

mort(e) *dead*

une pneumonie *pneumonia*

un rhume *a cold*

le rhume des foins *hay fever*

le sida *AIDS*

Les symptômes (m.)

avoir de la fièvre *to have a fever*

avoir la nausée *to be nauseated*

avoir le nez bouché *to be congested*

avoir le nez qui coule *to have a runny nose*

avoir mal à la tête / à la gorge *to have a headache / a sore throat*

se blesser *to get injured / to hurt oneself*

une blessure *a wound*

éternuer *to sneeze*

mourir *to die*

prendre sa température *to take (check) one's temperature*

se sentir mal / mieux / bien *to feel ill / better / well*

tomber malade *to get sick*

tousser *to cough*

la toux *a cough*

Les traitements (m.)

un antibiotique *an antibiotic*

appeler / aller voir le médecin *to call / to see the doctor*

de l'aspirine *aspirin*

un comprimé *a tablet*

examiner *to examine*

(faire) une piqûre *to give a shot*

un médicament *a medication*

un pansement *a bandage*

un(e) pharmacien(ne) *a pharmacist*

prescrire *to prescribe*

recommander *to recommend*

un(e) spécialiste *a specialist*

du sirop *syrup*

Les rêves (m.) et les peurs (f.)

un animal (des animaux)

une araignée *a spider*

un bijou (des bijoux) *a jewel*

dépenser (de l'argent) *to spend (money)*

une étoile *a star*

un fantasme *a fantasy*

faire peur à *to scare*

la foule *the crowd*

s'inquiéter *to worry*

la loterie *the lottery*

l'obscurité (f.) *the dark*

quitter (quelqu'un / un endroit) *to leave (someone / a place)*

rêver *to dream*

la solitude *solitude*

un souci *a worry*

supporter (je ne peux pas supporter...) *to stand (I can't stand / tolerate)*

un tableau *a painting*

le tour du monde *a trip around the world*

Adjectifs

caché(e) *hidden*

contagieux (-euse) *contagious*

étrange *strange*

surprenant(e) *surprising*

tranquille *calm*

Expressions communicatives

je dois *I must, have to*
je devais *I was supposed to*
je devrais *I should*
j'aurais dû / je n'aurais pas dû
  I should have / I shouldn't have
si j'avais su *if I had known*
Que je suis bête! / Comme j'ai été bête!
  How stupid of me!

Quelle bêtise! *How stupid!*
J'ai eu tort de... *I was wrong to . . .*
Tant pis pour toi! *Too bad for you!*
Ne t'inquiète pas / Ne t'en fais pas *Don't worry*
Ce n'est pas grave *It's not bad*
Ça arrive à tout le monde *It can happen to anyone*
Tout va s'arranger *Everything is going to be alright*

Pronoms relatifs

dont *whose, of which*
où *where, when*

Divers

en (pronom) *some / . . . of them*
en fait *actually*
soi-même *oneself*

Des questions d'actualité

Quelles sont
les revendications
de ces
manifestants?

Et vous?

À votre avis, quels
sont les problèmes
les plus graves du
monde actuel?
L'immigration et le
racisme? Les
sans-abri? Autre
chose?

This chapter will enable you to

- **read about immigration in France, and the effects of colonialism in Martinique**
- **understand the gist of an appeal by a famous French activist for the homeless (l'abbé Pierre)**

- **express your opinions about social issues**
- **learn the basics of developing an argument in French**

Lecture: L'immigration

Vous allez lire un article qui résume les problèmes de l'immigration en France.

Avant de lire

1 L'immigration pose des problèmes sociaux, politiques, culturels et moraux. En groupes de deux ou trois, discutez les questions suivantes.

1. Est-ce qu'un pays «riche» devrait **accueillir les étrangers** (accepter les gens d'autres pays), ou **fermer ses frontières** *(borders)?* Considérez les circonstances suivantes et, pour chacune, indiquez ce que vous feriez—est-ce que vous accueilleriez les étrangers ou est-ce que vous fermeriez les frontières?
   a. L'économie du pays est bonne; il n'y a pas beaucoup de chômage.
   b. Le pays traverse une crise économique.
   c. Les étrangers sont des réfugiés politiques.
   d. Les étrangers ont des qualifications professionnelles et parlent la langue du pays d'adoption.
   e. Les étrangers n'ont pas de qualifications professionnelles et ne parlent pas la langue du pays d'adoption.
2. Qu'est-ce qu'il faut faire pour s'intégrer à un nouveau pays? (Apprendre la langue? Parler la langue du pays d'adoption à la maison? Abandonner sa culture d'origine? Ignorer les préjugés *[prejudices]?*) Faites une liste de quatre ou cinq éléments qui, selon vous, sont nécessaires à l'intégration.

2 Qui sont les étrangers dans votre pays ou région? Imaginez la situation en France: d'où viennent la plupart des étrangers? Des autres pays européens? D'Afrique? D'Asie? Devinez!

En général

3 Parcourez le texte une première fois en faisant attention à son organisation. Dans quelle partie du texte—(1) **Les étrangers,** (2) **Un cercle vicieux** ou (3) **L'intégration**—se trouvent les renseignements suivants?

Renseignements/sujets	Étrangers	Cercle vicieux	Intégration
a. Handicaps des jeunes étrangers			
b. Les différentes catégories d'étrangers			
c. Conséquences de la crise économique de 1974 sur l'immigration			
d. Comparaison des immigrés autrefois et aujourd'hui			
e. Problèmes d'assimilation des musulmans (religion de l'islam)			
f. Nouvelles lois *(laws)* de l'immigration			
g. Raisons possibles pour les actes de délinquance			

4 Maintenant regardez le tableau des pourcentages sur l'évolution de l'immigration. D'où viennent la plupart des étrangers résidant en France actuellement? Est-ce que vos prédictions étaient correctes?

L'immigration en France

Les étrangers

La politique française en matière d'immigration a connu une rupture spectaculaire en 1974: avec la crise économique, la France a fermé ses frontières aux étrangers. Cette crise économique a eu pour conséquence le développement, dans certaines couches° de la population, de sentiments xénophobes° à l'égard des étrangers, accusés de «prendre le travail des Français». Le Front national, le parti d'extrême droite de Jean-Marie le Pen, propose en effet de lutter contre le chômage en rendant «la France aux Français». Les lois Pasqua de 1993 ont ajouté aux mesures de contrôle de l'immigration en réformant le code de la nationalité. Elles stipulent, par exemple, que les enfants nés en France de parents étrangers ne recevront plus automatiquement la nationalité française et que le mariage à une citoyenne ou un citoyen français ne garantit pas la nationalité française. Ces lois sont jugées draconiennes par des organismes comme S.O.S.-Racisme, dont le slogan «Touche pas à mon pote°» prêche la tolérance.

     catégories
     hostiles

     copain

Les étrangers représentent 6 à 8% de la population. Parmi eux, on distingue principalement trois catégories:

- les étrangers installés depuis longtemps, Italiens, Polonais et Espagnols, par exemple: ils sont souvent bien intégrés.

- «les immigrés», Portugais et Maghrébins (Algériens, Marocains ou Tunisiens), auxquels l'économie française a fait appel° à partir des années 60, quand elle était en période d'expansion.

     auxquels... que l'économie française a invités

- les réfugiés qui sont venus d'Asie ou d'Europe de l'Est, par exemple, pour des raisons politiques.

Officiellement, la France n'accueille plus de nouveaux immigrants depuis 1974, sauf° pour des cas particuliers: regroupement de familles, personnes susceptibles d'obtenir le statut de réfugié politique, spécialistes dont le pays a besoin. Une immigration clandestine continue cependant.

     excepté

Un cercle vicieux

Les statistiques tendent à montrer que les étrangers ou les Français d'origine étrangère sont plus fréquemment responsables d'actes de délinquance (vols, usage et vente de drogues, etc.). Elles montrent aussi que les jeunes Maghrébins réussissent moins bien leurs études que les Français de souche° ou que les étrangers d'autres origines. Mais ces chiffres°, qui servent à alimenter la xénophobie, sont rarement accompagnés des explications nécessaires. Ils n'indiquent pas, en particulier, que les conditions de vie des enfants d'étrangers sont souvent moins favorables que celles des autres enfants. Si moins de 25% des enfants nés de parents maghrébins obtiennent le baccalauréat, contre 40% en moyenne nationale, c'est parce qu'ils cumulent les handicaps et les retards dès° l'école primaire. Il n'est donc pas étonnant que le taux° de chômage des jeunes d'origine algérienne soit deux fois plus élevé° que celui des jeunes Français. De même, beaucoup de jeunes des cités° se sentent oubliés par la société et les institutions et font preuve d'indifférence ou de délinquance.

     d'origine / nombres

     depuis
     pourcentage
     grand
     subsidized housing

L'intégration

Les principes révolutionnaires de 1789 défendaient l'idée de l'homme universel. La France considérait que l'intégration des étrangers sur son sol°
devait se faire par assimilation, c'est à dire par abandon des particularismes
culturels des pays d'origine.

territoire

Autrefois, la plupart des étrangers qui s'installaient en France étaient
européens. Ils avaient les mêmes valeurs judéo-chrétiennes que les
Français, apprenaient la langue française et s'intégraient rapidement.

Mais l'assimilation est moins facile pour les étrangers qui viennent
d'Afrique du Nord et d'Afrique noire. Les différences culturelles sont plus
marquées, et beaucoup de Français (49%) considèrent que les préceptes de
la religion islamique rendent° l'intégration des immigrés musulmans impossible. Le débat sur «le droit° à la différence» ne fait que commencer°.

font
the right / ne... *has only begun*

Extrait de *La France d'aujourd'hui,* CLE International, 1991 (pp. 26–28) et *Francoscopie 1997*
(pp. 205–207).

Plus d'Africains, moins d'Européens

Évolution du nombre d'étrangers en provenance d'Europe, d'Afrique et
d'Asie résidant en France et répartition selon les nationalités aux recense-
ments (en %).

	1954	1975	1982	1990
Nationalités				
d'Europe	84,0%	62,0%	48,5%	41,3%
d'Afrique	13,5%	35,0%	43,5%	46,8%
d'Asie	2,5%	3,0%	8,0%	11,9%
Nombre d'étrangers (en millions)	1,7	3,4	3,6	3,6

▲ 76% des Français estiment qu'il y a trop d'Arabes en France, 46% trop de
Noirs, 40% trop d'Asiatiques, 34% trop d'Européens du Sud (Espagne,
Portugal).

▲ 41% des Français avouent avoir une tendance au racisme.

▲ 49% des étrangers vivant en France souhaitent s'intégrer à la société
française, 38% d'entre eux se sentent déjà intégrés.

INSEE

En détail   **5** **Les mots.**   Utilisez le contexte et la logique pour déduire le sens des mots
en caractères gras.

Les étrangers

1. La politique française en matière d'immigration a connu **une rupture**
   spectaculaire en 1974.
   a. un changement brutal   b. une augmentation
2. Le Front national [...] propose en effet de **lutter** contre le chômage...
   a. se battre   b. encourager

3. Les lois Pasqua stipulent, par exemple, [...] que le mariage à **une citoyenne ou un citoyen** français...
   a. quelqu'un qui habite dans une ville
   b. quelqu'un qui a la nationalité du pays

Un cercle vicieux

4. **Il n'est donc pas étonnant** que le taux de chômage...
   a. Ce n'est donc pas une surprise   b. Ce n'est donc pas logique
5. Beaucoup de jeunes des cités **font preuve d'**indifférence...
   a. regrettent   b. manifestent

6 **Le texte.** Lisez le texte plus attentivement et répondez aux questions suivantes.

1. Quelles ont été les conséquences de la crise économique de 1974 sur l'immigration en France?
2. De quoi les étrangers sont-ils accusés?
3. Qu'est-ce que c'est que le Front national? Quel est son slogan?
4. Qu'est-ce que les lois Pasqua ont réformé? Donnez un exemple de réforme.
5. Que prêche l'organisme S.O.S.-Racisme? Quel est son slogan?
6. Quelles sont les trois catégories d'étrangers? Qui sont les Maghrébins?
7. Dans quels cas particuliers la France accueille-t-elle encore de nouveaux immigrants?
8. Qu'est-ce que les statistiques montrent? Qu'est-ce qu'elles n'indiquent pas?
9. Quel est le taux de jeunes Maghrébins qui obtiennent le baccalauréat par rapport à la moyenne nationale? Quelles sont les raisons et les conséquences de cette différence?
10. Pourquoi l'intégration des immigrés d'autrefois était-elle plus facile?
11. Pourquoi l'intégration des immigrés d'aujourd'hui est-elle plus difficile?
12. Quel est le pourcentage
    a. d'étrangers dans la population française?
    b. de Français qui disent qu'ils ont tendance à être racistes?
    c. d'étrangers qui étaient originaires d'Afrique en 1954 et en 1990?
    d. d'étrangers qui se sentent bien intégrés à la société française?

Et vous?

1. Les États-Unis sont un pays d'immigration. Quelles sont les origines de votre famille? Comparez vos origines avec celles de quatre ou cinq camarades de classe.
2. Y a-t-il des «cercles vicieux» pour les gens qui immigrent dans votre pays? Expliquez.
3. Le texte définit l'assimilation comme «l'abandon des particularismes culturels des pays d'origine». Avec deux ou trois partenaires, considérez différents groupes ethniques dans votre pays/région.
   a. Quels sont les particularismes de ces groupes? (Langue, musique, nourriture, fêtes, religion, vêtements, etc.) Faites une liste.

b. Dans la liste que vous venez de faire, quels sont les particularismes qu'il faut «abandonner», selon vous, pour s'intégrer à la société américaine? Quels particularismes est-il bon de garder? Discutez puis comparez vos idées avec celles des autres groupes.
4. Que pensez-vous du «droit à la différence»? Considérez d'abord le cas des jeunes filles islamiques qui habitent en France et qui revendiquent le droit de porter le foulard *(scarf)* islamique dans les écoles publiques.

Le foulard islamique interdit à l'école?

Parmi les arguments suivants, avec lesquels êtes-vous d'accord?

a. Les signes extérieurs de différence encouragent la division; le rôle des écoles publiques est de favoriser l'intégration et non la division; les écoles publiques doivent donc interdire le port *(forbid the wearing)* du foulard islamique.
b. La liberté d'expression garantit le droit de porter des signes religieux. Au nom de la liberté, les écoles publiques doivent donc permettre le port du foulard islamique.
c. Si le port du foulard islamique est un prétexte pour des manifestations nationalistes, il faut l'interdire.

Maintenant pensez aux groupes ethniques que vous connaissez. Quels «droits» veulent-ils? Qu'en pensez-vous?

STRUCTURE: Expressing opinions and desire
Le présent du subjonctif

Observez et déduisez

Des jeunes Français discutent des problèmes de l'intégration.

— À mon avis, il faut que tous les gens qui habitent en France apprennent le français.

— Tiens, que tu es intolérante. Tu es xénophobe? Tu veux que les immigrés abandonnent leur héritage culturel?

— Pas du tout! C'est bien que des gens de cultures différentes habitent en France. Je n'ai pas de préjugés. Mais il vaudrait mieux qu'ils apprennent à parler la langue du pays pour s'intégrer et réussir.

> ■ Find three expressions in the preceding dialogue that are used to indicate an opinion. What word follows each of those expressions?

Vérifiez   *Le présent du subjonctif*

■ The tenses you have studied so far (past, present, future) have all been in the indicative mood. The indicative mood is used to indicate *facts;* it implies a sense of objectivity. Compare the following statements:

> On apprend le français.   Il faut qu'on apprenne le français.

The second sentence is a *subjective* statement of opinion expressed in the *subjunctive* mood.

■ The subjunctive occurs in a clause introduced by **que** following certain verbs and impersonal expressions. Use the subjunctive to indicate an *opinion* after **il faut, il vaut (vaudrait) mieux, il est temps,** and **c'est dommage/bien:**

> **Il vaudrait mieux qu'**ils apprennent le français, mais **il ne faut pas qu'**ils abandonnent leur langue maternelle.

or to express *desire* after the verbs **vouloir** and **aimer:**

> Je **voudrais que** la discrimination finisse.
> J'**aimerais que** nous nous entendions.

The subjunctive is also used following the verbs **regretter** and **douter:**

> Nous **regrettons que** notre pays ferme ses frontières.
> Je **doute que** les immigrés contribuent aux problèmes économiques.

■ To form the present subjunctive, use the stem of the **ils** form of the present *indicative.*

ils finiss—   ils parl—
ils apprenn—   ils sort—

For **je, tu, il/elle/on** and **ils/elles,** add the following endings to the stem.

que je finiss**e**   que tu apprenn**es**   qu'il parl**e**   qu'elles sort**ent**

The **nous** and **vous** forms are identical to the imperfect; add **-ions** and **-iez** respectively.

que nous finiss**ions**   que nous parl**ions**
que vous appren**iez**   que vous sort**iez**

VOCABULAIRE ACTIF
À mon avis
C'est bien/dommage
douter
il est temps
il vaut (vaudrait) mieux
intolérant(e)
regretter

Le présent du subjonctif			
Il faut qu(e)...		**Il est temps qu(e)...**	
je parle	nous parlions	je finisse	nous finissions
tu parles	vous parliez	tu finisses	vous finissiez
il/elle/on parle	ils/elles parlent	il/elle/on finisse	ils/elles finissent
Il vaudrait mieux qu(e)...			
j'apprenne		nous apprenions	
tu apprennes		vous appreniez	
il/elle/on apprenne		ils/elles apprennent	

ACTIVITÉS

A. Front national/S.O.S.-Racisme.   Dans un débat entre partisans des deux groupes, attribuez les phrases suivantes au Front national (FN) ou au groupe S.O.S.-Racisme (R).

1. _____ Il vaut mieux que la France ferme ses frontières.

2. _____ Je voudrais qu'on accepte les étrangers.

3. _____ Il faut que les immigrés retournent dans leurs pays d'origine.

4. _____ Je doute que les étrangers contribuent aux problèmes économiques.

5. _____ Il est temps que nous respections les valeurs des autres cultures.

6. _____ J'aimerais que les immigrés se sentent les bienvenus dans notre pays.

7. _____ L'intolérance est le plus grand problème de nos jours.

8. _____ Le taux de chômage en France est dû au grand nombre d'immigrés.

Maintenant, «corrigez» les phrases avec lesquelles vous n'êtes pas d'accord.

B. Opinions?   Quelques étudiants de l'université de Rennes discutent des problèmes de l'immigration dans un café. Est-ce que leurs déclarations signalent une réalité objective (O) ou un point de vue subjectif (S)?

1. _____ Les statistiques indiquent que le racisme est un problème sérieux dans les grandes villes.

2. _____ Il faut qu'on respecte tout le monde, mêmes si les gens sont différents.

3. _____ C'est vrai. Mais il ne faut pas que les particularismes culturels encouragent la division.

4. _____ Moi, j'aimerais que les immigrés s'intègrent mieux à la société française.

5. _____ C'est dommage que la crise économique rende la situation des immigrés plus difficile.

6. _____ C'est vrai. On accuse les étrangers de causer le chômage.

7. _____ Il est temps qu'on trouve une solution au problème de l'immigration.

Maintenant, parlez avec un(e) partenaire. Dites avec quelles déclarations vous êtes d'accord. Vos réponses se ressemblent-elles?

C. Point de vue.   Complétez les phrases suivantes avec l'expression qui exprime le mieux votre opinion: **Il faut (ne faut pas) que** ou **je voudrais (ne voudrais pas) que.**

1. _____ mon pays ferme ses frontières aux étrangers.

2. _____ le gouvernement reconnaisse ses responsabilités envers les immigrés.

3. _____ on interdise la liberté d'expression religieuse.

4. _____ des gens de cultures différentes habitent parmi nous.

5. _____ qu'on apprécie les contributions des immigrés.

6. _____ les immigrés apprennent la langue du pays où ils habitent.

7. _____ les étrangers abandonnent totalement leur culture.

8. _____ tout le monde s'entende mieux.

D. Vos opinions.   Comment peut-on se comprendre mieux? Discutez les questions suivantes en petits groupes et expliquez vos réponses par écrit.

1. À votre avis, vaut-il mieux que les immigrés abandonnent leurs particularismes culturels?
2. Faut-il qu'ils apprennent la langue du pays où ils habitent?
3. Faut-il que tout le monde se ressemble pour avoir une société stable?
4. Aimeriez-vous que votre pays accepte plus d'étrangers?
5. Voudriez-vous que le gouvernement aide les immigrés à s'intégrer dans votre pays? Comment?

Maintenant, comparez vos réponses avec celles des autres groupes. Les groupes sont-ils d'accord sur certaines idées?

À l'écoute: L'appel de l'abbé Pierre

Vous allez entendre la voix *(voice)* de quelqu'un que tout le monde en France connaît, respecte et admire. Son nom: l'abbé Pierre. Depuis plus de cinquante ans, il est le défenseur des pauvres et surtout des gens qui n'ont pas de logement: les sans-abri *(homeless)*.

L'abbé Pierre est devenu célèbre en février 1954 quand, pendant un hiver glacial, il a lancé (fait) un appel à la radio en faveur des sans-abri et a provoqué dans la population française une mobilisation nationale immédiate. En février 1994, pendant un hiver de récession économique et de chômage, l'infatigable abbé Pierre, âgé de 81 ans, a lancé un autre appel à la radio et à la télévision. C'est cet appel que vous allez entendre.

⚠ **Attention!**   Ne vous inquiétez pas si vous ne comprenez pas tout. C'est normal! Nous allons vous demander seulement de comprendre les idées principales et quelques détails. Faites l'activité préparatoire, puis écoutez en fonction des questions données.

L'abbé Pierre et les sans-abri.

Avant d'écouter   **1** Imaginez un discours d'une personnalité religieuse sur la pauvreté et les sans-abri. De quoi va-t-il parler? Cochez les sujets que vous anticipez et complétez la liste ci-dessous et à la page 458 avec vos idées personnelles.

1. _____ La guerre *(war)* contre la misère (la pauvreté)

2. _____ Le nombre de personnes qui vivent en-dessous du seuil de la pauvreté *(below poverty level)*

3. _____ Des statistiques qui comparent le nombre de sans-abri aux États-Unis et en Europe

4. _____ Des exemples de catastrophes qui ont causé la misère

5. _____ Une définition du public à qui cet appel, ou ce cri *(cry for help)* est adressé

6. _____ La responsabilité des municipalités (villes) et des citoyens français en général dans ces efforts pour détruire (éliminer) la misère

7. _____ La responsabilité des églises et des groupes religieux

8. _____ Des suggestions pour trouver ou bâtir *(build)* des logements pour les sans-abri

9. _____ ?

Écoutons

Audio CD

2 Écoutez une première fois pour vérifier vos prédictions. Parmi les sujets que vous avez anticipés, lesquels sont réellement mentionnés? Cochez-les une deuxième fois.

3 Écoutez encore et cochez les bonnes réponses.

1. L'abbé Pierre appelle son public
   a. «Mes amis».
   b. «Françaises, Français».
2. Dans la guerre contre la misère, l'ennemi est
   a. l'indifférence.
   b. l'argent.
3. La misère attaque
   a. les minorités ethniques.
   b. l'univers total des hommes.
4. Le nombre de personnes qui vivent en-dessous du seuil de la pauvreté en Europe est de
   a. 40 000 000.
   b. 40 000.
5. Quand il parle des gens qui sont laissés à l'abandon (abandonnés), sans espoir, dans les grandes villes, l'abbé Pierre mentionne
   a. les vieux.
   b. des générations de jeunes.
6. L'abbé Pierre dit que pour se mobiliser (pour faire quelque chose)
   a. il ne faut pas attendre des catastrophes bien visibles.
   b. il faut regarder des films sur les sans-abri.
7. L'appel de l'abbé Pierre s'adresse
   a. à tous les gens qui écoutent, et surtout les jeunes.
   b. aux organisations politiques.
8. Beaucoup de municipalités trahissent *(betray)* la cause parce qu'elles
   a. n'ont pas de gîtes *(shelters)* pour les pauvres.
   b. refusent (ferment) leurs gîtes aux plus faibles (vulnérables).
9. Selon l'abbé Pierre, il faut que la France
   a. utilise les logis vides (les logements non-occupés) et les bureaux vides pour les sans-abri.
   b. détruise (élimine) les mauvais logements.

VOCABULAIRE ACTIF
un appel
bâtir
une catastrophe
détruire
la guerre
l'indifférence
la misère
la pauvreté
   un(e) pauvre
une pétition
respecter
un(e) sans-abri
se mobiliser
une solution

10. Il dit aussi que la France
    a. a les ressources nécessaires (argent, technique, etc.) pour bâtir des logements immédiatement.
    b. doit choisir un nouveau gouvernement, plus favorable aux pauvres.
11. L'abbé Pierre demande aux citoyens français
    a. de voter aux élections du 15 mars.
    b. d'écrire à leurs maires (*mayors*) et de faire des pétitions.

4 Imaginez que vous êtes le maire d'une ville qui a beaucoup de sans-abri. Comment allez-vous les aider? (Est-ce que vous allez demander aux propriétaires de bureaux ou d'appartements vides de les ouvrir aux sans-abri? Qu'est-ce que vous allez faire pour aider les sans-abri à trouver un emploi ou pour trouver de l'argent pour bâtir de nouveaux logements? Allez-vous mobiliser le public par une campagne dans les médias? Demanderez-vous de l'aide aux groupes religieux?) Avec deux ou trois partenaires, faites une liste des solutions que vous proposez pour aider les victimes de la crise économique.

STRUCTURES: Expressing personal viewpoints
Subjonctif ou infinitif? • *Le subjonctif irrégulier*

Observez et déduisez   L'abbé Pierre veut alerter le public. Il ne voudrait pas qu'on soit indifférent aux problèmes des sans-abri. À son avis, il ne faut pas attendre des catastrophes bien visibles. Il faut qu'on fasse quelque chose immédiatement; il faut se mobiliser!

VOCABULAIRE ACTIF
indifférent(e)

- Based on the preceding paragraph, besides the subjunctive, what form of the verb can follow **vouloir** and **il faut?**
- The preceding sentences contain examples of some irregular subjunctive verbs. Can you identify the subjunctive forms of **être** and **faire?**

Vérifiez   *Subjonctif ou infinitif?*

■ Expressions of opinion, desire, and emotion can also be made in French *without* using the subjunctive. If the subject of both clauses is the same or if the subject is not indicated, the expression or verb must be followed by an infinitive. Compare the following pairs of sentences.

L'abbé Pierre voudrait **aider** les sans-abri.
(one subject   →   infinitive)

L'abbé Pierre voudrait que *le gouvernement* **aide** les sans-abri.
(different subjects   →   subjunctive)

Il ne faut pas **attendre** une catastrophe.
(unspecified subject → infinitive)

Il ne faut pas que *nous* **attendions** une catastrophe.
(specified subject   →   subjunctive)

■ After the verb **regretter** and after expressions with **être,** use the preposition **de** before the infinitive.

L'abbé Pierre regrette **de** voir détruire des logements vides.
C'est dommage **de** détruire des logements vides.

Le subjonctif irrégulier

■ Several common verbs are irregular in the subjunctive.

	Verbs with irregular stems and endings	
	être soi- / soy-	**avoir** ai- / ay-
que j(e)	sois	aie
que tu	sois	aies
qu'il / elle / on	soit	ait
que nous	soyons	ayons
que vous	soyez	ayez
qu'ils / elles	soient	aient

	Verbs with a single stem and regular endings		
	faire fass-	**savoir** sach-	**pouvoir** puiss-
que je	fasse	sache	puisse
que tu	fasses	saches	puisses
qu'il / elle / on	fasse	sache	puisse
que nous	fassions	sachions	puissions
que vous	fassiez	sachiez	puissiez
qu'ils / elles	fassent	sachent	puissent

	Verbs with two stems and regular endings	
	aller aill- / all-	**vouloir** veuill- / voul-
que j(e)	aille	veuille
que tu	ailles	veuilles
qu'il / elle / on	aille	veuille
que nous	allions	voulions
que vous	alliez	vouliez
qu'ils / elles	aillent	veuillent

ACTIVITÉS

E. Logique. Complétez les phrases en cochant toutes les possibilités logiques—et correctes! (Faites attention à la forme des verbes et à la syntaxe.)

1. Il faut que

   _____ les citoyens fassent des pétitions.

   _____ bâtir des logements.

   _____ nous nous mobilisions.

2. Il est temps

   _____ d'aider les sans-abri.

   _____ que nous allions à la mairie avec nos pétitions.

   _____ combattre la misère.

3. C'est dommage

   _____ que tant de gens n'aient pas de logement.

   _____ refuser des gîtes aux plus faibles.

   _____ que tant de citoyens soient indifférents à la misère.

4. Je ne voudrais pas

   _____ être sans logement.

   _____ vivre dans la rue.

   _____ que le problème continue.

5. Il vaut mieux

   _____ se mobiliser pour aider les pauvres.

   _____ de s'entendre.

   _____ que le public soit éduqué.

6. Je doute

   _____ que le maire comprenne les problèmes des sans-abri.

   _____ oublier les sans-abri.

   _____ qu'il y ait assez de gîtes.

F. L'appel. Trouvez ci-dessous quelques affirmations de l'abbé Pierre. Transformez-les en employant un infinitif selon l'exemple pour créer des phrases plus générales.

➡ Il faut que tout le monde fasse quelque chose.
   Il faut faire quelque chose.

1. C'est dommage que nous attendions une catastrophe bien visible.
2. Il ne faut pas que le gouvernement détruise des logis vides.
3. Il est temps que le gouvernement construise de nouveaux logements.

4. Il vaut mieux qu'on ait un plan d'action.
5. C'est bien que nous nous mobilisions.
6. Il est temps que nous écrivions aux maires.
7. Il faut que nous fassions des pétitions.

G. Mes préférences.   Formez six phrases pour exprimer vos propres idées. Utilisez des mots de chaque colonne, et employez le subjonctif ou un infinitif selon le cas.

➡ *Je voudrais que tout le monde fasse appel aux députés.*
Il est temps de construire des gîtes.
Je ne voudrais pas vivre dans la rue.

Je voudrais (ne voudrais pas)	le gouvernement	aider les enfants sans-abri
Je regrette	tout le monde	lancer des pétitions
Il faut (ne faut pas)	on	se mobiliser
Il vaudrait mieux	que / de / —	—	détruire des logis vides
Il est (n'est pas) temps	?	s'intéresser au problème
		construire des gîtes
		avoir un logement
		être indifférent
		faire quelque chose pour aider les pauvres
		vivre dans la rue
		arrêter la misère
		faire appel aux députés
		?

CD-ROM

You are now ready to do your Lab Manual activities with the audio program. Explore chapter topics further with the Mais oui! Video and CD-ROM. Viewing and comprehension activities are in the video section of your *Workbook/Lab Manual/Video Manual.* Go to the Mais oui! Web Site for Internet activities related to the topics discussed in this chapter.

Internet

Littérature: Chemin-d'école

Born in Martinique in 1952, Patrick Chamoiseau published his first novel, *Chronique des sept misères,* in 1986. In 1992, he received **le prix Goncourt,** one of the most distinguished literary prizes in France, for his novel *Texaco.* A disciple of Aimé Césaire, another writer from Martinique who, in the 1930s, launched in literature a black awareness movement called **la négritude,** Chamoiseau raises a more sarcastic voice against colonialism. Mixing Creole and French, tenderness and irony, he explores through his writings the contradictions between the white world of government and education, and the everyday realities of the Creole world. Chamoiseau gives these contradictions a very personal dimension in the two volumes of his autobiography. Calling himself **le négrillon** *(the little Negro boy),* he first portrays, in *Antan d'enfance* (1990), an inquisitive preschooler immersed in the traditions of his people. In *Chemin-d'école* (1994), **le négrillon** goes to school, a colonial school where he learns to read using books about **le petit Pierre,** a little boy with blond hair and blue eyes who makes snowmen in the winter.

> Pour nous, le petit Pierre des lectures faisait figure d'extraterrestre. Mais à mesure des lectures sacralisées *(made sacred),* c'est Petit-Pierre qui devenait normal.

Une école coloniale en Martinique, scène du film *Rue Cases-nègres.* Ce film décrit une situation semblable à celle du négrillon.

Little by little, **le négrillon** fills his head with images from another world that has become his new reality.

> Cet univers devenait la réalité. Il dessinait avec. Rêvait avec. Pensait avec. Mentait avec. Imaginait avec. Son corps, lui, allait en dérive *(adrift)* dans son monde créole inutile. *(Chemin-d'école,* p. 156)

In the following excerpt, **le négrillon** reflects on the "civilizing mission" of his schoolteacher, **le Maître.**

1 Imaginez que vous êtes dans une école coloniale des Caraïbes. Selon le point de vue des Européens (les colons), à quel monde s'appliquent les éléments suivants—le monde noir (N) ou le monde blanc (B)? Mettez l'initiale appropriée devant chaque élément, selon ce que vous anticipez.

_____ les mauvaises mœurs (*mores, customs*)

_____ la Civilisation

_____ l'Histoire

_____ une non-histoire cannibale

_____ des millions de sauvages

_____ une longue nuit de non-humanité, d'inexistence

_____ les races supérieures

_____ les races primitives

_____ les ténèbres (*darkness*)

_____ la lumière (*light*)

2 Les mots suivants sont des mots importants dans le texte que vous allez lire. D'après le contexte de chaque phrase, déduisez le sens de ces mots et trouvez le synonyme ou la définition dans la liste donnée.

1. L'animal est **la proie** du chasseur.
2. Il y a **un fantôme** qui hante ce château.
3. Cet instrument est en **fer.**
4. Une voiture a quatre **roues.**
5. Avant l'invention de la voiture, **le cheval** (*pl.* **les chevaux**) servait de moyen de transport.
6. **La canne-à-sucre** est une des ressources principales des Caraïbes.

a. un type de métal
b. une plante tropicale
c. un objet rond qui tourne
d. un animal domestique utilisé pour l'équitation
e. une apparition surnaturelle de quelqu'un qui est mort
f. une victime

3 Deux autres mots importants dans ce texte sont **le droit** et **le devoir** (*duty*). À votre avis, qui va utiliser ces mots—les colons (les Blancs) ou les Martiniquais (les Noirs)?

4 Parcourez le texte une première fois. Dans quel ordre les idées générales sont-elles présentées? Classez-les de 1 à 5.

_____ Rôle de l'Universel (les choses communes à tous) dans le concept de la civilisation

_____ Bénéfices (conséquences positives) de la colonisation

_____ Raison pour laquelle les enfants créoles doivent aller à l'école

_____ Origines de l'Histoire et de la Civilisation

_____ Réaction du négrillon

5 Relisez le texte pour vérifier vos réponses aux tâches 1 et 3.

Chemin-d'école

On allait à l'école pour perdre de mauvaises mœurs: mœurs d'énergumène°, mœurs nègres ou mœurs créoles—c'étaient les mêmes.

[...] Le souffle vibrant du savoir° et notre être créole semblaient en insurmontable contradiction. Le Maître devait nous affronter° mais aussi affronter le

personne possédée du démon
Le... les choses qu'on apprenait
confront

pays tout entier. Il était en mission de civilisation. [...] Chacun de ses mots, de ses gestes, chaque injonction, chaque murmure était donc bardé° d'Universel. L'Universel était un bouclier°, un désinfectant, une religion, un espoir, un acte de poésie suprême. L'Universel était un ordre.

    En ce temps-là, le Gaulois aux yeux bleus, à la chevelure blonde comme les blés, était l'ancêtre de tout le monde. En ce temps-là les Européens étaient les fondateurs° de l'Histoire. Le monde, proie initiale des ténèbres, commençait avec eux. Nos îles avaient été là, dans un brouillard d'inexistence, traversée par de vagues fantômes caraïbes, eux-mêmes pris dans l'obscurité d'une non-histoire cannibale. Et, avec l'arrivée des colons, la lumière fut.* La Civilisation. L'Histoire. L'humanisation de la Terre.

    Christophe Colomb avait découvert l'Amérique, et aspiré° au monde des millions de ces sauvages, qui durant une nuit immémoriale, soustraits à l'humanité°, l'avaient attendu.

    — Savez-vous, ostrogoths°, qu'ils portèrent au Nouveau Monde le fer, la roue, le bœuf, le porc, les chevaux, le blé, la canne-à-sucre... ?

    — Les races supérieures, il faut le dire ouvertement, ont, vis-à-vis des races primitives, le droit et le devoir de ci-vi-li-sa-tion!

    Le négrillon aimait entendre le Maître leur conter l'Histoire du monde. Tout semblait simple et juste.

plein

shield

founding fathers

mis

durant... pendant une longue nuit de non-humanité / sauvages

Extrait de *Chemin-d'école* (Patrick Chamoiseau)

En détail   **6** **Le texte.**   Lisez plus attentivement et indiquez si, *selon le texte*, les phrases suivantes sont vraies ou fausses. Si elles sont fausses, corrigez-les.

    1. À l'école, les mœurs nègres ou créoles étaient considérées comme un héritage précieux.
    2. Il y avait une grande contradiction entre l'identité créole des enfants et ce qu'ils apprenaient à l'école.
    3. Dans sa mission de civilisation, le Maître devait civiliser non seulement les enfants mais aussi leur famille et toute la Martinique.
    4. Selon le Maître, la civilisation, commencée par les Européens, était quelque chose d'universel qui s'appliquait à toutes les races.
    5. Le Gaulois aux yeux bleus et aux cheveux blonds était seulement l'ancêtre des Français.
    6. Avant l'arrivée des Européens, le Nouveau Monde était habité par des fantômes, des cannibales et des sauvages.
    7. Les Européens ont apporté la lumière et le progrès au Nouveau Monde.
    8. La canne-à-sucre existait déjà dans les îles des Caraïbes quand Christophe Colomb est arrivé en Amérique.
    9. Les races supérieures ont la responsabilité de civiliser les races primitives.
    10. Le négrillon ne croyait pas ce que le Maître disait.

---

*Référence à la Bible: «Que la lumière soit, et la lumière fut» ("Let there be light, and there was light").

Et vous?

1. Pourquoi est-ce que «tout semblait simple et juste» au négrillon? Avec un(e) partenaire, faites une liste de raisons possibles, puis comparez vos réponses avec celles de vos camarades de classe.
2. À votre avis, est-ce que c'était «simple et juste» d'apprendre au négrillon que les mœurs créoles étaient mauvaises? Faites une liste des choses qui, selon vous, n'étaient pas «simples et justes» dans cette mission de civilisation. (Ce n'était pas juste de dire que...)
3. Maintenant pensez aux livres qui vous ont appris l'histoire. Est-ce que tout était «simple et juste»? Donnez un ou deux exemples qui peut-être ne l'étaient pas.

VOCABULAIRE ACTIF

Verbes et expressions verbales

abandonner *to abandon*
accueillir (infinitive only) *to welcome*
bâtir *to build*
détruire *to destroy*
douter *to doubt*
encourager *to encourage*

s'intégrer *to integrate (oneself)*
lutter (contre) *to fight (against)*
se mobiliser *to rally, mobilize*
regretter *to regret*
respecter *to respect*

Expressions pour donner son opinion

à mon avis *in my opinion*
c'est bien que *it's a good thing that*
c'est dommage que *it's too bad that*
il est temps que *it's (about) time that*

il faut que *it is necessary that*
il vaut mieux que *it is better/preferable that*
il vaudrait mieux que *it would be better*

Noms

un appel *an appeal*
une catastrophe *a catastrophe*
un(e) citoyen(ne) *a citizen*
une crise *a crisis*
la délinquance *delinquency*
un droit *a right*
un(e) étranger (-ère) *a foreigner*
un foulard *a scarf*
une frontière *a border*
la guerre *war*
un(e) immigré(e) *an immigrant*
l'indifférence (f.) *indifference*

l'intolérance (f.) *intolerance*
une loi *a law*
la misère *destitution, misery*
l'origine (f.) *origin, background*
    d'origine africaine *of African origin*
les pauvres *the poor*
la pauvreté *poverty*
une pétition *a petition*
un préjugé *a prejudice*
le racisme *racism*
les sans-abri *the homeless*
une solution *a solution*

Adjectifs

étonnant(e) *surprising*
indifférent(e) *indifferent*
intolérant(e) *intolerant*

Adverbe

donc *therefore*

Regular Verbs

Infinitif	Indicatif					Impératif	Subjonctif	Conditionnel
	Présent	Passé Composé	Imparfait	Futur				
-ER écouter								
je / j'	écoute	ai écouté	écoutais	écouterai			écoute	écouterais
tu	écoutes	as écouté	écoutais	écouteras		écoute	écoutes	écouterais
il / elle / on	écoute	a écouté	écoutait	écoutera			écoute	écouterait
nous	écoutons	avons écouté	écoutions	écouterons		écoutons	écoutions	écouterions
vous	écoutez	avez écouté	écoutiez	écouterez		écoutez	écoutiez	écouteriez
ils / elles	écoutent	ont écouté	écoutaient	écouteront			écoutent	écouteraient
-IR sortir								
je / j'	sors	suis sorti(e)	sortais	sortirai			sorte	sortirais
tu	sors	es sorti(e)	sortais	sortiras		sors	sortes	sortirais
il / elle / on	sort	est sorti(e)	sortait	sortira			sorte	sortirait
nous	sortons	sommes sorti(e)s	sortions	sortirons		sortons	sortions	sortirions
vous	sortez	êtes sorti(e)(s)	sortiez	sortirez		sortez	sortiez	sortiriez
ils / elles	sortent	sont sorti(e)s	sortaient	sortiront			sortent	sortiraient
-IR finir								
je / j'	finis	ai fini	finissais	finirai			finisse	finirais
tu	finis	as fini	finissais	finiras		finis	finisses	finirais
il / elle / on	finit	a fini	finissait	finira			finisse	finirait
nous	finissons	avons fini	finissions	finirons		finissons	finissions	finirions
vous	finissez	avez fini	finissiez	finirez		finissez	finissiez	finiriez
ils / elles	finissent	ont fini	finissaient	finiront			finissent	finiraient

Regular Verbs

| Infinitif | Indicatif | | | | Impératif | Subjonctif | Conditionnel |
	Présent	Passé Composé	Imparfait	Futur			
-RE　vendre							
je / j'	vends	ai vendu	vendais	vendrai		vende	vendrais
tu	vends	as vendu	vendais	vendras	vends	vendes	vendrais
il / elle / on	vend	a vendu	vendait	vendra		vende	vendrait
nous	vendons	avons vendu	vendions	vendrors	vendons	vendions	vendrions
vous	vendez	avez vendu	vendiez	vendrez	vendez	vendiez	vendriez
ils / elles	vendent	ont vendu	vendaient	vendrort		vendent	vendraient
-IRE　écrire							
j'	écris	ai écrit	écrivais	écrirai		écrive	écrirais
tu	écris	as écrit	écrivais	écriras	écris	écrives	écrirais
il / elle / on	écrit	a écrit	écrivait	écrira		écrive	écrirait
nous	écrivons	avons écrit	écrivions	écrirons	écrivons	écrivions	écririons
vous	écrivez	avez écrit	écriviez	écrirez	écrivez	écriviez	écririez
ils / elles	écrivent	ont écrit	écrivaient	écriront		écrivent	écriraient

Auxiliary Verbs

Infinitif	Indicatif				Impératif	Subjonctif	Conditionnel
	Présent	Passé Composé	Imparfait	Futur			
avoir							
j'	ai	ai eu	avais	aurai		aie	aurais
tu	as	as eu	avais	auras	aie	aies	aurais
il / elle / on	a	a eu	avait	aura		ait	aurait
nous	avons	avons eu	avions	aurons	ayons	ayons	aurions
vous	avez	avez eu	aviez	aurez	ayez	ayez	auriez
ils / elles	ont	ont eu	avaient	auront		aient	auraient
être							
je / j'	suis	ai été	étais	serai		sois	serais
tu	es	as été	étais	seras	sois	sois	serais
il / elle / on	est	a été	était	sera		soit	serait
nous	sommes	avons été	étions	serons	soyons	soyons	serions
vous	êtes	avez été	étiez	serez	soyez	soyez	seriez
ils / elles	sont	ont été	étaient	seront		soient	seraient

Reflexive Verb

Infinitif	Indicatif				Impératif	Subjonctif	Conditionnel
	Présent	Passé Composé	Imparfait	Futur			
se laver							
je	me lave	me suis lavé(e)	me lavais	me laverai		me lave	me laverais
tu	te laves	t'es lavé(e)	te lavais	te laveras	lave-toi	te laves	te laverais
il / elle / on	se lave	s'est lavé(e)	se lavait	se lavera		se lave	se laverait
nous	nous lavons	nous sommes lavé(e)s	nous lavions	nous laverons	lavons-nous	nous lavions	nous laverions
vous	vous lavez	vous êtes lavé(e)(s)	vous laviez	vous laverez	lavez-vous	vous laviez	vous laveriez
ils / elles	se lavent	se sont lavé(e)s	se lavaient	se laveront		se lavent	se laveraient

Verbs with Stem Changes

Infinitif		Indicatif				Impératif	Subjonctif	Conditionnel
		Présent	Passé Composé	Imparfait	Futur			
acheter								
	j'	achète	ai acheté	achetais	achèterai		achète	achèterais
	tu	achètes	as acheté	achetais	achèteras	achète	achètes	achèterais
	il / elle / on	achète	a acheté	achetait	achètera		achète	achèterait
	nous	achetons	avons acheté	achetions	achèterons	achetons	achetions	achèterions
	vous	achetez	avez acheté	achetiez	achèterez	achetez	achetiez	achèteriez
	ils / elles	achètent	ont acheté	achetaient	achèteront		achètent	achèteraient
appeler								
	j'	appelle	ai appelé	appelais	appellerai		appelle	appellerais
	tu	appelles	as appelé	appelais	appelleras	appelle	appelles	appellerais
	il / elle / on	appelle	a appelé	appelait	appellera		appelle	appellerait
	nous	appelons	avons appelé	appelions	appellerons	appelons	appelions	appellerions
	vous	appelez	avez appelé	appeliez	appellerez	appelez	appeliez	appelleriez
	ils / elles	appellent	ont appelé	appelaient	appelleront		appellent	appelleraient
préférer								
	je / j'	préfère	ai préféré	préférais	préférerai		préfère	préférerais
	tu	préfères	as préféré	préférais	préféreras	préfère	préfères	préférerais
	il / elle / on	préfère	a préféré	préférait	préférera		préfère	préférerait
	nous	préférons	avons préféré	préférions	préférerons	préférons	préférions	préférerions
	vous	préférez	avez préféré	préfériez	préférerez	préférez	préfériez	préféreriez
	ils / elles	préfèrent	ont préféré	préféraient	préféreront		préfèrent	préféreraient
payer								
	je / j'	paie	ai payé	payais	payerai		paie	payerais
	tu	paies	as payé	payais	payeras	paie	paies	payerais
	il / elle / on	paie	a payé	payait	payera		paie	payerait
	nous	payons	avons payé	payions	payerons	payons	payions	payerions
	vous	payez	avez payé	payiez	payerez	payez	payiez	payeriez
	ils / elles	paient	ont payé	payaient	payeront		paient	payeraient

Irregular Verbs

Infinitif		Indicatif				Impératif	Subjonctif	Conditionnel
	Présent	Passé Composé	Imparfait	Futur				
aller								
je / j'	vais	suis allé(e)	allais	irai			aille	irais
tu	vas	es allé(e)	allais	iras		va	ailles	irais
il / elle / on	va	est allé(e)	allait	ira			aille	irait
nous	allons	sommes allé(e)s	allions	irons		allons	allions	irions
vous	allez	êtes allé(e)(s)	alliez	irez		allez	alliez	iriez
ils / elles	vont	sont allé(e)s	allaient	iront			aillent	iraient
boire								
je / j'	bois	ai bu	buvais	boirai			boive	boirais
tu	bois	as bu	buvais	boiras		bois	boives	boirais
il / elle / on	boit	a bu	buvait	boira			boive	boirait
nous	buvons	avons bu	buvions	boirons		buvons	buvions	boirions
vous	buvez	avez bu	buviez	boirez		buvez	buviez	boiriez
ils / elles	boivent	ont bu	buvaient	boiront			boivent	boiraient
connaître								
je / j'	connais	ai connu	connaissais	connaîtrai			connaisse	connaîtrais
tu	connais	as connu	connaissais	connaîtras		connais	connaisses	connaîtrais
il / elle / on	connaît	a connu	connaissait	connaîtra			connaisse	connaîtrait
nous	connaissons	avons connu	connaissions	connaîtrons		connaissons	connaissions	connaîtrions
vous	connaissez	avez connu	connaissiez	connaîtrez		connaissez	connaissiez	connaîtriez
ils / elles	connaissent	ont connu	connaissaient	connaîtront			connaissent	connaîtraient

Irregular Verbs

Infinitif		Indicatif			Impératif	Subjonctif	Conditionnel
	Présent	Passé Composé	Imparfait	Futur			
devoir							
je / j'	dois	ai dû	devais	devrai		doive	devrais
tu	dois	as dû	devais	devras	dois	doives	devrais
il / elle / on	doit	a dû	devait	devra		doive	devrait
nous	devons	avons dû	devions	devrons	devons	devions	devrions
vous	devez	avez dû	deviez	devrez	devez	deviez	devriez
ils / elles	doivent	ont dû	devaient	devront		doivent	devraient
dire							
je / j'	dis	ai dit	disais	dirai		dise	dirais
tu	dis	as dit	disais	diras	dis	dises	dirais
il / elle / on	dit	a dit	disait	dira		dise	dirait
nous	disons	avons dit	disions	dirons	disons	disions	dirions
vous	dites	avez dit	disiez	direz	dites	disiez	diriez
ils / elles	disent	ont dit	disaient	diront		disent	diraient
faire							
je / j'	fais	ai fait	faisais	ferai		fasse	ferais
tu	fais	as fait	faisais	feras	fais	fasses	ferais
il / elle / on	fait	a fait	faisait	fera		fasse	ferait
nous	faisons	avons fait	faisions	ferons	faisons	fassions	ferions
vous	faites	avez fait	faisiez	ferez	faites	fassiez	feriez
ils / elles	font	ont fait	faisaient	feront		fassent	feraient

Irregular Verbs

mettre

Infinitif	Indicatif				Impératif	Subjonctif	Conditionnel
	Présent	Passé Composé	Imparfait	Futur			
je / j'	mets	ai mis	mettais	mettrai		mette	mettrais
tu	mets	as mis	mettais	mettras	mets	mettes	mettrais
il / elle / on	met	a mis	mettait	mettra		mette	mettrait
nous	mettons	avons mis	mettions	mettrons	mettons	mettions	mettrions
vous	mettez	avez mis	mettiez	mettrez	mettez	mettiez	mettriez
ils / elles	mettent	ont mis	mettaient	mettront		mettent	mettraient

pouvoir

Infinitif	Indicatif				Impératif	Subjonctif	Conditionnel
	Présent	Passé Composé	Imparfait	Futur			
je / j'	peux	ai pu	pouvais	pourrai		puisse	pourrais
tu	peux	as pu	pouvais	pourras		puisses	pourrais
il / elle / on	peut	a pu	pouvait	pourra		puisse	pourrait
nous	pouvons	avons pu	pouvions	pourrons		puissions	pourrions
vous	pouvez	avez pu	pouviez	pourrez		puissiez	pourriez
ils / elles	peuvent	ont pu	pouvaient	pourront		puissent	pourraient

prendre

Infinitif	Indicatif				Impératif	Subjonctif	Conditionnel
	Présent	Passé Composé	Imparfait	Futur			
je / j'	prends	ai pris	prenais	prendrai		prenne	prendrais
tu	prends	as pris	prenais	prendras	prends	prennes	prendrais
il / elle / on	prend	a pris	prenait	prendra		prenne	prendrait
nous	prenons	avons pris	prenions	prendrons	prenons	prenions	prendrions
vous	prenez	avez pris	preniez	prendrez	prenez	preniez	prendriez
ils / elles	prennent	ont pris	prenaient	prendront		prennent	prendrait

savoir

Infinitif	Indicatif				Impératif	Subjonctif	Conditionnel
	Présent	Passé Composé	Imparfait	Futur			
je / j'	sais	ai su	savais	saurai		sache	saurais
tu	sais	as su	savais	sauras	sache	saches	saurais
il / elle / on	sait	a su	savait	saura		sache	saurait
nous	savons	avons su	savions	saurons	sachons	sachions	saurions
vous	savez	avez su	saviez	saurez	sachez	sachiez	sauriez
ils / elles	savent	ont su	savaient	sauront		sachent	sauraient

Irregular Verbs

Infinitif		Indicatif				Impératif	Subjonctif	Conditionnel
		Présent	Passé Composé	Imparfait	Futur			
venir	je	viens	suis venu(e)	venais	viendrai		vienne	viendrais
	tu	viens	es venu(e)	venais	viendras	viens	viennes	viendrais
	il / elle / on	vient	est venu(e)	venait	viendra		vienne	viendrait
	nous	venons	sommes venu(e)s	venions	viendrons	venons	venions	viendrions
	vous	venez	êtes venu(e)(s)	veniez	viendrez	venez	veniez	viendriez
	ils / elles	viennent	sont venu(e)s	venaient	viendront		viennent	viendraient
voir	je / j'	vois	ai vu	voyais	verrai		voie	verrais
	tu	vois	as vu	voyais	verras	vois	voies	verrais
	il / elle / on	voit	a vu	voyait	verra		voie	verrait
	nous	voyons	avons vu	voyions	verrons	voyons	voyions	verrions
	vous	voyez	avez vu	voyiez	verrez	voyez	voyiez	verriez
	ils / elles	voient	ont vu	voyaient	verront		voient	verraient
vouloir	je / j'	veux	ai voulu	voulais	voudrai		veuille	voudrais
	tu	veux	as voulu	voulais	voudras	veuille	veuilles	voudrais
	il / elle / on	veut	a voulu	voulait	voudra		veuille	voudrait
	nous	voulons	avons voulu	voulions	voudrons	veuillons	voulions	voudrions
	vous	voulez	avez voulu	vouliez	voudrez	veuillez	vouliez	voudriez
	ils / elles	veulent	ont voulu	voulaient	voudront		veuillent	voudraient

The **French-English Vocabulary** contains all the words and expressions included in the **Vocabulaire actif** sections at the end of each chapter. Entries are followed by the chapter number (**P** for the Chapitre préliminaire) where they appear. In addition the French-English vocabulary includes all words and expressions used in the **À l'écoute** listening sections and the **Lecture** and **Littérature** reading selections, as well as all words and expressions used in the **Activités** sections.

The **English-French Vocabulary** includes words listed in the **Vocabulaire actif** sections, plus many additional words that students might want to use for their speaking or writing assignments.

Expressions are listed under their key word(s). In subentries, the symbol ~ indicates the repetition of the key word. Regular adjectives are given in the masculine form, with the feminine ending following in parentheses. For irregular adjectives, the irregular ending of the feminine, or the whole word if needed, is given in parentheses. Irregular forms of the plural are also indicated. The gender of each noun is indicated after the noun. If the noun has both a masculine and a feminine form, both are listed in full. If the noun has an irregular form for the plural, this is also indicated in parentheses after the word.

The following abbreviations are used.

adj.	adjective	*m.pl.*	masculine plural
adv.	adverb	*n.*	noun
art.	article	*pl.*	plural
conj.	conjunction	*prep.*	preposition
f.	feminine	*pron.*	pronoun
f.pl.	feminine plural	*rel.pron.*	relative pronoun
inv.	invariable	*sing.*	singular
m.	masculine	*v.*	verb

à to, at, in [3]
  ~ bientôt see you soon [P]
  ~ cause de because of
  ~ côté de next to, beside [3]
  ~ domicile at home
  ~ haute voix aloud
  ~ la rigueur if need be
  ~ l'heure on time [6]
  ~ mi-temps half-time [11]
  ~ pied on foot [7]
  ~ plein temps full-time [11]
  ~ tour de rôle in turn
  ~ votre avis in your opinion
abaisser to lower
abandonner to abandon [C]
abbaye *f.* abbey
abbé *m.* priest
abdominal *m.* (*pl.* **abdominaux**)
  sit-up
abonnement *m.* subscription
abri *m.* shelter
absent(e) absent [4]
absolu(e) absolute
absolument absolutely [11]
académie *f.* school district
accent *m.* accent [P]
  ~ aigu acute accent [P]
  ~ circonflexe circumflex accent
  [P]
  ~ grave grave accent [P]
accepter to accept
accessoire *m.* accessory [10]
accident *m.* accident
accompagner to accompany
accomplir to accomplish, to fulfill
accord *m.* agreement
  d'~ agreed, OK [3]
accorder to give, grant
accroître to increase
  s'~ to grow
accueillir to welcome [C]
accumuler to accumulate
accuser to blame
achat *m.* purchase
acheter to buy [2]
acquérir to acquire
acte *m.* act, action
acteur/actrice *m./f.* actor [1]
actif (-ive) active [1]
activement actively [11]
activité *f.* activity
actualité *f.* current events
actuel(le) current, present-day

actuellement currently, at the
  present time
addition *f.* bill, check (restaurant)
  [5]
adepte *m./f.* adherent
adjoint(e) *m./f.* assistant
admirer to admire [2]
admis(e) allowed
adorer to adore [2]
adresse *f.* address
aérobic *m.* aerobics [10]
aéroport *m.* airport
affaires *f.pl.* business [7]
  voyage d'~ business trip [7]
affectif (-ive) emotional
affiche *f.* sign; poster
affronter to confront
africain(e) African [1]
Afrique *f.* Africa
âge *m.* age [2]
  Quel ~ as-tu/avez-vous? How
  old are you? [2]
agence *f.* agency
  ~ de voyage *f.* travel agency [7]
  ~ matrimoniale marriage
  bureau
agir sur to have an effect on
s'agir: il s'agit de it's a question of
  [9]
agréable pleasant, nice [3]
agrément *m.* amenity
  voyage d'~ pleasure trip
agresser to attack
agricole agricultural
agriculture *f.* agriculture
ah bon? really? [4]
aide *f.* aid, help
aider to help
aiguilleur *m.* switchman
ail *m.* garlic [5]
ailleurs elsewhere
aimable nice [9]
aimer to like, to love [2]
air *m.* air
  avoir l'~ to look, to seem
  en plein ~ outdoor
ajouter add
alcoolisé(e) alcoholic
Algérie *f.* Algeria
algérien(ne) Algerian [1]
aliment *m.* food [5]
alimentaire relating to food
alimentation *f.* food, nutrition

alimenter to feed
Allemagne *f.* Germany
allemand *m.* German (language)
  [4]
allemand(e) German [1]
aller to go [2]
  ~ à la chasse to go hunting [7]
  ~ à la pêche to go fishing [7]
  ~ bien to feel good; to look good
  on; to fit [10]
  ~ en cours to go to class
  ~ mal to look bad on; to fit
  poorly [10]
  ~-retour *m.* round-trip ticket [7]
  ~ simple *m.* one-way ticket [7]
  ça va? how are you? [P]
  comment allez-vous/vas-tu?
  how are you? [P]
  vous allez bien? how are you?
  are you well? [P]
allergique allergic [1]
allô? hello (on the telephone) [3]
allons let's go
allumer to turn/switch on
allumette *f.* match
  pommes ~s matchstick potatoes
alors so, then
  ~? well?
  ~ quand même but still [11]
  ~ que whereas, while [2]
  et ~? Oh yeah? [4]
alpage *m.* mountain pasture
altruiste altruistic [1]
amabilité *f.* kindness, politeness
amande *f.* almond
ambassade *f.* embassy
ambigu (-guë) ambiguous
ambition *f.* ambition [11]
âme *f.* **sœur** soul mate
améliorer to improve
amener to bring
américain(e) American [1]
Amérique *f.* America
ami/amie *m./f.* friend [2]
amicalement (closing to a friendly
  letter) in friendship
amitié *f.* friendship [8]
  ~s (closing to a friendly letter)
amour *m.* love
  roman *m.* **d'~** romantic novel [2]
  film *m.* **d'~** romantic movie [2]
amphithéâtre *m.* lecture hall [4]
amusant(e) funny, amusing [1]

amuser to amuse
  s'~ to have fun [8]
an *m.* year [4]
analyse *f.* analysis
ananas *m.* pineapple
ancêtre *m.* ancestor
anchois *m.* anchovy
ancien(ne) ancient; former
  anciens combattants *m.pl.* war
    veterans
anglais *m.* English (language) [4]
anglais(e) English [1]
Angleterre *f.* England
animal *m.* (*pl.* **animaux**) animal
  [12]
animer to make lively
année *f.* year [4]
  les ~s 50 the fifties
anniversaire *m.* birthday;
  anniversary [2]
  bon ~! happy birthday! [9]
annonce *f.* classified ad;
  announcement [3]
  petites ~s classified ads
annoncer to announce
annonceur/annonceuse
  m./f. announcer
annuel(le) annual
annulé(e) cancelled
annuler to cancel
anorak *m.* ski jacket, parka
antan yesteryear
anthractite charcoal gray
antibiotique *m.* antibiotic [12]
anticiper to anticipate
antique ancient
août *m.* August [4]
aphasique aphasic
apostrophe *f.* apostrophe [P]
apparaître to appear
appareil *m.* appliance
  ~ électronique electronic
    appliance
  qui est à l'~? who is calling? [3]
apparence *f.* appearance
apparenté(e) related
  mot ~ cognate
appartement *m.* apartment [3]
appartenir to belong
appel *m.* appeal, call [C]
  faire ~ to appeal
  sur ~ on call
appeler to call
  je m'appelle my name is [P]
  s'~ to be named
appétit *m.* appetite

appliquer to apply
  s'~ to apply oneself
apporter to bring [5]
  pourriez-vous m'~ please bring
    me [5]
apprécier to appreciate [8]
apprendre to learn; to teach [4]
apprivoiser to tame
approprié(e) appropriate
après after [5]
après-midi *m.* afternoon [4]
  de l'~ in the afternoon (time) [4]
arabe *m.* Arabic
arabesque *f.* arabesque
arachide *f.* peanut
araignée *f.* spider [12]
arbitre *m.* referee
arbre *m.* tree
  ~ généalogique family tree
architecte *m./f.* architect [1]
architecture *f.* architecture [4]
argent *m.* money [4]
argenté(e) silver
armée *f.* army
arrêt *m.* stop
arrêter to stop [9]
arrière *m.*: **en ~** backwards
arrivée *f.* arrival [7]
arriver to arrive; to happen
art *m.* art [4]
artichaut *m.* artichoke
artiste *m./f.* artist [1]
ascenseur *m.* elevator [7]
aspirateur *m.* vacuum cleaner [8]
  passer l'~ to vacuum [8]
aspirine *f.* aspirin [12]
assassinat *m.* assassination
s'asseoir to sit down
assez enough [5]; rather
assiette *f.* plate [5]
assis(e) seated [9]
assister à to attend, be present at
associer to match
Assomption *f.* Assumption
s'assumer to take charge (of one's
  life)
assurer to ensure
astuce *f.* astuteness
atout *m.* advantage
attacher to tie, to bind
attaque *f.* **cérébrale** stroke
attaquer to attack
attendre to wait (for) [7]
attentes *f.pl.* expectations [11]
attentif (-ive) careful
attention! be careful! attention!

attirer to attract
attraper to grab
attribuer to award
au (*see* **à**) [3]
  ~ besoin if necessary
  ~ coin de at the corner of [3]
  ~ contraire on the contrary [11]
  ~ lieu de instead of
  ~ moins at least [2]
  ~ revoir good-bye [P]
  ~ sujet de about [3]
au-delà de over; beyond
augmenter to increase
aujourd'hui today [3]
aussi also [1]
  ~... que as . . . as [5]
aussitôt que as soon as
autant de as many . . . as [5]
auteur *m.* author
automne *m.* autumn, fall [6]
autoriser to authorize
autorité *f.* authority
autre other [3]
  l'un l'~ one another
autrefois formerly [8]
autrement differently
avance *f.*: **à l'~** beforehand
  d'~ in advance
  en ~ early [6]
avancer to advance
avant before
  ~ de before
avantage *m.* advantage
avare stingy; greedy
avec with
  ~ plaisir *m.* with pleasure [6]
avenir *m.* future [11]
aventure *f.* adventure [2]
  film *m.* **d'~** adventure movie [2]
avenue *f.* avenue [3]
avion *m.* plane [7]
  en ~ by plane [7]
avis: à mon ~ in my opinion [C]
  à votre ~ in your opinion
avocat *m.* avocado
avocat/avocate *m./f.* lawyer [1]
avoir to have [2]
  ~ _____ ans to be _____ years
    old [2]
  ~ besoin (de) to need [8]
  ~ confiance en soi to be self-
    confident [8]
  ~ de la chance to be lucky
  ~ du mal (à) to have a hard time
  ~ envie de to want to, to feel like
    [6]

~ **faim**   to be hungry [5]
~ **honte (de)**   to be ashamed (of) [9]
en ~ marre   to be fed up [4]
~ **l'air**   to look, to seem
~ **l'intention de**   to intend to [11]
~ **le temps**   to have time [4]
~ **lieu**   to take place
~ **mal à la tête**   to have a headache
~ **peur**   to be afraid [4]
~ **soif**   to be thirsty [5]
~ **tort**   to be wrong [12]
avouer   to admit, to confess
avril *m.*   April [4]

bac/baccalauréat *m.*   baccalaureate exam
bagages *m.pl.*   luggage [7]
bagarre *f.*   brawl, fight
baguette *f.*   loaf of French bread [5]
baignoire *f.*   bathtub [7]
bâiller   to yawn
bain *m.*   bath(tub)
salle *f.* **de ~s**   bathroom [3]
baissé(e)   lowered
baisser   to lower [10]
se ~   to duck
bal *m.*   dance [8]
~ **costumé**   costume ball
baladeur *m.*   Walkman [3]
balle *f.*   ball
ballon *m.*   ball [9]
balnéaire   bathing
banal(e) (*m.pl.* **banals**)   commonplace
banane *f.*   banana [5]
banc *m.*   bench
bande *f.* **dessinée**   comic strip [6]
banlieue *f.*   suburbs [11]
banque *f.*   bank [3]
banquier *m.*   banker [11]
barbare   barbaric
barbare *m./f.*   barbarian
barbe *m.*   beard
quelle ~!   what a bore!
bardé(e)   covered
bas(se)   low
base-ball *m.*   baseball [2]
basket *m.*   basketball [2]; basketball shoe [10]
faire du ~   to play basketball [4]
bataille *f.*   battle

bateau *m.* (*pl.* **bateaux**)   boat [7]
en ~   by boat [7]
faire du ~   to go boating [7]
bâtiment *m.*   building [3]
bâtir   to build [C]
bâton *m.*   stick
battre   to hit, to beat [9]
se ~   to fight [8]
bavard(e)   talkative
beau/bel/belle/beaux/belles   handsome, beautiful [3]
il fait beau   it's nice weather [6]
beau-frère *m.*   brother-in-law [2]
beaucoup   much, many, a lot [2]
beauté *f.*   beauty
bébé *m.*   baby
bédouin(e)   Bedouin
belge   Belgian [1]
Belgique *f.*   Belgium
belle-sœur *f.*   sister-in-law [2]
ben   well, so [1]
bénéfice *m.*   benefit
berger/bergère *m./f.*   shepherd / shepherdess
besoin *m.*   need
au ~   as needed
avoir ~ de   to need [8]
bête   stupid [1]
bêtise *f.*   stupidity [12]
~**s** *f.pl.*   nonsense
beurre *m.*   butter [5]
biberon *m.*   baby bottle
bibliothèque *f.*   library [4]
bien   well; fine [P]
~ **sûr**   of course [2]
c'est ~ que   it's a good thing that [C]
eh ~   well
bien *m.*   good
bientôt   soon [4]
bière *f.*   beer [5]
bifteck *m.*   steak [5]
bijou *m.* (*pl.* **-bijoux**)   jewel [12]
bijoux *m.pl.*   jewelry
bilingue   bilingual
billet *m.*   ticket [7]
biologie *f.*   biology [4]
biscuit *m.*   cookie [5]
bise: faire la ~   to kiss
blague *f.*   joke [8]
blanc *m.*   white [3]
blanc (blanche)   white [3]
blé *m.*   wheat
blesser   to wound
se ~   to be injured, to be hurt [12]

blessure *f.*   injury, wound [12]
bleu(e)   blue [2]
bleu marine   navy blue [10]
bloc *m.* **opératoire**   surgery (department)
blond(e)   blond [1]
blonde *f.*   girlfriend (slang)
blouson *m.*   waist-length jacket [10]
bœuf *m.*   beef [5]
bof!   (expression of indifference) [4]
boire   to drink [5]
bois *m.*   wood [10]; woods
boisson *f.*   drink, beverage [5]
boîte *f.*   can; box [5]
~ **(de nuit)**   nightclub [8]
en ~   canned [5]
boiter   to limp
bol d'air *m.*   breath of fresh air
bon(ne)   good; right [3]
bonne ...! (feast day)   happy ...! [9]
bonne idée *f.*   good idea [6]
bonne réponse *f.*   correct answer
de bonne heure   early
bonbon *m.*   (piece of) candy
bonheur *m.*   happiness; good fortune [8]
bonjour   hello; good morning [P]
bonsoir   good evening, good night [P]
bord *m.*   edge
à ~   on board
au ~ de la mer   at the shore, seaside
bordeaux (*inv.*)   burgundy (color) [10]
botte *f.*   boot [10]
bottine *f.*   ankle boot [10]
bouche *f.*   mouth [10]
boucher/bouchère *m./f.*   butcher
boucherie *f.*   butcher shop [5]
boucle *f.*   buckle
~ **d'oreille**   earring
bouclier *m.*   shield
bouger   to move
bougie *f.*   candle [9]
boulangerie *f.*   bakery [5]
boule *f.*   ball
boulevard *m.*   boulevard [3]
bouquet *m.*   bouquet [9]
bourse *f.*   scholarship
bout *m.*   end
bouteille *f.*   bottle [5]
bras *m.*   arm [10]

bravo! bravo! [9]
bref (brève) brief
brésilien(ne) Brazilian [1]
brie *m.* Brie cheese [5]
briller to shine
briser to break
broche *f.* brooch, pin
brochette *f.* food on a skewer
bronchite *f.* bronchitis [12]
(se) brosser to brush [10]
brouillard *m.* fog [6]
  il fait du ~ it's foggy [6]
brousse *f.* brush; the bush
  (wilderness)
bruit *m.* noise
brûler to burn
brume *f.* haze
brumeux (-euse) hazy
brun(e) dark-haired, brunette,
  brown [1]
brusquement abruptly
bûche *f.* yule log cake
budget *m.* budget
bulletin *m.* **météo** weather report
bureau *m.* (*pl.* **bureaux**) desk;
  office [P]
  ~ de renseignements
    information desk [7]
  ~ de tabac tobacco/magazine
    shop [3]
businessman *m.* businessman
but *m.* goal
buveur (-euse) *m./f.* drinker

ça this; that
  ~ dépend it depends
  ~ s'appelle it's called [5]
  ~ te dit? are you interested?
  ~ va? How are you? [P]
  ~ va (bien)! I'm fine! [P]
cabane *f.* cabin
cabas *m.* tote bag
cabine *f.* **d'aiguillage** *f.* control
  booth
cabinet *m.* **de toilette** *f.* toilet
caché(e) hidden [12]
cacher to hide
cadeau *m.* (*pl.* **cadeaux**) gift [4]
cadre *m.* executive [11];
  surroundings
  ~ moyen middle manager
  ~ supérieur high-level executive
cafard: avoir le ~ to have the blues

café *m.* café [3]; coffee [5]
  ~ au lait *m.* coffee with milk [5]
  ~ crème *m.* coffee with cream [5]
  ~ décaféiné decaffeinated coffee
caféine *f.* caffeine
cahier *m.* notebook, workbook [P]
caisse *f.* case
caleçon *m.* leggings
calendrier *m.* calendar [4]
calme calm [1]
camarade *m./f.* classmate; friend
  ~ de chambre roommate [2]
camembert *m.* Camembert cheese
  [5]
campagne *f.* country(side)
camping *m.* camping [7]
  faire du ~ to go camping [7]
campus *m.* campus [4]
Canada *m.* Canada
canadien(ne) Canadian [1]
canapé *m.* couch, sofa [3]
cancer *m.* cancer [12]
candidature *f.* candidacy
canne *f.* cane
  ~ à sucre *f.* sugar cane
cannibale *m./f.* cannibal
cantine *f.* cafeteria
capeline *f.* sun hat
capituler to surrender
car for
caractère *m.* character
  ~s gras bold type
caractéristique characteristic
carafe *f.* pitcher [5]
cardigan *m.* button-up sweater [10]
caresser to caress, stroke
carnaval *m.* carnival; period before
  Lent
carotte *f.* carrot [5]
carré *m.* square
carreau *m.* (*pl.* **carreaux**) square
  à carreaux plaid [10]
carrefour *m.* intersection
carrière *f.* career [11]
carte *f.* map [P]; menu [5]; card
  ~ de crédit credit card [7]
cas *m.* case
  en ~ de in case of
  selon le ~ as the case may be
case *f.* hut
casquette *f.* cap
casser to break
cassette *f.* cassette [P]
catastrophe *f.* catastrophe [C]
catégorie *f.* category, class

cathédrale *f.* cathedral [7]
cauchemar *m.* nightmare
cause *f.* cause
  à ~ de because of
causerie *f.* chat
CD *m.* CD [P]
  lecteur *m.* **de ~** CD player [3]
ce/cet/cette/ces this, that; these,
  those [2]
  ~...-ci this, these [2]
  ~ ...-là that, those [2]
ce (*pron.*) this; it [P]
  ~ que what
  ~ sont they are [P]
ceci (*pron.*) this
cédille *f.* cedilla [P]
ceinture *f.* belt [10]
célèbre famous [7]
célébrer to celebrate
célibat *m.* single life
célibataire single, unmarried [8]
célibataire *m./f.* single person
celui/celle/ceux/celles that/that
  one
cent hundred
centième one hundredth
centre *m.* center
centre-ville *m.* downtown [3]
céréale *f.* cereal grain
  ~s cereal [5]
certain(e) some
certainement certainly [11]
cerveau *m.* (*pl.* **cerveaux**) brain
ces (*see* **ce/cet/cette/ces**)
c'est this is; he/she/it is [P]
c'est-à-dire that is
chacun(e) each one
chaîne *f.* channel [6]
chaise *f.* chair [P]
chalet *m.* chalet
chaleur *f.* heat
chambre *f.* room; bedroom [3]
champ *m.* field
champignon *m.* mushroom
chance *f.* luck
  avoir de la ~ to be lucky
  bonne ~! good luck! [9]
  quelle ~! what luck! [4]
chandail *m.* sweater
changement *m.* change
changer to change [6]
  ~ de chaîne to change the
    channel [6]
  se ~ les idées à to take one's
    mind off things

chanson *f.*   song
chanter   to sing [2]
chanteur/chanteuse *m./f.*   singer [1]
chapeau *m.* (*pl.* **chapeaux**)   hat [10]
~!   bravo! [9]
chaque   each
charcuterie *f.*   delicatessen [5]
chargé(e): horaire ~   full schedule
charges *f.pl.*   utilities [3]; reponsibilities
charmant(e)   charming
chasse *f.*   hunting [7]
aller à la ~   to go hunting [7]
chasser   to kick out; to chase
chasseur *m.*   hunter
chat/chatte *m./f.*   cat [8]
château *m.* (*pl.* **châteaux**)   castle, château [7]
chaud(e)   hot [5]
il fait ~   it's hot (weather) [6]
chaussette *f.*   sock [10]
chausson *m.*   (culinary) turnover
chaussure *f.*   shoe [10]
chef *m.*   chief, leader; chef
~ **d'entreprise**   head of company [11]
chef-d'œuvre *m.* (*pl.* **chefs-d'œuvre**)   masterpiece
chemin *m.*   path
chemise *f.*   shirt [10]
~ **de nuit**   nightgown [10]
chemisier *m.*   blouse, women's shirt [10]
cher (chère)   dear; expensive [5]
chercher   to look for [3]
va me ~...   go get me . . .
chercheur (-euse) *m./f.*   researcher
chéri(e)   darling, dear
cheval *m.* (*pl.* **chevaux**)   horse
chevelure *f.*   head of hair
cheveux *m.pl.*   hair [2]
chez   at the home of
chic *inv.*   chic, sophisticated
~!   cool! great!
chien *m.*   dog [7]
chiffre *m.*   figure, number
chimie *f.*   chemistry [4]
Chine *f.*   China
chiné(e)   mottled
chinois(e)   Chinese [1]
chip *m.*   chip
choc *m.*   shock
chocolat *m.*   chocolate [1]; hot chocolate [5]
choisir   to choose [10]

choix *m.*   choice
cholestérol *m.*   cholesterol
chômage *m.*   unemployment [11]
chômeur/chômeuse *m./f.*   unemployed person
chose *f.*   thing
quelque ~   something
chouchou/chouchoute *m./f.*   (teacher's) pet
chouette   great, neat, cool [4]
chuchoter   to whisper
chum *m./f.*   friend; boyfriend/girlfriend
chute *f.* **de neige**   snowfall
-ci   (*see* **ce/cet/cette/ces**)
ci-dessous   below
ciel *m.* (*pl.* **cieux**)   sky [6]
le ~ est couvert   it's cloudy [6]
le ~ est variable   it's partly cloudy
cil *m.*   eyelash
cimetière *m.*   cemetery
ciné *m.*   movies [8]
cinéaste *m./f.*   filmmaker
cinéma *m.*   cinema, movies; movie theater [2]
cinq   five [2]
cinquante   fifty [2]
circonlocution *f.*   circumlocution
circonstance *f.*   circumstance
circuit *m.*   circuit, route
circuler dans la salle   to circulate in the classroom
cirque *m.*   circus
citer   to cite, to quote
citoyen(ne) *m./f.*   citizen [C]
citron *m.*   lemon [5]
~ **pressé**   fresh lemonade [5]
clair(e)   light, bright; clear [10]
classe *f.*   class [P]
classer   to classify
classeur *m.*   binder [P]
claustrophobe   claustrophobic
clé *f.*   key [7]
client/cliente *m./f.*   client [5]
climat *m.*   climate [6]
climatisé(e)   air conditioned
coca *m.*   cola [5]
cocher   to check
cocotier *m.*   coconut tree
cœur *m.*   heart [8]
de bon ~   heartily
par ~   by heart
cohabitation *f.*   cohabitation
coiffure *f.*   hairdo
se coiffer   to do one's hair [10]

coin *m.*   corner [3]
au ~ de   at the corner of [3]
boucherie du ~ *f.*   neighborhood butcher shop
coincé(e)   stuck
col *m.*   collar [10]
colère *f.*   anger
collection *f.*   collection
faire la ~ de   to collect
collège *m.*   middle school/junior high [4]
collègue *m./f.*   colleague
collier *m.*   necklace
colline *f.*   hill
colon *m.*   colonist
colonisation *f.*   colonization
colonne *f.*   column
coloris *m.*   color, shade
combien (de)   how much, how many [2]
comédie *f.*   comedy [2]
comédien(ne) *m./f.*   comedian
comique   funny, comical
commander   to order [5]
comme   like, as; how [12]
~ **ci ~ ça**   so-so [P]
~ **d'habitude**   as usual
commencement *m.*   beginning
commencer   to begin [4]
comment   how [1]
~**?**   what? [P]
~ **allez-vous?**   how are you? [P]
~ **ça s'écrit?**   how do you spell that? [P]
~ **ça va?**   how are you? [P]
~ **dit-on... ?**   how do you say . . . ?
~ **est-il?**   what is he like? [1]
~ **s'appelle-t-il?**   what is his name? [P]
~ **tu t'appelles?**   what is your name? [P]
~ **vas-tu?**   how are you? [1]
~ **vous appelez-vous?**   what is your name? [P]
commerce *m.*   business; store
commercial(e) (*m.pl.* **commerciaux**)   business (*adj.*)
commettre   to commit
commode *f.*   chest of drawers; dresser [3]
commun: en ~   in common
commune rurale *f.*   rural community; small town [3]
communiquer   to communicate [8]
compagne *f.*   companion

compagnie *f.* company
comparaison *f.* comparison [5]
comparer to compare
compenser to compensate
compléter to complete
composté(e) validated
comprendre to understand [4]
  se ~ to understand each other [8]
comprimé *m.* pill, tablet [12]
compris(e) included [3]
compromis *m.* compromise
comptabilité *f.* accounting [4]
comptable *m./f.* accountant [11]
compter to count; to intend (to do something) [11]
concerner to concern
concert *m.* concert [2]
concierge *m./f.* caretaker
concordance *f.* **des temps** sequence of tenses
concours *m.* **d'entrée** entrance examination
confisquer to confiscate
confiture *f.* jam
conflit *m.* conflict
conformiste conformist [1]
confort *m.* comfort, ease [8]
  ~ matériel physical comfort [8]
  tout ~ all the conveniences
confortable comfortable [3]
congé *m.*: **jour de ~** day off; holiday [9]
conjoint(e) *m./f.* spouse
conjugaison *f.* conjugation
conjuguer to conjugate
connaissance *f.* knowledge
connaître to know [9]
  se ~ to know each other [9]
  tu connais... ? do you know (so and so)? [1]
conquête *f.* conquest
consacré(e) à devoted to
conseil *m.* advice; council [8]
conseiller/conseillère *m./f.* counsellor, advisor
conseiller to advise
conséquence *f.* consequence
conséquent: par ~ as a result
conservateur (-trice) conservative
conserver to preserve
conserves *f.pl.* preserves
considérer to consider
consigne *f.* baggage checkroom [7]
consommation *f.* consumption
constamment constantly [11]
construire to build

contagieux (-ieuse) contagious [12]
contaminer to contaminate
conte *m.* story
  ~ de fées fairy tale
contenir to contain
content(e) glad, pleased
continuer to continue [3]
contraire *m.* opposite
  au ~ on the contrary [11]
contre against; as opposed to; in exchange for
  par ~ on the other hand [2]
contribuer to contribute
convaincant(e) convincing
convaincre to convince
convaincu(e) convinced
convenir to be appropriate
convention *f.* **collective** collective wage agreement
convoquer to summon
copain/copine *m./f.* friend, pal [1]
coquet(te) dainty
corde *f.* rope
corps *m.* body [10]
corriger to correct
corsage *m.* bodice
cosmonaute *m./f.* astronaut
costume *m.* suit; outfit [10]
côte *f.* coast
côté *m.* side
  à ~ de next to, beside [3]
côtelette *f.* cutlet [5]
coton *m.* cotton [10]
cou *m.* neck [10]
couche *f.* stratum
se coucher to go to bed; to set (sun) [10]
couchette *f.* berth in sleeping compartment [7]
coude *m.* elbow [10]
couler to flow
couleur *f.* color
coulis *m.* type of sauce
coup *m.* blow
  ~ de main helping hand [7]
coupe *f.* **du monde** World Cup
couper to cut
couple *m.* couple [8]
cour *f.* yard
  ~ de récréation schoolyard
courir to run, to go to
courrier *m.* mail
  ~ du cœur advice column
cours *m.* avenue; course, class [4]
  au ~ de during
  aller en ~ to go to class

course *f.* errand; track [6]
  faire des ~s to go shopping [4]
  faire les ~s to go grocery shopping [5]
court(e) short [10]
  à manches courtes short-sleeved [10]
cousin/cousine *m./f.* cousin [2]
couteau *m.* (*pl.* **couteaux**) knife [5]
coûter to cost [3]
coutume *f.* custom
couvert *m.* place setting [5]
couvert(e) covered
  le ciel est ~ it's cloudy [6]
craie *f.* chalk [P]
  morceau *m.* **de ~** piece of chalk
cravate *f.* tie [10]
crayon *m.* pencil [P]
créer to create
crémerie *f.* dairy store
créole Creole
crétin *m.* idiot
crevette *f.* shrimp [5]
cri *m.* shout; cry for help
  pousser des ~s to shout
crier to shout, to yell
crise *f.* crisis [C]
  ~ cardiaque heart attack [12]
  ~ économique depression
critère *m.* criterion
croire to think, to believe [C]
croissant *m.* croissant [5]
croissant(e) growing
cru(e) raw [9]
cuillère *f.* spoon [5]
cuir *m.* leather [10]
cuisine *f.* cooking; kitchen [3]
  faire la ~ to do the cooking [4]
cuisinier/cuisinière *m./f.* cook [11]
cuisse *f.* **de canard** duck leg
cuit(e) cooked [9]
culinaire culinary
curriculum *m.* **vitae** résumé [11]
CV *m.* résumé [11]
cyclisme *m.* cycling [6]

d'abord first [5]
d'accord OK, agreed [3]
  être ~ to agree
dame *f.* lady [1]
dans in [3]
  ~ les nuages in the clouds
danser to dance [2]
date *f.* date [4]
d'autres other; others

d'avance in advance
de/du/de la/des *art.* any; some [1]
de/du/de la/des *prep.* from; of
  ~ rien you're welcome [P]
débat *m.* debate
debout standing [9]
débris *m.:* **un vieux ~** decrepit old man
début *m.* beginning
débutant/débutante *m./f.* beginner [11]
décembre *m.* December [4]
déception *f.* disappointment
déchiré(e) torn
décidément decidedly
décider to decide
découper to cut out
découvrir to discover
décret *m.* decree
décrire to describe
décroissant: par ordre ~ in descending order
déduire to deduce
défendre to defend
défenseur *m.* defender
défier to defy
défilé *m.* parade [9]
défiler to parade
défini(e) definite
définir to define
degré *m.* degree
dehors outside, outdoors
déjà already [4]
déjeuner to have lunch
déjeuner *m.* lunch [5]
  petit ~ breakfast [5]
délinquance *f.* delinquency, crime [C]
demain tomorrow [3]
demande *f.* **d'emploi** job application [11]
  faire une ~ to apply for a job [11]
demander to ask (for)
demeurer to stay
demi(e) *m./f.* half
  et ~ thirty (minutes past the hour) [4]
demi-pension *f.* lodging with breakfast and dinner
densément densely
dent *f.* tooth [10]
dentaire dental
dentiste *m./f.* dentist [1]
départ *m.* departure [7]
dépassé(e) outdated
dépasser to exceed

se dépêcher to hurry (up) [10]
dépendant(e) *m./f.* dependent
dépense *f.* expense; expenditure
dépenser to spend (money) [12]
se déplacer to move from one place to another
déposer to deposit; to drop off
déprimant(e) depressing
depuis since; for [7]
  ~ combien de temps? for how long? [7]
  ~ dix ans in the last 10 years
  ~ quand since when [7]
  ~ que since
député *m.* deputy
dernier (-ière) last; latest [4]
derrière behind [3]
des (*see* **de**)
dès from; as early as
  ~ maintenant starting now
  ~ que as soon as [11]
désaccord *m.* disagreement
désagréable unpleasant [1]
désapprobation *f.* disapproval
désavantage *m.* disadvantage
descendre to go down; to get down; to get off [7]
description *f.* description [2]
désert *m.* desert [7]
désert(e) deserted
désespéré(e) desperate
désir *m.* desire; wish
désirer to want, to wish [5]
  vous désirez? what would you like? [5]
désolé(e) sorry [3]
désordre *m.* untidiness
  en ~ untidy
désormais from now on
dessert *m.* dessert [5]
dessin *m.* drawing [4]
  ~ animé *m.* cartoon [6]
dessiner to draw
dessous *m.pl.* underside; shady side
détail *m.* detail
détente *f.* relaxation, rest
détester to hate [2]
détruire to destroy [C]
deux two [2]
  les ~ both [2]
deuxième second [3]
  ~ classe *f.* second class [7]
devant in front of [3]
(se) développer to develop [8]
devenir to become [11]

deviner to guess
devise *f.* motto
devoir to have to; must; to owe [8]
  j'aurais dû I should have [12]
  je devais I was supposed to [8]
  je devrais I should [12]
devoir *m.* duty
  ~s homework [4]
  faire ses ~s to do one's homework [4]
dévorer to devour
d'habitude usually [4]
diabétique diabetic
diagnostic *m.* diagnosis
diététique dietetic [5]
différence *f.* difference
différent(e) different
difficile difficult; choosy
difficilement with difficulty [11]
difficulté *f.* difficulty
digne proper, suitable
dimanche *m.* Sunday [4]
diminuer to decrease
dinde *f.* turkey [9]
dîner *m.* dinner [5]
dîner to have dinner [2]
diplôme *m.* diploma, degree
diplômé(e) graduate
dire to say [6]
  se ~ to say of oneself
direct: en ~ live
direction *f.* management
  ~s directions [3]
discipliné(e) disciplined [10]
discothèque *f.* discotheque
disponibilité *f.* availability
disponible available
disposer de to have free or available
dispute *f.* quarrel; argument
se disputer to argue [8]
disque *m.* **compact** compact disk
  lecteur *m.* **de ~s ~s** CD player
distinguer to distinguish
divers(e) various
diviser to divide
divorce *m.* divorce [8]
dix ten [2]
dix-huit eighteen
dix-neuf nineteen
dix-sept seventeen
doctorat *m.* doctorate
doigt *m.* finger [10]
  lever le ~ to raise one's hand [9]
domaine *m.* field
  ~ de spécialisation major

domicile: à ~ at home
dommage: c'est ~ que it's too bad that [C]
donc therefore; so [C]
donné(e) given
donner to give [2]
dont of which, of whom; whose [12]
doré(e) golden
dormeur/dormeuse *m./f.* sleeper
dormir to sleep [20]
dos *m.* back [10]
d'où from where [1]
doucement softly
douche *f.* shower [3]
douleur *f.* pain
doute: sans ~ probably
douter to doubt [C]
doux (douce) sweet; mild; soft
douzaine *f.* dozen [5]
douze twelve [2]
drame *m.* drama [6]
drapeau *m.* (*pl.* **drapeaux**) flag
draperie *f.* cloth
drogue *f.* drug, drugs
droit *m.* law (*field of study*) [4]; right (*entitlement*) [C]
droit(e) right
  tout ~ straight ahead
droite *f.* right (*direction*) [3]
  à ~ on the right [3]
drôle funny
du (*see* de)
dur *adv.* hard [10]
durer to last

eau *f.* water [5]
ébloui(e) dazzled
éblouissant(e) dazzling
échancré(e) low-cut
échange *m.* exchange
échanger to exchange
écharpe *f.* scarf, muffler [10]
éclater to explode
école *f.* school [4]
  ~ maternelle kindergarten [4]
  ~ primaire elementary school [4]
  ~ supérieure school of higher education
écolier (-ière) *m./f.* school child
économie *f.* economics [4]
économique economic
écourté(e) shortened
écouter to listen (to) [2]
écraser to crush

écrire to write
  s'~ to write one another [8]
écrit(e) written
écrivain *m.* writer [1]
s'écrouler to crumble
éducation *f.* education
  ~ physique physical education [4]
éduquer to educate
effectivement actually
effectuer to execute, to carry out
égal(e) (*m.pl.* **-aux**) equal
égalité *f.* equality [11]
église *f.* church [3]
égoïste selfish [1]
eh ben well (*colloquial*)
eh bien well, so [11]
élaboré(e) elaborate
élargir to enlarge, to widen
électricité *f.* electricity
électronique: message ~ *m.* e-mail message [6]
élève *m./f.* student, pupil
élevé(e) high
élever to raise
elle she, it [P]; her [11]
  ~s they [1]; them [11]
élu/élue *m./f.* elected official
embauché(e) hired [11]
embaucher to hire [11]
embêtant(e) annoying, irritating [4]
embouteillage *m.* traffic jam
embrasser to kiss
émission *f.* television program [6]
emmener to take along
émouvant(e) emotionally moving
s'emparer de to seize upon
empathique empathic
empêcher to prevent
emplacement *m.* location [3]
emploi *m.* job [11]
  ~ du temps schedule [4]
employé/employée *m./f.* employee [11]
employer to use
employeur *m.* employer [11]
emporter to take away
en *prep.* to, in
  ~ avance early [6]
  ~ boîte canned
  ~ face de across from [3]
  ~ fait actually, in fact
  ~ haut de above
  ~ pratique in practice
  ~ retard late [6]

  ~ théorie in theory
  ~ train de in the process of
en *pron.* of it, of them [12]
enchanté(e) delighted [P]
enclume *f.* anvil
encore again; still
  ~ de more
  pas ~ not yet
encourager to encourage [C]
en-dessous de below
endroit *m.* place, spot, site [12]
  par ~s in places
énergétique energy-producing [5]
énergique energetic [1]
enfant *m./f.* child [2]
enfin finally; after all [5]
enlever to take away, to take off
ennemi *m.* enemy
ennui *m.* boredom [11]
s'ennuyer to be bored [8]
ennuyeux (-euse) boring [1]
enregistré(e) registered
enseignant/enseignante *m./f.* teacher, educator [11]
enseignement *m.* education
  ~ supérieur higher education
ensemble together [8]
ensemble *m.* whole (thing)
ensoleillé(e) sunny [6]
ensuite then [5]
entendre to hear [7]
  s'~ to get along [8]
entendu! agreed! [6]
entier (-ière) entire, whole
entre between [3]
entrecôte *f.* rib steak
entrée *f.* entrance
entreprise *f.* company, firm
entrer (dans) to enter [6]
  ~ à la fac to enroll [4]
entretien *m.* interview [11]
envers toward
envie *f.*: **avoir ~ de** to want to, to feel like [6]
environ approximately
envisager to look upon, consider
envol *m.* take-off
s'envoler to fly away
envoyer to send
épanouir to develop
épanouissement *m.* development, blossoming
épaule *f.* shoulder [10]
épicerie *f.* grocery store [5]
épicier/épicière *m./f.* grocer
épisode *m.* episode

époque: à cette ~-là   in those days [8]
   à l'~   at the time; at this time
épouser   to marry [8]
épouvante *f.*: **film** *m.* **d'~**   horror movie
équilibré(e)   balanced
équipe *f.*   team
érable *m.*   maple
ermite   hermit
escalader   to climb
escalier *m.*   staircase, stairs [7]
escargot *m.*   snail
esclave *m./f.*   slave
espace *m.*   space
   ~ clos   closed space
Espagne *f.*   Spain
espagnol(e)   Spanish [1]
espèce *f.*   type, sort [5]
espérer   to hope [11]
espoir *m.*   hope
esprit *m.*   mind
essai *m.*   trial
essayer   to try
essence *f.*   gas
essentiel *m.*   essential
est *m.*   east [6]
est-ce que   (question marker) [1]
estimer   to be of the opinion
estomac *m.*   stomach
et   and [1]
   ~ vous?   And you? [P]
établir   to establish
étage *m.*   floor, story [7]
étagères *f.pl.*   bookcase [3]
étape *f.*   step, stage
état *m.*   state
États-Unis *m.pl.*   United States
été *m.*   summer [6]
éteindre   to turn off
éternuer   to sneeze [12]
étoile *f.*   star [12]
étoilé(e)   starry
étonnant(e)   surprising [C]
étrange   strange [12]
étranger (-ère)   foreign [4]
   langue *f.* **étrangère**   foreign langúage [4]
étranger (-ère) *m./f.*   stranger, alien; foreigner [C]
   à l'étranger   in a foreign country
être   to be [1]
   ~ au régime   to be on a diet [5]
   ~ né(e)   to be born
   ~ pressé(e)   to be in a hurry [5]
être *m.*   being

étrennes *f.pl.*   New Year's gift
études *f.pl.*   studies
   ~ supérieures   higher education
étudiant(e)   student [P]
étudier   to study [2]
euh   uh [P]
européen(ne)   European
eux *pron. m.pl.*   they; them [11]
événement *m.*   event
évêque *m.*   bishop
évidemment   evidently [11]
éviter   to avoid [11]
évoluer   to evolve
exact(e)   precise, correct
exagérer   to exaggerate
examen *m.*   test, exam [4]
   passer un ~   to take a test [4]
   rater un ~   to fail a test [4]
   réussir à un ~   to pass a test [4]
examiner   to examine [12]
excéder   to exceed
exception *f.*: **à l'~ de**   with the exception of
excès *m.*   excess
excusez-moi   excuse me [11]
exercer   to practice, to carry on, to carry out
exercice *m.*   exercise
   faire de l'~   to exercise [4]
exigé(e)   required
exigence *f.*   requirement
exister   to exist, to be
   il existe en noir   it comes in black
exotique   exotic
expérience *f.*   experiment; experience
explication *f.*   explanation
expliquer   to explain
exploit *m.*   feat
explorateur/exploratrice *m./f.*   explorer
exposition *f.*   exhibit
expression *f.*   expression
exprimer   to express
exquis(e)   exquisite
extérieur: à l'~ de   outside of
extérioriser   to externalize
extrait *m.*   excerpt
extrait(e)   excerpted

fac/faculté *f.*   college/university [4]
face: en ~ de   across from [3]
fâché(e)   angry [9]
se fâcher   to get mad/angry [10]

facilement   easily [11]
façon *f.*   way, manner
   de toute ~   in any case
facteur *m.*   factor
faible   weak
   vent ~   light wind
faim *f.*   hunger [5]
   avoir ~   to be hungry [5]
faire   to do, to make [4]
   ~ attention   to pay attention
   ~ des courses   to go shopping [4]
   ~ fortune   to make one's fortune
   ~ la collection de   to collect
   ~ la connaissance de   to meet
   ~ la cuisine   to cook [4]
   ~ la sieste   to take a nap
   ~ les courses   to go grocery shopping [5]
   ~ le tour de   to tour
   ~ mal à   to hurt [10]
   ~ partie de   to be part of
   ~ peur à   to scare [12]
   ~ son lit   to make one's bed [4]
   ~ une promenade   to go for a walk [4]
   ~ un séjour   to stay [7]
   ~ un voyage   to go on a trip [4]
   il fait beau/froid, etc.   it is nice, cold, etc. (weather) [6]
   un et un font deux   one and one make two
fait *m.*: **en ~**   actually, in fact
falaise *f.*   cliff
falloir   to be necessary
   il faut   it is necessary [8]
   il faut que   (one must) [C]
fameux (-euse)   famous
familial(e) *(m.pl.* **-aux)**   family
famille *f.*   family [2]
fanfaron(ne)   boasting
fantasme *m.*   fantasy [12]
fantôme *m.*   ghost
farci(e)   stuffed
fardeau *m.* *(pl.* **fardeaux)**   burden
fatigant   tiring
fatigué(e)   tired [1]
faut   *(see* **falloir)**
faute *f.*   mistake, error
fauteuil *m.*   armchair [3]
faux (fausse)   false
faveur *f.*: **en ~ de**   in favor of
favori(te)   favorite
favoriser   to favor
fée *f.*: **bonne ~**   fairy godmother
   conte de ~s   fairy tale
félicitations *f.*   congratulations [9]

féliciter to congratulate [9]

femme *f.* woman [1]; wife [2]

   ~ d'affaires businesswoman [11]

   ~ de ménage housekeeper

fenêtre *f.* window [P]

fer *m.* iron

   ~ à repasser *m.* iron (for ironing clothes)

ferme *f.* farm

fermer to close

féroce fierce

fête *f.* saint's day; celebration, party; holiday [9]

   ~ foraine carnival

   ~ nationale national holiday

fêter to celebrate

feu *m.* (*pl.* **feux**) fire [10]

   ~ rouge *m.* traffic light

feuille *f.* leaf

   ~ de papier sheet of paper [P]

feuilleter to leaf through

feuilleton *m.* soap opera [6]

février *m.* February [4]

se ficher de to not care

   je m'en fiche! I don't give a damn! [4]

fidèle faithful

fier (fière) proud

fierté *f.* pride

fièvre *f.* fever

fille *f.* girl [1]; daughter [2]

film *m.* movie [2]

   ~ d'amour romantic film [2]

   ~ d'aventure action film [2]

   ~ d'épouvante horror movie [6]

   ~ policier detective movie [6]

fils *m.* son [2]

fin *f.* end

finalement finally [5]

financier (-ière) financial

finir to finish [10]

fixe fixed

flamand *m.* Flemish

flanelle *f.* flannel [10]

fleur *f.* flower [9]

   à ~s flowered [10]

fleurir to make bloom

fleuve *m.* river

foie *m.* **gras** goose liver pâté

fois *f.* time [2]

   à la ~ at the same time

   une ~ once [2]

foncé(e) dark (color) [10]

fonction *f.* **publique** public office

fonctionnaire *m./f.* civil servant [11]

fonctionner to work (machine)

fondé(e) founded

fontaine *f.* fountain

foot(ball) *m.* soccer [2]

   faire du ~ to play soccer [4]

force *f.* strength

   ~ ouvrière workforce

   de ~ by force

forêt *f.* forest [7]

formation *f.* education, training [11]

forme *f.* shape, figure [10]

   en (bonne) ~ in (good) shape [10]

formidable terrific, great [4]

formulaire *m.* form [11]

formule *f.* formula

   ~s de politesse polite expressions [P]

fort *adv.* loud; hard

fort(e) heavy-set, fat; strong [1]

forteresse *f.* fortress

fortune *f.* fortune

   bonne ~ luck

fou (folle) crazy, foolish [1]; incredible

foulard *m.* scarf [C]

foule *f.* crowd [12]

four *m.* oven

   au ~ baked

fourchette *f.* fork [5]

frais *m.* expense

frais (fraîche) fresh; cool [5]

   il fait frais it's cool (weather) [6]

fraise *f.* strawberry [5]

framboise *f.* raspberry [5]

français *m.* French (language) [4]

français(e) French [1]

France *f.* France

francophone French-speaking

francophonie *f.* French-speaking countries

franchement frankly

frapper to knock; to strike, to hit [9]

fréquemment frequently [11]

frère *m.* brother [2]

frites *f.pl.* French fries [5]

froid(e) cold [5]

   il fait ~ it's cold (weather) [6]

fromage *m.* cheese [5]

front *m.* forehead [10]

frontière *f.* border [C]

fruit *m.* fruit [5]

   ~s de mer *m.pl.* seafood [5]

fuir to flee

fumeurs *m.pl.* smokers; smoking (section) [7]

fusil *m.* gun, rifle

gagner to win; to gain; to earn [11]

   ~ sa vie to earn a living [11]

gagneur/gagneuse *m./f.* winner

gant *m.* glove [10]

garage *m.* garage [7]

garantir to guarantee

garçon *m.* boy [1]

garder to keep

gare *f.* train station [3]

garni(e) served with vegetables

gâteau *m.* (*pl.* **gâteaux**) cake [5]

gâter to spoil

gauche *f.* left [3]

   à ~ to the left, on the left [3]

gênant(e) annoying

généralement generally [11]

généreux (-euse) generous [1]

génial(e) cool, great

genou *m.* (*pl.* **genoux**) knee [10]

genre *m.* type, sort, kind [6]

gens *m.pl.* people [1]

gentil(le) nice [4]

géographie *f.* geography [4]

geste *m.* gesture

gestion *f.* business management [4]

gîte *m.* shelter

glace *f.* ice cream [5]; ice

   ~ à la vanille vanilla ice cream [5]

   ~ au chocolat chocolate ice cream [5]

glacé(e) icy

glacial(e) icy, bitterly cold

glisser to slip

golf *m.* golf [4]

   faire du ~ to play golf [4]

gomme *f.* eraser [P]

gorge *f.* throat [10]

   avoir mal à la ~ to have a sore throat

goût *m.* taste [8]

gouvernement *m.* government

grâce à thanks to

grammaire *f.* grammar

gramme *m.* gram [5]

grand-mère *f.* grandmother [2]

grand-père *m.* grandfather [2]

grand(e) big; tall [1]

   grande personne *f.* grown-up

grandir to grow up

grands-parents *m.pl.* grandparents [2]

gras(se) greasy, fatty [5]

   faire la grasse matinée to sleep in [4]

gratin *m.* dish baked with breadcrumbs or grated cheese on top

gratinée à l'oignon *f.* onion soup

grippe *f.* flu [12]

gris(e) gray [2]

gronder to rumble

gros(se) heavyset [1]; big, great

   grosses bises hugs and kisses

grossièreté *f.* vulgarity

grossir to gain weight [10]

grouper to group

guerre *f.* war [C]

   ~ de Sécession American Civil War

   Première ~ mondiale World War I

guerrier *m.* warrior

guichet *m.* ticket window [7]

guirlande *f.* garland

gymnastique *f.* gymnastics [4]

   faire de la ~ to exercise [4]

s'habiller to get dressed [10]

habitant(e) *m./f.* inhabitant

habiter to live [2]

habitude *f.* habit

   comme d'~ as usual

habituel(le) usual

s'habituer to become accustomed

haltère *f.* dumbbell

*Hanoukka *f.* Hanukkah

*hanter to haunt

*haricots *m.pl.* **verts** green beans [5]

*haut *m.* upper part

*haut(e) high [10]

   à haute voix aloud

*hein? eh? [1]

herbe *f.* grass

héritage *m.* heritage

*héros *m.* hero

heure *f.* hour, o'clock; time [4]

   à l'~ on time [6]

   à quelle ~? at what time? [4]

   de bonne ~ early

An asterisk (*) indicates an aspirate h: no liaison or elision is made at the beginning of the word.

~s supplémentaires overtime

quelle ~ est-il? what time is it? [4]

   tout à l'~ in a little while

heureusement fortunately [11]

heureux (-euse) happy [1]

hier yesterday [5]

histoire *f.* history [4]; story [6]

historique historical [2]

hiver *m.* winter [6]

*hockey *m.* hockey [6]

*homard *m.* lobster [5]

homme *m.* man [1]

   ~ d'affaires *m.* businessman [11]

*honte *f.* shame

   avoir ~ to be ashamed

hôpital *m.* (*pl.* **hôpitaux**) hospital [3]

horaire *m.* timetable, schedule; hours [7]

horloge *f.* clock [P]

*hors de out of

*hors-d'œuvre *m.* (*pl.* **hors-d'œuvre**) hors d'œuvre [5]

hôte *m.* host

hôtel *m.* hotel [3]

   ~ particulier mansion

hôtelier (-ière) hotel (*adj.*)

*huit eight

huître *f.* oyster [5]

humain(e) human

humide damp

hypothèse *f.* hypothesis

hypothétique hypothetical

ici here; this is (on telephone) [3]

idéal(e) ideal [1]

idéaliste idealistic [1]

idée *f.* idea [6]

   se changer les ~s to take one's mind off things

identifier to identify

identité *f.* identity

ignorer to not know

il he, it [P]

il y a there is, there are [2]; ago [6]

   il n'y a pas de quoi you're welcome [P]

île *f.* island [7]

illuminé(e) lit up

illusoire illusory

ils they [1]

image *f.* picture, image [9]

imaginer to imagine

immédiatement immediately

immeuble *m.* apartment building

immigré(e) *m./f.* immigrant [C]

impatiemment impatiently [11]

impatient(e) impatient [1]

imperméable *m.* raincoat [10]

impliquer to involve

s'imposer to be called for; to be essential

impressionniste impressionist

imprévu(e) unexpected

imprimé(e) printed

   tissu *m.* **~** print fabric [10]

impuissant(e) powerless

inattendu(e) unexpected

incarner to embody

incluant including

incontesté(e) uncontested

incrédule skeptical

incroyable incredible [4]

indépendant(e) independent

   entrée indépendante separate entrance

index *m.* index finger

indifférence *f.* indifference [C]

indifférent(e) indifferent [C]

indigène *m./f.* native

indigestion *f.* indigestion [12]

indiquer to indicate

indiscret (-ète) indiscreet

individu *m.* individual

individualiste nonconformist [1]

individuel(le) individual [3]

industriel *m.* industrialist

inférieur(e) inferior

infini(e) infinite

infirmerie *f.* nurse's office

infirmier/infirmière *m./f.* nurse [11]

information *f.* information

   ~s news

informatique *f.* computer science [4]

ingénieur *m.* engineer [1]

injuste unfair

inquiet (-ète) worried

(s')inquiéter to worry [12]

inquiétude *f.* worry

insolite strange

s'installer to settle

instituteur/institutrice *m./f.* grade school teacher

instruction *f.* education

s'intégrer to be integrated [C]

intelligent(e) intelligent [1]

intention: avoir l'~ de to intend to [11]

interdiction *f.* ban
interdire to forbid
interdit(e) forbidden
intéressant(e) interesting [1]
intéresser to interest
  s'~ à to be interested in [10]
  ça vous (t')intéresse? would you
    like to? [6]
intérêt *m.* interest; advantage
interprète *m./f.* interpreter
interroger to question [9]
interviewer to interview
s'intituler to be entitled
intolérance *f.* intolerance [C]
intolérant(e) intolerant [C]
inutile useless
investir to invest
invité(e) *m./f.* guest
inviter to invite [2]
irisé(e) in rainbow colors
irrité(e) irritated
islamique Islamic
isolé(e) isolated
Italie *f.* Italy
italien(ne) Italian [1]

jaloux (-ouse) jealous
jamais never [2]
  ne... ~ never [5]
jambe *f.* leg [10]
jambon *m.* ham [5]
janvier *m.* January [4]
japonais(e) Japanese [1]
jardin *m.* garden [7]
jardinet *m.* small garden
jaune yellow [3]
jazz *m.* jazz [2]
je I [P]
jean *m.* jeans [10]
jeu *m.* (*pl.* **jeux**) game
jeudi *m.* Thursday [4]
jeune young [3]
jeunesse *f.* youth
jogging *m.* jogging [4]; sweats
    [10]
  faire du ~ to go jogging [4]
joie *f.* joy
joli(e) pretty [3]
jongleur *m.* juggler
joue *f.* cheek [10]
jouer to play; to gamble [2]
jouet *m.* toy [9]
jour *m.* day; daytime [4]
  de nos ~s today
  ~ chômé public holiday

~ d'action de grâces
    Thanksgiving Day
~ de congé day off; holiday [9]
~ de fête holiday
~ de l'An New Year's Day
~ des morts All Souls' Day
~ férié public holiday
par ~ a day (per day)
tous les jours every day
journal *m.* (*pl.* **journaux**)
    newspaper [6]
~ télévisé *m.* news (TV) [6]
journaliste *m./f.* journalist,
    reporter [1]
journée *f.* day(time) [4]
~ de repos *f.* day of rest
joyeux (-euse) happy; merry [9]
judo *m.* judo [6]
juillet *m.* July [4]
juin *m.* June [4]
jupe *f.* skirt [10]
juridique legal
jus *m.* **de fruits** fruit juice [5]
jusqu'à as far as, up to [3]
jusqu'où how far
juste just; fair
justement exactly

kilo *m.* kilogram [5]
kiosque *m.* newsstand

la (*see* **le/la/l'/les**)
-là (*see* **ce/cet/cette/ces**)
là there [3]
  il est ~ he is in [3]
  il n'est pas ~ he's not in [3]
là-bas there, over there [1]
là-dedans inside
lac *m.* lake [7]
lâcher to let go of
laine *f.* wool [10]
  en ~ wool [10]
laisser to let, to allow
  ~ à l'abandon to abandon
  ~ tomber to drop
lait *m.* milk [5]
  ~ maternisé infant formula
lampe *f.* lamp [3]
lancer to launch
langage *m.* language
langue *f.* language
  ~ étrangère foreign language [4]
lapin *m.* rabbit
laquelle (*see* **lequel**)

larme *f.* tear
lasagne *f.* lasagna
lavabo *m.* bathroom sink [7]
laver to wash [8]
  se ~ to wash (oneself) [10]
le/la/l'/les *art.* the [1]
le/la/l'/les *pron.* him, her, it, them
    [6]
lecteur/lectrice *m./f.* reader
  lecteur de CD CD player [3]
lecture *f.* reading [6]
légèrement lightly
légume *m.* vegetable [5]
lendemain *m.* the next day [6]
lentement slowly [11]
lequel/laquelle/lesquel(le)s which
    one(s)
les (*see* **le/la/l'/les**)
lessive *f.* laundry [8]
lettre *f.* letter [6]
  ~ de l'alphabet letter of the
    alphabet [P]
leur *pron.* (to) them [6]
leur *adj.* their [2]
lever to raise [10]
  ~ le doigt to raise one's hand [9]
  se ~ to get up; to rise [10]
lèvres *f.pl.* lips [10]
libéré(e) freed
libérer to free
liberté *f.* freedom
  ~ d'expression freedom of
    speech
  ~ d'expression religieuse
    freedom of religion
libre free [4]
licence *f.* bachelor's degree
lien *m.* tie, bond; link
  ~ de parenté family relationship
lier to link
lieu *m.* (*pl.* **lieux**) place [3]
  avoir ~ to take place
  au ~ de instead of
ligne *f.* **aérienne** airline
lire to read [2]
lit *m.* bed [3]
  faire son ~ to make one's bed [4]
  ~s superposés bunk beds
litre *m.* liter [5]
littérature *f.* literature [2]
livre *f.* pound [5]
livre *m.* book [P]
locataire *m./f.* tenant, renter [3]
logement *m.* lodging [3]
logique logical
logis *m.* lodging

loi *f.*   law [C]
loin   far away; far
   ~ de   far from [3]
loisir *m.*   leisure
   ~s   leisure activities [2]
long(ue)   long [4]
   à manches longues   long-sleeved [10]
   le long de   along
longtemps   a long time [9]
longueur *f.*   length
loterie *f.*   lottery [12]
loto *m.*   bingo
louer   to rent [3]
lugubre   gloomy
lui   he; him; to him/her [6]
lumière *f.*   light
lumineux (-euse)   luminous, bright
lundi *m.*   Monday [4]
lune *f.*   moon [10]
lunettes *f.pl.*   (eye)glasses
   ~ de soleil   sunglasses [10]
lutte *f.*   wrestling
lutter (contre)   to fight (against) [C]
luxe *m.*   luxury
lycée *m.*   high school [4]

ma (*see* **mon/ma/mes**)
macédoine *f.* **de légumes**   mixed vegetables
madame (Mme) (*pl.* **mesdames**) madam, Mrs. [P]
mademoiselle (Mlle) (*pl.* **mesdemoiselles**)   Miss [P]
magasin *m.*   store [3]
magazine *m.*   magazine [2]
Maghreb *m.*   Maghreb
maghrebin(e)   from the Maghreb
magnétoscope *m.*   video cassette recorder [3]
magnifique   magnificent [9]
magnifiquement   magnificently
mai *m.*   May [4]
maigrir   to lose weight [10]
maille: en ~   knit
maillot *m.* **de bain**   bathing suit [10]
main *f.*   hand [10]
main-d'œuvre *f.*   manpower
maintenant   now [3]
maintenir   to maintain
maire *m.*   mayor

mais   but [1]
   ~ oui   but of course; well, yes [1]
   ~ non   of course not [1]
   ~ si   well, yes [1]
maïs *m.*   corn [5]
maison *f.*   house [3]
   ~ de campagne   country house
maître *m.* **d'hôtel**   butler
maîtresse *f.*   schoolteacher [9]
maîtrise *f.*   master's degree
maîtriser   to master
majeur(e)   main, major
majorité *f.*   majority
   grande ~   vast majority
mal   badly, poorly [2]
mal *m.*   evil
   avoir du ~ à   to have a hard time [C]
   avoir ~ à   to hurt [12]
   ~ à la gorge   sore throat [12]
   ~ à la tête   headache [12]
malade   sick, ill [1]
maladie *f.*   disease, illness [112A]
malaise *m.*   discomfort
malentendu *m.*   misunderstanding
malgré   in spite of
malheur *m.*   misfortune, bad luck
malheureusement   unfortunately [6]
malheureux (-euse)   unfortunate
maman *f.*   mom
manche *f.*   sleeve
   à ~s courtes   short-sleeved [10]
   à ~s longues   long-sleeved [10]
   sans ~s   sleeveless [10]
manger   to eat [2]
   se ~   to be eaten
mangue *f.*   mango
manier   to handle
manière *f.*   way, means
   ~s   manners
manifester   to demonstrate
mannequin *m.*   model
manque *m.*   lack [11]
   un ~ de   a lack of [11]
manquer   to miss
   il manque   . . . is missing
manteau *m.* (*pl.* **manteaux**)   coat [10]
maquillage *m.*   makeup
se maquiller   to put on makeup [10]
marchand(e) *m./f.*   merchant
marche *f.*   walking [4]
   faire de la ~   to go walking [4]

marché *m.*   market
mardi *m.*   Tuesday [4]
   ~ gras *m.*   Shrove Tuesday
mari *m.*   husband [2]
mariage *m.*   marriage [8]
   ~ à l'essai   trial marriage
se marier   to get married; to blend [8]
marine: bleu marine   navy blue [10]
Maroc *m.*   Morocco
marocain(e)   Moroccan [1]
marque *f.*   brand [10]
marqué(e)   marked
marquer un but   to score a goal
marre: j'en ai ~!   I've had it! [4]
marron *inv.*   brown [10]
marron *m.*   chestnut
mars *m.*   March [4]
masque *f.*   mask
match *m.*   match, game [2]
matériel(le)   material
maths *f.pl.*   math [4]
matière *f.*   school subject [4]
   en ~ de   in the matter of [4]
matin *m.*   morning [4]
   du ~   in the morning (time)
matinal(e) (*m.pl.* **-aux**)   morning (*adj.*)
matinée *f.*   morning
   faire la grasse ~   to sleep in [4]
mauvais(e)   bad [3]
   il fait mauvais   it's bad weather [6]
me   me, to me [8]
mécanicien/mécanicienne *m./f.*   mechanic [1]
mécontent(e)   displeased
médecin *m.*   doctor [1]
médecine *f.*   (discipline of) medicine [4]
médias *m.pl.*   (communications) media
médicament *m.*   medicine, medication [12]
meilleur(e)   better (*adj.*) [5]
   le meilleur/la meilleure/les meilleur(e)s   the best [9]
se mêler: De quoi te mêles-tu?   Mind your own business!
membre *m.*   member
même *adj.*   same [7]
   -~   self
même *adv.*   even
mémoire *f.*   memory

menacer to threaten
ménage *m.* household
mental(e) (*m.pl.* **-aux**) mental
menteur/menteuse *m./f.* liar
mentionné(e) mentioned [2]
mentir to lie
menton *m.* chin
menu *m.* menu; fixed-price menu [5]
mépriser to despise, to scorn
mer *f.* sea [7]
  fruits *m.pl.* **de ~** seafood [5]
merci thank you [P]; mercy
  ~ mille fois many thanks [9]
mercredi *m.* Wednesday [4]
mère *f.* mother [2]
mériter to deserve [12]
merveilleux (-euse) marvelous
mes (*see* **mon/ma/mes**)
mésaventure *f.* misadventure
message *m.* message [6]
  ~ électronique e-mail message [6]
messe *f.* Mass
météo(rologique): bulletin *m.* **~** weather report [6]
métier *m.* occupation, career [11]
métro *m.* subway
mettre to put; to put on [10]
  ~ au piquet to put in the corner (punish)
meublé(e) furnished [3]
  non ~ unfurnished [3]
meubles *m.pl.* furniture [3]
mexicain(e) Mexican [1]
Mexique *m.* Mexico
mi-chemin: à ~ half-way
mi-temps: à ~ half/part-time [11]
miche *f.* **de pain** loaf of bread
midi *m.* noon [4]
mieux (*adv.*) better [5]
  il vaudrait ~ it would be better [C]
  il vaut ~ que it is better that [C]
  le ~ the best (*adv.*) [9]
migraine *f.* migraine [12]
mijaurée *f.* stuck-up woman
milieu *m.* middle; milieu
  au ~ de in the middle of
  ~ de travail workplace
  ~ social social class
militaire military
mille *inv.* thousand [3]
milliard *m.* billion [3]
million *m.* million [3]

mince slender, thin [1]
  ~ (alors)! drat!, darn it! [4]
minérale: eau *f.* **~** mineral water [5]
mini-pochette *f.* small clutch bag
ministre *m.* cabinet minister
  premier ~ prime minister
minuit *m.* midnight [4]
mis(e) en conserve canned
misère *f.* poverty [C]
mite *f.* clothes moth
mixte mixed
se mobiliser to rally, mobilize [C]
mocassin *m.* loafer; moccasin [10]
mode *m.* mood
  sur le ~ rigolo in a funny way
mode *f.* fashion; style [10]
modéré(e) moderate
modeste modest
moi me [11]
  ~ non plus me neither; neither do I [1]
  ~ aussi me too; so do I [1]
moins (de) less, fewer [5]
  au ~ at least [2]
  de ~ en ~ less and less
  en ~ less; fewer
  le/la/les ~ the least [9]
  ~ dix ten minutes to (the hour) [4]
  ~ le quart quarter to (the hour) [4]
  ~ que less than [5]
mois *m.* month [4]
moitié *f.* half
moment *m.* moment [3]
  un ~ just a minute [3]
mon/ma/mes my [2]
monde *m.* world [7]
  tout le ~ everyone
monotone monotonous
monsieur/M. sir, Mr. [P]
montagne *f.* mountain [6]
  en ~ in the mountains
monter to go up; to bring up; to climb; to get ahead [6]
montre *f.* watch
montrer to show [9]
monture *f.* eyeglass frame
monument *m.* monument [7]
moral(e) moral
morale *f.* morals, ethics
  faire la ~ à to lecture
morceau *m.* (*pl.* **morceaux**) piece [5]
  ~ de craie piece of chalk [P]

mort(e) dead [9]
mort *f.* death [12]
morue *f.* cod
mosquée *f.* mosque
mot *m.* word
  écrire un ~ to write a note
  ~ apparenté cognate
mot-clé *m.* key word
motiver to motivate
mouche *f.* fly
moulant(e) tight-fitting
mourir to die [112A]
mousse *f.* **au chocolat** chocolate mousse [5]
moyen(ne) average [8]
  classe moyenne *f.* middle class
moyenne *f.* average
  en ~ on average
moyen *m.* means
municipalité *f.* town government
mur *m.* wall [P]
mûrir to mature
murmurer to whisper, to murmur [9]
musculation *f.* weight lifting [10]
musée *m.* museum [3]
musicien/musicienne *m./f.* musician [1]
musique *f.* music [2]
  faire de la ~ to play music [4]
musulman(e) Moslem

nager to swim [7]
naïf (naïve) naive
naissance *f.* birth
naître to be born
narrateur/narratrice *m./f.* narrator
natation *f.* swimming [4]
  faire de la ~ to swim [4]
nationalité *f.* nationality [1]
nature *f.* nature [7]
naturel(le) natural
nausée *f.* nausea [12]
  avoir la ~ to be nauseated [12]
navette *f.* **spaciale** space shuttle
navigateur *m.* seafarer
ne (n') not [1]
  ~... jamais never [5]
  ~... pas not [1]
  ~... personne no one, nobody, not anyone [9]
  ~... plus no more, no longer [5]

~... que   only
~... rien   nothing, not anything [9]
né(e)   born
néanmoins   nevertheless
nécessité *f.*   necessity
négatif (-ive)   negative
neige *f.*   snow [6]
   chute de ~   snowfall
neiger: il neige   it's snowing [6]
nerveux (-euse)   nervous [1]
n'est-ce pas?   isn't it so? [1]
nettoyer   to clean
neuf   nine
neuf (neuve)   (brand-)new
neveu *m.* (*pl.* neveux)   nephew [2]
nez *m.*   nose [10]
   avoir le ~ qui coule   to have a runny nose [12]
   ~ bouché   stuffy nose [12]
ni: ~ l'un ~ l'autre   neither one [2]
nièce *f.*   niece [2]
n'importe   no matter
niveau *m.* (*pl.* niveaux)   level
nœud *m.*   knot
noir *m.*   black [3]
noir(e)   black; dark [2]
nom *m.*   name
   ~ de famille *m.*   surname [P]
nombre *m.*   number
   ~s ordinaux   ordinal numbers [3]
non-fumeurs   non-smoking (section) [7]
nord *m.*   north [6]
nos (*see* notre/nos)
note *f.*   note; grade
notre/nos   our [2]
nourrir   to feed
nourriture *f.*   food
nous   we [1]; (to) us [8]
nouveau/nouvel/nouvelle/ nouveaux/nouvelles   new [3]
   de nouveau   again
nouvelle *f.*   (piece of) news
novembre *m.*   November [4]
noyade *f.*   drowning
nuage *m.*   cloud [6]
nuageux (-euse)   cloudy [6]
nuit *f.*   night [7]
numéro *m.*   number
numéroter   to number
nylon *m.*   nylon [10]

obéir   to obey
objectif *m.*   goal, objective

objet *m.*   object, thing
   ~ d'art   art object
   ~s personnels *m.pl.*   personal possessions [3]
   ~s trouvés *m.pl.*   lost-and-found
obligatoire   mandatory
obscurité *f.*   darkness [12]
obstinément   stubbornly
obtenir   to obtain, to get
occasion *f.*   opportunity [9]
occupé(e)   busy [4]
s'occuper de   to be busy with
octobre *m.*   October [4]
odeur *f.*   odor, smell
odorant(e)   fragrant
œil *m.* (*pl.* yeux)   eye [10]
œuf *m.*   egg [5]
officialisation *f.*   making official
officiel(le)   official
offrir   to offer, to give [9]
oie *f.*   goose
oignon *m.*   onion [5]
oiseau *m.* (*pl.* oiseaux)   bird
omelette *f.*   omelet [5]
on   one; people; they; we
oncle *m.*   uncle [2]
onze   eleven
opéra *m.*   opera
opinion *f.*   opinion
optimiste   optimistic [1]
or *m.*   gold
orage *m.*   storm [6]
orageux (-euse)   stormy [6]
orange *f.*   orange [5]
   ~ (*adj.*) inv.   orange
ordinateur *m.*   computer [3]
ordre *m.*   order
   par ~ décroissant   in descending order
oreille *f.*   ear [10]
organisation *f.*   organization
organiser   to organize
origine *f.*   origin; source; background [C]
   à l'~   originally
   d'origine africaine   of African origin [C]
os *m.*   bone
ou   or [1]
où   where [3]
   le jour ~   the day that
   ~ se trouve... ?   where is . . . located? [3]
ouais   yeah
oublier   to forget [5]
ouest *m.*   west [6]

ours *m.* en peluche   teddy bear
outre-mer   overseas
ouvert(e)   open [9]
ouvragé(e)   worked, decorated
ouvrier/ouvrière *m.*/*f.*   factory worker [11]
ouvrir   to open
   s'~   to open oneself up

pain *m.*   bread [5]
   ~ grillé *m.*   toast [5]
paix *f.*   peace
palace *m.*   luxury hotel
pâlir   to pale
palmier *m.*   palm tree
pamplemousse *m.*   grapefruit
pancarte *f.*   sign
panne: tomber en ~   to break down
pansement *m.*   bandage [12]
   faire un ~   to bandage [12]
pantalon *m.*   pants [10]
   pantalon de survêtement   sweatpants
pantoufle *f.*   slipper [10]
papa *m.*   dad
papier *m.*   paper
   ~ à lettres   stationery
Pâques *f.pl.*   Easter
par   by
   ~ contre   on the other hand [2]
   ~ jour   a (per) day
paraître   to appear, to seem
parc *m.*   park
parce que   because
parcourir   to skim
pardon   excuse me [3]
   ~?   what? excuse me? [P]
pareil(le)   equal [8]
parenté *f.*   family relationship
parents *m.pl.*   relatives; parents [2]
   ~ éloignés   distant relatives
paresseux (-euse)   lazy [1]
parfait(e)   perfect [6]
   c'est parfait!   that's perfect! [6]
parfum *m.*   perfume; scent
Paris *m.*   Paris
parisien(ne)   Parisian
parlement *m.*   parliament
parler   to speak [2]
   se ~   to talk to each other [8]
parmi   among
parole *f.*   word; lyric
   donner sa ~   to give one's word

part *f.*: **à ~**   apart from
  c'est de la ~ de qui?   may I ask
    who's calling? [3]
partager   to share
partenaire *m./f.*   partner [8]
parti *m.*   party
particularisme *m.*   specific
  characteristics
particulier (-ière)   particular,
  private
  hôtel *m.* **~**   mansion
particulier: chez un ~   in a private
  house
partie *f.*   part; game
partir   to leave [7]
partout   everywhere [10]
parure *f.*   dress, finery
pas *m.*   step
pas   not [P]
  ~ beaucoup   not much, not many
    [2]
  ~ de ...   no . . .
  ~ du tout   not at all [1]
  ~ mal   not bad [P]
  ~ tant de manières!   stop fooling
    around!
  ~ trop   not very, not too
passé *m.*   past
passé(e)   last; past
passe-temps *m.*   pastime [6]
passeport *m.*   passport
passer   to take (an exam) [4]; to
  pass (through, by) [6]; to spend
  (time) [7]
  ~ l'aspirateur   to vacuum [8]
  ~ par   to stop by
se passer   to happen [8]
  qu'est-ce qui s'est passé?   what
    happened?
passif (-ive)   passive [1]
pâté *m.*   pâté [5]
pâtes *f.pl.*   pasta [5]
patiemment   patiently [11]
patient(e)   patient [1]
patin *m.*   skate
  ~ à roulettes   roller skate
patinage *m.* **sur glace**   ice skating
patinoire *f.*   skating rink
pâtisserie *f.*   pastry shop [5]
patrie *f.*   country
patron/patronne *m./f.*   boss [11]
paupière *f.*   eyelid [10]
pause-café *f.*   coffee break
pauvre   poor [1]
  ~ de moi!   woe is me!
pauvre *m./f.*   poor person [C]

pauvreté *f.*   poverty [C]
payer   to pay [5]
pays *m.*   country [6]
paysage *m.*   countryside, landscape
peau *f.*   skin
pêche *f.*   peach [5]; fishing [7]
  aller à la ~   to go fishing [7]
péché *m.*   sin
pêcheur *m.*   fisherman
se peigner   to comb one's hair [10]
peine *f.*   sorrow, pain
  à ~   barely
peintre *m.*   painter [1]
peinture *f.*   painting [4]
pelouse *f.*   lawn
peluche *f.*   stuffed animal [9]
penché(e) sur   concerned with
pendant   during [7]
  ~ que   while
pendant combien de temps   for
  how long [7]
pensée *f.*   thought
penser   to think [2]
  ~ à   to think about [2]
  ~ de   to think of
pension *f.* **complète**   lodging and
  meals
perdre   to lose [7]
  ~ du temps   to waste time
père *m.*   father [2]
père Noël *m.*   Santa Claus [9]
période *f.*   period
permanence: en ~   permanently
permettre   to allow, to permit
perpétuer   to carry on
persillade *f.*   chopped parsley
personnage *m.*   character
personnalité *f.*   personality
personne   no one, nobody [9]
  ~ ne   no one, nobody [9]
  ne... ~   no one, nobody, not
    anyone [9]
personne *f.*   person
  grande ~   grown-up
perte *f.*   loss
perturbation *f.*   weather
  disturbance
peser   to weigh
pessimiste [1]
petit(e)   short, small, little [1]
  ~ ami(e) *m./f.*   boyfriend/
    girlfriend [8]
  ~ déjeuner *m.*   breakfast [5]
  ~s pois *m.pl.*   peas [5]
petit-fils/petite-fille *m./f.*
  grandson/granddaughter [2]

pétition *f.*   petition [C]
pétri(e) de   steeped in
peu   little, a little [1]
  un ~   a little [5]
  à ~ près   almost, nearly
peuplé(e)   inhabited
peur *f.*   fear [12]
  avoir ~   to be afraid [4]
  faire ~ à   to scare [12]
peut-être   perhaps, maybe [1]
phare *m.*   light
pharmacie *f.*   drugstore [3]
pharmacien/pharmacienne *m./f.*
  pharmacist [12]
philosophie *f.*   philosophy [4]
phobie *f.*   phobia
photo *f.* **de famille**   family photo
  [2]
photographie *f.*   photograph
phrase *f.*   sentence
physique *f.*   physics [4]
physique   physical
  éducation ~   physical education
    [4]
pièce *f.*   room [3]
pied *m.*   foot [10]
  à ~   on foot [7]
pilon *m.*   pestle
piment *m.*   bell pepper
pique-nique *m.*   picnic [9]
piqûre *f.*   injection [12]
  faire une ~ à   to give an injection
    to [12]
pire   worse
  le ~   the worst
piscine *f.*   pool [7]
pizza *f.*   pizza [5]
placard *m.*   closet [3]
place *f.*   seat, place; room [7];
  square [3]
plage *f.*   beach [7]
plainte *f.*   complaint
plaire   to please [4]
  ça te plaît?   do you like that? [4]
plaisance *f.*: **de ~**   pleasure related
plaisanter: to kid
  tu plaisantes!   you're kidding!
    [4]
plaisir *m.*   pleasure [6]
  avec ~   with pleasure [6]
plan *m.* **de la ville**   street map [3]
planche *f.* **à voile**   sailboarding
planète *f.*   planet
plat *m.*   course (food), dish [5]
  ~ principal   main course [5]
  ~s cuisinés   prepared foods

plat(e) flat
plateau *m.* (*pl.* **plateaux**) platter
  à ~ platform (shoe)
plein(e) full
  à ~ temps full-time [11]
  en ~ air outdoor
pléthore *f.* plethora
pleurer to cry [5]
pleut: il ~ it's raining [6]
plié(e) bent
plongée *f.* **sous-marine** diving
pluie *f.* rain [6]
  sous la ~ in the rain
plupart: la ~ de most [9]
pluriel *m.* plural
plus more [5]
  de ~ en ~ more and more
  ne... ~ no more, no longer [5]
  ~ de more [5]
  le/la/les ~ the most [9]
  ~... ~... the more . . . the more
  ~... que more . . . than [5]
  ~ tard later [3]
  ~ tôt earlier [4]
plusieurs several
plutôt instead, rather [2]
  ~ que instead of
pluvieux (-euse) rainy
pneumonie *f.* pneumonia [12]
poche *f.* pocket [10]
poème *m.* poem [6]
poids *m.* weight
poil: de tout ~ of all sorts
poire *f.* pear [5]
pois: à **~** polka dot [10]
  petits ~ peas [5]
poisson *m.* fish [5]
poissonnerie *f.* fishmonger's shop [5]
poivre *m.* pepper [5]
poivron *m.* green pepper
pôle *m.* pole
poli(e) polite
policier (-ière) detective [2]
poliment politely [11]
politicien/politicienne *m./f.* politician [1]
politique political
polo *m.* polo shirt [10]
polyester *m.* polyester [10]
pomme *f.* apple [5]
  ~ de terre potato [5]
  ~s frites French fries
  tarte *f.* **aux ~s** apple tart [5]
pompes *f.pl.* pushups [10]

population *f.* population
  ~ active workforce
porc *m.* pork [5]
port *m.* wearing; harbor
porte *f.* door [P]
porter to wear; to carry [10]
  se ~ bien to be in good health
poser to place; to put down
  ~ une question to ask a question [2]
positif (-ive) positive
position *f.* position, location
posséder to own, to possess, to have
possible possible
poste *f.* post office [3]
  par la ~ by mail
poste *m.* job, position [11]
  ~ de télévision television set
poster *m.* poster [3]
postulant/postulante *m./f.* applicant
poterie *f.* pottery
poule *f.* hen
poulet *m.* chicken [5]
poupée *f.* doll [9]
  ~ de chiffons rag doll
pour for; to, in order to
  le ~ et le contre pros and cons
  ~ moi in my opinion [C]
pourcentage *m.* percentage
pourquoi why [3]
pourriez-vous... ? could you . . . ? [3]
poursuivre to pursue
pourtant yet
pousser to push, to encourage
  ~ des cris to shout
pouvoir to be able to; can [4]
  j'ai pu I succeeded in [9]
  je n'ai pas pu I failed to [9]
pouvoir *m.* power [11]
pratique practical
pratique *f.:* **en ~** in practice
pratiquer to practice
pratiquement practically
précieux (-euse) precious
précis(e) precise
préféré(e) favorite
préférer to prefer [2]
préjugé *m.* prejudice [C]
premier (-ière) first [3]
  premier étage *m.* second floor [7]
  première classe *f.* first class [7]

premièrement first [5]
prendre to take [3]; to have (food) [5]
  ~ rendez-vous to make an appointment [11]
préparer to prepare [4]
  ~ un examen to study for an exam [4]
près (de) near [3]
prescrire to prescribe [12]
présent(e) present
présentations *f.pl.* introductions [P]
présenter to introduce . . . to . . .
  je te/vous présente let me introduce [P]
  se ~ to come to
président(e) *m./f.* president [1]
présider à to preside over
presque almost, nearly [2]
presqu'île *f.* peninsula
pressé(e) in a hurry [5]
pressentir to have a presentiment
prêt(e) ready
prétendre to claim
prêter to lend [8]
preuve *f.* proof
prévu(e) planned
prié(e): est ~ de se présenter is asked to come
prier to pray
  je t'/vous en prie you're welcome [9]
prière *f.* prayer
prince *m.* prince
princesse *f.* princess
principal(e) (*m.pl.* **-aux**) principal
  plat *m.* **~** main course [5]
principe *m.* principle
printemps *m.* spring [6]
privilégié(e) preferred
prix *m.* price [3]
problème *m.* problem [6]
processus *m.* process
prochain(e) next [6]
proche near (*adj.*)
produit *m.* product [5]
professeur *m.* teacher, professor [P]
profession *f.* occupation [1]
  ~ libérale profession [11]
professionnel(le) professional [11]
profiter de to take advantage of
programme *m.* program [6]
progrès *m.* progress

progressivement gradually
proie *f.* prey
projet *m.* plan [4]; project
promenade *f.* walk [4]
   faire une ~ to go for a walk [4]
se promener to go for a walk [10]
promettre to promise
promotion *f.* promotion [11]
se proposer to intend
propre own
propriétaire *m./f.* landlord/
   landlady [3]
protéger to protect
protester to protest [C]
provenance *f.*: **en ~ de** from
provinciaux *m.pl.* French people
   who live outside Paris
provoquer to instigate, to provoke
proximité *f.* proximity
psychologie *f.* psychology [4]
psychologique psychological
psychologue *m./f.* psychologist
pub *f.* commercial [6]
public (-ique) public
publicité *f.* advertisement
publier to publish
puis then [5]
pull *m.* pullover [10]
puni(e) punished [9]
punir to punish
punition *f.* punishment
pureté *f.* purity
pyjama *m.* pyjamas [10]

quand when [3]
   ~ même all the same
quantité *f.* quantity [5]
quarante forty [2]
quart: et ~ fifteen (minutes past the
   hour) [4]
   moins le ~ quarter to (the hour)
   [4]
   ~ de travail *m.* shift
quartier *m.* neighborhood [7]
quatorze fourteen [2]
quatre four [2]
quatre-vingt eighty [3]
quatre-vingt-dix ninety [3]
quatre-vingt-onze ninety-one [3]
quatre-vingt-un eighty-one [3]
que what
   ~ je suis bête! how stupid of me!
   [12]

quel/quelle which, what [2]
   quel âge avez-vous/as-tu? how
   old are you? [2]
   quelle bêtise! how stupid! [12]
   quel temps fait-il? what is the
   weather like?
quelque chose something [5]
   ~ de bon something good
quelquefois sometimes [2]
quelqu'un someone, somebody
   [12]
   ~ de célèbre someone famous
querelle *f.* quarrel
qu'est-ce que what [2]
   ~ c'est? what is it? [P]
   qu'est-ce qu'il y a? what's the
   matter?
   ~ c'est que ça? what is that? [5]
qu'est-ce qui what
   ~ se passe? what's going on?
question *f.* question
qui who [P]
   ~ est à l'appareil? who's calling?
   [3]
quiche *f.* quiche [5]
quinze fifteen
quitter to leave [12]
   ne quittez pas please hold [3]
quoi what
   de la/du ~? some what? [5]
   il n'y a pas de ~ you're welcome
   [9]
quotidien(ne) daily [10]

racisme *m.* racism [C]
raconter to tell, to relate [8]
radio *f.* radio [2]
raffermissement *m.* firming
raffiné(e) refined, cultured
raffinement *m.* refinement
raison *f.* reason
raisonnable reasonable [1]
raisonnablement reasonably
raisonner to reason
Ramadan *m.* Ramadan
ramener to bring back
rang *m.* row
ranger to tidy [8]
rapide fast
rapide *m.* express train
rapidement quickly [11]
rappel *m.* reminder
rappeler to remind (of)

rapport *m.* report [6]; relationship
rarement rarely [11]
se raser to shave [10]
rassuré(e) reassured
rater to miss [7]; to fail (an exam)
   [4]
rattraper to catch up with
ravissant(e) ravishing
rayon *m.* department, counter (in a
   store) [5]
rayure *f.*: **à rayures** striped, with
   stripes
réagir to react
réaliser to accomplish, achieve,
   fulfill [11]
réaliste realistic [1]
réalité *f.* reality [11]
rebrodé(e) embroidered
récemment recently [11]
recensement *m.* census
réceptionniste *m./f.* receptionist
   [7]
recevoir to receive
recherche *f.* research; search
   à la ~ de in search of
rechercher to look for
recommander to recommend [12]
reconnaître to recognize [9]
recouvrir to cover
récréation *f.* recess
recruter to recruit
recycler to recycle
réellement really
refaire to redo
réfléchir to reflect, to think
reflet *m.* reflection
refléter to reflect
   se ~ to be reflected
réflexion *f.* reflection, thought
   à la ~ upon reflection
réforme *f.* reform
refuser to refuse
regard *m.* look, gaze
regarder to look at [2]
régime *m.* diet [5]
   être au ~ to be on a diet [5]
   suivre un ~ to be on a diet
regretter to be sorry; to regret [7]
regroupement *m.* reuniting
réimporter to reimport
reine *f.* queen [9]
rejeter to reject
rejoindre to join
se réjouir to be delighted
relation *f.* relation (not family)

se relever to pick oneself up; to recover
relier to connect
religieux (-euse) religious
relire to reread
remercier to thank [9]
remettre to restore, to return
remplacer to replace
remplir to fill out (a form, etc.) [11]
renard *m.* fox
rencontre *f.* meeting
rencontrer to meet [8]
rendre to make, to render [7]
~ **malade** to make sick
~ **visite à** to visit (a person) [7]
renommé renowned
renseignement *m.* information
rentrer to come home; to return; to go back (in) [6]
renvoyer to fire
répandu(e) widespread
répartition *f.* distribution
repas *m.* meal [5]
repasser to iron [8]
repenser to think again
répéter to repeat
répétition *f.* repetition
replier to bend again
répondeur *m.* answering machine [3]
répondre to answer, to respond [7]
réponse *f.* answer; response
repos *m.* rest
se reposer to rest [10]
repousser to push away
représenter to represent
reprise: à plusieurs ~s several times
requête *f.* request
réseau (*pl.* **réseaux**) network
réservé(e) à reserved for [11]
résidence *f.* **universitaire** university dorm [3]
se résigner to resign oneself
respecter to respect [C]
responsable responsible
ressembler (à) to resemble [2]
se ~ to look alike
ressentir to feel
restaurant *m.* restaurant [2]
~ **universitaire** university cafeteria [4]
restauration *f.* restoration
rester to stay, to remain [6]
~ **debout** to remain standing [9]

resto-U *m.* university cafeteria
résultat *m.* result
résumé *m.* summary
résumer to summarize
retard *m.* lag, delay
en ~ late [6]
retenir to keep
retirer to take off
retour *m.* return
retourner to return [6]
se ~ to turn around
retraite *f.* retirement [11]
retrouver to meet [2]
se ~ to meet [8]
se réunir to get together
réussir to succeed; to make a success of [10]
~ **à un examen** to pass an exam [4]
réussite *f.* success [11]
rêve *m.* dream [12]
(se) réveiller to wake up [10]
réveillon *m.* Christmas Eve dinner
révélateur (-trice) revealing
révéler to reveal
revenir to return, to come back [7]
rêver to dream [12]
~ **à** to dream of
revêtir to assume
réviser to review
revoir to see again
se ~ to see each other again [8]
rez-de-chaussée *m.* ground floor [7]
rhume *m.* cold [12]
~ **des foins** hay fever [12]
riche rich [1]
richesse *f.* richness
rideaux *m.pl.* curtains [3]
ridicule ridiculous
rien nothing [9]
ce n'est ~ you're welcome [9]
de ~ you're welcome [9]
ne... ~ nothing, not anything [9]
~ **d'intéressant** nothing interesting
~ **du tout** nothing at all
rigolo (-ote) funny
rigoureux (-euse) harsh
rigueur: à la ~ if need be
rire to laugh [8]
risque *m.* risk
rival(e) (*m.pl.* **-aux**) rival
rivière *f.* river
riz *m.* rice [5]

robe *f.* dress [10]
~ **de chambre** bathrobe [10]
~ **du soir** evening dress [10]
rock *m.* rock music [2]
roi *m.* king [9]
rôle *m.* role
à tour de ~ in turn
romain(e) Roman
roman *m.* novel [2]
~ **d'amour** romantic novel
~ **policier** detective novel [2]
romanche *m.* Romansh (language)
rompre to break
roquefort *m.* Roquefort cheese [5]
rosbif *m.* roast beef [5]
roue *f.* wheel
rouge red
rouge *m.* red [3]
route *f.* road
~ **en terre** dirt road
routier (-ière) road (*adj.*)
routine *f.* routine [10]
roux (rousse) red (hair) [2]
rue *f.* street [3]
rupture *f.* breaking off; breakup
rural(e) (*m.pl.* **ruraux**) rural
russe Russian [1]
Russie *f.* Russia
rythme *m.* rhythm

sa (*see* **son/sa/ses**)
sable *m.* sand
sac *m.* **à dos** backpack [P]
sacrée sacred
sacrifier to sacrifice
sage quiet, well-behaved; wise
sage-femme *f.* midwife
saigner to bleed
sain(e) healthful [5]
saint(e) holy
saisir to seize
saison *f.* season [6]
salade *f.* salad; lettuce [5]
salaire *m.* wages, salary [11]
salle *f.* room; classroom [P]
~ **à manger** dining room [3]
~ **de bains** bathroom [3]
~ **de classe** classroom [P]
salon *m.* parlor, living room [3]
salsita *f.* salsa
salut hi [P]
salutations *f.pl.* greetings [P]
samedi *m.* Saturday [4]

sandale *f.* sandal [10]
sandwich *m.* sandwich [5]
sang *m.* blood
sans without
  ~ doute probably
sans-abri *m./f.* homeless person [C]
santé *f.* health [5]
sapin *m.* fir tree
satisfaire to satisfy
satisfait(e) satisfied [3]
saucisse *f.* sausage [5]
saucisson *m.* salami [5]
sauf except for
sauter to jump
sauvage wild
sauvage *m./f.* savage
sauver to save
savoir to know [9]
  j'ai su I found out [9]
savoir *m.* knowledge
scandaleux (-euse) scandalous [C]
scène *f.* scene
sceptique skeptical
science *f.* science [4]
  ~s politiques political science [4]
scolaire school (*adj.*)
se himself; herself; itself;
  themselves [8]
sec (sèche) dry, dried
secret *m.* secret [8]
secrétaire *m./f.* secretary [1]
sécurité *f.* security
  ~ sociale social security
sein: au ~ de within
seize sixteen
séjour *m.* living room [3]; stay [7]
  faire un ~ to stay [7]
sel *m.* salt [5]
sélectionner to select
selon according to
  ~ vous in your opinion
  ~ le cas as the case may be
semaine *f.* week [4]
  dans une ~ in a week [6]
  une ~ après a week later [6]
semblable similar
sembler to seem [C]
semelle *f.* sole
semestre *m.* semester
sénat *m.* senate
sénateur *m.* senator
Sénégal *m.* Senegal
sénégalais(e) Senegalese [1]
sens *m.* meaning; direction, sense
  ~ inverse opposite direction

sensible sensitive
sensuel(le) sensual
sentimental(e): vie *f.* **sentimentale**
  love life
sentir to smell
  se ~ to feel [8]
  se ~ bien/mal to feel well/ill [12]
séparé(e) separate
séparément separately
séparer to separate
sept seven
septembre *m.* September [4]
série *f.* series
sérieusement seriously [11]
sérieux (-euse) serious [1]
serpent *m.* snake
serré(e) tight
serveur/serveuse *m./f.* waiter/
  waitress [5]
service *m.* service
  ~ compris tip included
  ~ militaire military service
serviette *f.* briefcase [P]; napkin [5]
servir to serve; to be of use [7]
serviteur/servante *m./f.* servant
ses (*see* **son/sa/ses**)
seuil *m.* **de la pauvreté** poverty
  level
seul(e) alone
seulement only [11]
short *m.* shorts [10]
si yes [2]
  mais ~ well, yes [1]
si *adv.* as, so
si conj. if [12]; what if? [8]
sida *m.* AIDS [12]
siècle *m.* century
siège *m.* seat, headquarters
sieste *f.* nap [4]
  faire la ~ to take a nap [4]
signe *m.* sign
signification *f.* meaning
signifier to mean
s'il vous (te) plaît please [P]
singulier *m.* singular
sirop *m.* syrup [12]
sketch *m.* skit
ski *m.* skiing [4]
  faire du ~ to ski [4]
  ~ nautique water skiing [7]
smoking *m.* tuxedo [10]
sociable friendly, outgoing [1]
social(e) (*m.pl.* **sociaux**) social
société *f.* society; company [11]
sociologie *f.* sociology [4]

sociologue *m./f.* sociologist
sœur sister [2]
soi oneself [11]
  à ~ of one's own
soie *f.* silk [10]
soi-même oneself [12]
soif *f.* thirst [5]
  avoir ~ to be thirsty [5]
soigner to take care of
soin *m.* care
soir *m.* evening [4]
  ce ~ tonight
  demain ~ tomorrow night [6]
  du ~ in the evening (time) [4]
  hier ~ last night [6]
soirée *f.* party [8]
soixante sixty [2]
soixante et onze seventy-one [3]
soixante-dix seventy [3]
soixante-douze seventy-two [3]
sol *m.* soil; land
soldat *m.* soldier
solde *m.* sale
  en ~s on sale
soleil *m.* sun [6]
  il fait du ~ it's sunny [6]
solitude *f.* solitude [12]
solution *f.* solution [C]
sombre dark
son *m.* sound
son/sa/ses his/her/its [2]
sondage *m.* survey, poll
sonder to survey
sortie *f.* outing [6]
sortir to go out [7]
souche: de ~ by blood
souci *m.* concern, care [12]
se soucier de to worry about
soudain suddenly
souffle *m.* breath
souffrir to suffer
souhaiter to wish [9]
souligner to underscore
soupçonner to suspect
soupe *f.* soup [5]
  ~ au poulet chicken soup
souper *m.* supper
sourcil *m.* eyebrow
souris *f.* mouse
sous under
  ~ la pluie in the rain
se soustraire à to avoid
sous-vêtements *m.pl.* underwear
soutenir to support
souvenir *m.* souvenir [7]; memory

se souvenir de   to remember [8]
souvent   often [2]
souverain(e)   sovereign
spacieux (-euse)   spacious [3]
spécialiste *m./f.*   specialist [12]
spécialité *f.*   specialty
spectacle *m.*   show, event
   ~ de variétés   variety show
sport *m.*   sports [2]
   faire du ~   to play sports [4]
sportif (-ive)   athletic; sports [1]
stade *m.*   stadium [6]
stage *m.*   internship [11]
standing *m.:* **grand ~**   luxury
station *f.*   resort
station-service *f.*   gas station
statistique *f.*   statistic
statut *m.*   status
stimuler   to stimulate
stress *m.*   stress
strict(e)   strict [4]
studio *m.*   studio (apartment) [3]
stupéfait(e)   astounded
stupide   stupid [1]
stylo *m.*   pen [P]
succès *m.*   success [11]
sucre *m.*   sugar [5]
sucré(e)   sweet [5]
sud *m.*   south [6]
suffire   to suffice, to be enough
   suffit!   that's enough!
suis (*see* **être, suivre**)
Suisse *f.*   Switzerland
suisse   Swiss [1]
suite: tout de ~   right away
suivant(e)   following
suivi(e)   followed
suivre   to follow
   ~ un régime   to be on a diet
sujet *m.*   subject
   au ~ de   about, on the subject of
super   terrific, great [4]
superficie *f.*   area
supérieur(e)   higher, upper
   école supérieure *f.*   school of
      higher education
supermarché *m.*   supermarket [3]
supporter   to stand, to tolerate [12]
suprême *m.* **de volaille**   poultry in
   cream sauce
sur   on [3]
   un ~ dix   one out of ten
sûr(e)   sure, certain
   bien ~   of course [2]
sûrement   surely
surgelé(e)   frozen [5]

surhumain(e)   superhuman
surnaturel(le)   supernatural
surnuméraire   extra
surprenant(e)   surprising [12]
surtout   especially, above all [2]
surveillant/surveillante *m./f.*
   monitor, supervisor
survoler   to get a general view
susceptible de   likely to
sweat *m.*   sweatshirt
sympathique   nice, pleasant [1]
symptôme *m.*   symptom [12]

ta (*see* **ton/ta/tes**)
tabac *m.*   tobacco
   bureau *m.* **de ~**   tobacco/
      magazine shop
table *f.*   table [P]
tableau *m.* (*pl.* **tableaux**)
   chalkboard [P]; chart, table;
   painting [12]
   ~ noir   blackboard
tabouret *m.*   stool
tâche *f.*   task; chore
   ~ domestique   household chore
tâcher   to try
taco *f.*   taco
tactique *f.*   tactic
Tahiti *f.*   Tahiti
tahitien(ne)   Tahitian [9]
taille *f.*   height; waist [10]
tailleur *m.*   women's suit [10]
se taire   to be quiet
tandis que   while, whereas
tant: ~ de   so much, so many
   ~ pis   too bad [4]
tante *f.*   aunt [2]
tantôt... tantôt   now . . . now
tapis *m.*   rug [3]
tard   late [4]
taro *m.*   taro
tarte *f.*   pie, tart
   ~ aux fraises   strawberry tart [5]
   ~ aux pommes   apple tart [5]
tas *m.:* **un ~ de**   lots of [8]
tasse *f.*   cup [5]
taux *m.*   rate
te   you, to you [8]
tee-shirt *m.*   T-shirt [10]
teinté(e)   tinged
tel(le): un(e) ~   such a
télé *f.*   TV
télécommande *f.*   remote control
   [6]
téléphone *m.*   telephone [3]

téléphoner   to telephone [3]
   se ~   to call each other on the
      phone [8]
téléphoniste *m./f.*   telephone
   operator
télévision *f.*   television [2]
tellement   so
   ~ de   so much
température *f.*   temperature [6]
temps *m.*   time; weather [4]; tense
   à ~   in time, on time
   avoir le ~ (de)   to have time (to)
      [4]
   de ~ en ~   from time to time
   du ~ libre   free time [4]
   emploi *m.* **du ~**   schedule [4]
   en ce ~-là   at that time [8]
   en même ~   at the same time
   il est ~ que   it is time that [C]
   quel ~ fait-il?   What is the
      weather like?
tendance *f.*   tendency
tendre   to stretch, to straighten
ténèbres *f.pl.*   darkness
tennis *f.*   sneaker, tennis shoe [10]
tennis *m.*   tennis [2]
   faire du ~   to play tennis [4]
tentative *f.*   attempt
terminaison *f.*   ending
(se) terminer   to end
terrasse *f.*   terrace
terre *f.*   earth; ground
   par ~   on the ground
   route en~   dirt road
terrible   terrific; terrible
territoire *m.*   territory
tes (*see* **ton/ta/tes**)
tête *f.*   head [10]
TGV (train à grande vitesse) *m.*
   high-speed train [7]
thé *m.*   tea [5]
   ~ citron   tea with lemon [5]
   ~ nature   plain tea [5]
théâtre *m.*   theater
théorie *f.:* **en ~**   in theory
thérapeute *m./f.*   therapist
thon *m.*   tuna [5]
tiens!   say! [4]
timide   shy [1]
timidement   shyly
tissu *m.*   fabric [10]
titre *m.*   title
   à ~ de   as
toi   you [11]
toilettes *f.pl.*   toilet [3]
tomate *f.*   tomato [5]

tombe *f.* grave
tomber to fall [6]
  laisser ~ to drop
  ~ en panne to break down
  ~ malade to become ill [12]
  ~ par terre to fall on the ground
ton/ta/tes your [2]
tonnerre *m.* thunder
tortue *f.* turtle
tôt early [4]
toucher to touch; to affect [10]
  touche pas à... hands off . . .
toujours always; still [2]
tour *m.* tour; turn
  à son ~ in turn
  à ~ de rôle in turn
  ~ du monde around-the-world
    trip [12]
tourner to turn [3]
Toussaint *m.* All Saints' Day
tousser to cough [12]
tout *pron.* everything [4]
tout *adv.:* **~ à l'heure** in a little
  while
  ~ de suite immediately, right
    away [7]
  ~ droit straight ahead [3]
tout/toute/tous/toutes all, every,
  each; the whole
  tous les deux both
  tous les jours every day [2]
  tout le monde everyone,
    everybody [8]
  de toute façon in any case
toux *f.* cough [12]
tradition *f.* tradition [9]
traditionnel(le) traditional [9]
traditionnellement traditionally
tragique tragic
trahir to betray
train *m.* train
  en ~ by train [7]
  en ~ de in the process of
trait *m.* **d'union** hyphen [P]
traite *f.* **des esclaves** slave trade
traitement *m.* treatment [12]
traiter to treat
trame *f.* plot
tranche *f.* slice [5]
tranquille calm, tranquil [12]
  laisser ~ to leave alone, to leave
    in peace
transfert *m.* transfer
travail *m.* work; job
travailler to work [2]
traverser to cross, to go through [3]

tréma *m.* diaeresis
trembler to shake
très very [1]
  ~ bien, merci fine, thank you [P]
tribu *f.* tribe
triste sad [1]
tromper to deceive
  se ~ to be mistaken
trop too, too much [3]
trouver to find [3]; to think
  se ~ to be located
truculent(e) larger than life
tu you [P]
tuer to kill
tunique *f.* tunic
Tunisie *f.* Tunisia
tunisien(ne) Tunisian
type *m.* type
typique typical [1]

un(e) a, an [P]; one [2]
  un à un one by one
  une fois once [2]
unanime unanimous
uni(e) plain (one color); united
unificatrice acting to unify
union *f.* **libre** cohabitation
univers *m.* universe
universel(le) universal
université *f.* university [4]
urbain(e) urban
usage *m.* custom
utile useful [11]
utilisation *f.* use
utiliser to use

vacances *f.pl.* vacation [2]
  bonnes ~! have a nice vacation!
    [9]
vachement very
vaincre to defeat
vaisselle *f.* dishes [8]
valeur *f.* value [10]
valise *f.* suitcase [10]
vallée *f.* valley
variable changeable, partly cloudy
  [6]
varier to vary
variétés *f.pl.* variety show [6]
vaudrait: il ~ mieux it would be
  better [C]
vaut: il ~ mieux que it is better
  that [C]
veau *m.* veal [5]; calfskin

vedette *f.* star (celebrity)
végétarien(ne) vegetarian
vélo *m.* bicycle [4]
  en ~ by bicycle [7]
  faire du ~ to go biking [4]
velours *m.* velvet [10]
vendeur/vendeuse *m./f.*
  salesperson [11]
vendre to sell [7]
vendredi *m.* Friday [4]
venir to come [7]
  ~ de to come from; to have just
    [11]
vent *m.* wind [6]
  il fait du ~ it's windy [6]
  il y a du ~ it's windy
vente *f.* sale
ventre *m.* belly [10]
  mal au ~ bellyache
verbe *m.* verb
verdure *f.* greenery
véritable true, real
vérité *f.* truth [6]
vernaculaire vernacular
vernissage *m.* art exhibit opening
verre *m.* glass [5]; lens
vers toward; around (time)
vert(e) green [2]
  haricots *m.pl.* **verts** green beans
    [5]
veste *f.* jacket [10]
vestiaire clothing (*adj.*)
vestige *m.* remainder
vêtements *m.pl.* clothes [8]
vêtu(e) dressed
vétuste decrepit
viande *f.* meat [5]
victime *f.* victim
victoire *f.* victory, win
vide empty
vidéocassette *f.* video cassette [3]
vie *f.* life
  ~ sentimentale love life
vieillir to age, to grow old
vieux/vieil/vieille/vieux/vieille
  old [3]
vif (vive) bright
vignoble *m.* vineyard
vigueur *f.:* **en ~** in force
villa *f.* villa
village *m.* village
ville *f.* city [3]
  ~ d'origine hometown
  ~ natale city of own's birth
vin *m.* wine [5]
violence *f.* violence

vis-à-vis toward
viser to focus on
visible visible
visite *f.* visit
  rendre ~ à to visit (a person) [7]
visiter to visit (a place) [7]
vite fast, quickly
vitesse *f.* speed
vitre *f.* windowpane
vivre to live
voici here is, here are [1]
voilà there is, there are; here is, here are [1]
voile *f.* sailing
  planche *f.* **à ~** sailboard
voir to see [3]
  se ~ to see each other [8]
voisin(e) *m./f.* neighbor
voisinage *m.* neighborhood
voiture *f.* car [7]
  en ~ by car [7]
voix *f.* voice
  à haute ~ aloud
vol *m.* flight [7]
volcan *m.* volcano

voleur *m.* thief
volley *m.* volleyball [4]
  faire du ~ to play volleyball [4]
volontiers! with pleasure! [6]
vos (*see* **votre/vos**)
voter to vote
votre/vos your [2]
  votre nom *m.***?** your last name? [P]
  votre prénom *m.***?** your first name? [P]
vouloir to want (to) [4]
  j'ai voulu I tried to [9]
  je n'ai pas voulu I refused to [9]
  je veux bien I'd love to [6]
  je voudrais I would like [3]
vous you [P]; (to) you [8]
  ~ deux both of you
voyage *m.* trip [4]
  bon ~! have a nice trip! [9]
  faire un ~ to go on a trip [4]
  ~ d'affaires business trip [7]
  ~ d'agrément pleasure trip
  ~ organisé package tour [7]
voyager to travel [2]
voyageur/voyageuse *m./f.* traveler

voyons let's see
vrai(e) true [4]
  C'est pas ~! No way! [4]
  C'est ~? Is that right? [4]
vraiment really [1]

W.C. *m.pl.* toilet [3]
week-end *m.* weekend

xénophobe xenophobic

y to there, there [7]
  il ~ a there is, there are [2]; ago [7]
yaourt *m.* yogurt [5]
yeux *m.pl.* (*sing.* **œil**) eyes [2]

zapper to zap, to channel surf [6]
zappeur *m.* channel surfer [6]
zéro zero
zone *f.* zone
  ~ de perturbation area of unsettled weather
zoo *m.* zoo
zut (alors)! rats! nuts! [4]

a/an un(e)
  a little un peu
  a lot (of) beaucoup (de)
abandon abandonner
able: be ~ to pouvoir
about au sujet de
above all surtout
absent absent(e)
absolutely absolument
accent accent *m.*
accept accepter
accessory accessoire *m.*
accident accident *m.*
accompany accompagner
accomplish réaliser
accountant comptable *m./f.*
accounting comptabilité *f.*
accustomed: become ~ s'habituer
across from en face de
action film film *m.* d'aventure
active actif (-ive)
actively activement
actor acteur *m.*
actress actrice *f.*
actually en fait
admire admirer
adore adorer
ads: classified ~ petites annonces *f.*
advantage avantage *m.*
advice conseil *m.*
aerobics aérobic *m.*
African africain(e)
after après
afternoon après-midi *m.*
  3:00 in the ~ 3 heures de l'après-
    midi
afterwards après, ensuite
again encore
against contre
agency agence *f.*
ago il y a
agreed! entendu! d'accord!
ahead: straight ~ tout droit
AIDS sida *m.*
air air *m.*
air conditioned climatisé(e)
airline ligne *f.* aérienne
alcoholic alcoolisé(e)
  ~ beverage boisson *f.* alcoolisée
Algerian algérien(ne)
alien étranger (-ère) *m./f.*
all *adj.* tout/toute/tous/toutes

all *pron., adv.* tout
allergic allergique
almost presque
alone seul(e)
aloud à haute voix
already déjà
also aussi
altruistic altruiste
always toujours
ambition ambition *f.*
American américain(e)
amusing amusant(e)
ancestors ancêtres *m.pl.*
and et
angry fâché(e)
  get ~ se fâcher
animal animal *m.* (*pl.* animaux)
anniversary anniversaire *m.*
annoying embêtant(e); gênant(e)
answer *n.* réponse *f.*
answer *v.* répondre (à)
answering machine répondeur *m.*
antibiotic antibiotique *m.*
anyone: not ~ ne... personne
anything: not ~ ne... rien
apartment appartement *m.*
  ~ building immeuble *m.*
apostrophe apostrophe *f.*
appeal appel *m.*
apple pomme *f.*
  ~ tart tarte aux pommes
appliance (electronic) appareil *m.*
  (électronique)
applicant postulant/postulante
  m./f.
apply appliquer
  ~ for a job faire une demande
    d'emploi
appointment rendez-vous *m.*
  make an ~ prendre rendez-vous
appreciate apprécier
April avril *m.*
architect architecte *m./f.*
architecture architecture *f.*
argue se disputer
arm bras *m.*
armchair fauteuil *m.*
around-the-world trip tour *m.* du
  monde
arrival arrivée *f.*
arrive arriver
art art *m.*

artist artiste *m./f.*
as aussi, si
  ~ ... ~ aussi... que
  ~ far as jusqu'à
  ~ many as autant de
  ~ soon ~ dès que
  ~ usual comme d'habitude
ashamed: be ~ (of) avoir honte
  (de)
ask demander
  ~ a question poser une question
aspirin aspirine *f.*
at à, dans, en
  ~ first d'abord
  ~ home à domicile
  ~ least au moins
  ~ that time en ce temps-là
  ~ the corner of au coin de
  ~ the home of chez
  ~ what time? à quelle heure?
athletic sportif (-ive)
attention: pay ~ faire attention
August août *m.*
aunt tante *f.*
author auteur *m.*
autumn automne *m.*
avenue avenue *f.*
average moyen(ne)
avoid éviter

baccalaureate exam bac;
  baccalauréat *m.*
bachelor's degree licence *f.*
back dos *m.*
background origine *f.*
backpack sac *m.* à dos
bad mauvais(e)
  it's ~ weather il fait mauvais
badly mal
baggage checkroom consigne *f.*
bakery boulangerie *f.*
balanced équilibré(e)
ball balle *f.*; ballon *m.*
banana banane *f.*
bandage *v.* faire un pansement
bandage *n.* pansement *m.*
bank banque *f.*
banker banquier *m.*
barbaric barbare
baseball base-ball *m.*

basketball basket *m.*
  play ~ faire du basket
  ~ shoe basket *m.*
bathing suit maillot *m.* de bain
bathrobe robe *f.* de chambre
bathroom salle *f.* de bains
bathtub baignoire *f.*
be être
  ~ able pouvoir
  ~ afraid (of) avoir peur (de)
  ~ ashamed (of) avoir honte (de)
  ~ bored s'ennuyer
  ~ born naître
  ~ careful! attention!
  ~ fed up en avoir marre
  ~ hungry avoir faim
  ~ hurt se blesser
  ~ injured se blesser
  ~ interested in s'intéresser à
  ~ lucky avoir de la chance
  ~ mistaken tromper se
  ~ on a diet être au régime
  ~ part of faire partie de
  ~ self-confident avoir confiance
    en soi
  ~ sorry regretter
  ~ thirsty avoir soif
  ~ wrong avoir tort
  ~ _____ years old avoir _____
    ans
  I was born je suis né(e)
beach plage *f.*
beans: green ~ haricots verts *m.pl.*
beat battre
beautiful beau/bel/belle/beaux/
  belles
because parce que
  ~ of à cause de
become devenir
  ~ accustomed s'habituer
  ~ ill tomber malade
bed lit *m.*
  go to ~ se coucher
bedroom chambre *f.*
beef bœuf *m.*
beer bière *f.*
before avant de
begin commencer
beginner débutant/débutante
  m./f.
beginning début *m.*
behind derrière
Belgian belge
believe croire
belly ventre *m.*

belt ceinture *f.*
bench banc *m.*
berth in sleeping compartment
  couchette *f.*
beside à côté de
best *adj.*: **the ~** le meilleur/la
  meilleure/les meilleur(e)s
best *adv.* le mieux
better *adj.* meilleur(e)
better *adv.* mieux
  it is ~ that il vaut mieux que
  it would be ~ that il vaudrait
    mieux que
between entre
bicycle vélo *m.*
  by ~ en vélo
  ride a ~ faire du vélo
big grand(e); gros(se)
biking: to go ~ faire du vélo
bill *(restaurant)* addition *f.*
billion milliard *m.*
binder classeur *m.*
biological biologique
biology biologie *f.*
birth naissance *f.*
birthday anniversaire *m.*
  happy ~! bon anniversaire!
black noir(e)
blond blond(e)
blouse chemisier *m.*
blue bleu(e)
  navy ~ bleu marine
boat bateau *m.* (*pl.* bateaux)
  by ~ en bateau
boating: go ~ faire du bateau
body corps *m.*
bond lien *m.*
book livre *m.*
bookcase étagères *f.pl.*
boot botte *f.*
border frontière *f.*
boredom ennui *m.*
boring ennuyeux (-euse)
born né(e)
boss patron/patronne *m./f.*
both (tous) les deux
bottle bouteille *f.*
boulevard boulevard *m.*
bouquet bouquet *m.*
boy garçon *m.*
boyfriend petit ami *m.*
brain cerveau *m.* (*pl.* cerveaux)
bravo! bravo! chapeau!
brawl bagarre *f.*
Brazilian brésilien(ne)

bread pain *m.*
  loaf of French ~ baguette *f.*
break down tomber en panne
breakfast petit déjeuner *m.*
Brie cheese brie *m.*
briefcase serviette *f.*
bring apporter
  please ~ me pourriez-vous
    m'apporter...
  ~ up monter
bronchitis bronchite *f.*
brother frère *m.*
brother-in-law beau-frère *m.*
brown brun(e)
brunette brun(e)
brush se brosser
build bâtir
building bâtiment *m.*
burgundy (color) bordeaux (*inv.*)
business affaires *f.pl.*; commerce *m.*
  ~ trip voyage *m.* d'affaires
businessman homme *m.* d'affaires;
  businessman *m.*
businesswoman femme *f.*
  d'affaires
busy occupé(e)
but mais
  ~ still alors quand même
butcher shop boucherie *f.*
butter beurre *m.*
buy acheter
by par, en

café café *m.*
cafeteria cantine *f.*
cake gâteau *m.* (*pl.* gâteaux)
calendar calendrier *m.*
call *n.* appel *m.*
call *v.* appeler; (on the phone)
  téléphoner
  it's ~ed ça s'appelle
calm tranquille; calme
Camembert cheese camembert *m.*
camping camping *m.*
  go ~ faire du camping
campus campus *m.*
can *n.* boîte *f.*
can *v.* pouvoir
  could you ...? Est-ce que vous
    pouriez... ? Pourriez-vous... ?
Canadian canadien(ne)
cancer cancer *m.*
candle bougie *f.*

canned en boîte
cannibal cannibale *m./f.*
cap casquette *f.*
car voiture *f.*
care *n.* souci *m.*
care *v.:* **not to ~** s'en ficher
  I don't ~! je m'en fiche! bof!
career carrière *f.*; métier *m.*
carrot carotte *f.*
carry on exercer
cartoon dessin *m.* animé
case cas *m.*
  in any ~ de toute façon
cassette cassette *f.*
cat chat/chatte *m./f.*
catastrophe catastrophe *f.*
cathedral cathédrale *f.*
CD CD *m.*
  ~ player lecteur *m.* de CD
cedilla cédille *f.*
cereal céréales *f.pl.*
certainly certainement
chair chaise *f.*
chalet chalet *m.*
chalk craie *f.*
chalkboard tableau *m.* (*pl.* tableaux)
chance occasion *f.*
change changer
  ~ the channel changer de chaîne
changeable variable
channel: TV ~ chaîne *f.*
  ~ surf zapper
  ~ surfer zappeur *m.*
character personnage *m.*
characteristic caractéristique *m.*
château château *m.* (*pl.* châteaux)
check (*restaurant*) addition *f.*
cheek joue *f.*
cheese fromage *m.*
chemistry chimie *f.*
chest of drawers commode *f.*
chicken poulet *m.*
child enfant *m./f.*
chin menton *m.*
Chinese chinois(e)
chip chip *m.*
chocolate chocolat *m.*
  ~ mousse mousse *f.* au chocolat
  hot ~ chocolat *m.*
choice choix *m.*
cholesterol cholestérol *m.*
choose choisir
church église *f.*
cinema cinéma *m.*

citizen citoyen(ne) *m./f.*
city ville *f.*
  ~ of one's birth ville *f.* natale
civil servant fonctionnaire *m./f.*
class classe *f.*; cours *m.*
  first ~ première classe
  second ~ deuxième classe
classical music musique *f.* classique
classified ads petites annonces *f.pl.*
classroom salle *f.* de classe
claustrophobic claustrophobe
clean nettoyer
  ~ up ranger
cleaning nettoyage *m.*
client client/cliente *m./f.*
climate climat *m.*
clock horloge *f.*
closet placard *m.*
clothes vêtements *m.pl.*
cloud nuage *m.*
  in the ~s dans les nuages
cloudy nuageux (-euse)
  it's ~ le ciel est couvert
  partly ~ variable
coat manteau *m.* (*pl.* manteaux)
coffee café *m.*
  ~ with cream café crème
  ~ with milk café au lait
cohabitation union libre *f.*, cohabitation *f.*
coke coca *m.*
cold *adj.* froid(e)
  it's ~ (*weather*) il fait froid
cold *n.* rhume *m.*
collar col *m.*
colonization colonisation *f.*
comb se peigner
come venir
  ~ back revenir, rentrer
  ~ from venir de
comedy *n.* comédie *f.*
comedy *adj.* comique
comfort confort *m.*
comfortable confortable
comic strip bande *f.* dessinée
commercial pub *f.*
communicate communiquer
communications media médias *m.pl.*
compact disk disque *m.* compact
company compagnie *f.*
  ~ head chef *m.* d'entreprise
comparison comparaison *f.*
complaint plainte *f.*

composition rédaction *f.*
computer ordinateur *m.*
  ~ science informatique *f.*
concern souci *m.*
concert concert *m.*
conflict conflit *m.*
conformist conformiste
congratulate féliciter
congratulations félicitations *f.pl.*
constantly constamment
contagious contagieux (-ieuse)
continue continuer
contrary: on the ~ au contraire
contribute contribuer
cook *n.* cuisinier/cuisinière *m./f.*
cook *v.* faire la cuisine
cooked cuit(e)
cookie biscuit *m.*
cooking cuisine *f.*
  do the ~ faire la cuisine
cool frais (fraîche)
  ~! chouette!
  it's ~ (weather) il fait frais
corn maïs *m.*
corner coin *m.*
  at the ~ of au coin de
cost coûter
cotton *adj.* en coton
cotton *n.* coton *m.*
couch canapé *m.*
cough *n.* toux *f.*
cough *v.* tousser
could you . . . ? pourriez-vous... ?
count compter
country pays *m.*
  ~ house maison *f.* de campagne
countryside campagne *f.*
couple couple *m.*
course (*food*) plat *m.*; (class) cours *m.*
  main ~ plat *m.* principal
cousin cousin/cousine *m./f.*
crazy fou (folle)
create créer
credit card carte *f.* de crédit
Creole créole
crime délinquance *f.*
crisis crise *f.*
criterion critère *m.*
croissant croissant *m.*
cross traverser
crowd foule *f.*
cry pleurer
cup tasse *f.*
curtains rideaux *m.pl.*

custom coutume *f.*
  ~s mœurs *f.pl.*
cycling cyclisme *m.*

daily quotidien(ne)
dairy laitier
  ~ **store/department** crémerie
dance *n.* bal *m.*
dance *v.* danser
dark sombre; (color) foncé(e)
dark-haired brun(e)
darkness obscurité *f.*
date date *f.*
daughter fille *f.*
day jour *m.*; journée *f.*
  ~ **off** jour *m.* de congé
  ~ **of rest** journée *f.* de repos
  in those ~s à cette époque-là
  the next ~ le lendemain
daytime journée *f.*
dead mort(e)
dear cher (chère)
death mort *f.*
decaffeinated décaféiné
deceive tromper
December décembre *m.*
decrease diminuer
defend défendre
degree diplôme *m.*
  bachelor's degree licence *f.*
  master's degree maîtrise *f.*
delicatessen charcuterie *f.*
delighted enchanté(e)
delinquency délinquance *f.*
dentist dentiste *m./f.*
department (in a store) rayon *m.*
departure départ *m.*
dependent dépendant(e) *m./f.*
description description *f.*
desert désert *m.*
deserted désert(e)
deserve mériter
desk bureau *m.* (*pl.* bureaux)
desperate désespéré(e)
dessert dessert *m.*
destroy détruire
detective movie/novel film/
  roman *m.* policier
develop (se) développer
diabetic diabétique
diaeresis tréma *m.*
diagnosis diagnostic *m.*
die mourir
diet régime *m.*
  be on a ~ suivre un régime, être
  au régime

dietetic diététique
difficulty: with ~ difficilement
dine dîner
dining room salle *f.* à manger
dinner dîner *m.*
  to have ~ dîner
diploma diplôme *m.*
directions directions *f.pl.*
disadvantage désavantage *m.*
disciplined discipliné(e)
discotheque discothèque *f.*
disease maladie *f.*
dishes vaisselle *f.*
disorder désordre *m.*
displeased mécontent(e)
distant relatives parents *m.pl.*
  éloignés
divorce divorce *m.*
do faire
  ~ **gymnastics** faire de la
    gymnastique
  ~ **one's duty** faire son devoir
  ~ **one's homework** faire ses
    devoirs
  ~ **the cooking** faire la cuisine
  ~ **the dishes** faire la vaisselle
  ~ **the laundry** faire la lessive
doctor médecin *m.*
doctorate doctorat *m.*
dog chien *m.*
doll poupée *f.*
door porte *f.*
doubt douter
downtown centre-ville *m.*
dozen douzaine *f.*
drama drame *m.*
drawing dessin *m.*
dream *n.* rêve *m.*
dream *v.* rêver
dress robe *f.*
  evening ~ robe *f.* du soir
dress s'habiller
dresser commode *f.*
dressy habillé(e)
drink *n.* boisson *f.*
drink *v.* boire
drugstore pharmacie *f.*
during pendant
duty devoir *m.*

each chaque; tout/toute
ear oreille *f.*
earlier plus tôt
early tôt; en avance; de bonne heure
earn gagner
  ~ **a living** gagner sa vie

easily facilement
east est *m.*
Easter Pâques *f.pl.*
eat manger
ecological écologique
economic économique
economics économie *f.*
education éducation *f.*; formation *f.*
  higher ~ études *f.pl.* supérieurs
  physical ~ éducation *f.* physique
egg œuf *m.*
eight huit
eighteen dix-huit
eighty quatre-vingt
elbow coude *m.*
electronic appliance appareil *m.*
  électronique
electronic game jeu *m.*
  électronique
elementary school école *f.*
  primaire
elevator ascenseur *m.*
eleven onze
elsewhere ailleurs
e-mail message message *m.*
  électronique
employee employé/employée
  m./f.
employer employeur *m.*
empty vide
encourage encourager
end *n.* bout *m.*; fin *m.*
end *v.* terminer
energetic énergique
energy-producing énergétique
engineer ingénieur *m.*
English *n.* anglais *m.*
English *adj.* anglais(e)
enough assez
enroll entrer à la fac
enter entrer dans
environment environnement *m.*
equal pareil(le)
equality égalité *f.*
eraser gomme *f.*
error faute *f.*; erreur *f.*
especially surtout
even même
evening soir *m.*
  8:00 in the ~ 8 heures du soir
  ~ **dress** robe du soir *f.*
  good ~ bonsoir
every tout/toute/tous/toutes
  ~ **day** tous les jours
everybody tout le monde
everyone tout le monde

everything tout
everywhere partout
evidently évidemment
exam examen *m.*
  fail an ~ rater un examen
  pass an ~ réussir à un examen
  take an ~ passer un examen
examine examiner
excuse me pardon; excusez-moi
exercise *n.* exercice *m.*
exercise *v.* faire de l'exercice; faire
  de la gymnastique
exotic exotique
expectations attentes *f.pl.*
expensive cher (chère)
explode éclater
expression expression *f.*
  polite ~s formules *f.pl.* de
  politesse
eye œil *m.* (*pl.* yeux)
eyebrow sourcil *m.*
eyeglasses lunettes *f.pl.*
eyelash cil *m.*
eyelid paupière *f.*

fabric tissu *m.*
fact: in ~ en fait
factory worker ouvrier/ouvrière
  m./f.
fail (an exam) rater
fairy tale conte *m.* de fées
fall *n.* automne *m.*
fall *v.* tomber
family famille *f.*
  ~ member membre *m.* de la
  famille
  ~ photo photo *f.* de famille
  ~ relationship lien *m.* de
  parenté
  ~ tree arbre *m.* généalogique
famous célèbre
fantasy fantasme *m.*
far lointain(e)
  ~ from loin de
fashion mode *f.*
fat fort(e); gros(se); gras(se)
father père *m.*
favor favoriser
favorite préféré(e), favori(te)
fear peur *f.*
feat exploit *m.*
February février *m.*
fed up: be ~ en avoir marre
feed nourrir
feel ressentir; se sentir
  ~ like avoir envie de

few peu (de)
  a ~ quelques
fewer moins de
field champ *m.*
fifteen quize
fifty cinquante
fight se battre; lutter
  ~ against lutter contre
figure forme *f.*
fill out (a form, etc.) remplir
film film *m.*
finally enfin, finalement
financial financier (-ière)
find trouver
  I found out j'ai su
fine: the weather is ~ il fait beau
  ~, thank you très bien, merci
  I'm ~! ça va (bien)!
finger doigt *m.*
finish finir
fir tree sapin *m.*
fire feu *m.*
first *adj.* premier (-ière)
  ~ floor rez-de-chaussée *m.*
first *adv.* d'abord
  at ~ d'abord
fish *n.* poisson *m.*
fish *v.* aller à la pêche
fishing pêche *f.*
fishmonger's shop poissonnerie *f.*
fit aller bien
  ~ poorly aller mal à
five cinq
flannel *adj.* en flanelle
flannel *n.* flanelle *f.*
flight vol *m.*
floor étage *m.*
flower fleur *f.*
flowered à fleurs
flu grippe *f.*
fog brouillard *m.*
foggy: it's ~ il fait du brouillard
food aliment *m.*
foolish fou (folle)
foot pied *m.*
  on ~ à pied
football football *m.* américain
for pour
  ~ how long pendant combien de
  temps; depuis combien de
  temps
forbid interdire
forehead front *m.*
foreign étranger (-ère)
forest forêt *f.*
forget oublier

fork fourchette *f.*
form formulaire *m.*
formerly autrefois
fortune: make one's ~ faire
  fortune
fortunately heureusement
forty quarante
four quatre
fourteen quatorze
fox renard *m.*
frankly franchement
free libre
French *n.* français *m.*
French *adj.* français(e)
  ~ bread baguette *f.*
  ~ fries frites *f.pl.*
frequently fréquemment
fresh frais (fraîche)
Friday vendredi *m.*
friend ami/amie *m./f.*;
  copain/copine *m./f.*
friendship amitié *f.*
friendly sociable
from de
  ~ now on désormais
  ~ where d'où
front: in ~ of devant
frozen surgelé(e)
fruit fruit *m.*
fruit juice jus *m.* de fruits
full plein(e)
full-time à plein temps
fun: have ~ s'amuser
funny comique, amusant(e)
furnished meublé
furniture meubles *m.pl.*
future avenir *m.*

gain gagner
  ~ weight grossir
game match *m.*; jeu *m.*
  ~ show jeu télévisé
garage garage *m.*
garden jardin *m.*
garlic ail *m.*
gas essence *f.*
generally généralement
generous généreux (-euse)
geography géographie *f.*
German (*language*) allemand *m.*
German *adj.* allemand(e)
get: ~ along s'entendre
  ~ angry se fâcher
  ~ down descendre
  ~ dressed s'habiller
  ~ mad se fâcher

~ **married**   se marier
~ **up**   se lever
ghost   fantôme *m.*
gift   cadeau *m.* (*pl.* cadeaux)
girl   fille *f.*
girlfriend   petite amie *f.*
give   offrir; donner
glass   verre *m.*
glasses (eye-)   lunettes *f.pl.*
glove   gant *m.*
go   aller
~ **back**   rentrer
~ **boating**   faire du bateau
~ **camping**   faire du camping
~ **fishing**   aller à la pêche
~ **for a walk**   se promener, faire une promenade
~ **hunting**   aller à la chasse
~ **in for sports**   faire du sport
~ **out**   sortir
~ **shopping**   faire des courses
~ **to bed**   se coucher
~ **up**   monter
goal   objectif *m.*; but *m.*
golf   golf *m.*
play ~   faire du golf
good   bon(ne)
~ **evening**   bonsoir
~ **grief!**   mince!
~ **idea!**   bonne idée!
~ **night**   bonsoir
it's a good thing that   c'est bien que
good-bye   au revoir
grab   attraper
grade   note *f.*
grade school teacher   instituteur/ institutrice *m./f.*
graduate   diplômé(e)
gram   gramme *m.*
granddaughter   petite-fille *f.*
grandfather   grand-père *m.*
grandmother   grand-mère *f.*
grandparents   grands-parents *m.pl.*
grandson   petit-fils *m.*
gray   gris(e)
greasy   gras (grasse)
great   chouette, super, formidable
green   vert(e)
~ **beans**   haricots *m.pl.* verts
greetings   salutations *f.pl.*
grocery:
go ~ **shopping**   faire les courses
~ **store**   épicerie *f.*
ground: on the ~   par terre
~ **floor**   rez-de-chaussée *m.*

grow: ~ **old**   vieillir
~ **up**   grandir
guess   deviner
gun   fusil *m.*
gymnastics   gymnastique *f.*
do ~   faire de la gymnastique

habit   habitude *f.*
hair   cheveux *m.pl.*
hairdo   coiffure *f.*
ham   jambon *m.*
hand   main *f.*
give someone a ~   donner un coup de main à
on the other ~   par contre
raise one's ~   lever le doigt
shake ~**s**   serrer la main; (se) donner la main
handsome   beau/bel/belle/ beaux/belles
Hanukkah   Hanoukka *f.*
happen   se passer
what happened?   qu'est-ce qui s'est passé?
happiness   bonheur *m.*
happy   heureux (-euse)
~ **birthday!**   bon anniversaire!
~ **New Year!**   bonne année!
~ **holidays!**   joyeuses fêtes!
hard   dur *(adv.)*
have a ~ **time**   avoir du mal (à)
hat   chapeau *m.* (*pl.* chapeaux)
hate   détester
have   avoir; posséder
~ **a hard time**   avoir du mal à
~ **dinner**   dîner
~ **(food)**   prendre
~ **fun**   s'amuser
~ **just**   venir de
~ **to**   devoir
hay fever   rhume *m.* des foins
he   il
head   tête *f.*
headache   mal *m.* à la tête
health   santé *f.*
healthful   sain(e)
hear   entendre
heart   cœur *m.*
~ **attack**   crise *f.* cardiaque
heat   chaleur *f.*
heavyset   fort(e); gros(se)
height   taille *f.*
hello   bonjour, salut!; (on the telephone) allô?
help   aider
helping hand   coup *m.* de main

hen   poule *f.*
her *pron.*   la; elle
her *adj.*   son/sa/ses
here   ici
~ **is/are**   voici, voilà
heritage   héritage *m.*
hi   salut
hidden   caché(e)
high school   lycée *m.*
him   le; lui
hire   embaucher
hired   embauché(e)
his   son/sa/ses
historical   historique
history   histoire *f.*
hit   battre
hockey   hockey *m.*
holiday   fête *f.*; jour *m.* de congé
happy ~   joyeuses fêtes
home: at ~   à domicile
at the ~ **of**   chez
in a private ~   chez un particulier
homeless person   sans-abri *m./f.*
hometown   ville *f.* d'origine
homework   devoirs *m.pl.*
hope   espérer
horror movie   film *m.* d'épouvante
hors d'oeuvre   hors-d'œuvre *m.* (*pl.* hors-d'œuvre)
horse   cheval *m.* (*pl.* chevaux)
hospital   hôpital *m.*
host   hôte *m.*
hot   chaud(e)
~ **chocolate**   chocolat *m.*
it's ~ **(weather)**   il fait chaud
hotel   hôtel *m.*
hour   heure *f.*
house   maison *f.*
how   comment; comme
~ **many**   combien (de)
~ **much**   combien (de)
~ **do you spell that?**   comment ça s'écrit?
~ **are you?**   comment allez-vous/vas-tu? (comment) ça va?
~ **old are you?**   quel âge avez-vous/as-tu?
~ **stupid of me!**   que je suis bête!
hundred   cent
hunger   faim *f.*
hungry: be ~   avoir faim
hunter   chasseur *m.*
hunting   chasse *f.*
go ~   aller à la chasse
hurry   se dépêcher

hurry: in a ~ pressé(e)
hurt avoir mal à; faire mal à
   be ~ se blesser
husband mari *m.*
hyphen trait *m.* d'union
hypothesis hypothèse *f.*

I je
ice glace *f.*
   ~ skating patinage *m.* sur glace
ice cream glace *f.*
   chocolate ~ glace au chocolat
   vanilla ~ glace à la vanille
idea idée *f.*
   good ~! bonne idée!
ideal idéal(e)
idealistic idéaliste
identity identité *f.*
if si
   ~ need be à la rigueur
ill malade
   become ~ tomber malade
illness maladie *f.*
image image *f.*
immediately tout de suite
immigrant immigré(e) *m./f.*
impatiently impatiemment
impressionist impressionniste
in dans, en, à
   he's (not) in il (n')est (pas) là
   ~ a private home chez un
      particulier
   ~ front of devant
   ~ my opinion pour moi, à mon
      avis
   ~ practice en pratique
   ~ theory en théorie
   ~ those days à cette époque-là
included compris(e)
increase augmenter
incredible incroyable
indifference indifférence *f.*
indifferent indifférent(e)
indigestion indigestion *f.*
individual *adj.* individuel(le)
individual *n.* individu *m.*
information desk bureau *m.* de
      renseignements
inhabitant habitant(e) *m./f.*
injection piqûre *f.*
   give an ~ faire une piqûre (à)
injure oneself se blesser
injured: be ~ se blesser
injury blessure *f.*
instead of au lieu de
instigate provoquer

integrate: to be ~d s'intégrer
intelligent intelligent(e)
intend to avoir l'intention de
interest *v.* intéresser
   be interested s'intéresser
interesting intéressant(e)
internship stage *m.*
interview entretien *m.*, interview *f.*
intolerance intolérance *f.*
intolerant intolérant(e)
introductions présentations *f.pl.*
invest investir
invite inviter
iron repasser
irritating embêtant(e)
Islamic islamique
island île *f.*
isolated isolé(e)
it il/elle; le/la
   ~ is il est, c'est
   ~ is necessary (that) il faut
      (que)
   ~'s a question of il s'agit de
   ~'s ... (weather) il fait...
   ~'s raining il pleut
   ~'s snowing il neige
Italian italien(ne)
its son/sa/ses

jacket veste *f.*; (waist-length)
      blouson *m.*
jam confiture *f.*
January janvier *m.*
Japanese japonais(e)
jazz jazz *m.*
jeans jean *m.*
jewel bijou *m.* (*pl.* bijoux)
jewelry bijoux *m.pl.*
job emploi *m.*; poste *m.*
   ~ application demande *f.*
      d'emploi
jogging jogging *m.*
   go ~ faire du jogging
joke blague *f.*
journalist journaliste *m./f.*
judo judo *m.*
juice jus *m.*
July juillet *m.*
June juin *m.*
junior high school collège *m.*
just: have ~ venir de
   ~ a minute un moment

keep garder
key clé *f.*

kidding: be ~ plaisanter!
   you're kidding! tu plaisantes!
kill tuer
kilogram kilo *m.*
kind genre *m.*
kindergarten école *f.* maternelle
king roi *m.*
kitchen cuisine *f.*
knee genou *m.* (*pl.* genoux)
knife couteau *m.* (*pl.* couteaux)
knit en maille
knock frapper
knot nœud *m.*
know savoir; connaître
   ~ each other se connaître

lack manque *m.*
   a ~ of un manque de
lady dame *f.*
lake lac *m.*
lamp lampe *f.*
landlord/landlady propriétaire *m./f.*
language langue *f.*
last dernier (-ière)
   ~ night hier soir
late tard; en retard
later plus tard
latest dernier (-ière)
laugh rire
laundry lessive *f.*
law (field of study) droit *m.*;
      (legislation) loi *f.*
lawyer avocat/avocate *m./f.*
lazy paresseux (-euse)
leaf feuille *f.*
learn apprendre
least: at ~ au moins
   the ~ le/la/les moins
leather *adj.* en cuir
leather *n.* cuir *m.*
leave partir; quitter
lecture hall amphithéâtre *m.*
left gauche *f.*
leg jambe *f.*
leggings caleçon *m.*
leisure activities loisirs *m.*
lemon citron *m.*
lemonade: fresh ~ citron pressé *m.*
lend prêter
less moins de
   ~ ... than moins... que
   ~ and ~ de moins en moins
let: ~ me introduce you to ... je
      te/vous présente...
   ~'s go allons
   ~'s see voyons

letter lettre *f.*
~ **of the alphabet** lettre *f.* de
l'alphabet
lettuce salade *f.*
level niveau *m.* (*pl.* niveaux)
library bibliothèque *f.*
life vie *f.*
light *adj.* clair(e) (color)
light *n.* lumière *f.*
like *prep.* comme
like *v.* aimer
do you ~ that? ça te plaît?
I like that Ça me plaît
what would you ~? vous désirez?
would you ~ to? ça vous
(t')intéresse?
lips lèvres *f.pl.*
listen (to) écouter
liter litre *m.*
literature littérature *f.*
little petit(e)
a ~ un peu
live habiter; vivre
living room séjour *m.*; salon *m.*
loaf of French bread baguette *f.*
loafer mocassin *m.*
lobster homard *m.*
location emplacement *m.*
lodging logement *m.*; logis *m.*
~ **with breakfast and dinner**
demi-pension *f.*
long long(ue)
longer: no ~ ne... plus
long-sleeved à manches longues
look avoir l'air
~ **at** regarder
~ **bad on** aller mal à
~ **for** chercher
~ **good on** aller bien à
lose perdre
~ **weight** maigrir
lost-and-found objets *m.pl.* trouvés
lot: a ~ (of) beaucoup (de)
lottery loterie *f.*
love *n.* amour *m.*
love *v.* aimer
lower baisser
luck chance *f.*
good ~! bonne chance!
what ~! quelle chance!
lucky: be ~ avoir de la chance
luggage bagages *m.pl.*
luminous lumineux (-euse)
lunch déjeuner *m.*

madam madame
magazine magazine *m.*
magnificent magnifique
main course plat *m.* principal
make faire; rendre
~ **an appointment** prendre
rendez-vous
~ **one's bed** faire son lit
~ **one's fortune** faire fortune
~ **sick** rendre malade
makeup: to put on ~ se maquiller
man homme *m.*
management les cadres *m.pl.*
mandatory obligatoire
manners manières *f.pl.*
many beaucoup de, beaucoup
map carte *f.*; (city) plan
March mars *m.*
marriage mariage *m.*
married: to get ~ se marier
marry épouser
marvelous merveilleux (-euse)
master's degree maîtrise *f.*
match match *m.*
material comfort confort *m.*
matériel
math maths *f.pl.*
mature mûrir
May mai *m.*
may I . . . ? est-ce que je
pourrais... ?
maybe peut-être
me me; moi
meal repas *m.*
meat viande *f.*
mechanic mécanicien/
mécanicienne *m./f.*
medication médicament *m.*
medicine (drug) médicament *m.*;
(discipline) médecine *f.*
meet retrouver; se retrouver;
rencontrer
mentioned mentionné(e)
menu menu *m.*; carte *f.*
fixed-price ~ menu *m.*
merry Christmas joyeux Noël
message message *m.*
e-mail ~ message électronique
m.
Mexican mexicain(e)
midday midi *m.*
middle milieu *m.*
midnight minuit *m.*
migraine migraine *f.*

milk *n.* lait *m.*
milk *adj.* laitier
million million *m.*
mineral water eau minérale *f.*
minutes to (the hour) moins...
miss rater
Miss mademoiselle *f.* (*pl.*
Mesdemoiselles) (abbr. Mlle/
Mlles)
mistake faute *f.*; erreur *f.*
misunderstanding malentendu *m.*
mocassin mocassin *m.*
moderate modéré(e)
moment moment *m.*
Monday lundi *m.*
money argent *m.*
month mois *m.*
monument monument *m.*
moon lune *f.*
moral moral(e)
more plus de
~ **. . . than** plus... que
~ **and ~** de plus en plus
no ~ ne... plus
the ~ . . . the ~ plus... plus...
morning matin *m.*
6:00 in the ~ 6 heures du matin
tomorrow ~ demain matin
yesterday ~ hier matin
Moroccan marocain(e)
most la plupart de
the ~ le/la/les plus
mother mère *f.*
mountain montagne *f.*
mouse souris *f.*
mousse mousse *f.*
chocolate ~ mousse *f.* au
chocolat
mouth bouche *f.*
movie film *m.*
detective ~ film policier
horror ~ film d'épouvante
~**s** cinéma, ciné *m.*
~ **theater** cinéma *m.*
Mr. monsieur *m.* (*pl.* Messieurs)
(abbr. M.)
Mrs. madame *f.* (*pl.* Mesdames)
(abbr. Mme)
much beaucoup
how ~ combien
too ~ trop (de)
muffler écharpe *f.*
murmur murmurer
museum musée *m.*

music musique *f.*
  play ~ faire de la musique
musician musicien/musicienne
  m./f.
must il faut (que); devoir
my mon/ma/mes

name name *m.*
  first ~ prénom *m.*
  last ~ nom *m.*
  my ~ is je m'appelle
nap sieste *f.*
  take a ~ faire la sieste
napkin serviette *f.*
national holiday fête *f.* nationale
nationality nationalité *f.*
nature nature *f.*
nausea nausée *f.*
nauseated: to be ~ avoir la nausée
near près de
neat chouette
necessary: it is ~ (that) il faut (que)
neck cou *m.*
need avoir besoin
  if ~ be à la rigueur
neighborhood quartier *m.*;
  voisinage *m.*
  ~ shop magasin *m.* du coin
neither one ni l'un ni l'autre
nephew neveu (*pl.* neveux) *m.*
never jamais; ne... jamais
new nouveau/nouvel/nouvelle/
  nouveaux/nouvelles
  ~ Year's Day Jour de l'An *m.*
news nouvelles *f.pl.*
  (TV) ~ journal télévisé *m.*
newspaper journal *m.* (*pl.*
  journaux)
next prochain(e)
  ~ to à côté de
  the ~ day le lendemain
nice gentil(le); agréable;
  sympathique; aimable
  it's ~ weather il fait beau
niece nièce *f.*
night nuit *f.*
  last ~ hier soir
  tomorrow ~ demain soir
nightclub boîte *f.* (de nuit)
nightgown chemise *f.* de nuit
nightmare cauchemar *m.*
nine neuf

nineteen dix-neuf
ninety quatre-vingt-dix
ninety-one quatre-vingt-onze
no non
  ~ longer ne... plus
  ~ more ne... plus
  ~ one personne, personne ne,
  ne... personne
  ~ way! c'est pas vrai!
nobody personne, personne ne,
  ne... personne
noise bruit *m.*
nonconformist individualiste
non-smoking (section) non-
  fumeurs
nonsense bêtises *f.pl.*
noon midi *m.*
north nord *m.*
nose nez *m.*
  runny ~ nez qui coule
  stuffy ~ nez bouché
not ne... pas; pas
  ~ at all pas du tout
  ~ bad pas mal
  ~ much pas beaucoup; pas
  grand-chose
  ~ too pas trop
notebook cahier *m.*
nothing rien, ne... rien, rien ne...
novel roman *m.*
November novembre *m.*
now maintenant
  from ~ on désormais
nurse infirmier/infirmière *m./f.*
nuts! zut (alors)! mince!
nylon *adj.* en nylon
nylon *n.* nylon *m.*

objective objectif *m.*
occasion occasion *f.*
occupation profession *f.*
o'clock heure *f.*
October octobre *m.*
odor odeur *f.*
of de
  ~ course bien sûr
  ~ course not mais non
offer offrir
office bureau *m.* (*pl.* bureaux)
often souvent
oh yeah? et alors?
OK d'accord

old vieux/vieil/vieille/vieux/
  vieilles
  be ... years ~ avoir ... ans
  grow ~ vieillir
  how ~ are you? quel âge as-tu/
  avez-vous?
omelet omelette *f.*
on sur
  ~ foot à pied
  ~ the contrary au contraire
  ~ the other hand par contre
once une fois
one *number; art.* un(e)
one *pron.* on
one-color uni
one-self soi-même
one-way ticket aller *m.* simple
onion oignon *m.*
only seulement; ne... que
open *adj.* ouvert(e)
open *v.* ouvrir
  ~ oneself up s'ouvrir
opinion opinion *f.*; avis *m.*
optimistic optimiste
or ou
orange *adj. inv.* orange
orange *n.* orange *f.*
order *n.* ordre *m.*
order *v.* commander
ordinal numbers nombres *m.pl.*
  ordinaux
organize organiser
other autre
our notre, nos
outdoors dehors
outgoing sociable
outing sortie *f.*
outside dehors
over there là-bas
owe devoir
own posséder
owner propriétaire *m./f.*
oyster huître *f.*

package tour voyage *m.* organisé
painter peintre *m.*
painting peinture *f.*; tableau *m.*
pal copain *m.*, copine *f.*
pants pantalon *m.*
parade défilé *m.*
parents parents *m.pl.*
parka anorak *m.*

part: be ~ of faire partie de
part-time à mi-temps
partner partenaire *m./f.*
party soirée *f.*
pass passer
　~ an exam réussir à un
　　examen
passive passif (-ive)
passport passeport *m.*
pasta pâtes *f.pl.*
pastime passe-temps *m.* (*pl.* passe-
　　temps)
pastry shop pâtisserie *f.*
pâté pâté *m.*
patient patient(e)
patiently patiemment
pay payer
　~ attention faire attention
peach pêche *f.*
pear poire *f.*
peas petits pois *m.pl.*
pen stylo *m.*
pencil crayon *m.*
people gens *m.pl.*; on (*pron.*)
pepper poivre *m.*
percentage pourcentage *m.*
perfect parfait(e)
　that's ~! c'est parfait!
perhaps peut-être
person personne *f.*
personal possessions objets *m.pl.*
　　personnels
pessimistic pessimiste
petition pétition *f.*
pharmacist pharmacien/
　　pharmacienne *m./f.*
philosophy philosophie *f.*
phobia phobie *f.*
phone téléphoner
　~ each other se téléphoner
physical physique
physics physique *f.*
picnic pique-nique *m.*
picture image *f.*
pie tarte *f.*
piece morceau *m.* (*pl.* morceaux)
　~ of chalk morceau de craie
pile: a ~ of un tas *m.* de
pill comprimé *m.*
pitcher carafe *f.*
pizza pizza *f.*
place setting couvert *m.*
place lieu *m.* (*pl.* lieux); place *f.*;
　　endroit *m.*
plaid à carreaux

plan projet
plane avion *m.*
　by ~ en avion
plate assiette *f.*
play jouer
　~ (a sport) faire du/de la (sport)
player: CD ~ lecteur *m.* de CD
pleasant sympathique; agréable
please *v.* plaire
please *adv.* s'il vous plaît
　~ bring me pourriez-vous
　　m'apporter
　~ hold (*on the telephone*) ne
　　quittez pas
pleasure plaisir *m.*
　~ trip voyage *m.* d'agrément
　with ~! volontiers! avec plaisir!
pneumonia pneumonie *f.*
pocket poche *f.*
poem poème *m.*
polite expressions formules *f.pl.* de
　　politesse
politely poliment
political politique
　~ science sciences *f.pl.* politiques
politician politicien/politicienne
　　m./f.
polka dot à pois
polo shirt polo *m.*
polyester *adj.* en polyester
polyester *n.* polyester *m.*
pool piscine *f.*
poor pauvre
poor person pauvre *m./f.*
poorly mal
pork porc *m.*
possess posséder
possessions affaires *f.pl.*; objets
　　personnels *m.pl.*
post office poste *f.*
poster poster *m.*
potato pomme *f.* de terre
pound livre *f.*
poverty pauvreté *f.*; misère *f.*
power pouvoir *m.*
practical pratique
practice *n.* pratique *f.*
　in ~ en pratique
　~ music faire de la musique
practice *v.* exercer
prefer préférer
prejudice préjugé *m.*
prepare préparer
prescribe prescrire
present présent(e)

president président/présidente
　　m./f.
pretty joli(e)
prevent empêcher
price prix *m.*
print imprimé
probably sans doute
problem problème *m.*
product produit *m.*
profession profession *f.* libérale;
　　métier *m.*
professional professionnel(le)
professor professeur *m.*
program programme *m.*;
　　(television) émission *f.*;
　　programme *m.*
promotion promotion *f.*
protest *v.* protester
provoke provoquer
psychological drama drame *m.*
　　psychologique
psychology psychologie *f.*
pullover pull *m.*; chandail *m.*
punish punir
punished puni(e)
pupil élève *m./f.*
pushups pompes *f.pl.*
put mettre
　~ on (se) mettre
　~ on makeup se maquiller
pyjamas pyjama *m.*

quantity quantité *f.*
quarter (hour) quart *m.*
　~ after (the hour) et quart
　~ to (the hour) moins le quart
queen reine *f.*
question interroger
　it's a ~ of il s'agit de
quiche quiche *f.*
quickly rapidement
quit one's job démissionner

racism racisme *m.*
radio radio *f.*
rain *n.* pluie *f.*
rain *v.*: **it's raining** il pleut
raincoat imperméable *m.*
raise lever; élever
　~ one's hand lever le doigt
rally se mobiliser

Ramadan   Ramadan *m.*
rarely   rarement
raspberry   framboise *f.*
rather   plutôt
rats!   zut (alors)!; mince!
ravishing   ravissant(e)
raw   cru(e)
read   lire
reading   lecture *f.*
reality   réalité *f.*
really   vraiment
   ~?   ah bon?
reason   raisonner
reasonable   raisonnable
recall   (se) rappeler
receive   recevoir
recently   récemment
receptionist   réceptionniste *m./f.*
recess   récréation *f.*
recognize   reconnaître
recommend   recommander
red   rouge
   ~ hair   roux (rousse)
   ~ light   feu rouge *m.*
referee   arbitre *m.*
refined   raffiné(e)
refuse   refuser
regret   regretter
reject   rejeter
relate   raconter
relationship   rapport *m.*
relatives   parents *m.pl.*
   distant ~   parents éloignés
relaxation   détente *f.*
remain   rester
   ~ standing   rester debout
remember   se souvenir
remind   rappeler
remote control   télécommande *f.*
render   rendre
rent   louer
renter   locataire *m./f.*
report   rapport *m.*
reporter   journaliste *m./f.*
required   exigé(e)
research   recherche *f.*
resemble   ressembler (à)
reserved for   réservé(e) à
respect   respecter
responsible   responsable
rest   se reposer
restaurant   restaurant *m.*
résumé   curriculum *m.* vitae, CV *m.*
retirement   retraite *f.*
return   rentrer; revenir; retourner

review   réviser
rice   riz *m.*
rich   riche
ride *n.*   promenade *f.*, randonnée *f.*
   car ~   promenade en voiture
   train ~   voyage *m.* en train
ride *v.*:   **~ a bike**   faire du vélo
   ~ a train   voyager en train
rifle   fusil *m.*
right *adj.*   droit(e); correct(e)
   is that ~?   c'est vrai?
right *adv.*   correctement; à droite
   ~ away   tout de suite
right *n.*   (direction) droite *f.*;
   (entitlement) droit *m.*
rise   se lever
risk   risque *m.*
river   fleuve *m.*
road   route *f.*
roast beef   rosbif *m.*
rock music   rock *m.*
romantic film   film *m.* d'amour
room   pièce *f.*; chambre *f.*
roommate   camarade *m./f.* de
   chambre
rope   corde *f.*
Roquefort cheese   roquefort *m.*
round-trip ticket   aller-retour *m.*
routine   routine *f.*
row   rang *m.*
rug   tapis *m.*
runny nose   nez *m.* qui coule
rural   rural(e) (*m.pl.* ruraux)
   ~ community   commune rurale *f.*
Russian   russe

sad   triste
saint's day   fête *f.*
salad   salade *f.*
salami   saucisson *m.*
salary   salaire *m.*
sale   solde *m.*
   on ~   en soldes
salesperson   vendeur/vendeuse
   m./f.
salt   sel *m.*
sand   sable *m.*
sandal   sandale *f.*
sandwich   sandwich *m.*
Santa Claus   père Noël *m.*
satisfied   satisfait(e)
Saturday   samedi *m.*
sausage   saucisse *f.*

say   dire
   ~!   tiens! dis/dites!
scandalous   scandaleux (-euse)
scare   faire peur à
scarf   écharpe *f.*; foulard *m.*
schedule   emploi *m.* du temps;
   (train) horaire *m.*
school   école *f.*; (at university)
   fac/faculté *f.*
   elementary ~   école primaire
   high ~   lycée *m.*
   junior high/middle ~   collège *m.*
   nursery ~   école maternelle
   ~ subject   matière *f.*
schoolteacher   maître/maîtresse
   m./f.
   primary ~   instituteur/
   institutrice *m./f.*
science   science *f.*
sea   mer *f.*
seafood   fruits *m.pl.* de mer
season   saison *f.*
seat   place *f.*
seated   assis(e)
second   deuxième
secret   secret *m.*
secretary   secrétaire *m./f.*
security   sécurité *f.*
see   voir
   ~ one another   se (re)voir
   ~ you soon   à bientôt
seem   avoir l'air; sembler
selfish   égoïste
sell   vendre
send   envoyer
Senegalese   sénégalais(e)
separate   séparé(e)
September   septembre *m.*
serious   sérieux (-euse)
seriously   sérieusement
serve   servir
seven   sept
seventeen   dix-sept
seventy   soixante-dix
seventy-one   soixante et onze
seventy-two   soixante-douze
several   plusieurs
shame   honte *f.*
shape   forme *f.*
   in good ~   en bonne forme
share   partager
shave   se raser
she   elle
sheet of paper   feuille *f.* de papier
shelter   abri *m.*: gîte *m.*

shirt *(men's)* chemise *f.*; *(women's)* chemisier *m.*
shoes chaussures *f.pl.*
  dressy ~ chaussures habillées
shopping: go grocery ~ faire les courses
  go ~ faire des courses
short petit(e); court(e)
shorts short *m.*
short-sleeved à manches courtes
should *(see* devoir*)*
  I ~ je devrais
  I ~ have j'aurais dû
shoulder épaule *f.*
shout crier
show montrer
show: game ~ jeu *m.* télévisé
  variety ~ variétés *f.pl.*
shower douche *f.*
shrimp crevette *f.*
shy timide
sick malade
  get ~ tomber malade
side côté *m.*
silk *adj.* en soie
silk *n.* soie *f.*
similar semblable
since depuis
  ~ when depuis quand
sing chanter
singer chanteur/chanteuse *m./f.*
single célibataire
  ~ person célibataire *m./f.*
sink *(bathroom)* lavabo *m.*
sir monsieur
sister sœur *f.*
sister-in-law belle-sœur *f.*
six six
sixteen seize
sixty soixante
skate patin *m.*
skating: ice ~ patinage *m.* sur glace
  ~ rink patinoire *f.*
skeptical sceptique
ski faire du ski
skiing ski *m.*
skirt jupe *f.*
sky ciel *m.*
sleep dormir
  ~ in faire la grasse matinée
sleeve manche *f.*
slender mince
slice tranche *f.*
slipper pantoufle *f.*
slowly lentement
small petit(e)

smell odeur *f.*
smoking (section) fumeurs *m.pl.*
snail escargot *m.*
sneaker basket *m.*; tennis *f.*
sneeze éternuer
snow *n.* neige *f.*
snow *v.:* **it's snowing** il neige
so eh bien, ben, alors, donc
soap opera feuilleton *m.*
soccer foot *m.*, football *m.*
  play ~ faire du foot
society société *f.*
sociology sociologie *f.*
sock chaussette *f.*
sofa canapé *m.*
solid-color uni(e)
solitude solitude *f.*
solution solution *f.*
some *adj.* des; certain(e)s, quelques
  ~ what? de la/du quoi?
some *pron.* en; certain(e)s; quelques-un(e)s
somebody quelqu'un
someone quelqu'un
something quelque chose
sometimes quelquefois
son fils *m.*
song chanson *f.*
soon bientôt
  as ~ as dès que
sore throat mal *m.* à la gorge
sorry désolé(e); pardon
  be ~ regretter
sort espèce *f.*; genre *m.*
so-so comme ci comme ça
soup soupe *f.*
south sud *m.*
souvenir souvenir *m.*
space espace *m.*
spacious spacieux (-euse)
Spanish espagnol(e)
speak parler
  ~ loudly parler fort
specialist spécialiste *m./f.*
spend *(money)* dépenser; *(time, vacation)* passer
spider araignée *f.*
spoon cuillère *f.*
sports sport *m.*
spouse conjoint/conjointe *m./f.*; époux/épouse *m./f.*
spring printemps *m.*
square place *f.*
stadium stade *m.*
staircase escalier *m.*
stairs escalier *m.*

stand supporter
standing debout
star étoile *f.*
station (train) gare *f.*
  gas ~ station *f.* service
stay *n.* séjour *m.*
stay *v.* rester; faire un séjour
steak bifteck *m.*
stimulate stimuler
stingy avare
stool tabouret *m.*
stop arrêter
store magasin *m.*
storm orage *m.*
stormy orageux (-euse)
story étage *m.*; histoire *f.*
straight ahead tout droit
strange étrange
stranger étranger/étrangère *m./f.*
strawberry fraise *f.*
  ~ tart tarte *f.* aux fraises
street rue *f.*
  ~ map plan *m.* de ville
stress stress *m.*
strict strict(e)
strike frapper
striped à rayures
stroke attaque *f.* cérébrale
strong fort(e)
student élève *m./f.*
  university ~ étudiant/étudiante *m./f.*
studio studio *m.*
study étudier
stuffed animal peluche *f.*
stuffy nose nez *m.* bouché
stupid bête; stupide
  how ~! quelle bêtise!
subject (school) matière *f.*
  the ~ is il s'agit de
suburbs banlieue *f.*
succeed réussir
success réussite *f.*; succès *m.*
suffer souffrir
sugar sucre *m.*
  ~ cane canne *f.* à sucre
suit *(men's)* costume *m.*; *(women's)* tailleur *m.*
suitcase valise *f.*
summer été *m.*
sun soleil *m.*
Sunday dimanche *m.*
sunglasses lunettes *f.pl.* de soleil
sunny ensoleillé(e)
  it's ~ il fait du soleil
supermarket supermarché *m.*

supposed: I was ~ to   je devais
surname   nom *m.* de famille
surprising   étonnant(e); surprenant(e)
sweater   chandail *m.*; pull *m.*
  button-up ~   cardigan *m.*
sweats   jogging *m.*
sweatshirt   sweat *m.*
sweet   sucré(e), doux (douce)
swim   faire de la natation; nager
swimming   natation *f.*
Swiss   suisse
symptom   symptôme *m.*
syrup   sirop *m.*

table   table *f.*
tablet   comprimé *m.*
taco   taco *f.*
Tahitian   tahitien(ne)
take   prendre
  ~ a trip   faire un voyage
  ~ advantage of   profiter de
  ~ back   ramener
  ~ off   enlever
talk to each other   se parler
talkative   bavard(e)
tall   grand(e)
tame   apprivoiser
tart: apple ~   tarte *f.* aux pommes
taste   goût *m.*
tea   thé *m.*
  plain ~   thé nature
  ~ with lemon   thé citron
  ~ with milk   thé au lait
teacher   instituteur/institutrice, professeur *m.*; enseignant/ enseignante *m./f.*
team   équipe *f.*
telephone *n.*   téléphone *m.*
telephone *v.*   téléphoner
television   télévision *f.*
  ~ set   poste *m.* de télévision
tell   raconter
temperature   température *f.*
  take one's ~   prendre sa température
ten   dix
tenant   locataire *m./f.*
tendency   tendance *f.*
tennis   tennis *m.*
  play ~   faire du tennis
  ~ shoe   tennis *f.*
terrace   terrasse *f.*
terrible   terrible
terrific   super, formidable

test   examen *m.*: épreuve *f.*
thank   remercier
  many ~s   merci mille fois
  ~s   merci
  ~ you   merci
Thanksgiving Day   Jour *m.* d'action de grâces
that *adj.*   ce/cet/cette... (-ci/-là)
that *conj.*   que
that *pron.*   ce, cela, ça; *rel. pron.* qui, que
the   le/la/l'/les
theater: movie ~   cinéma *m.*
their   leur, leurs
them   les, leurs
then   alors, puis, ensuite
theory: in ~   en théorie *f.*
there   là, là-bas; y
  ~ is/are   il y a; voilà
therefore   donc
these *adj.*   ces; ces... (-ci/-là)
these *pron.*   ceux/celles-ci; ceux/ celles-là
they   ils/elles/on
think   penser, trouver, croire
  ~ about   penser à
  ~ of   penser de
thirst   soif *f.*
thirsty: be ~   avoir soif
thirteen   treize
thirty   trente
  ~ (minutes past the hour)   et demie
this *adj.*   ce, cet, cette... (-ci/-là)
those *adj.*   ces; ces... (-ci/-là)
those *pron.*   ceux/celles(-ci); ceux/ celles(-là)
thousand   mille *inv.*
three   trois
throat   gorge *f.*
  sore ~   mal *m.* à la gorge
Thursday   jeudi *m.*
ticket   billet *m.*
  one-way ~   aller simple *m.*
  round-trip ~   aller-retour *m.*
  ~ window   guichet *m.*
tie   cravate *f.*; lien *m.*
time   heure *f.*; temps *m.*
  a long ~   longtemps
  at that ~   en ce temps-là
  free ~   temps libre *m.*
  from ~ to ~   de temps en temps
  have ~ (to)   avoir le temps (de)
  have a hard ~   avoir du mal à
  it is ~ that   il est temps de/que
  on ~   à l'heure

timetable   horaire *m.*
tired   fatigué(e)
title   titre *m.*
to   à, en, dans
  in order ~   pour
  ~ her   lui
  ~ him   lui
  ~ them   leur
toast   pain grillé *m.*
tobacco/magazine shop   bureau *m.* de tabac
today   aujourd'hui
together   ensemble
toilet   W.C. *m.pl.*; toilettes *f.pl.*
tomato   tomate *f.*
tomorrow   demain
too   trop; aussi
  ~ bad   tant pis
  ~ little   trop peu (de)
  ~ much   trop (de)
tooth   dent *f.*
torn   déchiré(e)
touch   toucher
tour   tour *m.*
town   village *m.*; ville *f.*
toy   jouet *m.*
track   course *f.*
tradition   tradition *f.*
traditional   traditionnel(le)
traditionally   traditionnellement
traffic jam   embouteillage *m.*
tragic   tragique
train   train *m.*
  by ~   en train
  high-speed ~   TGV *m.*
  ~ station   gare *f.*
training   formation *f.*
tranquil   tranquille
travel   voyager
  ~ agency   agence *f.* de voyage
treatment   traitement *m.*
tree   arbre *m.*
  family ~   arbre *m.* généalogique
trip   voyage *m.*
  ~ around the world   tour du monde
  business ~   voyage *m.* d'affaires
  go on a ~   faire un voyage
  have a nice ~!   bon voyage!
  pleasure ~   voyage d'agrément
true   vrai(e)
truth   vérité *f.*
try again later   essayer plus tard
T-shirt   tee-shirt *m.*
Tuesday   mardi *m.*
tuna   thon *m.*

turkey   dinde *f.*
turn   tourner
  ~ off   éteindre
  ~ on   allumer
tuxedo   smoking *m.*
twelve   douze
twenty   vingt
twenty-one   vingt et un
twenty-two   vingt-deux
two   deux
type   espèce *f.*; genre *m.*
typical   typique

uh   euh
uncivilized person   sauvage *m./f.*
uncle   oncle *m.*
under   sous
understand   comprendre
  ~ one another   se comprendre
unemployment   chômage *m.*
unfortunately   malheureusement
unfurnished   non meublé
university   université *f.*
  ~ cafeteria   restaurant *m.* universitaire
  ~ dorm   résidence *f.* universitaire
unmarried   célibataire
unpleasant   désagréable
up to   jusqu'à
us   nous
useful   utile
usual: as ~   comme d'habitude
usually   d'habitude
utilities   charges *f.pl.*

vacation   vacances *f.pl.*
  ~ day   jour de congé
  have a nice ~!   bonnes vacances!
vacuum   passer l'aspirateur
  ~ cleaner   aspirateur *m.*
value   valeur *f.*
variety show   variétés *f.pl.*
veal   veau *m.*
  ~ cutlet   côtelette *f.* de veau
vegetable   légume *m.*
vegetarian   végétarien(ne)
velvet *adj.*   en velours
velvet *n.*   velours *m.*
very   très; vachement (*slang*)

video cassette   vidéocassette *f.*
  ~ recorder   magnétoscope *m.*
violence   violence *f.*
visible   visible
visit   (a place) visiter; (a person) rendre visite à
visit   visite *f.*
voice   voix *f.*
volleyball   volley *m.*
  play ~   faire du volley
vote   voter

wages   salaire *m.*
waist   taille *f.*
waist-length jacket   blouson *m.*
wait (for)   attendre
waiter/waitress   serveur/serveuse *m./f.*
wake up   se réveiller
walk *n.*   promenade *f.*
  go for a ~   faire une promenade
walk *v.*   marcher; faire de la marche
walking   marche *f.*
  go ~   faire de la marche
wall   mur *m.*
want   désirer; vouloir
  ~ to   vouloir; avoir envie de
war   guerre *f.*
wash   laver
  ~ (oneself)   se laver
watch   montre *f.*
water   eau *f.*
  mineral ~   eau *f.* minérale
  ~ skiing   ski *m.* nautique
we   nous; on
weak   faible
wealth   richesse *f.*
wear   porter
weather   temps *m.*
  ~ report   bulletin météo *m.*
Wednesday   mercredi *m.*
week   semaine *f.*
  a ~ later   une semaine après
  in a ~   dans une semaine
weekend   week-end *m.*
weight lifting   musculation *f.*
welcome   accueillir
  you're ~   il n'y a pas de quoi; je t'/vous en prie; de rien
well   alors; bien; ben; eh bien
west   ouest *m.*

what   qu'est-ce que... ?; que; quel/quelle
  ~?   Pardon? Comment?
  ~ is he like?   comment est-il?
  ~ is his/her name?   comment s'appelle-t-il/elle?
  ~ is it?   qu'est-ce que c'est?
  ~ is that?   qu'est-ce que c'est que ça?
  ~ is your name?   comment tu t'appelles? comment vous appelez-vous?
  ~ time is it?   quelle heure est-il?
  ~ would you like?   vous désirez?
wheat   blé *m.*
  ~ field   champ *m.* de blé
when   quand
where   où
  from ~   d'où
  ~ is . . . located?   où se trouve... ?
which   quel/quelle
while   alors que
white   blanc (blanche)
who   qui, qui est-ce qui
  ~ am I?   qui suis-je?
  ~ is it?   qui est-ce?
  ~'s calling?   qui est à l'appareil?
whom . . . ?   qui est-ce que... ?
why   pourquoi
wife   femme *f.*
win   gagner
wind   vent *m.*
window   fenêtre *f.*
windy: it's ~   il fait du vent
wine   vin *m.*
winter   hiver *m.*
wish   désirer; souhaiter
with   avec
  ~ difficulty   difficilement
  ~ pleasure!   volontiers! avec plaisir!
woman   femme *f.*
wood   bois *m.*
wool   laine *f.*
work   travailler
workbook   cahier *m.*
worker   ouvrier/ouvrière *m./f.*
world   monde *m.*
worried   inquiet (-ète)
worry   s'inquiéter
would: ~ you know?   sauriez-vous... ?
  ~ you like to?   ça vous (t')intéresse?

wound   blessure *f.*
write   écrire
 ~ one another   s'écrire
writer   écrivain *m.*
wrong: be ~   avoir tort

xenophobic   xénophobe

year   an *m.*; année *f.*
 be _____ ~s old   avoir _____ ans
 happy New ~   bonne année
yellow   jaune
yes   oui; si (in response to negative
  question)
 well, ~   mais oui; mais si
yesterday   hier
yet   déjà

yogurt   yaourt *m.*
you   vous; tu; te; toi
 ~ can   vous pouvez
 ~ would like   vous voudriez
 ~'re welcome   il n'y a pas de
  quoi; je vous (t') en prie; de rien
young   jeune
your   ton/ta/tes; votre/vos

Index

Credits

Goldberg; *p. 62*, Owen Franken/Stock Boston; *p. 65 (top)*, Carol Havens/Tony Stone Images; *(bottom)*, Beryl Goldberg; *p. 69*, Rick Berkowitz/Index Stock; *p. 73*, Courtesy of Aija Bjornson; *p. 79*, Barbara Alper/Stock Boston; *p. 89*, David Young-Wolff/PhotoEdit; *p. 95*, Lee Snider/The Image Works; *p. 96*, author; *p. 100 (top)*, Beryl Goldberg; *(bottom)*, Ron Giling/Panos Pictures; *p. 117*, Ulrike Welsch; *p. 118*, Lee Snider/The Image Works; *p. 131*, David Simson/Stock Boston; *p. 132*, Owen Franken/Stock Boston; *p. 137 (top)*, David Frazier; *(bottom)*, Jeremy Hartley/Panos Pictures; *p. 138*, Ulrike Welsch; *p. 147*, Sygma; *p. 149*, ©Gaumont; *p. 154*, Weinberg Clark/The Image Bank; *p. 158*, Frank Siteman/Index Stock; *p. 167*, Stuart Cohen/Comstock; *p. 176 (top)*, IPA/The Image Works; *(bottom)*, J. Boisberranger/Gamma Liaison; *p. 177*, Robert Fried/Stock Boston; *p. 186*, Gilles Rigoulet/Sygma; *p. 193*, D. S. Henderson/The Image Bank; *p. 198*, Henry Georgi/Comstock; *p. 216 (left)*, David Frazier; *(right)*, Beryl Goldberg; *p. 217 (right)*, Bob Daemmrich/Stock Boston; *(center)*, G. Rancinan/Sygma; *(left)*, Wendy Stone/Gamma Liaison; *p. 222*, David Simson/Stock Boston; *p. 233*, J. P. Arnett/Sygma; *p. 236*, Mike Mazzaschi/Stock Boston; *p. 256 (left)*, IPA/The Image Works; *(right)*, Gontier/The Image Works; *p. 263*, Larry Dale Gordon/The Image Bank; *p. 275*, David W. Hamilton/The Image Bank; *p. 278*, Lee Snider/The Image Works; *p. 289*, Comstock; *p. 295 (top)*, Mark Antman/The Image Works; *(bottom)*, David Frazier; *p. 299*, Charles D. Winters/Stock Boston; *p. 300 (left)*, Ulrike Welsch; *(right)*, Dion Ogust/The Image Works; *p. 314*, Goldsmith/The Image Works; *p. 324*, Patrick Ward/Stock Boston; *p. 334 (left)*, Heldur Netocny/Panos Pictures; *(center)*, Miro Vintoniv/Stock Boston; *(right)*, Gamma Liaison; *p. 335*, Owen Franken/Stock Boston; *p. 337*, Owen Franken/Stock Boston; *p. 342*, Etienne George/Sygma; *p. 349*, Jeremy Hartley/Panos Pictures; *p. 351*, Beryl Goldberg; *p. 364*, Beryl Goldberg; *p. 369 (left)*, Daniel Simon/Gamma Liaison; *(center)*, Rick Smocan/Stock Boston; *(right)*, Michel Renaudeau/Gamma Liaison; *p. 374 (left to right)*, Ulrike Welsch; Esbin-Anderson/The Image Works; Ulrike Welsch; David Simson/Stock Boston; Esbin-Anderson/The Image Works; *p. 382*, Stuart Cohen/Comstock; *p. 386 (top left)*, Charles Gupton/Stock Boston; *(bottom left)*, P. Gontier/The Image Works; *(top right)*, Owen Franken/Stock Boston; *(bottom right)*, Cary Wolinsky/Stock Boston; *p. 387 (left to right)*, Beryl Goldberg; Robert Fried; Beryl Goldberg; Beryl Goldberg; Robert Fried; *p. 399 (left)*, Patrick Ward/Stock Boston; *(top right)*, Beryl Goldberg; *(bottom right)*, John Eastcott/Stock Boston; *p. 401 (left)*, Robert Fried; *(right)*, Beryl Goldberg; *p. 402*, Bassignac-Simon/Gamma; *p. 409*, Les Nouvelles Éditions Africains du Sénégal; *p. 416*, Owen Franken/Stock Boston; *p. 429*, Martin Rogers/Stock Boston; *p. 434*, author; *p. 436*, William Karel/Sygma; *p. 442*, Anne de Brunhoff; *p. 448*, David Sauveur/Sygma; *p. 453*, Charles Blanquart/Sygma; *p. 454*, Barbara Alper/Stock Boston; *p. 457*, Madeline Pelletier/Sygma; *p. 463*, Cat's Collection.

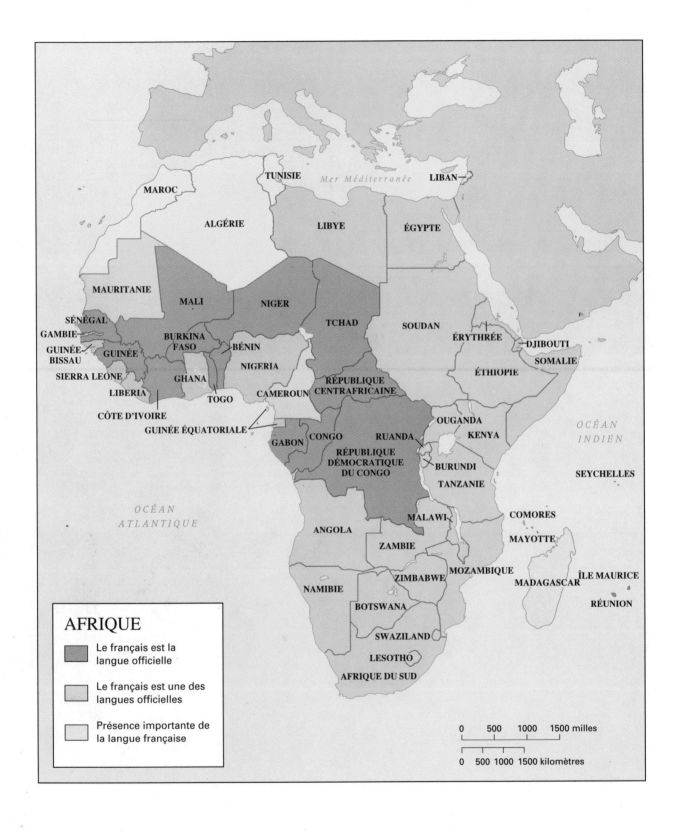

AFRIQUE

- Le français est la langue officielle
- Le français est une des langues officielles
- Présence importante de la langue française

MAROC

TUNISIE

Mer Méditerranée

LIBAN

ALGÉRIE

LIBYE

ÉGYPTE

MAURITANIE

MALI

NIGER

TCHAD

SOUDAN

ÉRYTHRÉE

DJIBOUTI

SÉNÉGAL

GAMBIE

GUINÉE-
BISSAU

GUINÉE

BURKINA
FASO

BÉNIN

SOMALIE

SIERRA LEONE

GHANA

NIGERIA

ÉTHIOPIE

LIBERIA

CÔTE D'IVOIRE

TOGO

CAMEROUN

RÉPUBLIQUE
CENTRAFRICAINE

GUINÉE ÉQUATORIALE

GABON

CONGO

RUANDA

OUGANDA

KENYA

RÉPUBLIQUE
DÉMOCRATIQUE
DU CONGO

BURUNDI

TANZANIE

OCÉAN
INDIEN

SEYCHELLES

OCÉAN
ATLANTIQUE

MALAWI

COMORES

ANGOLA

ZAMBIE

MAYOTTE

MOZAMBIQUE

ZIMBABWE

MADAGASCAR

ÎLE MAURICE

RÉUNION

NAMIBIE

BOTSWANA

SWAZILAND

LESOTHO

AFRIQUE DU SUD

0   500   1000   1500 milles

0   500 1000 1500 kilomètres